集人文社科之思　刊专业学术之声

集 刊 名：政治人类学评论
主办单位：上海大学 GLAMS（图书馆博物馆等）机构
支持单位：北京大学国家治理研究院
　　　　　（教育部人文社科重点研究基地）
主　　编：陶 庆 段 勇

POLITICAL ANTHROPOLOGY REVIEW 2024•1

总第19辑

集刊序列号：PIJ-2018-307
集刊主页：www.jikan.com.cn/ 政治人类学评论
集刊投约稿平台：www.iedol.cn

中文社会科学引文索引 CSSCI 收录集刊
社会科学文献出版社优秀集刊、CNI 名录集刊
中国知网 CNKI、集刊全文数据库全文收录

政治人类学评论
Political Anthropology Review
2024•1

总第 19 辑

主　　编 ◆ 陶 庆　段 勇

主办单位 ◆ 上海大学 GLAMS（图书馆博物馆等）机构

支持单位 ◆ 北京大学国家治理研究院

编辑部主任 ◆ 潘守永

社会科学文献出版社
SOCIAL SCIENCES ACADEMIC PRESS (CHINA)

作者简介
（按照论文编辑顺序排列）

朱伦　男，1953-，江苏睢宁人，江苏师范大学外国语学院特聘教授，中国社会科学院民族学与人类学研究所研究员。电子邮箱：zhulun@cass.org.cn。

马晓庆　女，1990-，新疆伊犁人，兰州大学民族学专业博士，新疆师范大学历史与社会学院讲师。电子邮箱：863991285@qq.com。

陈栋　男，1988-，河南正阳人，南京师范大学教育学原理专业博士，江南大学政策研究室副研究员。电子邮箱：425cd@163.com。

劉慧

　　刘慧　女，1987-，湖北武汉人，华东师范大学民俗学专业博士，深圳大学文化产业研究院在站博士后。电子邮箱：894177940@qq.com。

赵双龙

　　赵双龙　男，1995-，甘肃临夏人，华中师范大学中国农村研究院政治学专业在读博士研究生。电子邮箱：1600830010@qq.com。

卷首语

政治学高度与人类学深度的结合

徐　勇[*]

　　我与陶庆教授结识已久。他长期致力于新政治人类学研究，可以说是新政治人类学的开拓者。他提出了建立新政治人类学的主张；主办《政治人类学评论》集刊；将政治人类学与其他学科相嫁接，拓展了新政治人类学的领域；通过课堂和现代媒体进行教学，传播新政治人类学的知识。以一人之力，将新政治人类学这门新兴学科做得有声有色，当下的影响愈来愈广，已经成为上海师范大学的一个学术品牌。我是这一学科奇迹的见证人，也深知陶庆教授为这个学科的创立和传播所做的重大贡献。

　　我不从事政治人类学研究，只是在长期的田野调查和理论研究中，深深感受到：政治人类学是最值得期待的一个学科。

　　随着人类社会日益复杂，单一的学科研究已远远不够，需要不同学科的交叉融合，以获得新的知识和方法来源。政治学与人类学的结合，非常重要。

　　政治学涉及人们通过建立政治共同体获得美好生活的根本问题。没有

---

　　* 徐勇，中国政治学会原副会长，教育部首批文科"长江学者"特聘教授，华中师范大学资深教授，华中师范大学政治学部部长。

政治学的宏大关怀，人类学的路会越走越窄，距离人类根本问题会愈来愈远，成为一个最不起眼的学科。

人类学运用田野调查方法研究人的特性和行为。没有人类学对人类、人群特性的深度发掘，政治学的路会越走越虚，距离解决人类根本问题会愈来愈远，成为一门不食人间烟火的边缘学科。陶庆教授倡导新政治人类学，强化政治学的科学化，这就要借助于人类学的调查。我近几年一直倡导田野政治学，就是要通过人类学的田野调查汲取理论营养，将一个个活生生的人带入博大的政治学之中。

随着社会的进化，人类的个体化、群体性的分化与冲突愈来愈突出。政治学以国家为研究对象。国家产生于冲突，国家存在于秩序。国家的基本职能是维持公共秩序，不至于使相互冲突的人们在无谓的争斗中同归于尽。国家要担任维持公共秩序的角色，就要了解人的行为、人的行为依据、人的行为逻辑演进。为了了解，就要进行实证调查，掌握第一手资料，进行理论分析。当下的世界，不确定性因素愈来愈突出，突发性事件愈来愈多。如果没有人类学的田野调查方法，政治学就会成为没有源头的学科，不能对已发生和将要发生的事件及时加以解释和预测。现在运用大数据研究的愈来愈多，面对面的现场调查愈来愈少，对事物的真实状态愈来愈隔膜。仅仅依靠大数据远远不够，人类学的现场调查方法还有很重要的价值。所以，我经常强调，做田野政治学的一定要有现场感。

人类社会发展是有共同规律的。但这种规律不是一种想象，要有事实依据。马克思和恩格斯晚年都不约而同地高度重视人类学的发现，就在于它为他们的理论提供了充分的事实依据，同时也促进他们修订自己的结论。马克思和恩格斯在《共产党宣言》中有一句话是"至今一切社会的历史都是阶级斗争的历史"。后来，随着人类学对原始社会的调查进展，恩格斯专门加上了一个限定词，这就是"从原始土地公有制解体以来"。这个限定词便得益于人类学的发现。

人类社会发展有共同规律，也有不同的道路。选择什么样的道路，必须根据一个国家的历史和国情。而这更需要人类学的大规模调查。马克思和恩格斯晚年高度重视俄国村社形态，正是根据当时的调查，恩格斯1882 年在《共产党宣言》俄文版序言中指出，俄国土地公有制可以成为共产主义发展的起点。20 世纪的中国发展走了不少弯路，重要原因是缺失对中国传统社会的深度认识。2015 年我们因此启动了大规模的中国农村调查，以深度了解传统的中国农村社会形态。随着中国特色社会主义发展道路的深化，人类学的空间还很广阔。我经常讲，底色决定特色，原型规制转型。如果不将底色和原型弄清楚，特色与转型就缺乏根基。

陶庆教授致力于新政治人类学，具有很强的现实意义。要使这一门学科能够产生更广泛的影响，还要高度重视人类学经典和基础理论研究。这方面的研究可以带来一个学科的突破性进展。当下，学术越来越精致，思想越来越弱化。碎片化的现实议论愈来愈多，有深刻历史洞察力的研究越来越少。现在需要倡导有思想的学术、有理论的调查。而政治人类学为我们提供了两个标志性人物。

摩尔根的调查资料无疑非常丰富。但他没有陷入资料的堆砌中，而是在对资料的爬梳中分门别类，对人类社会不同阶段和不同社会加以定性，为后人的研究提供了标引。我在写作时将其作为参照，反复引用。他有很强的理论思维。这种理论思维有助于扩展对事物的理解。他没有到中国来过，但通过间接性资料，对中国特性的判断的准确度很高。

斯科特有两个特别之处，一是有足够的耐心进入和生活在田野现场，二是在细碎的事实现象中提炼出精粹的理论概念。我有时说，读斯科特的书只要读前六页，甚至只读标题。我们也做了大量的底层民众和边缘群体的调查，却很难提炼出"弱者的武器""逃避统治的艺术"这样的理论。

中国有着世界上最为丰富的政治人类学资源，却没有产生自己的摩尔根和斯科特。没有，怎么办？学习。既要像他们那样进入田野现场，又要像他们那样做高度的理论概括。政治学的高度和人类学的深度，是政治人类学所要努力的方向。

过去我们做调查，但缺乏调查的学术自觉，缺乏一双学术的眼睛。不知调查目的是什么，为什么调查，调查之后如何处理和提炼。这就需要理论学习和相互交流。陶庆教授开辟的新政治人类学，有助于新一代学者在学习交流中强化调查自觉、提高理论水准。希望这一平台继续下去，并产生更大的影响。

2020 年 6 月 18 日

学科开放与学术共享

——《政治人类学评论》代总序

陶　庆[*]

　　《政治人类学评论》及其所阐发的"新政治人类学"暨"政策人类学"等学科范式，迫切呼唤学科开放与学术共享的"春天"！迄今，它刚满 5 周岁，仍是学术界很不显眼甚至有些"扎眼"的"丑小鸭"，但期待它有朝一日凌空翱翔。《政治人类学评论》是目前国内第一个政治人类学专业集刊——即便包括英语文献全球范围内也仅存二三——涵盖政治学、公共管理学、马克思主义人类学、社会人类学、文化社会学等多个学科与交叉领域，具有交叉跨学科的潜质与特征。

　　"一切有为法，皆悉归无常。"《政治人类学评论》所阐发的"新政治人类学"范式，表现为"政治学科学化""政策学真理化""'群众路线'学术化"等内在逻辑，旨在发掘具有范式象征符号的"学科基质"（disciplinary matrix）与"有序元素"（ordered elements）；具体体现在

---

* 陶庆，上海师范大学教授、博士生导师，北京大学政府管理学院政治学专业博士后、北京大学社会学系人类学专业博士后；入选教育部"新世纪优秀人才支持计划"，荣获"北京大学优秀博士后奖"、第五届全国教育改革创新"先锋教师奖"、上海市级教学成果奖二等奖。

"五四"学术框架，即"学科基质"的"五化"过程（政治学科学化、人类学政治化、民族志写文化、管理学人性化、政策学真理化）与"有序元素"的"四要素"组合（权力要素、田野要素、民族志要素、扎根理论要素）等辩证统一上；并围绕"权力-权利"博弈的逻辑主轴，演绎出田野研究、民族志文本和扎根理论等"三位一体"的扎根理论方法论。

"新政治人类学"在政治与行政实践中必然演化出"政策人类学"等知识新语境——传承政策科学与领导科学的全部精髓与核心内涵——秉承马克思主义经典作家关于人的自由发展的精髓要义和沿袭拉斯韦尔（H. Lasswell）关于科学服务于民主的思维初衷。一方面，马克思主义人类学是"政策人类学""活的化石"，回归"民族志"与重塑马克思主义人类学是"政策人类学"范式创新的不二选择；"政策人类学"的学术内涵"五性统一"，具体表现为"内在问题导向性"是研究动机，"参与观察性"是研究方法，"互为他者性"是研究态度，"利益公共性"是研究目的，"政策科学性"是研究检验，并内嵌着互为一体、良性循环、螺旋上升、永无止境的内在整体性逻辑。另一方面，中国共产党"群众路线"是"政策人类学""活的灵魂"，学术化"群众路线"将以我党根本政治路线、组织路线和工作路线来统率领导科学，由中国话语泽被普世学术。一言以蔽之，"群众路线"是意识形态化的"政策人类学"，"政策人类学"是学术化的"群众路线"！

正因为如此，《政治人类学评论》同仁将有志于学科开放的"超越"和学术共享的"涅槃"！

学科开放的"超越"。在这里是指"超越"学科的高度、广度、幅度、速度等种种限度。人类知识根据某种共性特征进行分类而形成不同体系即学科（discipline），但同时也无中生有地树立起种种"知识壁垒"，形成众多"知识关税"，产生惊人"交易成本"。学科开放，并不是简单地"公开"学科知识与开放知识体系，而是破除"知识壁垒"，实现知识"零关税"，把"交易成本"减少到最低甚至是零。

学术共享的"涅槃"。"涅槃"是指浴火重生的复活境界。人类对存在物及其规律的学科化论证即为学术（academia），但同时也衍生出种种"学术圈子"，形成众多"学术山头"，滋生惊人"学术腐败"。学术共享，并不是简单地"让与""赠予"等施舍，而应是在人类探索真理过程中，从自封到自律、从自发到自觉、从自为到自在、从自闭到自由的精神升华。

学科开放与学术共享，这正是《政治人类学评论》及其同仁的"中国梦"。

陶庆

2018 年 10 月 18 日

政治人类学评论

总第 19 辑
2024 年 6 月出版

Political Anthropology Review

Issue 19

June 2024

合族共治是现代多民族国家统一建设的必然

——江苏师范大学特聘教授朱伦先生访谈

朱　伦　胡嘉怡[*]

摘　要：作为文化科学之标志的"田野"，不仅已经越出文化人类学的学术范畴，成为跨科学跨领域社会科学与人文学科的"利器"；同时也越出人类学关于"他者"文化之差异性与相对性的学术旨趣，成为夯实政策科学和政治科学的奠基石。朱伦教授在现代国族、公民共同体和国家治理等领域研究中，注重跨国界、跨学科、跨领域的田野作业，在理论思考和实地考察过程中逐步提炼出"合族共治"的创新成果：现代国家各个民族并非封闭自洽的政治实体或治理单位，"分族自治"不可行，以"合族共治"的理念建设现代国族才能使国家长治久安、各族人民和睦幸福。正是共同立足于"田野"之上，新政治人类学不仅包含了各类跨国界、跨学科、跨领域的微观社区"田野"研究，而且与全球范围内的民族政治"田野"研究及"合族共治"的现代国族之国家治理，具有相同的质的规定性和学术旨趣。

关键词：田野　现代国族　公民共同体　国家治理　合族共治

---

* 朱伦（1953.12—），男，江苏睢宁人，江苏师范大学外国语学院特聘教授，中国社会科学院民族学与人类学研究所研究员；胡嘉怡（2000.4—），女，湖北襄阳人，上海师范大学哲学与法政学院行政管理专业（新政治人类学方向）硕士研究生。

编者按：

当今世界大多数国家是多民族国家，如何解决或治理民族问题，事关社会稳定和各族人民福祉。就20世纪的实践看，存在两种治理理念之别：一是强调族际界限的"分族自治"，二是追求各族团结统一的"合族共治"，但后者是主流。这与现代国家普遍不是以民族差异而是以国族同一性认同为建立基础有关，名曰"国族－国家"（nation-state），而这又与公民共同体理念的产生有关，由此形成了国家、国族和公民共同体三合一建设相互促进的时代潮流，各民族要顺应这一潮流，以共同建设同一的国家、国族和公民共同体为目标。围绕这些问题，本集刊编辑部特约江苏师范大学特聘教授朱伦先生访谈如下。

一、分疆划界的"民族自治"不符合现代多民族国家共同体建设的要求

胡嘉怡（本集刊编辑，下同）：朱先生您好，感谢您接受本集刊访谈。您在2001年发表《民族共治论——对当代多民族国家族际政治事实的认识》（朱伦，2001/4）一文，在民族学界引起很大反响，赞同者有之，反对者亦有之。2018年，您在《五十国民族政策研究》文集的导论中，再次阐述了您的民族共治观点，认为"各民族团结共治是当今多民族国家的共同追求"（朱伦主编，2018：23），用时兴的话说，是共同的价值观。本集刊编辑部关注您的学术观点，我有幸受编辑部之托对您进行访谈。众所周知，"民族自治"在国内外民族问题治理研究界是被不断讨论的话题，人们对自治前提、自治方式和自治事项等问题认识不一，您则提出了"合族共治"这一创新观点，认为分疆划界的"民族自治"不符合现代多民族国家统一建设的要求。请问您的理由是什么？

朱伦：用一句话说就是，分疆划界的"民族自治"是具体的历史情境的产物，它不适用于现代多民族国家共同体建设的时代要求。

民族自治论说产生于19世纪60年代的奥匈帝国，虽然没有起到维护奥匈帝国存续的作用，但人们一直对其修修补补，认为这可解决

多民族国家内部的少数民族问题。人们之所以长期没有在政治理论上否定民族自治，是因为民族自治在历史上起过反对帝国统治的作用，并被人们包装为"民族权利"。因此，即使时过境迁，现代多民族国家的民族关系与当时不可同日而语，人们仍怀着良好愿望将民族自治视为民族群体平等的体现，而对民族自治具有坚持民族对立、容易被分离主义势力利用的一面认识不足。现代国家维护主权和权力统一，以各民族共同建设国族共同体和公民共同体为基本取向，这使民族自治失去了存在条件。而且，对"民族自治"的内涵，人们本来就有不同理解，极端主义者的认识就是半独立直至完全独立，这是为现代国家所不容的。所以，我们对"民族自治"论说要采取实事求是的态度，因为人们对"自治"这个概念本身就有不同理解。

在中华文化和汉语中，"自治"一词与"自觉""自律""自制"等词类同，原指个人修养，是个褒义词。有考证说，"自治"一词出自《三国志·魏志·毛玠传》，是曹操对掌管人事内务的部下毛玠办事规矩周到、让人省心的赞赏，遂叹曰："倘使天下人自治，吾复何为哉！"这就是说，在中国传统文化中，自治是一种美德，也是一种能力。鉴此，至今在中国民间，人们也常以自治来要求自己，并以自治或不自治来评价他人。当西方的 autonomy 这个概念传入中国时，汉语以"自治"译之，从翻译学角度和字面意思说，十分贴切。如果人们都以这种文化理解和践行"自治"，那再理想不过了。但是，现实不是人人都这么理解"自治"的，特别是把自治与民族挂钩时，"自治"就变成了一种"分疆划界"的政治观念，时常导致无休止的争论，乃至民族冲突和社会撕裂。

众所周知，"自治"的主体或载体原也指个人。从文艺复兴到启蒙运动，欧洲思想界对人与社会，以及人人平等问题的思考，从天上回到了人间，遂把"自治"（autonomy）视为独立人格，并将其同个人权利与自由联系起来。这一内涵的自治，其外延便是否定中世纪的人身依附关系，反对"人治人"与"人治于人"的非人道性。基于这样的自治内涵与外延，欧洲人也把自治主体扩展到了城市、社区、社团等社会共同体，主张"自我治理"（self-governance）。到 19 世纪 60 年代的奥匈帝国，自治又被用来处理哈布斯堡王朝与各民族王国之间的关系，并冠以"autonomy of nationality"之名，汉译"民族自治"。

胡嘉怡：奥匈帝国的历史人们不陌生，奥匈帝国的民族自治是怎么回事，国内研究成果不是很多。您在不久前接受的一次访谈中，认为哈布斯堡王朝和各民族王国对民族自治都是不情不愿的（《历史评论》编辑部、刘志兵，2023/5）。您是否认为，对民族自治的功能很难做出积极的价值评判？

朱伦：这个问题涉及民族自治产生的时代背景、实际情况，以及结果如何。把这些问题搞清楚，价值评判也就不言自明了。

刚才说到，"民族自治"一语译自 autonomy of nationality，在奥匈帝国和欧洲，包括东欧，nationality 不仅是人们共同体概念，而且是一个仅次于 nation 的政治单位概念。Nation 是主权独立的人们共同体，nationality 是政治自治的人们共同体，二者的前身都是历史产生的语言文化同一的 people。这三个概念汉语翻译都可译为"民族"，但在西方社会和政治话语中，三者是完全不同的概念。这个问题，我在《西方的"族体"概念系统——从"族群"概念在中国的应用错位说起》一文中，做过梳理，此不赘述，但对 nationality 的政治含义需要再讲一讲（朱伦，2005/4）。

在 18 和 19 世纪之交，作为国族主义政治思想和运动内核的"国族-国家"（nation-state）观念，由西欧发展到中东欧，引起匈牙利等王国为摆脱哈布斯堡王朝的统治而连续发动三次独立战争（分别发生在 1848 年、1859 年和 1866 年）。如何解决帝国统治秩序与国族主义独立诉求之间的斗争？1867 年，哈布斯堡王朝与匈牙利王国签订了协约，双方确定，哈布斯堡王朝掌管帝国的外交、国防、货币、铁路等事项，奥地利皇帝同为匈牙利国王，但奥地利和匈牙利互不隶属、各自为政，帝国境内其他十几个小民族（peoples）也照此办理，由此产生了"民族自治"这个概念。

"民族自治"实际是什么呢？从奥匈帝国的实践看，给各民族的统治阶级或政治势力分配一定的政治权力，以换取他们接受帝国秩序，这是"民族自治"的政治底色。但是，奥匈帝国一些"自治民族"的精英阶层并不甘心于此，而是时刻想动员本民族以国族（nations）的名义建立拥有独立主权的国家，或经过建立独立国家而成为"国族"。鉴此，19世纪末的奥地利社会民主党试图消解这个问题，办法是从理论上对民族"去政治"，将其"社团化"，并提出以社团性的"民族文化自治"取代领土性的"民族政治自治"，以此把奥匈帝国改造为"民主的多民族联邦"，以避免分崩离析。但这种努力终是枉然，一战过后，奥匈帝国不复存在。

胡嘉怡：奥匈帝国的崩溃，归因于"民族自治"？

朱伦：我不是这个意思，这不是我对民族自治的评判。奥匈帝国的崩溃当然不能归因于"民族自治"，但奥匈帝国想通过民族自治维护帝国统一的目的未能实现。这就是说，分疆划界的"民族自治"具有潜在的分离主义趋向，使它不具备促进族际团结和政治统一的功能。这一点，也被后来发生的历史事实屡次验证。进入20世纪后，自治也被欧洲宗主国用来缓解其与殖民地人民之间的矛盾，如加拿大、澳大利亚、新西兰等，在独立前都曾有过一段"自治"的历史。因此，民族自治具有反对帝国主义和殖民主义统治的指向，这应予肯定，并被人们论证为"民族权利"。

总之，奥匈帝国的民族王国自治，欧洲殖民地人民自治，以及苏联和南斯拉夫的民族共和国自治，都是以地理界限分明的"历史民族"为单位，在政治理论上主张自我治理（《历史评论》编辑部、刘志兵，2023/5）。这种民族问题治理方式和理念，是具体时空条件下的产物，虽在当今世界一些多民族国家中仍不乏信奉者和追随者，但这不是现代国家处理民族问题的必需选择。我们看到，当今世界各国解决民族问题的方式各有不同，但普遍不是分疆划界的民族自治。

胡嘉怡：您提出了"合族共治"的创新观念，用以概括多民族国家民族问题治理的普遍事实，并试图从理论上来论证。但是，民族自治的声音一直是存在的，而对您的合族共治观点，国内也有人不认可，认为这否定了"少数民族自治权"。请教您：在各民族密切不可分、共建中华现代民族–国家的当下，为何仍存在为"民族自治"辩护的声音？您提出"合族共治"的概念有何内涵？

朱伦：生活在现代的人们，不论在哪个国家，也不论职业和阶级，都有三种伴随一生的群体身份——民族（或族裔）属性、国族属性和公民属性。此可谓"背负青天朝下看，都是人间城郭"的一景。但是，有的人过度看重本民族属性和本民族认同，认为自治是这种属性和认同的体现。众所周知，民族属性是一种源于农业社会的历史遗产，而国族属性和公民属性则是现代工业社会和现代国家建构的产物，这要求人们对三者要持理性态度，正确认识和对待三者的关系。

现代国家普遍是多民族结构，其建立基础是各民族基于各种原因而产生的对同属一个国族的认同，而国族的实质则是人人权利与义务平等的公民共同体。由此，现代国家中的民族问题，也就发生了质的变化。民族问题性质的时代性发展变化，是民族问题治理研究应秉持的最基本的认识论和方法论。据此，我们可以说，历史上产生的分疆划界的"民族自治"论说，已不适合用来处理现代国家内部的民族问题和民族关系，取而代之的应是"合族共治"。所谓合族共治是指，各民族以国族共同体和公民共同体为平台团结整合起来，通过一定的方式，权利平等地参与对共同生活的国家和地方的各项事务进行民主的共同管理。简单点说，就是"各民族共同当家作主"。

胡嘉怡：我注意到，在您提出的合族共治概念中，是与国族概念紧密相连的，请您谈谈对国族的理解？

朱伦：现代国家（state）将不同"民族"（peoples）凝聚为同一个"国族"（nation），为自己奠定了合法性基础。当今所有国家，不论国体和政体，也不论叫什么名字，在法理上都自视和被视为 "nation-state"，中文一般译为 "民族－国家"。我将其译为 "国族－国家"，旨在避免汉语 "民族" 概念的多义性。我们讲 "中华民族"，指的是世界民族之林中的 nations，"联合国" 的成员；我们讲 "56 个民族"，则是指 nation 之内的人文差异群体，国际上对此有不同的术语表达，包括 peoples、nationalities、ethnic groups、tribes、linguistic communities 等。这些术语与 "国族" 一道，都是人们对人类社会千姿百态的人文差异群体所作的概念性界定，其含义各不相同。国族主义古典理论和各种现代论说在讲到一个国族或一个国家内部的人文差异群体时，people 一词是通用概念，与此同时，根据各国的具体情况和个人的学科背景，有些论者也使用其他几个概念作为分析单位。但我们所说的 "民族"，是 people 之意。①

"国族" 与 "民族" 之别，以及 "国族－国家" 这个合成概念的产生，是在欧洲启蒙运动后期，随后在全世界逐渐普及开来；从此，人类社会进入民族差异性存在与国族统一性塑造并行的时代，并且会延续下去很久时间。启蒙思想家设想，现代国族－国家应以语言文化同质的民族为基础建立，但世界各地国族－国家的形成实际，则普遍是多民族的结构。鉴于此，如何认识现代国族同一性和国族－国家的统一性，以及不同民族的差异性存在，就成为民族问题治理为什么要走 "合族共治" 之路必须首先回答的基础性理论问题之一。

胡嘉怡：各民族共同当家作主，是我国倡导民族平等、团结、互助的体现，符合社会主义民主政治建设的要求。但为什么有人认为您的合族共治观点 "是对少数民族自治权的挑战"，甚至 "是对民族区域自治制度的挑战" 呢？

朱伦：这个问题很难 "简单" 说清楚。我 2001 年提出各民族共同治理的命题，主要是以西班牙和中国处理民族问题时的制度设计为

---

① 关于西方各种人文差异群体概念，以及如何理解和区别，笔者在《西方的 "族体" 概念系统——从 "族群" 概念在中国的应用错位说起》一文（载《中国社会科学》2005 年第 4 期）中，有较为详细的梳理和辨析。

根据的，理论分析特别是对其背后的道理着墨不多。可能因为这一点，国内有学者把"民族区域自治地方"误读为"少数民族自治地方"，便认为民族共治否定了少数民族自治权，甚至挑战了民族区域自治制度。这种认识，并不是对民族区域自治制度的正确理解，也不符合实际。无论是国家治理还是多民族地方治理，我国都奉行"各民族共同当家作主"的原则。这不仅是一种不同于民族自治的治理理念，也是一种关于少数民族政治权利的新理念，即少数民族具有同多数民族一道共同当家作主、共同治理国家的权利；同样道理，在民族自治地方，各个共居民族都有平等参与地方治理的权利。

胡嘉怡：那么，为什么有人仍要坚持民族自治这一提法？换句话说，民族自治这一论说存在什么样的潜在隐患？

朱伦：人们可以举出一些例子来证明自治并非一定导致独立，例如非洲一些国家的部落自治。的确，国家统一和部落自治，是非洲一些国家的社会政治生态。但客观说，部落自治与其说是国家主动采取的治理方式，不如说是一种迫不得已的承认。但从长远看，随着国家物质力量和治理能力的增强，部落的作用必会逐渐式微，取而代之的将是现代国家治理制度的统一。墨西哥等拉美国家土著人的酋长治理制度，让位于国家统一设计的现代治理制度，即是证明。旧中国一些少数民族中存在的"头人政治"，在新中国成立后也逐渐退出了历史舞台。也许有人会想到，美国、加拿大、澳大利亚和新西兰的土著人保留地，是不是"民族自治"？这几个国家的土著人保留地，是英国殖民者掠夺印第安人后的土著人残存栖息地，它记录的是殖民者的野蛮，不能作为民族自治的案例来看待；土著人从来也不认为保留地自治是他们的权利所在，遑论是民族平等的体现了。

但从本质上看，这种民族自治是帝国统治者与各民族统治者达成的妥协，其核心内容是给予各民族统治阶级掌握本民族内部的政治、经济、社会和文化的全面"治权"，这使他们拥有了除对外主权以外的所有权力，且可据此进一步走向追求独立主权。这种对独立主权的追求散发着巨大的诱惑力，分离主义势力因此假借民族自治挑战国族统一的底线以及政治权威，妄想从现存多民族国族内脱离，成为独立国家。

胡嘉怡：您在不只一篇论文中认为，当今多民族国家治理民族问题的方式有公民化、社团化、民族党政治、土著人保留地自治、民族文化自治、民族联邦制、多民族地方自治等类型，但您的关注点不是这些类型有何不同，而是共性，也就是国家"共同治理"。您总结的后几种民族问题治理方式都带"自治"二字，当今著名的加拿大学者威尔·金利卡也主张民族自治，您如何评论？

朱伦：现今多民族国家治理民族问题方式有别，但都以国族整合与共同治理为基本理念，"自治"只是一种行政权限与权力划分，有的甚至只是政治统一下的有限授权，随时可调整甚至收回。特别是多民族地方自治，其自治权不是民族的而是地方的。而且，与公民化和社团化一样，国家对这些带有"自治"字眼的民族问题治理方式，都想通过塑造现代国族认同和公民共同体认同，以求为国家统一和社会团结奠定基础。

众所周知，分疆划界的"民族自治"是建立在"我们"与"他们"严格区别基础上的，极易导致族际隔阂、排斥乃至分裂。这一点，连从自由主义角度看民族自治的加拿大知名学者威尔·金利卡也认识到了。他一方面从理论上说"民族自治"有道理，另一方面又认为这在实践中可能导致族际分野、社会对抗和国家分裂。金利卡的思想矛盾，源于加拿大殖民史形成的法裔魁北克人与英裔加拿大人泾渭分明的关系，以及印第安人与殖民者社会的尖锐对立，所以他对"民族自治"既肯定又怀疑，提不出更好的办法。实际上，若我们放眼世界，不难发现一些国家治理民族问题的实践早已摆脱"分族自治"观念的束缚，走向了可称为"合族共治"的新理念。这是因为，在国家、国族和公民共同体三合一建设相互促进的现代，各民族已不是可以封闭起来的政治实体或单独的治理单位了，"分族自治"

已不可行。

威尔·金利卡试图从自由主义理论的角度对民族自治作出合理解释，不仅强调民族文化差异，更把民族或族群视为单独的政治实体。但是，他的研究对象主要是加拿大和美国的土著人保留地自治，以及加拿大的魁北克自治，对于传统的由世居民族构成的多民族国家的民族问题治理来说，缺乏适用价值。金利卡忽视了各民族的融散与整合对族际关系产生的影响，也没有回答现代公民文化对各民族文化增量提质发展的影响。于是乎，他跳不出源于欧洲的传统的"民族自治"观念，但又认识到自治可能造成国家和社会分裂，可能被分离主义者利用，陷入左右不是的思想困境之中。尽管他提出了"需要找到可以维护多民族国家统一的某种方式"的论题，但他最终没有明确告诉我们这个方式是什么（〔加〕威尔·金利卡，2009：257~273）。

其实，对于"金利卡之困"，中国有解决方案，这就是已实行70多年并不断走向完善的以各民族共同当家作主为本质特征且有相应机制保障的"民族区域自治制度"。

胡嘉怡：那么，我国民族区域自治制度的共同当家作主本质体现在哪些具体事项上？保障机制是什么？

朱伦：《中华人民共和国民族区域自治法》对此有许多条款规定，需要专家专著进行系统解读，我在这里只能说几个要点。

第一，民族区域自治地方的建立，是以国家统一为前提的，所以"各级民族自治地方"都是国家某一级行政单位，而不是民族自治单位。第二，民族自治地方的建立尊重中国各民族多元一体的融散与整合状态，实行各族人民平等团结互助、共同当家作主的原则，因此，民族区域自治不是分疆划界的民族自治，权力主体或载体不是某个民族，自治地方冠上某个或几个少数民族的名称，不是说这些自治地方是冠名民族的自治地方，只是表明国家对这些冠名民族的差异性存在及其群体权益的重视。第三，自治地方包括自治区、自治州和自治县（旗）三级，所有自治地方首先行使同一级别的行政单位的职权，履行国家一级行政地方的职责，尔后才行使国家特别授予的自治权限，目的是发挥地方政府建设自治地方的积极性、主动性和灵活性。第四，所有自治地方都受中央和上级政府的统一领导，自治地方没有独立的立法权，其通过的法律法规须报经上级国家立法机关和政府通过方为有效。第五，自治地方的政治制度与全国一致，其政治生活同样实行共产党统一领导下的人民政府、人民代表大会和政治协商会议制度，这些政治和行政机构的组成包括各民族公民。第六，自治地方的各项建设事业被纳入全国国民经济和社会发展规划之中，国家通过直接投资、财政转移支付、"对口支援"等方式，帮助自治地方的社会经济发展。

总之，我国民族区域自治制度是各族人民认同中华民族-国家统一下的制度，而非各民族分疆划界的制度。

二、多民族的国族-国家建设与合族共治

胡嘉怡： 您在前文说到，您对合族共治的理论分析特别是对其背后的道理揭示着墨不多，现在该是我们谈这个问题的时候了。您说"合族共治"的理论基础是现代"国族-国家"，那么，请您谈谈国族-国家怎样决定了需要合族共治？

朱伦： 这个问题涉及如何正确地认识现代国族-国家，核心问题是如何处理国族-国家的同一性与各民族之间差异性的关系。

欧洲学界通常把欧洲各个国族-国家的雏形追溯到14~15世纪甚至更早①，这是就"国族"（nation）的前身"民族"（people）的形成而言的。而由"民族"概念衍生出"国族"概念，并将其与"国家"（state）联系起来，则是在

---

① 西班牙著名历史学家胡安·巴勃罗·福西，在其2000年的专著《西班牙国族认同的演进》中说："国族（nación）一词在10到12世纪期间，其实际含义为'微弱'，是指来自其他地区或邦国（país）的群体，这些群体主要是学生和商人"，"中世纪国家（Estado）的建立，是国族意义发生演变的决定性因素；中世纪的国家把加强君主制度的权力视为政府行为的中心，制造出了权力的合法性理论和权力象征理论，建立了程度不等的集权政府，出现了诸如国会、议会等代议机构。最终，在14到15世纪期间，国族一词指的是由同一个王室管理的诸多具体的共同体、空间和领土。"参见 Juan Pablo fusi Aizpúrua, España：la evolución de la identidad nacional, Madrid, Ediciones Temas de Hoy, 2000, pág.37。

启蒙运动后期逐步明确起来的。而在此之前，欧洲思想界对上述这些概念，常与一些旧概念如王国、臣民、君主国等混合使用，由此产生的一些国族主义论说，欧洲政治思想史研究界称其为"育态国族主义"（protonationalism）。① 所谓育态国族主义，其"孕育时段"大致起自16世纪中期到18世纪中期。

众所周知，启蒙运动时代的欧洲，孕育出的革命性政治思想之一，是对主权和权力载体的重新界定。在王国和帝国时代，主权和权力属于王室、宗主国和王朝；"普天之下莫非王土，率土之滨莫非王臣"，不仅是古代东方的思想，也是古代欧洲的观念。但经过"三十年战争"（1618~1648）到"西班牙王位继承战争"（1701~1714），欧洲人逐渐产生了主权载体是民族或国族的思想转变。到启蒙运动后期，从"育态国族主义"的混乱论说中，欧洲思想界概括出了"一个民族，一个国族，一个国家"（one people, one nation, one state）的主张，后人称其为国族主义"古典理论"。②

怎样认识国族统一性与民族差异性，历史学和政治学要说到国族主义古典理论，民族学和民族问题治理研究更要说到它。客观地说，国族主义古典理论看到了现代国家的国族认同基础，但它是一种宏观叙事，关注的是一些体量相对较大的、对具体的国族-国家建立发挥核心作用的民族，而对弱小民族的

---

① 详见 Javier Varela, Protonacionalismo, en Enciclopedia del Nacionalismo, Madrid, Tecnos, 1997, págs. 438. 国内有"前民族主义""原民族主义"等译法。"proto"这个前缀与指时间的"pre"不同，它是"孕育"之意，指的是状态，笔者故将其译为"育态国族主义"。

② 笔者此前也曾译为"一个人民，一个民族，一个国家"。两种译文，只是中外文化概念甚至只是术语沟通问题，不影响原文的叙事逻辑。有学者认为（见《民族研究》2018年第2期相关文章），"一族一国"的国族主义古典理论是意大利人马志尼提出的，这不准确。马志尼（Mazzini, 1805~1872）是一位共和主义者，生活在启蒙运动已近结束的时代。欧洲学界认为，马志尼"对国族的论述不乏混乱之处，这是19世纪下半叶国族论说中常见的突出现象"，马志尼"既不赞成德意志民族主义的客观有机论，也不赞成法兰西的主观意愿论，而是试图为理解国族确立第三条道路"，认为"'历史使命'是国族存在的'合法因素'"，并由此强调"人们的责任重于权利"。马志尼的认识与他生活的时代意大利还未完成统一有关，他是想为所有意大利人包括少数民族间的团结统一提供思想和认同基础。参见 Andrés de Blas Guerrero, Mazzini, en Enciclopedia del Nacionalismo, Madrid, Tecnos, 1997, p. 316。

存在则略而未计。这是人们批评国族主义古典理论的通常着眼点，但从人性和人文主义角度看问题，国族主义古典理论反映的仍是一种体现血缘亲情的"民族小家庭"观念，还没有形成海纳百川的"国族大家庭"情怀，而这种情怀才是多民族共建现代国族-国家应当提倡的境界。①

国族主义古典理论是与早期自由主义同时产生的思想观念，它所主张的国族-国家，是为自由主义追求人人权利平等的公民社会共同体划定明确边界、搭建实践舞台的理论设计。其基本逻辑是：历史形成的以语言、文化和族类等同质性为特征的"民族"，应对外结成拥有领土政治主权的"国族"，并要有独立的"国家"来保护自己，不管这个国家已经存在还是有待搭建。这种思想，形成于欧洲核心地区——法兰西和德意志。

在法国，卢梭（1712～1778）的《社会契约论》、亨利·格里高利（1751～1835）的《教士公民组织法》、西哀士（1748～1836）的《什么是第三等级?》和他参与制定的《人权与公民权利宣言》等，为现代国家奠定了人民主权、公民共同体和公民权利理念，以致后人把法兰西国族-国家的建设理念称为"公民国族主义"。在德国，赫尔德（1744~1803）在《关于世界历史的几点看法》（1772）中强调，"国族精神"是由语言文化铸就的；威廉·冯·洪堡（1767～1835）在《拉丁语和古希腊语》（1806）一书中认为，语言是体现和铸造"国族特性"的要素；费希特（1762～1814）在《对德意志国族的演说》（1807）中，则把德意志国族界定为操德语的市民，是一个语言共同体和文化共同体；由此，后人便把德意志人建设国族-国家的理念和实践称为"文化国族主义""语言国族主义""族裔国族主义"或"有机国族主义"（Siguan，1996：47~51）。但是，不论这两种国族主义论说有何侧重不同，人们怎样运用，都承认下述事实：国族-国家

---

① 笔者曾发表《走出西方民族主义古典理论的误区》一文，原载《世界民族》2000年第2期，应《中国社会科学》编辑部之约，修改补充后发表于《中国社会科学》（英文版）2001年第4期。这里，结合本文的内容要求，只对国族主义古典理论简略述之。

是一种全新的政治实体，它首先是反对帝国统治和封建割据的产物，因此具有领土主权独立和政权统一的特征。这种思想的进步性，随后影响到全世界的社会政治进程，从东欧到美洲、从亚洲到非洲纷纷效仿，使今日世界形成了大大小小近200个国族-国家。

法兰西的"公民国族主义"与德意志的"族裔国族主义"，是二者面临不同情况的产物，并非思想对立。法兰西现代国族-国家建设，是在法语、法兰西文化和法兰西国家已基本统一的基础上进行的，其主要任务是推翻旧制度，进行社会政治改造，以人民主权取代君主主权，由"我们是国家"的新理念取代"朕即国家"的旧思想，所以特别强调公民权利和公民共同体理念。法国对法语的规范推广和法兰西文化建设，比任何欧洲国家都不遗余力。与法兰西不同，18和19世纪之交的德意志，还处在王国林立的状态，国家的统一需要首先确立"国族认同"，而同一的语言、文化和血统，就被作为构建德意志国族认同的标识和实现国家统一的基础，之后才谈得上公民共同体建

设和社会政治改造问题。德意志语言、文化和族裔国族主义的形成与传播，在一定程度上冲淡甚至超出了法兰西的公民国族主义的影响力。"在19世纪以前的西欧，语言并非是人们区分国族的标准……但从1840年起，人们在强调国族主义意识形态时……语言或对或错地变成了'国族性'的决定因素和象征。"（Stephens，1976：39）

语言、文化和族裔国族主义的逻辑简单明了，其在东欧、亚洲和非洲得到了广泛传播，为这些地方各族人民反对殖民统治、争取民族独立解放提供了另一个理由。但不可否认的是，语言、文化和族裔国族主义，在反帝、反殖和反封建时具有积极的动员力量；而在国族-国家统一建设过程中，其也为以民族差异为由的分离主义提供了借口。但是，我们不能因此否定国族主义古典理论的正确部分，它所认定的国族主权和独立理念合乎世界政治的实际，且一直是国际法和国际社会公认的原则。国族主义古典理论的问题，在于把民族与国族等同起来，将二者的一致性作为划分国家的依据。这种认识当然不合乎

实际，不可到处套用，但这也受到欧洲社会文化背景的影响。

自罗马时代起，欧洲人一直使用"民族"（拉丁语是 populus，其他欧洲语言的同义词多由此词演变而来）一词来指称不同的人文群体，包括冲垮了罗马帝国的北欧各支"蛮族"（pueblos bárbaros）；但自 12 世纪以后，随着城市化与社会发展带来的人口增长和流动加速，拉丁语动词"nāscor"（出生）的名词形式"nātiō"（国族）逐渐传播开来，并在欧洲各种语言中产生变体，用以区别"我们"和"他们"，只是其地盘和政治意涵比"民族"一词更浓厚。到 16～17 世纪，由民族的同质性推论国族的同质性，以国族来划分国家，不仅成为思想家的话语逻辑，也为政治家和广大民众所接受。例如在西班牙，"在 18 世纪初，'西班牙国族'的概念开始出现；到 19 世纪中叶，'国家层面'的国族主义变成了国家首要的社会联系力量"（〔西〕胡安·巴勃罗·福西、朱伦，1993/2；朱伦、陈玉瑶编，2013：296～298）。

胡嘉怡：国族主义古典理论强调国族的同质性，但世界上许多国家都是由多民族组成的，多民族就是异质性；既然如此，启蒙时代是否对此有认识呢？后人又是怎样看待"国族"的？

朱伦：尽管同质化的国族-国家观当时是欧洲社会思想界的热门话题，许多启蒙运动者不厌其烦地论证其合理性，但也不乏冷静的思考，对同一民族的国族-国家观提出质疑。当时一些启蒙运动者为了论证国族主义古典理论的正确合理，还煞费苦心地借用某些自然科学尤其是牛顿力学定律来解释民族与国族、祖国与国家的关系。大多数启蒙运动者都按照严格的牛顿术语来构建国族和爱国主义的联系。[①]

---

① 在启蒙时代的欧洲，直到目前，国族与祖国、国族主义与爱国主义都是同义词，只是二者的含义和运用稍有不同：国族和国族主义，偏重政治意涵；而祖国和爱国主义，偏重情感意义。我们周围常见有把国族主义与爱国主义区别开来的努力，但说服力不大。事实上，没有不爱自己祖国的国族主义，也没有不爱自己国族的爱国主义。国族主义是政治学的基本概念，我们需要认识其古典理论的缺陷，同时要反对那些借此缺陷对它进行自私自利的曲解和滥用。至于我们国内反对的"两种民族主义"，在国外是指具有歧视意义的"族裔主义"（ethnicism）或"族裔中心主义"（ethno-centralism）。

但是，当一些启蒙运动思想家引用牛顿力学等自然科学原理，试图为同质化的国族-国家建立"终极理论"并进行"绝对真理"解释时，也不乏质疑者，指出国族主义古典理论的叙事逻辑不合乎国族-国家形成的多民族实际。但这不等于自然论证了多民族的国族-国家合理。在启蒙时代以后很长一段时间，人们对同一民族的国族-国家观提出质疑，多是一种直接经验，而尝试从理论上解释国族-国家何以包括不同的人文差异群体，这是19世纪后期的事情，其中法国人厄内斯特·勒南（1823～1892）的论述最为有名。1882年3月11日，在索邦大学所作的主题为"国族是什么？"的著名演讲中，勒南驳斥了各种流行的同质性论说，包括语言、宗教、文化、族类等同一性观点，指出"现代国族是朝着同一方向前进的诸多事实导致的历史结果""国族是一种精神原则，是一个精神大家族"，并形象地说"国族的存在就是日复一日的民众投票"

（〔法〕厄内斯特·勒南、陈玉瑶，2014/1）。英国人阿克顿勋爵（1834～1902）及晚一两代人的奥地利社会民主党理论家奥托·鲍威尔（1881～1938）和卡尔·伦纳（1870～1950）；以及列宁（1870～1924）和斯大林（1878～1953），也都不认为民族与国族、民族与国家必须一致起来。[①]

但是，这些人物对国族主义问题的思考，都是为了解决各自面对的国族主义政治问题，其中不乏政治实用主义考虑。而把国族主义和国族-国家现象作为学术研究课题，则始自美国人卡尔顿·海斯（Carton J. H. Hayes）1931年发表《现代民族主义演进史》，以及另一位美国人汉斯·科恩（Hans Kohn）1961年发表《美利坚民族主义：解释性论述》。自此以后，人们对国族主义和国族-国家现象的研究视野超出了欧洲，发表的论文和专著不计其数。其基本共识是：无论是欧洲的老牌国族-国家还是美洲的新兴国

① 参见 Andrés de Blas Guerrero, ob. cit., págs. 18, 42-45, 284, 490-491。

族-国家，无论是非洲殖民地解体后建立的国族-国家还是亚洲一些从古老帝国转变来的国族-国家，多民族结构才是常态。① 从此，国族主义古典理论家们的"一个民族，一个国族，一个国家"的片面论说，失去了在学术界的主导地位。

20世纪下半叶以后，国际学术界的解释可以说是"百花齐放，百家争鸣"，但基本没有超出勒南的论述。有的是从勒南的"历史结果"论出发，演绎出"历史命运""原生主义"等流派；有的从"精神大家族"说出发，演绎出"想象"论、"象征"论等观点；而由"日复一日的民众投票"，人们则演绎出"意志"论等。目前，民族分离主义者多以"民主""意志""权利"等为自己的独立诉求辩护。但是，分离主义者忘了勒南所说的"民众投票"，是就洛林和阿尔萨斯两个德语区居民的德、法归属意愿而说的，不应由此推论一个国家内部的某个民族可以随意地举行"独立公投"。国族-国家不

是"独立公投"出来的；现代主权国家也不是可随意"独立公投"产生的。在今日所有主权国家的宪法中，都有国族统一和领土不可分割的宣示，分离主义已没有多少市场。例如，同是自由主义国家的西班牙，对2017年加泰罗尼亚主义者挑起的"独立公投"，就采取坚决反对的立场。

启蒙时代的思想家产生"一个民族，一个国族，一个国家"的思想，既不是国族-国家产生的原因和划分的依据，也不是对"国族-国家"形成实际的客观描述和准确认知。但这种思想一经产生，除了容易诱使人们主张同化主义外，也往往成为分离主义者借用的理由之一：以民族差异为由，另谋建立国族-国家。现代国族-国家的产生，近现代的国族主义独立运动，伴随着反对帝国主义、反对殖民主义和反对民族压迫的斗争，但这种斗争通常是一些命运与共的民族合力完成的，民族差异不是本质问题。而且，现代国族-国家内

---

① 关于当今世界各国的民族结构，参阅〔美〕戴维·莱文森编《世界各国的族群》，葛公尚、于红译，中央民族大学出版社，2009。

部的"民族问题"，业已不同于过往时代，不再是"压迫与解放"的问题，而是如何共同建设和共同治理人人权利与义务平等的国家和社会，并在共建共治的过程中实现各民族自身利益和共同利益的问题。由此，民族分离主义也就失去了必然性和正当性，与历史上反帝、反殖民的民族解放运动不可同日而语。

胡嘉怡：您梳理了国外关于国族-国家的认识发展，我们该如何认识当下中国呢？我们常说中国是多民族国家，而很少讲"国族-国家"或"民族-国家"；中国拥有56个民族，我们该如何正确认识中华民族的同一性与各民族差异性？

朱伦：自中国近代史开始，随着国族主义和国族-国家观念的传入，到1902年，梁启超先生首创了"中华民族"（Chinese nation）这个概念。随着1905年11月孙中山先生提出"民族、民权、民生"这一资产阶级革命纲领，"民族"和"民族主义"（nation and nationalism）便逐渐成为中国社会特别是知识界

的高频词，与祖国和爱国主义一道，成为中国人民反侵略、争主权，投身救亡图存运动的力量源泉。但主要是受德意志"文化国族主义"观念的影响，中国不仅在汉族中出现过"驱逐鞑虏"的口号，在某些少数民族中也产生过分离主义势力。不过，中国各民族中先进的知识精英和政治力量，最终引导各族人民走上共同建构统一的中华民族-国家（国族-国家）之路。

民族-国家建构包括内外两个方面，中国各族人民在20世纪中叶完成了反侵略、争主权的外部构建任务，但内部建设一直在路上。至今，中国还存在各种或暗或明的分离主义势力活动，不管是历史的还是现实的，都是在外国势力挑唆和支持下的产物，最终都不过是几缕随风飘舞的癫狂柳絮而已。但是，在中国的分离主义势力的叙事中，也往往拿民族差异说事。这就涉及如何认识中华民族（国族）的统一性建构与各民族存在差异性之间的关系。虽说"中华民族"与"56个民族"都以"民族"称之，我国既说单数的"中国人

民"，还说复数的"中国各族人民"①，但对二者的领属关系，自近代以来的知识界多有讨论，其主流认识是费孝通先生在 1989 年概括的"多元一体"。在国内政治领域，中国各个政党旗帜鲜明地坚持"中华民族"的统一性；而在国际社会，中国同法兰西、西班牙、美利坚、俄罗斯等一样，是"世界民族（nations）之林"中的平等独立的成员之一，这也是一个普遍的共识。

以现代国家为基础的"民族认同"（国族认同），是促使各民族团结统一起来的基础性认知。2021 年 8 月，习近平总书记在中央民族工作会议上强调，"必须以铸牢中华民族共同体意识为新时代党的民族工作的主线……不断推进中华民族共同体建设"（习近平，2021：326）。民族工作并不限于处理各个少数民族的特别权益事务，更重要的是对各民族进行"中华民族"的认同教育，以使各民族可以超越"本民族"意识，不断增强对"中华民族"这一共同体和实体的认同度和归属感。因此，当习近平总书记提出"铸牢中华民族共同体意识"后，其时代理论意义立即在理论和实践上获得空前广泛的高度认同，众多"中华民族共同体"研究中心的建设方兴未艾。

胡嘉怡：毫无疑问，中华民族同一性和各民族差异性是一对既有张力又有凝聚力的不同概念和范畴，您对此有何看法？

---

① 天津师范大学张三南教授曾和我讨论说，他在研究马克思主义民族理论及其中国化问题时，绕不开怎样理解国族主义古典理论的"one people, one nation, one state"论说，我国现在也同时使用 Chinese people 和 Chinese nation 这两个概念，这怎么解释呢？这的确是个好问题。在国际上，现在也是这两个概念并用。启蒙思想家认为，一个"政治性质的 nation"建立在一个"语言文化性质的 people"基础上，但这不合实际，于是后人便承认一个 nation 可以包括众多 peoples，同时又看重和保留 people 的文化认同性质，也就 people 和 nation 并用了。现代国家所说的 people 及文化认同，更多的是指现代"公民共同体"及其文化认同。我们只能从这个角度来理解"中华人民"（中国人民）与"中华民族"的并用。但是，当我们说到国族主义古典理论问题时，需要理解当时的理论家们所说的 people，原意是历史形成的语言文化和人文差异群体概念。这也是我在本文中，将"one people, one nation, one state"的译文，从以前的"一个人民，一个民族，一个国家"，改译为"一个民族，一个国族，一个国家"的原因，这更符合国族主义古典理论的原意。

朱伦：关于中华民族（国族）同一性与各民族差异性的知识体系和话语体系，包括提供可使民众容易理解二者关系的清晰概念，用经济学的"供给侧"观点看，还有尚待深化认识的问题。自新中国成立后，特别是自20世纪50年代的"民族识别"后，"中国是一个统一的多民族国家"，深入普及社会各界和各族民众的意识之中。但怎样认识"中华民族"，我们的知识供给则有不足，其具有代表性的认识，就是国家权威工具书《中国大百科全书》，也只把中华民族概括为"中国各民族的总称"。这个概括没有从理论上对Chinese nation的本质进行定义，只是从民族结构上对其进行描述，因为当时参与讨论的专家们意见不一，只好达成这样的妥协。① 从民族结构的角度看国家和国族，当然可以成立，我也写过这方面的文章②，但我们还要进一步论述"中华民族"之"民族"，与"56个民族"之"民族"的区别。由于我们没有从理论和概念上做出清晰的界定，二者都以"民族"称之，尽管国歌高唱"中华民族"，但在各民族

① 《中国大百科全书·民族卷》出版后，笔者曾冒昧地向李一夫老师讨教这个问题，我说："这种界定就像说'人是各种人的总称'一样，定义不够科学。"岂知，李老师恰是这一条目的撰写人，让我好尴尬！他对我说："原来有个讨论稿，编委会争论激烈，从定义到释文，多次讨论修改都达不成共识；其他条目都排版校对完了，就等'中华民族'这一条，于是，牙（含章）所长找我谈话，让我重写；考虑到原起草者是多年同事，我再三推辞都推辞不掉；汉语'民族'这个词的使用很宽泛，不同学科背景的人各有理解，审稿人都是费孝通先生等老一辈，怎么协调他们的分歧？我想了好几天，便使用了这句概括语，以避免定义之争，释文也尽量不谈争议的问题，编委会也就通过了；怎样定义中华民族，只能待后来者了。"李老师这段话让我印象深刻而又惊讶，《国歌》唱了"中华民族"几十年，老一辈学者对中华民族的概念和内涵还有这么大分歧，以致没法定义！现在想来，费孝通先生在1989年改变50年前的观点，提出"中华民族多元一体格局"说，恐怕与他参与"中华民族"词条的审稿，受编委们激烈争论的激发不无关系（李老师于2020年3月5日夜里仙逝，享年九十有三，此处回忆他给我讲的这一幕，亦深表我对他的悼念）。
② 详见朱伦《论"民族-国家"与"多民族国家"》，《世界民族》1997年第3期。在该文及后续的一些论文中，笔者一再指出汉语"民族"概念的多义性给理论思辨带来的困境，并常以国族-国家或国民-国家来翻译"nation-state"这个概念，意在区分"民族-国家"之"民族"，而不是"56个民族"之"民族"。基于汉语"民族"多义性而形成的叙事，在专业领域内还可以辨别理解，之外就不一定了。笔者最近主持一项中华学术外译项目《中国民族志》，课题组就讨论到"族""民族""人民"有啥区别，怎么译才好。

民间意识和日常话语中，说到"民族"，更多是指"各民族"，甚至是"少数民族"。在此话语氛围下，一般民众很难跳出直感直觉的"本民族"认知，以更高的视野来理解"中华民族"的概念与意涵。从本质上说，现代"中华民族"（国族），不是各民族的"联合体"（union），而是所有公民的"统一体"（unity）。我们没有从这个角度来定义"中华民族"，与我们对现代世界的国家形成了固定的"单民族国家"与"多民族国家"的对立叙事习惯并把中国纳入后者之列的知识供给，具有很大关系。

胡嘉怡：对一般读者而言，不一定了解"单民族国家"与"多民族国家"的对立叙事是怎么回事，我想读者朋友们都很想听听您的看法。

朱伦："单民族国家"与"多民族国家"之说，是吴文藻先生于1926年首先提出的。吴先生是我国"民族学"（Ethnology）学科的开拓者，他所言的"单民族"与"多民族"，是一种文化人类学或民族学的群体概念，它以传统文化习俗和语言差异为主要的显性指标。但民族学的分析理论和方法，包括分析单位 ethnos，在国际学术界并没有被用来否定现代国家赖以合法存在的"国族"（nation）基础，也不否定"民族"（people），因而也不否定"国族–国家"现象。而且，在有关"国族"构成要素的当代研究中，人们也关注其 ethnos 特性，这是与语言、文化等特性同列的因素。但是，这些因素被用来认识"民族"可以，用来认识现代"国族"就不足了。国族的核心要素是"领土主权、统一政权和公民共同体（人民）"，这是不同民族形成同一国族进而建立统一国家的政治基础。

以民族学视角研究一个国家的人文差异，把研究对象也称为"民族"，由此提出"单民族国家"和"多民族国家"之分，可以理解，但这里所说的"国家"，是"国度"之意，英文是 country，而不是政治学所讨论的 state。以民族学的视角看"国家"，且不说没有触及现代国家的政治特征与内在实质，仅从学术角度说，也没有理解国族主义古典理论的论述逻辑——由语言文化同质的"民族"（people），到领土主权独立的"国族"（nation），再到内部政治统一的"国家"（state）。对欧洲国族主义古典理论的这一论述逻辑，我们可界定为"单民族的国族-国家"观；若与这种国族-国家观切割，我们理应推出"多民族的国族-国家"观（nation-state of multiple peoples）。从置身国际社会，与国际学术界更好对话、"讲好中国故事"的角度说，我们也不能只从人文差异角度说中国是"多民族国家"（state of multiple peoples）；还要进一步从现代政治共同体角度，指出中国同当今绝大多数国家一样，也是由不同民族共建的"多民族的国族-国家"，或者叫"多族体的民族-国家"，这取决于论者是将汉语"民族"用来界定"中华"整体，还是用来界定其"56个"成员。

"单民族国家"与"多民族国家"之分，虽源于20世纪20年代的民族学界，但普及则是在新中国成立之后。众所周知，这与斯大林"nation"（国族）定义在中国的传播和错位运用有关，即把斯大林的"nation"定义灵活运用于56个民族。斯大林对nation的定义与启蒙思想家有所不同，主要是淡化了其政治意涵。但苏联的实践，最终还是回归到了nation的政治意涵上，建立了一个个的加盟共和国和自治共和国。所以，即使对斯大林的定义灵活运用，包括对外翻译把"56个民族"与"中华民族"作了术语区别，但中文没有区别，由此形成的"民族"和"民族权利"观，难免对人们产生消极影响，对分离主义或自治主义话语的"免疫力"准备不足等。

此外，汉语"民族"一词多义的习惯用法，也不利于向民众传播民族学和政治学对人们共同体的不同认知。民族学界普遍意识到了这个问题。1999年，中国世界民族学会曾召开过"中外民族术语专题讨论会"；新世纪第一个十年，中国民族学界就"人文差异群体"的中外术语表达和沟通有过广泛持续的讨论。① 但是，学界的讨论很热烈，成果普及则不够；除民族学专业外，其他文科生，包括外语生现在对这类概念问题都不甚了了，连到国外就读的研究生碰到这些概念都有理解困难②，更何况各族民众了！在人文社会科学中，任何学科都需要有规范的专业术语和概念体系，这是形成人们容易理解的理论论说的前提。否则，难免"名不正言不顺，言不顺而事不遂"。

把与启蒙思想家的认识没有太大差别的斯大林的"nation"定义，用于解释中国各民族，还容易给人留下"中华民族"（国族）碎片化的感觉，让人看不到其整体性生成，只剩下"我们""你们""他们"之分。但事实是，不管中国历史上的族际界限和纷争如何，各民族现在都是中华民族（国族）的有机组成部分，不仅在政治上是统一

的实体，文化上也具有混合性和共通性。1989年，费孝通先生提"中华民族多元一体格局"，之所以引起广泛共鸣，就在于他协调了半个世纪前跟顾颉刚先生的认识分歧，规定了"中华民族"（国族）与"56个民族"的位阶，并对二者进行了术语区分。费先生提"中华民族多元一体"，他翻译的英文是"diversity in unity of Chinese nation"，说的是国族同一性中的民族多样性，这也是世界多民族的国族-国家的官方和主流舆论对各自人文结构的普遍认识。

三、公民共同体建设与合族共治

胡嘉怡：您在前文中论述了中华民族-国家的统一决定了各民族要整合起来共同建设祖国，反对分离主义，反对分疆划界的所谓民族

---

① 其间发表的成果很多，主要观点和纷争，可从郝时远研究员的《类族辨物："民族"与"族群"概念之中西对话》（中国社会科学出版社，2013年）一书中窥见。笔者也写过一文：《西方的"族体"概念系统——从"族群"概念在中国的应用错位说起》，《中国社会科学》2005年第4期。

② 有在西班牙就读的研究生给我短信说："这里的老师上课，轮换使用 nación, pueblo, nacionalidad, etnia, grupos étnicos 等概念，我都听晕了，请你给我解释一下。"我也曾让外语本科生练习翻译"中国是一个多民族国家"这个简单句，加上"国家"有三种译法，相互组合竟有一几种答案！

自治。请您谈一谈公民共同体理念对现代国族共同体建设，特别是对中国各民族团结建设中华民族共同体的作用。

朱伦：你这个问题提得好！现在，铸牢中华民族共同体意识是学界热门话题，但多是沿袭费孝通先生的历史视野，描述中国各民族历史上"分分合合、分而未裂、融而未合的多种情状"，但这不是"铸牢"的全部，甚至不是关键问题。在各民族中间加强公民意识培养，在社会政治、经济民生领域切实保证公民权利平等和利益均衡，不仅是铸牢中华民族共同体意识、弥合民族差异的关键，也是所有多民族的国族－国家统一建设之选。历史地看，国族－国家在欧洲的产生，就是为公民共同体建设服务的，起初以同质化民族作为公民身份的获得资格，而后又扩大到不同民族。通过人人权利平等的公民共同体建设来增强人们的国族－国家归属感，这是时代要求。

民族学研究重视民族差异性或多样性，但不能忽视国族同一性或统一性。国族同一性建构决定着民族差异缩小、共性增多，这是许多国家发生的实际，这个实际是在公民共同体建设过程中产生的。公民共同体建设在塑造国族同一性的同时，也在大大压缩民族分离主义的空间。

众所周知，随着同质化国族－国家论说传入中国，民族分离主义在中国也曾喧闹一时，但它终不能阻挡中华民族共同体的现代建构。究其原因，虽然中华千年帝国的统一对各民族的整合作用功不可没，但关键在于各民族民众和知识精英对人人平等的现代公民共同体理念和建设的追求奋斗，使各民族不仅捐弃了历史上的前嫌，更为各族人民团结起来共建现代统一的中华国族－国家、对外共同反侵略和反殖民、对内共同反分裂提供了时代新动力。

国族－国家是现代建构和现代概念，除了领土主权的外在特征外，从社会制度变迁的角度说，或者说其内在实质，就在于它追求建立人人权利与义务平等的公民共同体。关于"国族"（nation）的概念，有许多定义，普遍以各种共同性来界定它是"人们共同体"；但不管人们可找出国族有多少共同性，都少不了人人权利与义务平等的"公民共同体"这个现代要素。我们不能只将中华民族界定为"中国各民族的总称"，理由之一是它没有突出将各民族团结起来的公民共同体认同这个现代要素；理由之二是它也不能涵盖本是外国人而加入中国国籍的人。而且，放眼世界，有些国家存在不同民族，但不作民族划分，那又该怎样界定"国族"呢？西班牙宪法称"西班牙国族"包括不同"民族"和"地区"，这不能理解为对"西班牙国族"的定义，而只是对民族和地区差异的承认，同时又是对其西班牙属性的认定。

因此，认识国族统一性与民族差异，就不仅要解释二者的性质区别，还要从公民共同体的角度理解，并由此把民族差异与民族权利放到公民共同体内予以尊重、予以保障。只有这样，才能为多民族的国族共同体建构和各民族的国族意识塑造，奠定牢固的社会基础。

关于国族和国家的互动关系，国际上有一种观点认为，是国家塑造了国族；若此说有一定道理，且塑造工具多种多样，那最根本的一定是人人权利与义务平等的公民共同体建设，这不仅是国族统一性建设的必需，也是协调民族差异性的必然。如果说现代国族−国家统一性建构不支持分离主义的话，那么，现代公民共同体团结建设的理念和实践，则不支持各自为政的"分族自治"，相反则要求"合族共治"。

胡嘉怡：公民共同体内存在民族差异和民族权益，合族共治已成为历史必然和现实迫切需要；那么，中国是如何处理民族差异，如文化多样性，以保证民族群体权益的？

朱伦：具体措施很多，这里难以详述，只笼统说吧！

现代国族−国家主权和权力载体是公民共同体，公民共同体的本质是公民平等；对待公民共同体内的民族差异及其民族群体权益问题，中国也有自己的回答。

中国共产党自成立之日起，就宣示"民族平等"。民族平等包括两个方面，一是各民族的成员作为自然人和公民的权利平等，二是各民族作为群体的生存和发展权利平等。新中国成立后，应广大少数民族民众的要求，中国共产党利用国家力量和资源，在少数民族聚居区进行广泛的"社会主义民主改革"，这既是对少数民族成员个体权利平等的保障，也是对少数民族群体发展权利的保障，得到了各少数民族广大民众的拥护。这场以土地改革为中心的少数民族社会民主改革，前后持续十多年，废除了少数民族中一些传统落后的习俗和制度，实现了少数民族的群体性解放，各少数民族人民与汉族人民一道成为国家和社会的主人。在推动少数民族社会制度变革的同时，中国十分注意对各民族文化多样性的保护和发扬，并将其视为中华文化的有机组成部分。这与一些国家把少数族裔及其文化视为异类加以排斥形成鲜明对照。中华文明本身就是融合各民族文化形成的，各族人民对不同文化都持"兼容并蓄"的价值观和"有容乃大"的胸怀。

而在少数民族的民生改善方面，从20世纪50年代的土地改革开始，国家在不同时期采取了各种措施促进少数民族聚居区的经济社会发展，使生活在这些地方的各族人民在物质生活上逐步缩小了与全国平均水平的差距。这里我想强调的是，国家对少数民族聚居区经济社会发展的帮助，对少数民族权益的特别关怀，是因为这些地方是中国政府管辖的地方，各民族群众都是中国公民，国家有责任保障各族公民权利平等和利益平衡发展。在现代国家，对任何民族出身的个体来说，其公民属性比民族属性都重要得多。道理不需多讲，只要我们看一看这两种身份对人们实际生活的作用，就一目了然了。一个人可以淡化族属认同甚至脱离其民族群体而生活，只在内心深处存有浓厚的乡愁和亲情，但其公民属性及其各种公民权益保障，则是须臾离不开的。

我们国家对少数民族聚居区经济社会发展的帮助，对少数民族权益的特别关怀，是基于各民族群众都属中国公民，国家有责任保障各族公民权利平等和利益平衡发展。国家对少数民族中弱势群体的扶持和帮助，不应一概与"民族政策"和民族身份联系起来，而应将其视为保障各族公民权利平等的"社会政策"，这有助于增强各民族的公民意识。现代国家和社会建设，虽有意识形态和政治制度之别，但普遍是把公民权利平等保障建设放在第一位，通过各种机制约束和思想教育来培育各族公民的国族-国家认同和公民共同体认同，而后才去考虑不同民族的差异和特别权益如语言使用等问题。各族人民认同共同体建设，既是对外建构"国族同一性"和国家独立主权的基础，也是对内促进族际团结、化解民族差异的保障。若不如此看问题，任由民族差异及其意识发展，甚至通过一些制度强化民族界限，就难免使国族-国家统一建设失去公民共同体的认同基础，民族分离主义也由此有机会"借题发挥"。

四、民族融散杂居
与合族共治

胡嘉怡：我国各民族的分布情况，历史地形成了"大杂居、小聚居"的特点。新中国的边疆开发建设吸引了大量汉族和其他民族的公民移居和扎根边疆。与此同时，也有大量少数民族进入内地生活，特别是改革开放更加速了全国

人口流动和民族融合，这对全国各民族分布情况的变化是有很大影响的；同时也会在种种不利因素下诱发民族性的纷争，不利于民族团结和公民共同体意识的养成。您对此有何看法？

朱伦：如果说我国各民族历史上形成了"大杂居、小聚居"的局面，现在可以说"大杂居更大，小聚居更小"。新中国建设特别是最近40多年的改革开放，使我国的政治、经济、社会和文化的现代化进程和城市化发展，不可避免地导致各民族都难以封闭孤立地存在，而是普遍发生持续性的自由融散与多维度整合；由此，民族关系也就从以往那种有物理边界，变成了一种相互渗透、纵横交错的状态。在此情况下，"分族自治"已失去了操作条件。不过，我们也要看到，各民族的融散与整合过程可能产生的问题，远比以往各民族相对封闭孤立时更多、更复杂。由此，怎么看各民族的融散与整合，也就成为国族共同体和公民共同体建设绕不开的话题和民族问题治理必须考虑的内容。

在农业社会里，各民族虽然相

互发生交往交流交融乃至局部同化现象，但这不影响民族的整体性存在，因而人们可以形成"民族分布格局"的认识，得出民族是认同感很强的共同体的结论。然而，当人类社会进入现代化工业生产过程以后，农业社会产生的各种传统组织形式都不可避免地受到影响，其中也包括历史形成的"民族"。工业化社会以人口与资本流动自由为特点，它所创造的多种生存手段和发展空间，使各民族都卷入了普遍性的融散之中，任何民族都不是铁板一块的存在，民族的地理和物理边界已难划定，文化和心理边界也并非那么森严壁垒。这是一个不需讲多少道理、看一看就可明白的问题。

各民族的物理性融散，必然导致"民族"的内涵和外延变化：就内涵来说，各民族虽仍是具有某些认同的社会群体，但已无法维持以往相对封闭的、自给自足的整体性；民族的融散不仅表现为生存空间分化，生存手段也呈现多样性，并由此导致利益共同体的重组，各民族间同阶层同行业的人们具有更多的群体利益认同。而就外延来说，现代国家和社会实行的属地化和行业化管理制度则使各民族在不同空间和行业里形成了密不可分的关系，这使民族失去了成为单独的政治实体或管理单位的条件，民族已不是拥有或可被授予公共权力的载体或主体。即使把"民族自治"定义或设想为对内部事务上的"自我管理"，但由于没有可把所有民族成员组织起来的管理方式，且人们也不一定接受这种管理，因此，这种设想缺乏可操作性。

胡嘉怡：各民族的"大杂居、小聚居"决定中国只能实行"民族区域自治"，但有人认为这是"民族自治"的体现，您对此如何看待？

朱伦：在中国2000多年的国家统一历史中，发生过多次改朝换代和相互兼并的大规模战乱，导致了各民族发生多次大流动和大融合，形成了各民族"大杂居、小聚居"的地理分布。目前，在四川、云南、贵州、广西等西南省区，即使是三四十万人口的一个小县，民族成分也往往有一二十、二三十种之多；在一些只有三四十户人家的小山村里，也有好几个民族共居。因此，新中国成立后如何治理民族问题，尽管苏联的民族自治自决理论和实践影响巨大，但我们党立足国情，倡导在多民族杂居和少数民族聚居地区，建立国家统一下的"民族区域自治"地方，形成了今日被授予一定自治权限的5个自治区、30个自治州和120个自治县（旗）的格局。此外，全国还建有2000多个"民族乡"。不仅自治区、自治州和自治县（旗）是多民族共居的地方，"民族乡"也普遍是多民族共居。

中国的大多数民族区域自治地方，在地名后还冠有一个或几个少数民族的名称。这只能理解为是对冠名民族地位和作用的强调，不是说这些地方就是冠名民族的自治地方。"民族区域自治不是某个民族独享的自治，民族自治地方更不是某个民族独有的地方。"（中共中央文献研究室编，2016：94）

我们有一种习惯言说，把全国分为"汉族地区"和"少数民族地区"（或"民族地区"）。对后者，法定用语是"少数民族聚居的地方"和"少数民族聚居区"。[①]所谓"聚居区"，不是"独居区"，而"汉族地区"的说法，也没有法律根据。把全国分为民族地区和汉族地区，容易在民间产生潜移默化的"民族地盘意识"，还可能被别有用心的势力拿来宣传排他的"民族领土观念"，不利于在各族人民中间培育中华民族共有家园意识，不利于养成各族人民的中华民族属性意识，不利于铸牢中华民族共同体的统一性和整体性意识。此外，"民族区域自治"和"民族自治地方"这两个短语，由于汉语名词没有复数形式，"民族"也容易被有意或无意地当作单数理解，因此，若在"民族"前加个"多"字，说"多民族区域自治"和"多民族自治地方"，可能更合乎实际和汉语表达方式，有助于消除人们的误读。

胡嘉怡：从国外情况看，分疆划界的"民族自治"似乎仍是一些少数民族的诉求，甚至被披上了

---

① 见《中华人民共和国民族区域自治法》（2001年修正）第二章第十二条。

民主的"外衣"，您怎么看待这种似是而非的现象？

朱伦：这类诉求大多产生于一些国家在政治生活中没有考虑民族因素，或者说少数民族在自由竞争政治中处于边缘地位，难以获得一席之地。众所周知，加拿大、美国、澳大利亚和新西兰等国家实行"土著人保留地"自治，这可能被一些论者当作"民族自治"的案例；但是，土著人保留地即便是自治的，它也不是"整个民族"在一起的自治，如美国易洛魁人就分散在纽约州、威斯康星州、宾夕法尼亚州、俄亥俄州的不同保留地里。而且，土著人保留地是被殖民掠夺后的残存栖息地，它记录的是土著人被驱赶的屈辱历史；土著人保留地的自治条约，也谈不上是权利平等的体现，只不过是限定土著人生存与发展空间的规定。而对于大多数国家的世世代代共居的各民族来说，他们的问题是怎样面对融散与整合、怎样为了共同权益而共同治理的问题。

此外，也不排除某些利益集团把"民族自治"作为工具，借此寻求在"地方管理"中的权力和主导地位。在西班牙的自治共同体制度中，各种民族党的建立就是例子。

但是，现代国家内部的民族关系和民族差异问题，具有不同于过往的特性或内涵，具体说就是国家对"国族共同体"和"公民共同体"的认同规定，这使得"民族自治"成为一些民族的少数精英阶层谋求权力和私利的借口。鉴于此，民族问题治理研究，就要以各民族之间的团结和整合建设为基本论点。如果不是这样认识问题，而是以封闭观点看民族，就民族关系说民族关系，就民族差异说民族差异，轻则容易导致二元对立的民族界限意识固化，重则可能导致排他主义、自治主义和分离主义滋生蔓延。

工业化社会和现代国家建设导致各民族发生了普遍性的融散，由此也必然带来各民族间的多维度整合。这种整合从承认民族差异的历史性存在出发，通过采取各种政治、经济、社会和文化建设措施，促进各民族不断走近，目标则是达成各民族对现代国族统一性和人人权利平等的公民共同体团结建设的认同。新中国成立后在少数民族聚居区进行了长达十余年的社会主义民主改革，对此，我们可从社会革命、阶级革命和民族解放的角度来论述它；但同时要看到，这也是一场促进各民族对中华民族（国族）共同体和中国公民共同体的整合运动。在这场民主改革过程中及其以后很长时间里，民族学界特别关注对民族差异和民族特别权益的尊重和保护研究。自20世纪90年代开始，特别是进入21世纪后，随着我国民族问题出现许多新情况，民族学界又开始特别关注各民族间的多维度整合研究。且不说发表的论文不计其数，专著也有多部，"族际整合"这个概念也普遍使用开来。①

胡嘉怡：听到您对民族融散与整合的论述，我很受启发；但这对国族共同体特征的塑造有什么影响？我们该如何跳出族际关系的传统视角，将民族间的多维度整合研究纳入国族共同体建设之中进行论述？

朱伦：中国民族学界对族际整合的研究，多以国家统一为论说基础，以整合政策、方式和机制为主要研究内容，而对族际整合的原理研究，即对现代国家赖以统一的国族共同体和公民共同体认同的基础理论研究，则相对不足。"族际整合"，给人以一种"民族对民族"的感觉，虽然论者可以国家统一为论说基础，但若对"国族统一性"和"民族差异性"问题的认识、对"公民共同体"与"民族群体"问题的认识缺乏理论深度，有关国家统一和"族际整合"的论说和理由就缺乏说服力。这是苏联和南斯拉夫等国家解体证明了的，今日有些国家存在的民族分离主义势力，也在继续证明这一点。其实，"整合"这个概念在国外民族学和人类学研究中开始出现时，并非是针对族际关系说的，而是与现代国族建构联

---

① 例如，王建娥、陈建樾等：《族际政治与现代民族国家》，社会科学文献出版社，2004；关凯：《族群政治》，中央民族大学出版社，2007；王建娥：《族际政治：20世纪的理论与实践》，社会科学文献出版社，2011；严庆：《冲突与整合：民族政治关系模式研究》，社会科学文献出版社，2011；周平：《多民族国家的族际政治整合》，中央编译出版社，2012；朱伦：《民族共治——民族政治学的新命题》，中国社会科学出版社，2012。

系在一起的，名为"国族整合"（national integration），不是"族际整合"（interethnic integration）。国内学界现在普遍讲"族际整合"，这与我国重视民族关系研究的传统有关。

族际整合，在中外历史上都是一种普遍现象，它为今日各个现代国族-国家的统一建构奠定了历史基础。西班牙在西罗马帝国灭亡后，历经千年封建战乱与族际整合，于15世纪末实现了"天主教双王"治下的国家（王国）统一，为西班牙各族人民的国族同一性和认同塑造，开启了不可逆转的现代性内涵建设进程。中国历史上的历次民族融合，也是族际整合，同样为中国各族人民走向共同建设统一的现代"中华国族-国家"奠定了历史基础。但历史上的族际整合，无论在中国还是在外国，都伴随着各民族间的相互征伐，伴随着强势民族对弱势民族的压迫。现代国族整合，与历史上的族际整合不可同日而语，它以保障各族公民权利平等、促进各族人民团结的公民共同体建设为基本内容和宗旨。

当然，我们这样认识和界定现代国族整合，并非说国族整合就是一蹴而就的事情，也不是说它就是一派祥和的景象；国族整合是一个长期复杂的过程，如果对民族差异的认识有偏差，如果整合方式和机制有问题，其间也难免发生矛盾乃至冲突。墨西哥的国族整合情况，可以证明这一点。

"国族整合"（integración nacional）这个概念，最早就产生于20世纪20年代的墨西哥，是墨西哥人类学之父、拉美土著主义理论流派最重要的奠基人曼努埃尔·加米奥（1883～1960）首先提出的。[①] 当时，墨西哥发生了资产阶级革命，国家建设开始走向

---

① 产生于墨西哥的"integración nacional"这个概念及理论，最早被引入中国民族学界，是在1980年代后期，时译"民族一体化"或"国民一体化"。1989年秋天，中国世界民族学会联合中国拉美史学会和湖北大学，在北京召开"拉美民族一体化理论全国学术讨论会"，此应是"integración nacional"这个概念首次见诸我国民族学界的学术讨论会上；笔者撰写的有关墨西哥的论文，名为《墨西哥国民一体化理论与实践》，该文先在中国世界民族学会内部刊物1990年度《世界民族研究通讯》刊出，后经修改被收入中央民族大学出版社1993年出版的《世界民族概论》一书中。

工业化和现代化，而城乡差别巨大，农村主要是土著人及其村社制度，与城市是两个世界。由此，加米奥在 1916 年出版的名作《铸造祖国》一书中，阐述了他的国族整合思想。怎么整合？该书的副标题给出了回答——"提倡国族主义"，即以"国族"观念来消弭历史上产生的殖民主义、部落主义、族裔主义、地方主义包括以大地产制为基础的地方割据。① 1935 年，加米奥又发表《迈向新的墨西哥》一书，深化了他的国族整合理论。拉美地区的历史进程和社会人文结构与墨西哥差不多，因此，国族整合理论得到了拉美绝大多数国家的响应，特别是拉美 18 个存在土著民族的国家，都将这一理论作为制定土著民族政策的依据，并在 1940 年联合建立了"全美洲土著研究所"（III），大多数国家也先后建立了各自的土著研究所。由此，国族整合理论逐渐发展成

为借以解释国族-国家现象的现代建构主义理论流派之一，在新兴的多民族国家广为流传，包括坦桑尼亚等非洲国家；甚至在欧洲如西班牙学界，现在也以"整合"的理论视角来研究西班牙国族的统一。但民族问题的长期性和复杂性，并非一提国族整合，就可轻易破解，而是会遇到各种现实的利益问题。

胡嘉怡：您在长期的民族学研究中，既有艰深的理论探索，更有扎实的实地经验，即开展过诸多的田野作业。这说明，微观实证的田野调查，对于民族治理问题的理论研究应该具有重要的支撑作用，您在这方面有哪些心得与大家分享？

朱伦：就拿墨西哥的国族整合来说，我 1993 年在墨西哥研修期间，先后到尤卡坦半岛、维拉克鲁斯州和恰帕斯州的土著人社区调查，写了一篇长文②，认为墨西哥

---

① 韩琦：《加米奥的〈锻造祖国〉与土著主义运动》，见韩琦等《墨西哥文化革新运动与现代化》，社会科学文献出版社，2021。加米奥的 *Forjando Patira：Pro-Nacionalismo* 一书的文化人类学价值历久弥新，2010 年还被译为英文，由美国科罗拉多大学出版社出版。

② 该文为西班牙文，名为《墨西哥应为印第安人参与国家管理打开更大的空间》，先在萨卡特卡斯州日报《太阳报》1994 年 1 月下旬分 5 次连载，墨西哥全国日报《至上报》2 月上旬亦分 5 次转载。

的国族整合实践，其主要问题是土著民族只是各种整合政策的被动接受者，没有充分参与共同治理的机会，这使其经济利益难以得到充分合理的保障；在土著人传统社区组织解体后，留居农村的土著人失地、缺地严重，而政府没有及时解决这个问题，招致土著人不满。任何促进社会进步的政治思想和运动，起初都是发轫于对弱势群体的关怀。墨西哥的国族整合当然也考虑到了这一点，但实践过程则是资本主义向农村的发展，导致土著人无力竞争，难得守住一小块土地为生。造成这种局面的很大原因，是土著人在政治舞台上没有发言权，由此，我认为，墨西哥应为土著人参与国家和地方治理打开更大的空间。国族整合是时代趋势，但其整合过程必须保障各民族各地区利益的平衡发展，并要建立起可保证各族人民和公民共同治理的适当制度、方式和机制。这两点，恰是今日一些自由主义国家的选举政治和资本主义竞争制度很难从根本上解决的问题。

墨西哥没有关注少数民族的群体政治权利，没有在国族整合中确立各民族共同治理国家和地方的有效制度，所以，1994 年，恰帕斯州土著人在与政府的和谈中提出了自治要求，以体现自己的政治性存在。为回应土著人的政治诉求，当时负责土著民族事务的内阁部长即全国土著民族研究所所长，还率团到中国来考察民族区域自治制度。后来，土著民族的政治参与要求得到了回应，在国会里增加了 6 个土著人席位（这与农村土著人占全国人口 6%～8% 的比重差不多；在墨西哥，土著人事务不包括城市土著人），而自治诉求则无解。墨西哥土著人与西班牙裔等欧洲人的混居和混血（占全国人口近 80%）情况十分普遍，加上土地私有制，政府赎买一部分土地分给土著农民可以，但无法给土著人划出一整块地方来自治。西班牙对拉美的殖民统治以"委托监护制"为主要方式，不像美国和加拿大的殖民史那样，把土著人强行驱赶到一些贫瘠的保留地里；由此，拉美国家逐渐形成了土著人与殖民者后裔相互杂居的局面，且产生了大量的混血者，成为有关国家的多数居民，土著人只是还存在于一些小聚居的村落，其中，墨西哥是典型。这是国族整合理论产生于墨西哥并首先在拉美国家流行的客观原因之一。

如果说墨西哥的国族整合因长期忽视土著民族的政治参与，致使土著人利益没有得到充分保障，是土著人问题激化的原因之一，那么，在承认民族集体政治的国家，自由主义政治为资本利益集团服务的主要性质，以及民族政治的操作方式和机制（如民族党政治），也有可能给统一的国族共同体和公民共同体建设带来另一些困扰，包括一些利益集团和政客可能利用合法的民族政治组织进行非法的分离主义动员。而这，正是在西班牙发生的事情。1978 年，西班牙在全国确立"民族和地区自治共同体"制度，但从这个制度在加泰罗尼亚的实践来看，则存在一些机制性乃至认知性问题，主要有四点：第一点，西班牙试图在中央与自治地方之间作出明确的权限划分，但现实很复杂，难以划分权限边界。第二点，宪法对自治主体的界定模糊和地方多党选举制度，导致加泰罗尼亚地方政府民族化，对公民共同体团结建设产生了消极影响。第三点，宪法设置的中央政府对地方政府违宪的制约机制不健全，难以约束加泰罗尼亚自治政府的违宪行为。第四点，执政党和国家领导人对民族问题的复杂性认识不足，特别是对分离主义政客的野心失察，成为被利用的对象。西班牙的自治共同体制度设计和在加泰罗尼亚的实践，值得深入思考。虽说现时代国家中的民族问题是各民族怎样共同建设统一的国族-国家和公民共同体的问题，各民族都处在相互融散与整合状态之中，但民族差异性是一个常量，若认识和处理不当，仍可引起诸多矛盾。

胡嘉怡： 您在海外的相关田野调查，对于合族共治的学术观念的确产生了有益的启发性作用；那么，您在国内的相关田野调查，又有哪些体会呢？

朱伦： 我否定分疆划界的民族自治，主张合族共治。我 1980 年被分配到中国社会科学院参与民族学与人类学工作，接触的是苏联民族理论，以及我们对该理论的灵活运用，具体说我国没有以民族共和国为基础实行联邦制，而是建立民族自治地方，实行民族区域自治。如何解释二者的区别，当时也仅停留在认为自治方式和自治程度不同上。但随着多次到访国内民族自治地方进行考察，我感到把区域自治解释为少数民族自治会产生问题，少数民族干部群众也不认同。有乡镇干部认为，谁有本领带领我们发展，谁就当县长，管他出身哪个民族。不同民族的成员生活在同一个山村里，一个家族甚至包括五六种民族成分。这种民族关系，怎么实行分疆划界的民族自治？再进一步思考，自治权限的行使者与全国一样不都是"人民政府"吗？而人民政府是各族人民的政府，不是哪个民族的政府。

胡嘉怡：可以看出，无论是您多次出访海外考察，还是深入国内基层开展田野调查，都为您后来提出的合族共治理论提供了坚实的基础。在国际比较中，田野调查内含国家治理与民族政治的内在推演逻辑，这种"自我"与"他者"的对话，能够跳出本国民族问题的"当局者迷"困境，适用于研究民族政治领域丰富发展的社会实践。那么，国内外的田野研究，具有显著的比较研究特点，这对于合族共治理论的进一步发展完善有哪些作用？

朱伦：好的。一方面，1992年后，我多次到西班牙考察其"民族和地方自治共同体"制度①，广泛采访公共管理部官员、自治共同体政府官员、中央派驻地方的代表、参与起草宪法和自治条例的法

---

① 我1992年第一次得到赴西班牙进行访问研究的机会，要感谢我国世界史大家、曾任武汉大学副校长兼出版社社长的吴于廑教授，是他看到我发表在《世界历史》上的一篇有关《哥伦布评传》的书评，联系到我，鼓励我翻译此书，并计划在武汉大学出版社出版。吴先生抱病约我在医院见了面，对我勉励有加，后来还写信问我翻译进程。他说："世界史在地理大发现以前都是地区史，只有在地理大发现以后，才有真正的世界史；而在地理大发现中，西班牙和哥伦布是开拓者；你会西班牙语，应发挥所长，从翻译这部传记开始，进入西班牙史乃至世界近现代史研究领域。"待我翻译完毕，吴先生不幸谢世，出版工作也搁浅了。最后，西班牙驻华大使馆文化专员伊玛女士（现为北京塞万提斯学院院长）帮我申请到了西班牙文化部的资助，使得该书得以出版。因为这一翻译工作，我获得了西班牙外交部的邀请，以"中国西班牙学者"的身份，赴西班牙参加"美洲发现——两个世界相遇500周年纪念"活动，并作为期三个月的田野研究。

学家、民族问题研究者，以及房东、出租车司机等，不管是谁，对自治都各有见解，而且都不满意。1992~1994 年，我在墨西哥研修十几个月，数次到土著社区考察，接触许多土著学学者，听到最多的声音是土著人的发展和政治参与，而非自治；1994 年在恰帕斯州起义的土著人，在与政府和谈达成的协议中提出自治，政府也答应了，但双方都不知怎么自治：土著人基本生活在乡村，域镇居民多是混血人，怎么为土著人划出自治地方？最后，在起义者的组织下，在土著人村社建立了一些名为"海螺"的自由参加的互助性质的社团，只要活动不违法，政府也不管。还如，西班牙 1978 宪法确定全国实行"地区和民族自治"，宪法颁布前就在讨论怎么界定地区和民族。说民族自治指的是巴斯克、加利西亚和加泰罗尼亚，这在西班牙国内争议很大：这三个地区的人们被称为民族，那将其他地区的人们称为什么？巴斯克、加利西亚和加泰罗尼亚不是地区？争论的结果是，所有 17 个自治单位都被称为"自治共同体"，并以地名标示。外界认

为巴斯克、加利西亚和加泰罗尼亚是民族自治，与这三个地区名同是民族名有关。实际上，这三个地方的民族成分，操西班牙语与操少数民族语言的人大致五五开或四六开。这样的民族结构，是"民族自治"吗？而且，在这三个自治共同体内，不仅有人民党和工人社会党两个全国政党的存在，即使是以民族名义建立的政党，一个民族也有好几个党，对待自治问题的政治立场也不完全一致。

另一方面，在这些田野调查的基础上，我开始思考多民族国家民族问题的治理之道，2001 年提出了民族共治的观点。中外田野调查和比较研究，对我认识多民族国家如何治理民族问题的确产生了重要影响。要说印象最深的海外田野经历，西班牙和墨西哥印象都很深，但促使我提出合族共治观点的田野，还是在中国，是 1995 年在云南省澜沧拉祜族自治县的调查。我们是一个 5 人调查组，我负责政治方面的调查，其中"自治"是重点。我调查的对象主要是县党委、人大、政府、政协"四套班子"成员，给我的印象是感谢和请求国

家和上级部门支持得多，不约而同地以澜沧地震后的重建得到国家多少支持为案例，不大谈怎么自治；说到县里几套班子的民族构成和干部团结，受访者都认为做得很好，没有什么民族矛盾，当时时兴的话是"同心同德干'四化'"。经过这次调查，我从思想上不认为分疆划界的"民族自治"有何现实性，而 1993 年在墨西哥的访学和田野调查，以及 1999 年我再次到西班牙调研，更坚定了我的这个认识。

总之，我提出现代多民族国家建设不宜实行分疆划界的民族自治，而要走合族共治之路，是以国内外实地调查为基础的。当然是以中国田野为根本，国外田野为补充和旁证。而基本理据则是现代国家都以国族共同体和公民共同体建设为基础的时代潮流，以及在这个潮流中各民族的融散与整合不可避免，这使各民族利益和福祉趋向一致，共性增多而差异减少。

胡嘉怡：非常感谢朱先生抱病接受我的采访。通过与您的对话，我相信读者朋友们对当今现代国家以国族共同体和公民共同体建设为

基础的时代潮流与各民族融散与整合的时代趋势的认识会更为清晰。各民族利益和福祉逐渐趋向一致，多民族国家的民族利益分配与保障必须借助政治力量并构建政治认同，因此合族共治是现代多民族国家统一建设的必然。您长期从事跨国界、跨学科、跨领域的田野作业，以中国田野为根本，以国外田野为补充和旁证，构建起理论研究的实证基础，并在民族治理问题的国际比较过程中逐步提炼出"国族"视阈下的"合族共治"这一创新成果，印证了"立足于田野"是国家治理创新的"不二法门"。"合族共治"这一学术见解的知识生产过程再次说明，陶庆教授《在"田野"中发现和发展政治科学——兼评从"人类学的田野"到"田野政治学"》一文中指出，"作为文化科学之标志的'田野'，不仅已经越出现代人类学的学术范畴，成为跨科学跨领域社会科学与人文学科的'利器'；同时也越出人类学关于'他者'文化之差异性与相对性的学术旨趣，成为夯实政策科学和政治科学的奠基石"（陶庆、石园园，2024/3）。"田野"的社会公

共性能够激活民族学的政治禀赋，您跨越"田野调查"与民族政治的研究界限，以政治科学为导向在"田野"中挖掘民族学研究中的政治元素，是对'田野"与"民族政治"之间具有内在关联的鲜明印证——这正是新政治人类学所倡

导的跨学科跨领域跨国界开展全方位研究的旨趣。通过"田野调查"方法来研究民族场域的政治现象，可以在"新政治人类学"范式下找到与跨学科领域的学术合作共同体意识，夯实学术发展的智识共识。

参考文献

〔加〕威尔·金利卡.2009.多元文化的公民身份———种自由主义的少数群体权利理论〔M〕.马莉、张昌耀，译.北京：中央民族大学出版社.

〔法〕厄内斯特·勒南、陈玉瑶.2014.国族是什么？〔J〕.世界民族（1）.

〔西〕胡安·巴耶罗·福西、朱伦.1993.西班牙民族主义问题及民族和地方自治制度的建立〔J〕.民族译丛（2）.

《历史评论》编辑部、刘志兵.2023.从历史视野认识民族区域自治制度的独特内涵——访中国社会科学院朱伦研究员〔J〕.历史评论（5）.

陶庆、石园园.2024.在"田野"中发现和发展政治科学——兼评从"人类学的田野"到"田野政治学"〔J〕.中国社会科学文摘（3）.

习近平.2021.论坚持人民当家作主〔M〕.北京：中央文献出版社.

朱伦.2001.民族共治论——对当代多民族国家族际政治事实的认识〔J〕.世界民族（4）.

——.2005.西方的"族体"概念系统——从"族群"概念在中国的应用错位说起〔J〕.中国社会科学（4）.

——.主编.2018.五十国民族政策研究〔M〕.北京：中国社会科学出版社.

朱伦、陈玉瑶.编.2013.民族主义——当代西方学者的观点〔M〕.北京：社会科学文献出版社.

中共中央文献研究室.编.2016.习近平关于全面建成小康社会论述摘编〔M〕.北京：中央文献出版社.

Siguan Miquel. 1996. *La Europa de las Lenguas*. Madrid：Alianza Universidad.

Stephens Meic. 1976. *Linguistic Minorities in Western Europe*. Llandeysul：Gomer Press.

绿洲社会的中国式现代化路径

——以"ZP 经验"为例

马晓庆*

摘　要: ZP 县位于南疆绿洲的西南两河交汇处,属于温带大陆性气候,土壤含沙量大,干旱缺水,但河流能保证基本灌溉,这些气候特征决定了 ZP 县的气候条件适应低产量的农业种植。ZP 县主要以转移农村剩余劳动力为核心来推动现代化进程。在国家精准扶贫等战略的引导下,ZP 县渐渐走出了停滞的、低报酬的传统农业经济,实现经济发展由生存型经济向获利型经济的转型。"ZP 经验"借助国家力量,最大限度地调动社会发展的能动因素,优化资源配置方式,在更大的空间范围内实现资源优化配置。在绿洲社会的中国式现代化探索中,ZP 县开创了一种"生于乡而不依土"的新型乡村经济发展模式,实现了对传统乡土社会的超越。

关键词: 绿洲社会　互嵌式社会结构　社会转型　社会发展中国式现代化

* 马晓庆(1990.10—),女,新疆伊犁人,法学博士,2023 年毕业于兰州大学民族学专业,新疆师范大学历史与社会学院讲师。基金资助:自治区高校基本科研业务费科研项目(项目编号:XJEDU2024J081)。

一、南疆绿洲的乡村社会

（一）南疆绿洲

中国的绿洲主要分布在西北干旱与半干旱地区，主要有宁夏绿洲、青海绿洲、内蒙古绿洲、甘肃绿洲（河西走廊绿洲）、新疆绿洲，其中以新疆绿洲的占比最大，占到中国绿洲总面积的67.9%（马彦琳，2003：25）。综合学界对绿洲的定义，主要包括以下四个方面。第一，绿洲是干旱、半干旱地区特有的地理景观，呈"岛屿"状存在于荒漠之中或被荒漠包围（韩德麟，1995/3；高华君，1987/4）。第二，绿洲是以繁茂的中旱生植被或人工栽培植物为主体，形成与周围环境呈鲜明对比的隐域性植物群落，因而绿洲具有明显高于其周边环境的生物产出量（汪久文，1995/3；刘秀娟，1995/1）。第三，水是形成绿洲的根本要素，绿洲植被主要依赖于系统外的地表或地下水，即依靠灌溉维持生机，依水而生、伴水而存（钱云、刘秀娟，1996/1；伍光和、张英，2000/3）。

第四，人类在绿洲自然属性的基础上生产生活，且人类的生产生活也受到这种自然属性的限制（王永兴，1998：31）。

南疆绿洲泛指新疆境内天山主山脊以南地区，总面积约12万平方千米，南疆绿洲总面积虽然广阔，人工绿洲分布也比较广，但耕地数量较少，只占绿洲总面积的12.5%和人工绿洲面积的33%，均低于北疆（陈广庭，2016：100）。

南疆绿洲生态的首要特征是干旱缺水。从降雨量的分布来看，天山南坡的降雨量为200～400毫米，昆仑山北坡降雨量为200～300毫米。塔里木盆地西及北缘50～70毫米，东及南缘20～50毫米，中心不到20毫米（张军民主编，2011：15）。塔里木盆地边缘地带的降雨量根本无法满足生活于此区域人们的生产生活所需，必须通过其他水源补给来保证正常的生产生活。河川径流和地下水成为南疆绿洲重要的补给水源，地下水的补给来源主要为地表径流的渗入和山区潜流的渗入两类（大气降水仅在年降水量超过200毫米的地区才能补给地下水，这在荒漠区很难达到），因而与地表水同出一源（山区），在平原绿洲区相互转化、互相补给（张军民主编，2011：11）。南疆各绿洲之间虽然存在一定的水源补给，但其断裂的分布格局，无法阻挡土地沙漠化、盐碱化带来的影响，尤其是以农业为主的第一产业，使农业的质量、产量一直停留在低水平的发展状态。

在干旱缺水的生态特征下，南疆绿洲的各个生态区域围绕提供水源的河流、湖泊而形成了一些孤立的生态单元，绿洲是基于水源而在干旱地区形成的具有区域性特征的生产生活区。绿洲分布具有分散性，在相对较大的单元区内，基于人口规模而形成了南疆地区的城市，在较小单元内形成独立村落，这一个个分散的绿洲都是独立的经济单元，人们在绿洲内部进行生产与消费、交易与分配。因此，独立性是南疆绿洲的又一特征，即绿洲社会之间是分裂的，这种分裂体现在不同绿洲社会政治、经济的相对独立性以及不同绿洲文化样貌的丰富性上（高亚滨，2017/2）。这一特征决定了绿洲是一种聚落形态，而且这种聚落之间的交流并不频繁。

传统南疆绿洲社会是在有限的生态资源内得以延续的，其资源的有限承载力决定了其人口规模和生产规模。如果要保证一个绿洲生态区域内的社会稳定，满足这一区域内人口的生存需要，就需要有相对稳定的人口规模。同时，也要保持生产与消费的动态平衡，生产在一定程度上满足消费即可，如果过度生产或消耗就会带来生态失衡。因此，南疆地区是典型的受生态资源制约的绿洲聚落型社会。

（二）南疆社会

在南疆地区以人类学的视角开展大规模的乡村社会调查，起步于新中国成立初期，在国家组织下，一大批学者进入新疆，在南疆地区开展了翔实的实地调查，形成了一批调查成果。1958年，中国科学院新疆综合考察队完成了天山南麓地区（东自哈密盆地西至喀什）广大面积的自然—经济条件考察任务。其以"水土资源的开发与利用""盐渍土改良""生产力合理配置"等问题作为重点考察任务，进行了全面而深入的研究，形成了一系列调查材料（中国科学院新疆综合考察队编，1959：1~3）。以上在广大南疆乡村地区开展的调查为新中国成立初期南疆乡村社会转型奠定了基础，也为今天认识南疆乡村社会的巨变提供了资料。

李晓霞在新疆围绕"婚姻—家庭"形成的研究为认识新疆族际通婚、民族关系提供了理论思考（李晓霞，2011：1~3），而她的《新疆南部乡村汉人》以实地调研资料，对新疆南部农村汉族居民的生产、生活状况，文化适应及其与维吾尔族的关系进行了深入的理论探讨和分析（李晓霞，2015：1~4）。《绿洲可持续农业与农村经济发展研究》一文基于吐鲁番盆地展开，其绿洲的生态特征与南疆地区的绿洲生态有着高度相似性，因此本文也是认识南疆绿洲生态与农业农村问题的重要参考（马彦琳，2000/6）。陈华主编的《和田绿洲研究》，围绕和田的农业、土地、历史等全面分析了和田绿洲的经济社会发展状况与历史演变（陈华主编，1988：6）。张春霞的《南疆绿洲文化转型研究：以马克思主

义文化观为视域》，从南疆的绿洲文化入手，用马克思主义文化观分析了南疆绿洲社会的文化转型（张春霞，2015：2~5）。刘长明、周轩以林则徐在新疆的管理为视角，分析了南疆的勘地行动（刘长明、周轩编著，2006：1）。张安福以汉唐屯垦为背景，分析了吐鲁番绿洲社会变迁历程（张安福，2013：1~3）。《民族交往心理及其影响因素：对南疆维汉民族交往的民族学考察》一书，以在新疆南疆的田野调查为基础，从民族心理的视角对维汉民族的交往心理，以及影响其深入交往的民族心理因素进行了研究，并在此基础上提出构建和谐维汉民族关系的相关思考（戴宁宁，2015：1~4）。《嫁给谁：新疆阿村维吾尔族妇女婚姻民族志》透过喀什维吾尔族村落妇女的婚姻实践，全面、立体地考察了研究对象的不同侧面。其中来自田野的图景和民族学的理论分析，使我们对新疆南疆维吾尔族社会的婚姻文化及其社会背景有了全面的了解（冯雪红，2013：2~5）。《新疆南疆地区汉族移民及民族关

系研究：以阿克苏地区拜城县农村汉族移民及民族关系为例》以新疆阿克苏地区拜城县的园艺村和阔纳协海尔村为主要考察对象，以村落中汉族移民文化变迁的典型性来说明新疆南疆农村汉族移民的文化变迁过程，以村落中维汉民族交融的代表性来反映新疆南疆农村维汉民族关系的整体状况，同时将两个村落作比较，以说明新疆南疆农村汉族移民文化变迁以及与维吾尔族民众交融的共性与个性（李洁，2010：1~2）。《中国社会转型中民族关系的调控与变迁研究——以新疆为例》以社会行动理论为指导，运用历史比较法分析了以新疆为例的我国社会转型中民族关系的调控与变迁问题（董博文，2016：1）。《20世纪50年代以来新疆工业变迁研究》论述了新疆从1950年到21世纪初的工业发展历程，包括新疆现代工业的创立和发展、传统手工业的变化，以及社会主义工业体系的形成，通过翔实的资料论证了新疆工业近60年的发展对新疆工业化的推进和社会的进步做出的巨大贡献（王利中，2014：1~3）。《绿洲城市代谢特征及其驱动因素研究——以新疆典型绿洲城市为例》以城市代谢理论为指导，以"规模—效率—结构—影响"为逻辑主线，构建了绿洲城市代谢研究的分析框架，并以南疆绿洲为例分析了南疆绿洲城市的代谢水平，以及呈现的问题（徐莉，2021：1~3）。徐黎丽、杨亚雄以DXLK村维吾尔族跨中—吉两国布料商人为例，探讨该村跨国布料生意困境原因及改善之道（徐黎丽、杨亚雄，2017/3）。

近年来，随着国家精准扶贫、乡村振兴战略的推进，南疆地区再次经历着历史性巨变，以这两项国家战略为背景的相关研究也成为当前新疆南疆乡村研究的新趋势。《基础设施可获得性与特殊类型贫困地区居民的多维贫困——以新疆三地州为例》以新疆南疆三地州为田野点，调查发现基础设施的可获得性与特殊贫困地区居民的多维贫困之间存在不可忽视的密切关系，大力完善基础设施建设，可以在一定程度上降低农村的多维贫困（刘林、李光洁，2016/5）。《新疆连片特困地区少数民族贫困农户自我发展能力提升研究》以新疆连片特困区为研究对象，围绕新疆连片特困区自我发展能力这一主题展开研究，研究发现南疆多维贫困现象仍然比较严重，自我发展能力整体比较低，而且各县市存在不均衡现象，喀什市、疏勒县、塔什库尔干塔吉克自治县和乌恰县的自我发展能力相对较好（刘林，2018：1~3）。《新时代党的治疆方略视角下的新疆精准扶贫与民族团结研究》从新时代党的治疆方略出发，通过分析新疆近几年的精准扶贫实践指出，精准扶贫战略不仅满足了新疆千差万别的扶贫对象目标的要求，而且各族干部群众在精准扶贫过程中频繁互动、交心换心，既践行了中华民族扶危济困、守望相助的精神理念，又推动了各民族社会交往和共生关系的发展（张彦虎、夏文斌，2021/4）。《新疆南疆四地州区域性贫困的整体治理研究》从南疆四地州区域性贫困的整体治理层面出发，通过反观南疆四地州一体统筹明确目标、联动协调谋划策略、组织构建优化方式、系统协同推进路径、互通合作搭建平台的减贫历程，认为整体性治理理论在解决南疆四地州区域性贫困中的创新实践已经取得显著成效（刘艳，2020/6）。

（三）进入 ZP 绿洲

1. 地理与人文

"ZP"是境内"泽勒普善"（或泽拉普善）河名的简称，意为"散布金子的"或"含金的"。泽勒普善河即叶尔羌河上游的古时称呼，河中含金沙。"ZP"又名波斯喀木，系由古波斯语"波斯提坎"音转而来，意为"地面的宝藏"。相传古时这里土地肥沃，物产富饶，且叶尔羌河中常有人淘金沙，人们称之为"波斯提坎"，久之音变成为"波斯喀木"。ZP 置县前分属叶城县、莎车县。1921 年设县，耕地面积是 177461 亩。1944年将叶城县乌鲁克艾日克等九村划归 ZP 县（即现赛力乡），1955 年又将叶城县所辖六、十两区划入（即现依克苏乡、图呼其乡、奎依巴格乡、阿克塔木乡各一部分）始为现在之规模。ZP 建县后，归喀什噶尔道管辖，1942 年改辖新增设的莎车行政区，1943 年为莎车第十区督察专员公署管辖。1949年新中国成立后，为莎车专区所辖，1956 年莎车专区撤销，继归喀什行政公署管辖至今①。

ZP 县目前辖 10 乡、2 镇、4 场、151 个行政村（社区），户籍户数 6.6 万户，户籍人口 22.6 万人，其中农村户籍户数 4.04 万户，户籍人口 15.3 万人，有维、汉、塔吉克、回等 19 个民族，少数民族人口占总人口的 79%。

南疆绿洲是一个在自然地理和经济文化上自成一体的单元，ZP 县是南疆绿洲整体生态中的一个组成单元，既有南疆绿洲的生态特点，也有其独特的优势。

一方面，ZP 县具有南疆绿洲的普遍性特征，从其在整个南疆的区域位置来看，其位于塔克拉玛干沙漠西缘地带，叶尔羌河的上游，属于莎车绿洲（〔英〕奥雷尔·斯坦因，2020：145）的区域范围。ZP 县恰好位于莎车绿洲东侧靠近沙漠地带的一块狭长绿洲区域的南侧，从而也和南疆其他绿洲一样具有干旱缺水、土地沙化等生态特点。ZP 县绿洲的降水量少，河流汛期常常推迟，经常出现春旱现象。春秋作物的播种及小麦、水稻

的生长常因河流的干枯而受到严重影响。特别是小麦生长阶段每年都会受到不同程度的影响，且受旱年的概率达 90% 以上。而且，ZP 县春季增温快，夏季气候炎热，蒸发量大，农作物生长季节的蒸发量常达 1310 毫米（ZP 县志编纂委员会编，1992：70），更是加大了 ZP 县绿洲的干旱程度。故当地农民中有"十年九旱"的说法。在土地类型上，ZP 县的土地主要分耕地和夹荒地两大类，壤土占耕地面积的 22.98%，其余均为沙壤土、沙土或盐土（ZP 县志编纂委员会编，1992：94），由此也大大限缩了 ZP 县土地的可耕种面积。

另一方面，ZP 县的地理区位也给其带来了得天独厚的优势，使其能在干旱、缺水的生态背景下发展至今。"河流冲积平原绿洲在河流沿岸地区，由于河流迁移或泛滥，冲积成平原。地形平坦，土壤肥沃，灌溉便利，是垦殖农牧业理想之处。"（钱云、金海龙等编著，2010：13）从水源和土壤条件来看，ZP 县所在绿洲区域位于叶尔

---

① 数据出自喀什档案馆藏书《莎车区历史及民元以来沿革史》第 156 卷。

羌河的上游，拥有相对充沛的水源，又处于叶尔羌河与提孜那普河之间的河流冲积扇平原地带，土壤以在灌溉条件下长期耕作培肥所形成的灌淤土为主，土壤条件相比和田绿洲等具有得天独厚的农业发展优势。因此，ZP 县在距今三千多年前的周朝后期，就已经出现以农业为主体的定居居民，他们从事农业生产，兼营狩猎。

ZP 县作为南疆绿洲系统中的一个生态单元，在生态特征上既具有南疆绿洲生态的普遍性又具有特殊性，是极具样本意义的南疆绿洲，故以其作为透视单位认识南疆绿洲社会具有一定的代表性。

2. 田野路径

2012 年，学校安排的野外实习是笔者对 ZP 县的初访，这里给笔者的第一印象很普通，4 个小时长途大巴从喀什市抵达 ZP 县城，为解决如厕问题，司机载着一车人找遍了县城，最终在 ZP 县法桐公园附近找到一个公厕，四个独立坑位中有三个冲水器是坏的，同行的29 位女生轮候仅有的一个坑位，耗时一小时。笔者之后对 ZP 县城的社区、塔西南石油基地和金湖杨景区进行了参观学习，对 ZP 县的印象就是一个普通的南疆县市，具有南疆农村的普遍面貌。

二、基层社会治理 与社会发展

（一）ZP 县治理的历史时空

ZP 县在历代中央政权均设置官员治理，自始至终与中央政权保持联系。清朝乾隆皇帝统一新疆后，ZP 县属叶尔羌办事大臣管辖，并由伯克负责地方事务。新疆建省时，废除了军府制和伯克制，并在新疆设立道府州县，ZP 县政治制度同全国其他地方一样。虽然伯克制度撤销了，但取而代之的是乡约制度，乡约制度依旧是建立在封建剥削基础上的制度，与伯克制度没有本质区别，一直沿袭到民国时期。新中国成立后，封建制度得以废除，人民翻身做了国家的主人，通过人民代表大会行使当家作主的权利（ZP 县志编纂委员会编，1992：291）。

1950 年 4 月 ZP 县第一届各族各界人民代表会议召开，选举产生 ZP 县历史上第一个人民当家作主的民主政权——ZP 县人民政府。人民政府成立以后，宣布废除保甲制度，取消乡约伯克、保长、甲长。重划行政区，将全县划为 4 个区、23 个乡、56 个行政村。通过民选产生行政村长，召开乡人民代表会议选出乡人民政府委员和乡长（ZP 县志编纂委员会编，1992：304）。

同年，农村进行建党试点，四区五乡（现 A 乡 P 村）建立 ZP 县第一个农村党支部。此后，建党工作全面铺开，至 1953 年底 ZP 县建立了 12 个党支部。1956 年，县首届党代会召开时，党的基层组织发展到 5 个区委、2 个总支、53 个支部。县委增设秘书室、农村工作部、财贸部、纪律检查委员会等。1958 年成立人民公社，全县 5 个区改建为 5 个人民公社，设公社党委会，乡改为大队，建党支部。至 1961 年全县 115 个大队中，有 112 个大队建立党支部，占大队总数的 97.4%。有 227 个生产队建立党小组，占生产队总数的 44.3%。1965 年，全县 9 个人民公社 115 个大队全部建立党委会、党支部。1984 年，各社、队遵照国务院关于建立

乡镇基层政权组织的指示，全县 9 个人民公社改为 9 个乡，115 个大队改为 122 个村，各乡建乡党委，村建党支部。各机关党员人数在 3 个以上的，也全都建立党支部（ZP 县志编纂委员会编，1992：292）。

梳理以上 ZP 县的历史建制过程可以发现，中华人民共和国成立前，ZP 县和南疆其他地方一样实行的是以皇权与绅权为代表的"双轨政治"。皇权与绅权会在村庄寻求利益代理人以行驶各自权力，因利益联结，两者会形成微妙的关系。绅权代理人作为村庄的非正式领袖，其有一定的群众基础，而皇权的代理人作为村庄的正式领袖，其在执行中央下达的任务时需要借助绅权所维持的群众基础去完成。"一般说来，非正式领袖比起要依靠政府支持来维持地位的正式领袖，更得乡邻的信任，也受到地方官更礼貌的对待。从某种意义上来说，他们是村庄自己的领袖，对公共事务的影响，比经过正式程序产生的头人要来得大。"（Hsiao, Kung Chuan，2014：269）

新中国成立后，ZP 县的基层

政治出现了"改天换地"的转变。国家权力开始全面渗透乡村，通过土地改革、人民公社等一系列政治运动，传统乡村社会的秩序和治理结构被重构，村干部取代传统的士绅阶层成为乡村领导者（黄宗智，2003/2）。土地改革剥夺了地主对乡村土地资源的掌控权，重构了乡村的治理秩序和制度规范。合作化运动使乡村土地产权由私向公转变，集体组织在乡村建立。人民公社制度完成了乡村"三级所有、队为基础"的集体产权制度建构，也实现国家对乡村主导权的制度化演变。在集体化时期，国家成为经济要素第一位的决策者、支配者和受益者，依靠国家权力建构的"集体"组织承担着贯彻和执行国家意志的功能，成为一个具备基本经济职能和一定政治控制功能的地方组织。

改革开放后，ZP县的基层治理在正式制度安排上又出现了显著变化。在改革开放的前20年中，国家通过自上而下的基层治理改革，使基层权力回归到乡村社会，这一改革使国家对农村社会以及农民个体的控制力大大削弱，而农民之间以及农民和整个村庄依然保持着紧密联系。自2000年以后，甚至更晚一些，随着全国市场经济的发展，ZP县农村的一些经济能人借助发展之势在本村或者外出就业中先富起来，这就拉大了以传统种植方式为生的农民与经济能人之间的差距，削弱了农民和农民之间以及农民与村庄之间的联系。而且这一时期，国家在取消农业税、进行农业税费改革后，又推行了统筹城乡发展、新农村建设、公共财政覆盖乡村等一系列惠农政策。由此，国家与农民农村的关系开始由获取向给予转变。在这一背景下，基层治理也出现了一系列变化，村干部行政化，乡镇政府通过选派包村干部、村官等方式加强渗透村治以及村庄选举等重大事项，对村民自治形成一定程度的空间挤压，导致村干部身份转化和双重角色的不平衡（周飞舟，2006/3）。村庄在一些非正式制度方面尚未出现根本性变化。但基层政府面临治理危机，如群众因利益取向多元化而变得难以动员，农村中出现的内部情绪难以通过现有机制进行消化，且易产生政治化转变。

在乡村公共产品的建设上，乡镇和村委按照新农村建设的任务和要求，投入资金建设了老年活动室，安装了健身器材等，这些基础设施建设只是按照上级的要求普及到农村而并没有对标农民和村庄的实际需求，导致所建设施并没有为农民所用，造成资源浪费。基层政府的治理理念仍然停留在行政化、灌输式上，在开展工作时主要通过这两种命令和动员的方式下发通知，这些方式都属于自上而下单向度的信息流动，缺少自下而上的反馈机制，从而影响政策执行的效果和国家与农民的关系。

（二）地方政府的现代治理

1. 治理力量：驻村工作队参与村级治理

笔者在 ZP 县调研期间，发现当地每个村都有上级下派的"第一书记"①，也称"扶贫第一书记"，其中深度贫困村派驻的"第一书记"来自新疆维吾尔自治区省区级单位，一般贫困村的"第一书记"则来自喀什地市州各单位和 ZP 县级单位。这些上级干部进入村内，同村干部一起担起乡村发展的重担。笔者在调研期间通过访谈记录了"第一书记"的工作日程，即以下这篇田野日记，从其工作日程中便能反映出，新时期 ZP 县农村的脱贫发展对基层治理力量提出了更高要求，同时上级力量的加入，大大增强了基层治理能力，为 ZP 县的脱贫发展工作起到一定的推助作用。

早上 8 点，躺在办公室行军床上的 ZP 县 S 乡 K 村的 H 队长醒了，ZP 县每个村都有为驻村工作队提供的宿舍，可 H 队长将自己的宿舍安在了办公室，昨晚他又梦见种红枣了。在新疆，此时相当于北京早晨 6 点。H 队长赶紧起床，在梳理了当天的工作任务后，7 点开始点名，给驻村工作队的其他干部们布置任务，而后一起吃早餐。馕泡在奶茶里，就着皮辣红（新疆的特色凉拌菜）便解决了早餐。9 点不到，H 队长带着村两委和工

---

① 第一书记是指从各级机关优秀年轻干部、后备干部，国有企业、事业单位的优秀人员和以往因年龄原因从领导岗位上调整下来、尚未退休的干部中选派到村（一般为软弱涣散村和贫困村）担任党组织负责人的党员。

作队的同事分头下地了。

　　ZP 县的 5~7 月，是农作物生长的关键期，也是工作队和村干部最忙的时候。驻村工作的干部有些是来自自治区的厅级干部，有些是县内某单位的干部，这些干部在村里包联 20 户甚至更多的家庭，每天要了解包联农户的情况，查看农户家中农作物长势和田间管理情况，与农民谈心、一起参加农业技术培训、调解矛盾，帮农户想致富的途径。H 队长来到村民 A 的农田，了解了他家红枣的长势，接着又跑去其他村沟通今年引进红枣加工厂的问题，到了午饭时间，碰到村民 Y 反映他家里盖安居富民房缺钱，想让 H 队长帮忙解决钱的问题，事情还没结束，电话得知上面要来检查工作，又在第一时间赶到村委迎接检查，接着还要去离村 20 公里的地方验收一个水利项目。当我见到风尘仆仆的 H 队长时已是下午 7 点，他还没有吃中午饭，我很抱歉地说我还想占用他一点时间做访谈时，他说"不用抱歉，我正好利用这个时间吃个饭"。访

谈中 H 队长说："在 ZP 县脱贫的这一年，我一般要到凌晨 1 点甚至更晚才能休息。我已经有半年没回乌鲁木齐了。"当我问他现在最期待的事情是什么，他笑着说："让农民都脱贫走上致富的道路，这样我就能好好休息一下了。"这就是自治区政府派驻在新疆基层的一个普通干部的一天。ZP 县的驻村干部是每个村民提起时都忍不住竖大拇指夸赞的人。①

　　因应不同时期的不同历史任务向农村派驻工作队，是中国共产党农村工作长期以来的一种有效工作机制。在历史发展过程中，ZP 县受整体区域经济水平的影响，农业生产方式落后，在小农意识与传统政治观念的影响下，村民表达自我政治诉求的意愿较低，加之村民表达自我利益诉求的机制不完善，部分基层干部缺乏人民公仆的服务意识，一定程度上弱化了村民参与政治的积极性和主动性。从村两委的角度来讲，ZP 县以村两委为核心的村民

---

① 题目：第一书记的一天，时间：2018 年 7 月 15 日，地点：S 乡 K 村，日记编号：RJ2018091201。

自治组织本身能力较弱，其带领群众脱贫致富的能力有限，而且扶贫工作本身也是一项较为复杂的工作，对干部的组织能力、扶贫专业能力的要求较高。因此，向基层派驻工作队、带领人民群众实现脱贫成为势在必行的事情。

2014年以来，自治区"访惠聚"①驻村工作队以外部植入的方式直接介入，有效化解了ZP县农村内部的"治理性危机"，提升了基层治理能力和管理水平。根据自治区"访惠聚"办公室统计数据，自2014年来南疆共有2460个"访惠聚"驻村工作队开展定点帮扶，14.13万名干部职工与30.7万户贫困家庭结对认亲，7个中央单位定点帮扶8个县，选派挂职干部24名分管或协管扶贫工作。ZP县下辖12个乡镇、4个场，133个行政村和18个社区，基层党组织692个，其中党工委26个，党总支120个（村党总支92个），党支部546个（包含"访惠聚"驻村工作队党支部99个），党员9984名（农牧民党员4881名），有国家工作人员7635人（公务员2143人，企事业单位工作人员5492人），县处级领导干部45人，乡科级领导干部688人。②"访惠聚"工作队的入驻为ZP县的基层治理工作注入了活力。

我们和新结的亲戚的关系比我们有血缘关系的亲戚的关系都亲，我的结亲对象如果打电话有啥事儿找我帮忙，我们全家人都出动解决，甚至还会找远在浙江上学的女儿帮忙。③

"访惠聚"驻村工作队将上级干部的工作能力、工作思路以及资源带到基层，上级干部到基层与基层干部共同学习理论政策，带领基层干部开展工作，通过入户走访，

---

① 访惠聚活动，全称为"访民情，惠民生，聚民心"活动，简称"访惠聚"。这一举措，是新疆维吾尔自治区针对当前国情和形势提出的密切联系群众、融入群众、服务群众，践行党的群众路线的具体体现。

② 数据摘自《ZP县组织部基层组织建设和阵地建设专项行动组工作汇报（内部资料）》，2018年11月。

③ ZZZ，男，56岁，汉族，县领导，访谈地点：S乡乡政府办公楼，访谈编码：FT2018112101。

帮农户算细账、和农民共商脱贫致富之路等琐碎细致工作，树立干部在群众中的形象，通过政治、思想和组织工作重塑基层权力结构。

我们家自 2017 年实行"民族团结一家亲"结对认亲活动以来，多了好几个其他民族的亲戚，有乌鲁木齐的大学老师，有县里机关单位的干部，高校老师每个月来一次，每次住一个星期，县里机关单位的干部更频繁。乌鲁木齐的大学老师跟我们结亲，真的是我们没想到的事情，一开始我还担心他们来我们家里吃不好，住不习惯，但是我没想到他们来了没有不习惯，还和我一起做饭、聊天，给我讲国家的扶贫政策，还给我的手机下载了做饭的、养生的、种菜的软件。[①]

ZP 县 A 乡 A 村的"访惠聚"工作队来自 ZP 县农村信用联社。

2014 年开始，应自治区"访惠聚"工作要求，该派驻单位往 A 村派驻若干名工作人员，每 2～3 年调换一次。2017～2018 年 A 村的"访惠聚"驻村工作队在 A 村主要完成了以下工作。[②]

第一，驻村工作队完成了对 A 村基本人员信息的 App 采集与录入，并走访了该村的每户家庭，将人员信息进行分类统计，对村里农户的生产生活状况、村里的基础设施状况做了基本的了解，并建立相应的数据库，摸清村里的基本情况，之后通过了解、梳理，最终整理出 2400 多条关于村内生产生活村级事务的各类信息，并拟订相应的管理办法。

第二，了解村"两委"班子的工作情况，针对其软弱涣散问题进行交流，并商讨解决办法，带领村干部对村内群众反映的问题进行整改，经开会表决向乡党委提出调整 5 名村干部任用的建议。

---

① RZWGL·JNP，女，38 岁，维吾尔族，家庭主妇，访谈地点：农户家中，访谈编码：FT2019031201。

② A 村"访惠聚"驻村工作队的工作内容来自 A 乡 A 村"第一书记"的访谈内容，访谈编码：FT2019101204。

第三，驻村工作队通过整合各项资金，2018年和村委共计开展23个项目，累计投入537.33万元。项目包括精准扶贫、基础设施建设、人居环境整治以及乡村规划等。2018年底，A村贫困户脱贫296户，共计1066人，实现"一户一就业"的目标。

第四，驻村工作队借助扶贫资金和派驻单位的援助为村里修建了文化大舞台、文化长廊，改建了夜校教室，2018年和村委一起创办了养殖、食品加工等3个合作社，在村委会门口修建了一些商铺，打造了一个集餐饮、零售、服务于一体的小市场。

2017年开展宣传教育活动140次，涉及65000人次。开办农民夜校，对农牧民进行国家通用语言、政策讲解、职业技能等方面培训，截至2018年底学员共计332人，工作队从众多学员中选拔培养了10名宣讲员。

"访惠聚"驻村工作队是政府通过下派的方式用以强化基层组织力量的队伍，同时它还承担着连接和整合扶贫资源的角色，利用国家政策、派出单位力量和个人社会关系网络为派驻村带来资金和项目。

ZP县2018年派驻工作队154个（自治区工作队20个、地区工作队2个、县市工作队132个），工作队员885人，实现所有村全覆盖，其中向深度贫困村派驻的都是自治区工作队。村级骨干的工作能力在工作队的帮带下有了明显提升，为了避免工作队走后，基层行政工作出现瘫痪局面，ZP县在各村实行了工作队帮带培养的工作机制，每名工作队员至少帮带1名村级骨干。据统计，ZP县有885名工作队员与1226名村级骨干结成帮带对子，[1]形成特有的"在学中帮，在干中带"的工作局面。在村里调研期间笔者亲眼看到很多村干部在平时工作中非常忙碌，右手不离手机左手不离笔记本。

我每天处理完我的工作就跟着我们村书记（第一书记）学，他怎么和农民做思想工作的，他怎么

---

① 数据摘自《ZP县组织部基层组织建设和阵地建设专项行动组工作汇报（内部资料）》，2018年12月。

和上级打电话沟通的，他在农民夜校，周一升国旗的时候怎么和群众讲话的，我都记下来，有时候我就用手机录下来，利用休息时间一遍一遍听，一遍一遍学，如果没有"访惠聚"，我怎么可能有机会跟自治区的干部一起工作？这样的学习机会是很难得的。①

帮带机制有效提升了基层工作骨干的工作能力，通过帮带机制，ZP县累计有105名村级后备干部进入"两委"班子。② "访惠聚"驻村工作队包村联户工作，如协助其所在村制定村级扶贫推进计划、产业发展计划等，协助村委开展贫困户建档立卡、扶贫项目对接和部门单位帮扶协调联络等工作，使驻村工作队成为国家扶贫战略落实到村、户、人的关键力量。

脱贫攻坚第三方评估组的调查数据显示，ZP县抽样村农户对驻村工作队的认可度达到了100%，99.4%的被访户认为村委做事较为公道，97.6%的被访户清楚自己家里的帮扶责任人，表示帮扶责任人经常来家里询问情况，95.22%的被访户认为帮扶责任人对自己家庭有明显帮助。③

记得工作队驻村后的第一次升国旗仪式刚刚结束，村第一书记工作队队长HGJ带着驻村工作队、村两委班子集体走上主席台，向全体村民鞠躬道歉："乡亲们，前几天因为村委会副主任ALM工作方式方法不当，与村民YS·TLF发生了争执。我们工作队和村'两委'班子向大家集体道歉。以后，我们一定会注意工作方式方法，我们承诺，今后再不会发生这样的事。请乡亲们监督。"话音刚落，台下就响起雷鸣般掌声，村干部给村民公开道歉这在我们村以前是不可能的事情。④

---

① ABDWL·MMT，男，31岁，维吾尔族，村后备干部，访谈地点：A乡A村村委会，访谈编码：FT2018111301。
② 数据摘自《ZP县组织部基层组织建设和阵地建设专项行动组工作汇报（内部资料）》，2018年12月。
③ 数据摘自《新疆维吾尔自治区ZP贫困县退出第三方评估报告（内部资料）》，2019年1月。
④ YS·TLP，男，维吾尔族，58岁，小学退休教师，访谈地点：村委会，访谈编码：FT2019031401。

H队长刚派驻到K村时，正逢K村脱贫攻坚的关键阶段，他通过派驻单位力量和资源以及个人的社会关系，帮助该村引进了核桃和红枣初加工企业，在他和工作队员以及村两委和村民的努力下，企业效益日渐凸显，很多贫困户也因该企业对K村的辐射效应而经济收入日渐增长。在他的驻村工作接近尾声之际正值引进企业在当地发展的关键时期，他担心他走后村民和企业的发展受到影响，于是他向派驻单位提交了延长驻村时间的申请，并得到批准。

ZP县很多来自自治区单位的驻村干部，他们结束了驻村工作后，也会利用节假日及探亲时间回到曾经的驻村点，协助工作队开展工作，了解农民的情况，有的干部回到原单位后，得知农户有困难时，也会想办法帮助农户解决。

以前喜欢旅游，在旅游时结识了很多朋友，我在驻村期间建立了一个微信团购群，利用朋友圈的市场每天帮农民卖他们种的农产品，现在回到乌鲁木齐上班后，单位事儿多，顾不上这个微信团购群，但是我觉得我要是解散这个微信群，很多农民一年辛苦种的东西可能就卖不出去或者卖不上好价钱，所以我就让我已经退休的父母帮我打理这个团购群，这几年随着微商平台的兴起，团购生意很好，但我不从里边赚任何差价，就想帮他们多卖点，以后我也不知道自己能坚持多久，反正能卖一天算一天。①

在脱贫攻坚阶段，可以说"访惠聚"工作队员是"具身的国家"，驻村帮扶是反科层制的运作方式，带有超常规、人情式的治理色彩。

2. 治理方式：从制度到效能的转变

基层治理是复杂的系统工程，必须运用系统思维，联系起来分析、统筹起来谋划。精准扶贫以来，基层社会治理对党的基层治理能力和治理水平提出了更高的要

---

① JY，女，43岁，S乡A村"访惠聚"工作队员，访谈地点：电话访谈，访谈编码：FT2020022601。

求，即如何将党的基层治理制度转化为治理效能，实现体与系的一体化发展，如何在短时间内带领农民群众实现脱贫致富对每一个基层组织及基层干部都是考验。在基层治理方式上，ZP 县主要从以下方面进行改革。

首先，在坚持乡镇和村党组织领导地位的前提下，形成上下贯通、执行有力的基层组织体系，优化和综合设置乡镇"五办六中心"①。同时，县直部门设在乡镇的机构实行属地管理，按照"依法下放、宜放则放"原则，赋予乡镇在一些领域的权力和资源。笔者与 ZP 县机关领导访谈时发现，上级赋予基层权力的大小直接影响了基层政府为老百姓办事的能力，但这其中还存在国家与基层权力间的博弈。可见，乡镇管理体制的改革是一个综合复杂的过程，干部不仅要适应体制改革，还要在基层群众中树立其形象，这是一个循序渐进的过程，也是需要干部通过实际

行动来实现的过程。

A 乡 K 村是 ZP 县的贫困村，全村 224 户 937 人，其中贫困户 122 户 530 人。② 工作队入驻以后，针对村两委班子整体作用不强、干部素质亟待提高等问题，工作队把每周一设为"第一书记接访日"，工作队长和村两委现场办公，能现场解决的事宜安排人员现场解决，不能现场解决的将其记下来，在村委会上商定解决办法。该村将工作队、村两委成员的信息在村委会进行公示，并设立监督举报点，接受人民群众的监督。建立工作队员和村干部帮带关系，形成每日三会的工作氛围，工作队干部带着村两委干部解读文件，沟通工作思路，手把手教他们做群众工作的方法。

以前我们没事儿不来村委会，来这也就开个证明，村干部也很少找我们，现在不一样了，每周一升国旗仪式必须来，村民大会，上夜

① "五办六中心"分别为党政办公室、党建办公室、经济发展办公室、社会事务办公室、综合执法办公室和党群服务中心、社会事务（民政）服务中心（退役军人服务站）、农业畜牧业发展中心、文体广电旅游服务中心、农村合作经济（统计）发展中心（财政所）、综治中心（网格化服务中心）。

② 数据摘自《ZP 县 A 乡 K 村 2014 年扶贫工作汇报（内部资料）》，2014 年 12 月。

校学汉语，我们天天都来村委会，村委会也成了我们农民社交的地方，而且我们村有"第一书记接访日"，这一天书记、村长都等着我们去找他们反映困难和诉求。如果急事情不用等到接访日，随时拿起电话给他们说就行了，你看我现在手机里每一个村干部的电话都有，啥时候打，都有人接呢。[1]

其次，发挥村规民约（居民公约）在农村自治、法治、德治建设中的作用，制定内容具体、措施易行、文字简洁、通俗易懂的新型村规民约。很多村由村党组织成员、村民代表、"三老"[2]人员等组成的执行委员会，定期对村民守规履约情况进行调查和总结，这一举措有效增强了村民主动承担责任的自觉性。动员村民参与乡村建设行动，比如在乡村公共基础设施管护、人居环境整治等方面让他们参与进来。

笔者在村里调研时，走累了或者口渴饿了随便敲开农户的门说想在农户家中歇歇脚，农户一般都会热情邀请，并端上茶和馕，甚至还有热乎乎的饭菜。有一次笔者在ZP县赶星期四巴扎，坐了一辆载人三轮摩托车[3]，到了巴扎后，笔者下车问司机多少钱，司机说5块钱，笔者拿出5块钱正准备给他时，和笔者一起乘车的大姐用维吾尔语问司机："我和她都是在同一个地方上车的，你收我3块钱，收她5块钱，这样不好吧，你让人家外地人咋看我们呢？"在大姐和同车乘客的监督下，司机退给笔者2块钱，并说了句对不起。因为ZP县有这种群众基础，因此其村规民约在建立与执行中并没有阻力重重。在村规民约基础上，当地基层干部同村里的老党员、老干部及驻村工作队一起创新了很多推进新农村建设的制度，如"三老"核心制度、邻里守望制度和护村嫂制度

---

① NYZ·THT，男，40岁，维吾尔族，农民，访谈地点：A乡K村村委会，访谈编码：FT2019031201。
② "三老"指老模范、老党员和老干部。
③ 在ZP县农村有很多将载货的三轮摩托车改造成载人的摩的，用于乡村内人员的流动，改造方式是将三轮摩托的货箱板放下来，车厢扶手至车尾拉一根绳子，乘客腿垂在放下的货箱板上，背对背坐车，一辆三轮车一般可乘六到八人，甚至更多，这种载人三轮车存在一定安全隐患。

等，进一步稳固了 ZP 县基层社会，为经济发展打下良好基础。

网格化管理，有效提升了我们维稳工作的效率，现在，村里来个陌生人，我们基层干部第一时间都会知道。①

最后，每个村形成村务监督委员会。其成员由村内包括农民在内的各个阶层的人构成，主要监督村务决策和公开、村级财务管理、工程项目建设、惠农政策落实等事项。根据县纪检委统计，2018 年全县村务监督委员会共收到 9 个共性问题和 46 个个性问题的投诉。②实行村内党务、村务、财务三公开制度，制定村务公开目录，每个村每季度公开一次，重大事项随时公开，保证了村级事务在阳光下运行。

现在跟过去不一样了，我们农民啥都知道呢，我们看电视知道国家给每个农民多少钱盖房子、盖羊圈，我们都清楚得很，国家有钱来了嘛，干什么的钱、多少钱，我们都知道。③

ZP 县农民的权利意识在村务监督机制的完善中渐渐提高，随着农民获得信息渠道的增多，村里通过民主决议的方式评定贫困户，然后再通过橱窗亮化展示扶贫资金的使用情况等，村民在主动参与中慢慢将这些权力内化于心，农民权利意识和参与行政意识的提高为 ZP 县基层治理发展转型打下了良好基础。

3. 治理结构：基层党组织成员多元化

"老师，你们早上入户的时候在我这个村发现啥问题没有？""有不达标的地方能不能给我讲一下，我安排干部立马整改。"这位一遍遍问着脱贫攻坚第三方考核组

---

① ABDRSL·AB，男，维吾尔族，41 岁，村委会治保主任，访谈地点：S 乡 T 村村委会，访谈编码：FT2019031501。
② 数据摘自《ZP 县组织部基层组织建设和阵地建设专项行动组工作汇报（内部资料）》，2018 年 11 月。
③ BHTY·ZN，男，维吾尔族，56 岁，农民，访谈地点：S 乡 T 村村委会，访谈编码：FT2019031503。

老师的是 ZP 县 Z 县长，他口中的"我这个村"正是他包联的位于 ZP 县北部的 Y 乡 Y 村，在脱贫攻坚期，他不仅要负责全县的政府常务工作，还要负责他所包联村的相关工作。在脱贫攻坚期，ZP 县在县乡两级分别成立脱贫攻坚工作领导小组，实行党政一把手"双组长"负责制、分管领导"一岗双责"责任制，由一名县委副书记、一名常委、一名政府副县长和一名副县级领导组成专职领导小组负责扶贫工作。Z 县长包联贫困村便是 ZP 县实行的县委直接对接村脱贫的工作机制，这一机制是通过制定县领导包联乡（镇、场）和贫困村，乡领导包联一般村的工作计划，然后再为深度贫困村各安排一名县领导，形成逐级负责、分级落实的责任体系。这种从县直接到村的基层组织治理机制不仅下沉了组织力量，拓展了政党组织的深度，而且通过责任落实提高了脱贫攻坚工作的效率，让政党组织在基层民众中站稳脚跟。

在具体工作内容上，包联村的干部每个月要到深度贫困村开展一次调研，了解脱贫工作开展情况，解决在调研中遇到和发现的问题，同时，还要带领基层群众解决上级在检查中提出的问题，并在规定时间内完成整改。精准扶贫以来，上级组织力量直接与村对接开展扶贫工作，让农民真切感受到党和国家的温暖。

以前我们哪能见到县领导，村长都难找，现在不一样了，自治区的厅级领导和我们一起在田间地头种地，县长每个月来给我们讲政策的呢。[1]

在基层党政干部的安排上，ZP 县把最有能力的干部派到基层驻村。在脱贫攻坚阶段，ZP 县从党政机关、职能部门等经考核选了 40 名副科级及以上干部担任"第一书记"，调整了 35 名有实力的在编干部担任贫困村党支部书记。[2] 在县、乡、村各级扶贫工作

---

[1]　CGH，男，汉族，50 岁，B 乡 H 村农民，访谈地点：农户家中，访谈编码：FT2019031202。
[2]　数据摘自《ZP 县组织部基层组织建设和阵地建设专项行动组工作汇报（内部资料）》，2018 年 11 月。

人员安排上，形成由 35 人组成的县级扶贫办力量，10 人组成的乡镇扶贫工作中心力量和 5 人以上的村级扶贫工作队伍。根据 ZP 县人事部门的统计，2018 年 ZP 县有县、乡扶贫专干 155 人（县 35 人、乡镇 120 人），村级扶贫干部 703 人，[①] 在人力资源上保证了扶贫工作的顺利开展。

在脱贫攻坚接续乡村振兴期间，ZP 县为了让基层党政组织适应乡镇管理体制改革、提升基层治理能力，在乡镇换届时，13 个乡镇共计调整 208 名干部。[②] 对干部结构的调整，可以从整体上提升乡镇执政能力，避免干部在一个地方长期执政过程中与地方形成利益关系，从而出现贪污腐化行为。[③]

这 208 名干部中有 142 名是让其继续留任的熟悉乡土民情、有丰富农村工作经验的老乡镇干部，剩下的是从乡镇事业编制人员、优秀村党组织书记、到村内任过职的选调生、驻村第一书记和工作队员、在村锻炼过的内招生和留疆战士中按照民族比例、男女比例、年龄段比例选拔的干部，最终形成了合理的干部队伍梯队。[④]

笔者在调研期间发现，基层乡镇村委中有很多年轻的干部，这些年轻干部大多为高校毕业的大学生，且户籍为中东部省份。他们有的刚任职不久，有的已在 ZP 县安家落户。经笔者了解，ZP 县为壮大基层组织力量，自精准扶贫以来，从甘肃、河南、山东等地招录了大量内招生和留疆军人，经选拔培训后将这些年轻干部派至各村任职，在最基层历练成长，以快速提升工作能力，成为合格的乡镇干部。据统计，每个乡镇大约分配了 31 名年轻干部，并采用"县编乡用"的方式，将县直部门的编制向

---

① 数据摘自《ZP 县组织部基层组织建设和阵地建设专项行动组工作汇报（内部资料）》，2018 年 11 月。
② 数据摘自《ZP 县 2018 年政府工作年终会现场工作汇报（内部资料）》，2018 年 12 月。
③ 数据摘自《ZP 县组织部基层组织建设和阵地建设专项行动组工作汇报（内部资料）》，2018 年 11 月。
④ CML，女，年龄不详，汉族，ZP 县人事局干部，访谈地点：A 乡乡政府院内，访谈编号：FT2019031202。

基层倾斜，这些高校毕业生正是通过此录用渠道来到了 ZP 县。①

为确保农村产业发展项目的顺利开展，ZP 县选派了 99 名在农业农村局及相关单位任职的干部，通过借调的方式将这些干部派至乡镇，为保证其工作效率，县委制定了借调干部的管理制度，其中明确了借调的条件、程序和日常管理，这一举措推动了基层干部的合理配置，保证了乡村发展的人力资源。ZP 县用"县编乡用"的方式调整了 420 名干部，对于受过处分的干部，如果其在受过处分后工作能力突出、群众认可度高，则在处分期满后对其提拔重用，ZP 县共计提拔此类干部 5 名。②

当然在重用各级干部的同时，关心关爱干部群体的身心健康问题也是 ZP 县基层治理的重要内容。ZP 县根据自治区"访惠聚"工作要求，为各级干部发放津贴，据笔者了解自治区单位下派的干部津贴

为每月 3600 元，县级干部为每月 2000 元。③ 各级派驻单位及"访惠聚"工作队为派驻干部免费安排了体检项目。驻村工作队干部可与其他驻村干部协调时间，每个季度轮休 12 天，并为休假干部报销来回的路费。ZP 县还成立了专门的心理咨询团队为有需要的干部提供心理咨询服务。④

我来驻村之前和我的妻子订了婚，来了以后因为我们村是贫困村，面临脱贫摘帽的任务，所以工作任务很重，每天忙到很晚，倒头就睡着了，也没时间和她聊天，她就不高兴，每天跟我生气，不理我。那段时间她每天都和我闹别扭，加上工作压力大，我整个人都快崩溃了。我们队长看出来我的情绪不太好，就和我谈了话，让我趁我妻子放假期间叫她来 ZP 县，还给我放了假，我妻子来村里陪了我几天，看到我每天的工作以后，回

---

① 数据摘自《ZP 县组织部基层组织建设和阵地建设专项行动组工作汇报（内部资料）》，2018 年 11 月。
② 数据摘自《ZP 县组织部基层组织建设和阵地建设专项行动组工作汇报（内部资料）》，2021 年 11 月。
③ 数据来自笔者与驻村工作队队员 ALY·YBLY 的访谈内容，访谈编码：FT2019031204。
④ 数据来自笔者与 ZP 县人力资源和社会保障局干部 CZY 的访谈内容，访谈编码：FT2019031701。

去就不和我闹了。①

ZP 县的 133 个行政村、18 个社区目前均已实现办公场所、会议室、图书室、卫生室、警务站、远程教育学习场地等服务群众场地标准化配置。133 个行政村村委都建了面积在 280 平方米左右的村民服务中心，使农民夜校、远程教育培训和群众性文体活动的开展有足够的空间和设施，村级组织服务群众的能力也因此得到提升。ZP 县还联合自治区"访惠聚"办公室和派驻单位为驻村工作队修建了专门的员工宿舍。为了使基层开展各项工作和活动的经费得到保障，ZP 县按照大村 15 万元、中村 10 万元、小村 5 万元的标准为每个村发放了群众专项经费。② 这些工作最大限度地缓解了基层开展工作的压力，从财力上确保基层各项工作的开展，基层工作人员的积极性也因经费的充裕而被调动。

在基层党组织建设方面，ZP 县还发展了除村两委和工作队以外的新的党组织。如在农牧民群众集中就业的私营企业中组建党组织，开展党的工作。根据县组织部门的统计，ZP 县在非公有制企业中共组建 38 个党支部、46 个党小组，选派了 70 名党建指导员。③

我没有想到我能当上党员，我觉得党员就是干部，上了大学在国家单位上班的人才能当党员，我初中都没有上，就是一个老农民，从小跟着爸爸喂羊，后来自己总结了一点喂羊的经验，就贷款扩大了家里的养殖规模，最多的时候养了 1000 多只羊。村里就把我评选为致富带头人，这个荣誉我不能白拿，我就给他们（村民）讲，娃子（羊）怎么选、怎么喂养、什么时候卖，帮了一些人，然后村里面就找我谈话，让我写申请书，我非常激动，现在

---

① GXZ，男，34 岁，汉族，S 乡 H 村驻村干部，访谈地点：S 乡 H 村访惠聚工作队员工宿舍，访谈编码：FT2019032001。
② 摘自《关于做好基层组织建设工作规范的通知（内部资料）》《ZP 县基层组织建设工作细则（内部资料）》，2021 年 11 月。
③ 摘自《ZP 县组织部基层组织建设和阵地建设专项行动组工作汇报（内部资料）》，2021 年 11 月。

我是一名正式的党员了（指着自己胸前的党徽给笔者看）。[1]

除了发展党组织外，还在青年农民特别是致富能手中发展党员，实施党员人才"四培工程"[2]，让优秀农民人才进入村"两委"班子，实现基层党组织人员的多元化构成。据统计，ZP县共有农民党员887人。[3]

（三）形塑乡村文明

人居环境改善是精准扶贫、乡村振兴和新农村建设等国家战略的重要内容。扶贫开发工作开展以来，政府最先开展的工作就是农村基础设施建设，尤其"五通七有"[4]作为贫困村退出的重要量化指标，受到各级政府的重视。

1. 公共空间的升级

"庭院"是农民用于住宅生活的院落，其使用权仅限于家庭成员内部，是农户私有的空间。在当地传统农村熟人社会中，只有经过主人的许可和邀请，外人方能进入庭院。农户传统的庭院主要由农户居住房屋、堆放杂物的储藏间和养殖牲畜的棚圈等组成。传统庭院的大部分空间都处于闲置状态，利用率较低。

精准扶贫以来，农户进行了庭院改造，在各村的引导下，充分利用庭院资源，发展庭院经济。第一阶段农户依托各类项目在庭院中种植果树木和蔬菜，养殖牲畜和家禽，最大限度地减少家庭生活支出，改善家庭生活条件。第二阶段，农户通过改进种、养殖技术，提高单位面积产出，并将剩余农副产品在市场上销售，增加家庭收入。第三阶段以乡镇村为单位，对庭院经济进行统一规划，以"一乡一品"和"一村一特色"为目

---

① ASJ，男，46岁，维吾尔族，县级致富带头人，党员，访谈地点：农户家中，访谈编码：FT20190312101。

② "四培工程"即把农民培养成实用人才、把实用人才培养成党员、把党员培养成科技致富带头人、把科技致富带头人培养成村干部。

③ 摘自《ZP县组织部基层组织建设和阵地建设专项行动组工作汇报（内部资料）》，2021年11月。

④ "五通"：通水、通电、通路、通广播电视、通宽带或通讯；"七有"：有村"两委"班子且发挥作用、有支撑稳定增收的产业、有村集体经济收入、有村级党组织阵地（办公场所）、有幼儿园（中心幼儿园）、有便民服务中心（文化体育活动场所）、有卫生室。

标，将庭院经济打造成乡村致富的产业。

一是庭院功能的改变。ZP 县各村农户在其宅基地面积内进行了积极探索，逐渐形成了"前有院、中有园、后有圈"的居民点建设模式。如今走进 ZP 县农户家中，可以看到前院有葡萄架，中院有拱棚蔬菜种植和果园，后院有禽舍，水源条件较好的村落还有通往院落的渠道。

ZP 县 T 乡 A 村农户自精准扶贫政策实施以来，根据院落情况和自身需求探索了多种庭院发展模式，ZP 县便以该村为试点，在全县范围内推广庭院经济发展模式。

该村规划了庭院布局，形成前院盖房供农户生活起居；中院种菜，发展庭院经济；后院盖圈舍，发展养殖的模式。笔者走进村民 RZWGL·AYP 的家中，不大的院子收拾得井井有条，富民安居房坐北朝南，房屋内收拾得干净利落，前院葡萄架上挂满了葡萄，中院菜园里的西红柿等蔬菜长势喜人，足够一家人吃两三个季度，再走进后

院，庭院主人将所有空地利用起来，建成了羊圈和鸡舍，搞起了庭院养殖。

我是一名家庭妇女，因为家里的老人孩子丈夫都需要我照顾，所以收拾院子、干家务就是我的工作，以前我在家只花钱挣不了钱，发展庭院经济以后我这个家庭主妇也能挣钱了。[①]

葡萄架既能美化庭院，还能供人乘凉，葡萄盛产经市场售出后还能增加家庭收入。A 村根据特色产业发展战略，结合本村农户门前林芎区域宽、可利用空间大的优势，动员全村 80% 村民在门前搭建了高度宽度规格统一的葡萄长廊，种植了专门用于酿酒的特色葡萄品种，并实行统一的种植管理。该村的庭院葡萄种植渐成规模，实现了庭院经济效益最大化。很多农户在葡萄架下，用废旧的轮胎、胡杨树根，做了休闲娱乐桌凳，平时农户可以在葡萄架下休息，孩子在葡萄

---

① RZWGL·AYP，女，38 岁，维吾尔族，T 乡 A 村农户，访谈地点：农户家中，访谈编码：FT2019031201802。

架下写作业，家家户户门口的葡萄架成为该村的特色景观。

以前我们不知道能通过发展庭院经济增加收入，经过村里干部的建议，我们利用院落里多余的空地种植核桃、葡萄、红枣、蔬菜等，不仅节省了自己家的开支，还可以赚钱，预计今年我们家庭院里种植的瓜果蔬菜能为我们带来 3500 元左右的收入。①

安居富民房的建设是脱贫指标中的重要内容。根据"五通七有"的要求，住房安全不仅要求房屋建筑质量达标，而且屋内水电等基础设施安装完备才算住房达标。脱贫攻坚期，ZP 县所有农户住房都达到了以上住房安全标准。在政府帮助农户统一完成安居富民房的建设工程后，农户根据自己的经济实力和"三新工程"的标准对自家房屋进行了软装。笔者调研期间看到很多农户家中的装修风格具有现代

化气息，卫生间、厨房、卧室和会客厅等房屋功能划分明确，改变了以往农户家中一屋多用的现象。卧室添置了双人床，客厅里摆放了组合式沙发，有专门的会客厅，房屋布局一改往日"一间房、一个炕、一摞被子"的布局。厨房里接通了天然气，安装了燃气灶和抽油烟机，做饭用的操作台是大理石或者不锈钢的材质，洗碗池上接通了自来水，卫生间安装了抽水马桶和热水器，很多农户家中还购置了全自动洗衣机等现代家电。

放暑假了，我每天都要坐在爸爸亲手为我做的书桌前学习一会儿，有时也要把爸爸叫到跟前，教他普通话。我现在有了自己的卧室、漂亮的床、崭新的书桌，不用再坐到炕上的饭桌上学习了，现在比以前更爱看书学习了。②

ZP 县在实现畜牧业规模化养

---

① AHMT·MMT，男，39 岁，维吾尔族，T 乡 A 村农户，访谈地点：农户家中，访谈编码：FT2019031806。
② ABBL·SWT，男，14 岁，维吾尔族，T 乡 A 村中学生，访谈地点：学生家中，访谈编码：FT2019032507。

殖前，小规模庭院养殖在养殖业中占有重要地位，其既能增加农户经济收入，又能减少农户家庭的日常开支等，且小规模的庭院养殖符合当前 ZP 县农村经济发展水平。家庭养殖是 A 村的传统生计模式之一，它作为农业经济的补充，在该村经济发展中占有重要地位。夫妻双方合作进行的家庭小规模养殖在该村较为普遍。

菜园项目是 A 村向每个农户力推的发展庭院经济的内容之一。目的是让当地村民多食蔬菜，形成健康饮食习惯，同时将剩余蔬菜带至市场销售，增加家庭收入。根据 A 村村委干部统计，农户零售蔬菜每年平均可增收 800 元，村民们也感受到了庭院改造给自己生活带来的好处，种菜行为由勉强被动变成积极主动。村民 YM·AMR 将自家院落的空地整理翻新后，新建了一座蔬菜拱棚，种上了西红柿和辣椒等时令蔬菜，他说以前他家时令蔬菜都要通过市场买，而且买新鲜蔬菜要到 5 公里外的乡镇去买，现在想吃什么都可以自己种。

自从"访惠聚"工作队到村里后，在他们的指导下，我发展庭院经济，在院子里建了个大棚，在空地种了果树，以前在巴扎上买蔬菜吃，但是建了蔬菜大棚后，自家种蔬菜自己吃，不用去巴扎买，多余的还可以卖出去增加收入，可以吃自家的水果，多余的也可以卖出去。①

二是庭院布局的改变。在庭院布局方案设计中，ZP 县根据各村的地理位置、村民的宅基地面积为每户村民规划庭院布局。如县城周围，土地较紧缺的村，建议其开发蔬菜和葡萄种植等。离县城远、受县城辐射带动影响小、宅基地占地面积较大的村建议其多种类混合发展。最终 ZP 县的庭院经济形成以下四类模式。

第一类是前院有庭院、中院有果园、后院有棚圈模式，这类庭院针对庭院面积不大，且劳动力缺乏的家庭，全县大部分农户都采用此类庭院经济发展模式。第二类是前

---

① YM·AMR，男，46 岁，维吾尔族，T 乡 A 村农户，访谈地点：农户家中，访谈编码：FT2018091204。

院有庭院和拱棚蔬菜、中院有果园、后院有棚圈模式。第二类发展模式是针对欲通过发展蔬菜种植来实现增收的庭院发展类型。第三类是前院有庭院，中院有果园、店铺和菜园的模式，这一类发展模式主要是为想自主创业或者院落靠近村委等中心位置的农户设计的庭院发展类型。农户通过面向人员流动量大的街道开设店铺增加收入。第四类是前院有庭院、中院有棚圈、后院有果园和拱棚的模式，这一类庭院主要为想发展林果业的农户设计，通过加大庭院，培育和种植一年四季的蔬菜和林果来增加收入。ZP县的庭院经济模式根据农户家庭的具体情况制定相应的发展方案，在实现农户收入来源多样化的同时，还美化了庭院，改善了农户的人居环境。

2. 住房：农户居住空间的改变

ZP县农村在全面建设安居富民房之前，大部分农户居住条件较差，农户家中家庭成员共用一屋现象较普遍。尤其冬天，农户家中靠炭火取暖，为节省开支，一间架炉子的房屋既当厨房又当卧室，甚至还要会客。一张睡觉的大炕既用来吃饭又用来睡觉，吃饭的时候，炕上铺一块布就相当于饭桌，所有人脱了鞋围着桌布盘腿而坐。笔者在调研期间正赶上当地少数民族的传统节日——肉孜节，笔者受邀在一农户家中做客，当天该农户家中有很多客人，笔者和其他客人所坐的位置就是主人家平时所用的卧室。

睡觉时，家中男女老少同住在一个炕上，炕上的毛毡一年甚至更久才打扫一次，灰尘满满，且有跳蚤等虫子，长期在这种炕上睡觉容易将灰尘病菌等吸入呼吸道，导致呼吸道疾病，这也是南疆肺结核病人较多的原因之一。传统住房中没有独立的卫生间，洗澡用汤瓶浇，如厕在院内的旱厕，家庭洗浴条件原始且简陋。厨房更为简陋，夏天，农户都是在室外用几个砖头垒起的锅灶和一张简易的桌子生火做饭，冬天在室内用取暖的炉子做饭。当地人的三餐也比较简单，早餐和午餐是清茶就馕，晚餐为"lagman"[①]（لەغمەن），因此当地人

---

① "lagman"维吾尔语意为新疆拌面，是用土豆白菜混合炒制的菜拌在手工面条里的特色新疆美食。

对各种食材，尤其蔬菜的需求不高，也不善于种植蔬菜。

精准扶贫以来，ZP县为改善农村的人居环境，引导农民养成健康科学的生活习惯，开展了"三新"①活动。"三新"活动将沙发、茶几、床等象征现代文明的家具带入农户家里，农民在新生活方式下逐渐培养起健康文明的生活习惯。以下创建"美丽庭院"倡议书便是ZP县开展"三新"活动的重要举措。

创建"美丽庭院"倡议书

全地区各族姐妹们、青年朋友们：

党的十九大在乡村振兴战略中提出了"乡风文明"的要求，为推进全区"倡导新风尚、树立新气象、建立新秩序"活动，引导妇女、青年从自身做起，从家庭做起，积极参与"美丽庭院"创建活动，改善人居环境、提高自身素质、养成良好生活习惯，喀什地区妇联、团委向姐妹们发出如下倡议（略）：

积极行动，做维护稳定的爱

国者。

积极行动，做清洁环境的志愿者。

积极行动，做改变陋习的带头者。

积极行动，做良好风尚的引领者。

整治环境，美化家园，人人有责，家家受益。让我们携手并肩，用辛勤和汗水，为实现"思想好、家风好、学习好、团结好、人美、屋美、院美、厕所卫生"的目标而努力。

地区团委
地区妇联

庭院改造和富民安居房工程改变了ZP县农户传统的生活状态，富民安居房合理的生活分区，现代的生活家电和起居用品将现代文明和科学生活习惯植入ZP县农村生活。厨房、卫生间和起居室分区，人居环境和牲畜养殖区分离，改变了以往住房混杂、人畜同院的现象，将庭院闲置土地重新利用起来种植蔬菜瓜果，让农民利用农家小

---

① "三新"活动即倡导新风尚、树立新气象、建立新秩序活动。

庭院致富增收。

为高效开展"三新"活动，ZP县利用与农民的结对认亲行动，让干部在与农户"同吃、同住、同劳动、同学习"中影响农民的生活习惯，引导农民养成健康的生活习惯。

在住房改造上，ZP县打造了样板房，组织农民参观学习，并由样板房主人介绍居住感受。农民从一开始被动去参观，到后来主动打听样板房改造价钱，请人设计房屋布局。据统计，ZP县已有80%的农户完成居住空间改造，[①] 笔者在ZP县调研的三年中也明显感受到农民精神面貌和村容村貌的改变。

自"三新"活动开展以来，Y乡B村的村民AYXM·MHSM装修了自己新建的富民安居房，专门聘请了县城装修公司的人为自己家设计房屋。笔者进入她家时，感觉住房内部格局跟城里楼房并无二致，屋内现代家具一应俱全，处处都体现着现代文明生活的气息。她家的庭院种植了各种时令蔬菜，院落进行了三区分离，整个庭院看上去干净整齐。

我现在做饭比以前方便多了，燃气灶打开就能做饭，洗碗的水池打开水（自来水）就能洗碗，铺的地板砖也比以前容易打扫，娃娃们有了自己的儿童房，买了书桌，孩子在自己的房间写作业，我们全家人现在在乌鲁木齐上大学的女儿的影响下养成了早起刷牙、睡前洗脚、经常洗澡、勤换内衣裤的良好生活习惯。[②]

ZP县大部分农户家庭中仍然保持传统男主外、女主内的家庭分工模式，妇女操持家中的大部分家务，如整理庭院、负责一家人的饮食起居、照看小孩等，因此，当地农户的庭院环境与妇女有着直接联系。鉴于此，县妇联针对妇女组织了家庭实用技术示范培训班，重点围绕家政技能、化妆打扮等方面进行讲解和实操，让广大妇女学会用丰富的食材制作有营养的饭菜，掌

---

① 数据摘自《ZP县农业农村局实施乡村振兴工作汇报（内部资料）》，2021年11月。
② AYXM·MHSM，女，29岁，Y乡B村农户，访谈地点：农户家中，访谈编码：FT2019050201。

握整理、清洁厨房，叠衣、叠被、洗脸、洗脚、梳头、剃须等生活技能以及正确使用家用电器、家具等基本技能。还教其穿衣搭配等技能，更新妇女思想观念，切实发挥妇女在人居环境改善中的重要作用。

笔者在 ZP 县调研期间，与当地妇女一起参加婚礼、聚会等各类活动时切实感受到了当地妇女的改变。给笔者感触最深的是妇女们通过对比自己妆前妆后的样貌，自我意识被逐渐唤起。在访谈中发现妇女们对妇联组织的家庭实用技术培训班高度认可，并希望以后妇联能多举办一些类似的活动。

笔者调研期间去 A 乡的一家美容美发店洗头，在美发店发现当地前来烫发、染发的妇女不少，不仅有未婚的少女，还有相当数量的已婚妇女。经询问她们有的因为在附近工厂上班，想摘了头巾换个新发型，有的想做造型去参加好友的婚礼。笔者正和做头发的妇女聊天时，该美发店来了两位客人，是夫妻俩，丈夫和美发店老板沟通后，店老板就开始为其妻子烫发。男子在一旁不停地注视着其妻子的烫发

过程，生怕错过哪个环节，并不停地和理发师交流想法，无视店内其他妇女的眼神。这位男士的举动让笔者感到意外，在当地已婚妇女大多在家当家庭主妇，且长期受传统文化及宗教教规的影响，女人需在公共场合戴头巾，穿着保守。男性对自己的妻子在穿着打扮等方面管束较严格，前来美发店的夫妻俩冲破了传统文化的藩篱，在现代生活理念的改造下，用夫妻平等的观念向传统大男子主义提出了挑战，夫妻俩的行为很好地诠释了"幸福生活是奋斗出来的"这一唱响在 ZP 县农村的口号。

基层政府代表国家形象对关乎农民饮食起居的生活细节，如洗漱、饮食等方面给予指导，例如以下政府制定的干部结亲任务的内容中要求干部在结亲过程中要将科学、现代的生活习惯植入农民的生活中，这些任务和规定与"形象的外部的国家"或者"内在但又抽象的国家"不同，这种民生工程的开展在乡村社会树立起了一种真实可感的、内在的、具象化的国家形象。以下笔者摘录的相关文件内容，即《向参加结亲周的干部

喊话：在亲戚家要言传身教播撒文明》，便反映了这种具体的民生工程是如何通过各级干部在基层开展的。

1. 让亲戚养成打扫卫生的好习惯

2. 让亲戚洗手洗脚晒被褥

3. 把亲戚家的庭院变成聚宝盆

4. 文明乡风一定要落实在细小的行动上

"喊破嗓子不如干出样子""行胜于言"。文明不能光说在嘴上、挂在墙上，而是要落实在具体的行动上。落实就要具体化、生活化、常态化。现在全疆所有干部都在参加访惠聚驻村、民族团结一家亲结亲活动和支教活动。如果每个机关干部都能"一对一"或把邻居带上"一对多"，让自己的亲戚在日常的生活中"养成好习惯、培育好品行、享受好环境、过上好日子"，就可以"积小胜为大胜"，就可以为推进社会稳定和长治久安总目标提供精神动力、道德支撑和强大正能量。①

(四) 国家意志的传输与实施

1. 驻村工作队

向农村派驻工作队是中国政府农村工作中的一种有效且获得深刻经验的工作机制。在脱贫攻坚阶段，工作队员是"具身的国家"，驻村帮扶是反科层制的运作方式，带有超常规、运动式、非正式的治理色彩。"访惠聚"驻村工作队的下派，保证了精准扶贫期间国家各项政策在基层的落实。"第一书记"作为下派干部拥有较强的组织决策能力及自带资源，对于 ZP 县农村而言这些都是非常重要的乡村治理外部资源。驻村工作队进入村内与村两委形成合力，在驻村工作队的帮带下，农村干部群众的工作能力与热情被激活和调动起来，形成了自我管理、自我建设和自我服务的基层组织力量，农村内部资源也在外部资源的激活下，实现效用最大化。

"第一书记"通过政治、思想和组织工作重塑农村政治，组织召开村组干部和党员代表会议，进行

---

① 笔者在记录时已取得该驻村干部的同意，并向其说明该篇日记将用于论文中。

个别谈心，是"第一书记"主要的政治整合方式，必要的时候还要开展批评与自我批评。这个工作过程既要有原则，又要有策略；既要有斗争，又要有团结。人情、面子和关系也可以作为政治整合的润滑剂，目的是使村组干部心往一处想、劲往一处使。ZP 县每个村都有下派的"访惠聚"工作队，深度贫困村的"访惠聚"工作队全部来自自治区单位，这些干部下派后要与所在村农户开展结对帮扶行动，定期到农户家中走访，帮助农民解决实际生活中的困难。这种结对帮扶是扶贫发展时期常见的一种帮扶形式。

S 乡 A 村贫困户 MSJ 家中有个患眼疾的孩子，在当地医院就诊后被建议去三甲医院做全面检查。作为贫困户，一方面经济能力有限，无力支付高昂医药费，另一方面该农户从出生一直没到过县城以外的地方，且不懂国家通用语言，怕去了乌鲁木齐找不到医院，孩子的病也因此一直拖着没去上级医院诊断。结对认亲活动开展后，他家的结对干部是来自自治区某单位的正处级干部，该干部了解到 MSJ 的看病需求后，联系了他在自治区某三甲医院的表妹，MSJ 在该干部的帮助下顺利地来到自治区三甲医院为孩子检查了眼疾，经诊断需要手术治疗，正当 MSJ 发愁手术费之时，该干部又帮助 MSJ 募捐了一笔治疗费用。MSJ 在该结对干部的帮助下给孩子看好了眼疾，MSJ 回村后见人便提起此事，成为一桩美谈。

另一个例子是 A 乡 P 村的驻村干部，他早年离了婚，孩子跟着他，单位派他来 ZP 县驻村，他因为孩子没人照顾很不情愿，向单位提出了不去驻村的请求，但都被拒绝。该干部只好将孩子托付给亲戚，前往 ZP 县驻村。驻村期间，他白天全身心投入工作，还利用休息时间帮助鳏寡老人，说服了好几个不愿意去老年院的独居老人。他还用自己的社会关系帮助结亲农户家中毕业的儿子在乌鲁木齐找到了工作。该驻村干部说：

我不愿意来驻村确实是真的，因为我不放心孩子，但是既然单位派我来了，我就得干好工作。来到这里看到穷苦的农民，你没有理由不帮助他们翻身。①

通过下沉组织力量来激活村庄政治，对于基层治理而言具有至关重要的意义。一方面可以培养当地干部以及农民群众解决自身问题的主动性，另一方面还可以净化基层治理的政治生态。在农村有许多政权触及不到的小事，动用国家资源没法处理或者处理的代价较高，这就需要引导农民自己去解决。而驻村工作队等外部资源进入村庄之后，可以最大限度重塑基层治理，改造农民"等靠要"思想，激发他们解决自身事务的能动性和创造性，从而可以低成本地处理好农村问题。

2. 农民的"增权"与"赋能"

ZP县无论是在发展产业、推动经济发展的过程中，还是在引导多元主体参与治理、构建乡村治理体系的过程中，都体现出精准扶贫输血转造血的特征。基层政府在制度安排方面，舍弃了"以奖励带动参与"的治理方式，将"以人为本"作为基本理念，在治理中

帮助村民实现自由而全面地发展，树立治理参与者的本体意识。多元治理的核心是对个体的"增权"与"赋能"。具体而言，"增权"即通过法律提供框架性、制度性的保障；"赋能"则是将政府手中的公共权力部分赋予公共社会。在ZP县，农村人居环境整治虽然是基层政府的治理范畴，但是，村两委和驻村工作队在规划乡村建设中入户走访，听取、征求农民意见；在公路、乡村大舞台、农民夜校等建好后通过购买服务的方式，聘请农户进行管理维护，包括合理分配过渡空间、吸引社会投资等具体活动，将此类权能赋予基层政府与村民。这些举措使处于公共领域中的主体可以充分发挥其能动性，带来一定社会效益。在村民获得了行动空间和行动权力的基础上，合理协调社会力量，发挥其作用。ZP县基层政府在治理中，对本地能人、乡村企业、老党员以及相关社会力量进行了充分的协调，使其能够参与到乡村的建设和治理当中。上文

---

① CX，男，汉族，40岁，自治区某事业单位干部，访谈地点：A乡P村村委会，访谈编码：FT2019031205。

提到的 A 乡 K 村的"第一书记接待日"，Y 乡 S 村的"瓜代办"等案例进一步说明了，政府和农民之间不是零和博弈的局面，两者能够在合作的基础上相互促进、共同优化自身治理能力。

3. 地方文化培育

国家与农民关系状况是构成乡村社会政治现象及其变迁的决定性方面，制度安排对乡村社会性质有着深度的依赖，相同的制度安排在不同性质的乡村社会产生的实际效果可能大相径庭。国家制定的精准扶贫政策如何全面、正确、具体地落实到贫困地区？有学者认为"全面"就是不能缺失偏废，"正确"就是因地制宜，从而最大限度地实现政策效应（郝时远，2013/1）。精准扶贫政策的实践过程，是基于自上而下的政策规则与所在地资源、文化的互动过程。面对不同地区发展资源以及发展动力不足问题，地方行动主体基于所在地时空环境，围绕政策执行与所在地资源的利用及文化的互动展开了日常性的实践活动，目的是使国家政策在贫困地区产生积极效应。ZP 县能在较短时间内顺利脱贫摘帽，完成精准扶贫任务与基层干部变通执行精准扶贫政策有关。

扶贫开发以来，基层干部在执行各扶贫政策时，受到上级部门及国家第三方考核等多重压力的影响，在执行政策过程中，基层干部是否从当地实际出发执行扶贫政策成为检验各地脱贫成果的重要指标。庭院经济发展政策中，标准化的庭院经济发展模式肯定不符合 ZP 县每个村的实际，有些村以劳动力转移就业为主要发展方向，转移就业后家里无剩余劳动力照看菜园，因此发展蔬菜种植为主的庭院经济在这些村肯定是不合适的，村两委根据本村的情况向上级反映，做出改变。当然基层干部在变通精准扶贫政策的过程中既能根据实际情况完成任务，也会为了应付上级检查，选择性地执行政策，所以受到了较多批评。如 B 乡 B 村为了应付上级对"易地搬迁"项目开展情况的检查，在异地搬迁点的安居富民房建好后便安排村民由老院迁居至新院，然而很多农民的新院因资金紧张等问题还没来得及建牲畜的棚圈，而政府发放的棚圈补贴只针对贫困户。当地村委给出的理由是该村主要发展方向为转移就业，认为村民就业后不需要养殖牲畜，故要求易地搬迁点的所有农户全部迁居至新院。但该村主要为塔吉克族聚居村，塔吉克族在迁至ZP县前为游牧民族，在定居之后，每家每户仍有养殖牲畜的传统。因此，就有了笔者调研期间看到的景象，早晨农户在老院喂了牲畜后全家前往新院，等下午太阳落山后再回到老院居住。因此村两委在不向上级反映该村易地搬迁特殊性的情况下，仅仅为了应付检查让农民全部搬迁至未完成的新庭院的做法，不仅有违农民意愿，同时也与精准扶贫政策的初衷相悖。

农民的行动深受地方性知识的影响，地方性知识的实质即为乡村社会的性质，如果将农民视为理性行动者，则农民的理性并不是抽象的原则，而是具体的切合乡村社会性质的选择（贺雪峰，2020：371）。当乡村社会逐渐融入市场经济之中，地方性知识逐渐被大传统所取代时，农民的理性与市场原则会越来越近，也就愈加具有经济理性。相反，乡村社会与市场经济越是远离，农民行动理性中的经济内容越会被道德因素所取代。ZP县开展的"庭院经济"建设行动，之所以能够取得成效，农民由被动接受转为主动参与，并吸引了多元治理主体的参与，一方面，是由于"庭院"作为农民私人的空间实现了双重价值，其在满足农民生活需求的同时还为村民带来经济效益，是农民出于理性的选择；另一方面，基层村委会积极组织开展政策宣传等工作，在这一过程中重塑了社会关联。

ZP县在精准扶贫政策实施以来，不同群体建立微信群并逐步普遍化的现象也反映出基层治理政策与当地社会文化的互动。笔者在调研期间发现，ZP县的普通农户手机微信中，每个人至少有五个以上群，其中包括村委传达公共事务的村委网格群和村内信息互动群，还有各类农产品销售群、务工信息群、购物群等，每个群的功能和用途都不一样，每天都有很多信息互动，村干部也利用微信群传达上级政策通知村内事务。在调研中笔者发现村干部和驻村工作队在传达扶贫政策时，一般会用国家通用语言将政策内容通过语音发送，紧接着就有少数民族村干部用少数民族语言对政策内容进行翻译解读，用口语化的方式再发送一遍。这种在微信群中对政策内容进行口语化的解读拉近了村民与村两委之间的关系。因此，微信群作为一种工具在传达村级公共事务内容的同时，也在逐渐积累着村民的集体经验，村民从微信群这一公共空间获取相关信息，表达其意志与诉求。但微信群作为信息科技的产物，对网络信号和手机等电子产品性能，以及使用者的年龄、文化水平、操作移动终端的水平等都有一定要求，因此，也造成了在 ZP 县农村信息覆盖不到位的现象，微信群虽然有效提高了村两委的工作效率，但目前还不能完全依靠微信群传达村务信息。

精准扶贫以来，ZP 县的基层治理政策与地方文化互动还体现在法治和德治相结合的治理逻辑上。在非正式治理中，人与人之间的情感纽带发挥着重要作用，治理主体虽然并不一定是村庄社会的精英，但通常具有"人缘好""明事理""有面子"等特点。他们与村民们共生共长，其有目共睹的人品与行事往往也得到普遍认可。在 ZP 县的非正式治理中，各村的妇女主任、村带头人等扮演了这一角色，他们在与村民之间日常化、生活化的互动中发挥了治理机制的效能。除此之外，近年的基层组织队伍中的返乡大学生作为重要的治理主体也发挥了一定作用，最重要的是在基层治理网络中引入了代际关系，在治理主体中注入了新鲜血液，并且通过辐射，不断再生产出新的社会关联。

三、互嵌式结构与美好社会

（一）ZP 县互嵌式社会结构的微观透视

1. 历史背景

20 世纪 80 年代，ZP 县境内居住着 15 个民族的居民，包括维吾尔族、汉族、塔吉克族、回族、柯尔克孜族、乌孜别克族、满族、哈萨克族、蒙古族、壮族、土家族、东乡族、瑶族、保安族、藏族，形成了一种多民族混杂居住的格局，这一人口分布格局为 ZP 县民族互嵌式社会结构的形成打下一定基础。民族互嵌式社会结构是中华各民族在社会结构各层面、各领域中形成的广泛而深入的相互嵌入态势。在统一的社会主义制度背景下，我国各族人民以社会主义法治为基础，团结奋斗，不断深化交往交流交融，致力于破解民族相对聚居造成的社会区隔和发展不平衡问题，实现共同繁荣发展的目标，在这个过程中，相互嵌入的结构化趋势日益突出（刘成，2015/6）。应当注意到，民族互嵌式社会结构不同于传统视域下的"杂居"，也非多民族之间简单的"混居"，它是建立在各民族间的人际充分交往、文化深入交流、情感深度交融基础上的高度融合，从而在与民族结构或民族关系最为直接的社会阶层结构、职业结构、文化结构、经济结构、政治结构等社会结构的诸多领域中不断缩小发展差距，全面消除民族隔阂（张军，2017/6）。

ZP 县自古是个多民族居住的地方，长期的共同劳动，开辟出这块富饶美丽的绿洲田园。随着时代的变化，有的民族迁走，有的民族迁入，也有些民族在长期的生产过程中与其他民族融合，形成了当前 ZP 县的民族关系。

维吾尔族是 ZP 县人口占比较大的民族，其迁入 ZP 县的历史悠久。公元 9 世纪中叶回纥（回鹘）汗国被黠戛斯部击败，回鹘部分部落西迁，其中一支西迁至七河流域与葛逻禄等铁勒部落联合建立喀喇汗王朝，公元 940 年后改信伊斯兰教，10～11 世纪喀喇汗王朝征服于阗，与当地操于田语、伊兰语（伊朗语支）的世居居民融合开始伊斯兰化过程，促成塔里木盆地地区的民族融合，并至公元 16 世纪逐渐形成了近代维吾尔族。ZP 县维吾尔族便在民族融合过程中不断壮大，成为当地的主体民族（ZP 县志编纂委员会编，1992：426）。

塔吉克族迁至 ZP 县已有 100 多年的历史。迁来之前，一部分人居住在蒲犁（今塔什库尔干塔吉克自治县），大部分人住在阿富汗的瓦罕、巴基斯坦的契特腊尔土邦和吉尔吉特等地。那时，阿富汗和巴基斯坦的塔吉克人民遭受封建贵族的残酷压榨、繁重的捐税，特别是乱抓壮丁，迫使许多人逃亡。其中一些在蒲犁有亲戚的塔吉克人，纷纷迁到中国。他们先迁到蒲犁。但蒲犁位于边缘地区，经常遭到浩罕汗国等的侵略和骚扰，战争频繁，牲畜常遭掳掠，民不安居，加上当地山高土薄，气候寒冷，农业生产的条件差。因此，一部分移民以及少数原籍蒲犁的居民，向东迁徙。他们越过海拔 5600 米的康达尔达坂到大同，再越过海拔 4000 多米的阿里甫特拉赫达坂，经过莎车的柯岗、当姆什，最后到达南疆农村。于是，塔吉克族分布在沿昆仑山北麓，从莎车、ZP、叶城向东南一直到皮山一带。他们在维吾尔族占主体的广大农村中，形成了若干本民族的小聚居点。县级境内的塔吉克族原操塔吉克语的色勒库尔话和瓦罕话，由于民族间交往频繁，ZP 县的塔吉克人除极少数年老者外，已全用维吾尔语、维吾尔文（ZP 县志编纂委员会编，1992：427）。

汉族在 ZP 县也有悠久的历史。汉武帝在莎车屯日时，ZP 县就有汉族先民。以后各朝代都有汉族人口迁至 ZP 县，大多融入各民族之中。乾隆二十三年（1758）清朝平定大小和卓叛乱后，少数汉人移居 ZP 县，迁入迁出比较频繁。1919 年叶城县政府往 ZP 县派了一名汉族稽查官员，并有 8 名汉族商人相随而来。至 1949 年 ZP 县的汉族人口增至 42 人（ZP 县志编纂委员会编，1992：427）。新中国成立后，党和政府从中国人民解放军中抽调了一批汉族指战员到 ZP 县工作，又陆续从内地调遣许多大中专毕业生及各类专业干部在 ZP 县从事各项建设工作，汉族人口逐年增多。1961 年，ZP 县的汉族人口增至 4194 人。1979 年，南疆石油勘探指挥部基地定点 ZP 县，大量汉族人口随之而来，至 1984 年 ZP 县的汉族人口增至 13369 人（ZP 县志编纂委员会编，1992：427）。目前，ZP 县的汉族人口比例属于南疆三地州中汉族人口比例较高的，其汉族人口分布在县城及 33 个行政村，与其他民族形成嵌入式居住格局。

ZP 县的回族大多为 1949 年之后迁入的，在此之前 ZP 县仅有回族人口 10 余人，皆为职员与家属，祖籍属陕、甘、宁三省区，因懂维汉双语，受政府之聘，前来 ZP 县工作。新中国成立后，一些回族官员被遣散，各回故地，回民只剩 4 人。1953 年政府又调派一些回族工作人员来 ZP 县工作，回族人口增至 34 人。改革开放后，内地甘肃、宁夏、青海的一些回民还有新疆其他地方的回民迁居 ZP 县，主要经营饭馆等。目前回族人口主要居住在 ZP 县县城以及 K 镇（ZP 县志编纂委员会编，1992：427）。

历史上我国民族关系的主流，始终是相互依存、相互支援、共同发展。新中国成立后，ZP 县在民族区域自治制度下，民族团结不断加强，各项建设事业取得一定成果。1986 年，ZP 县被评选为喀什地区民族团结模范县，1987 年被评选为自治区民族团结模范县，1988 年荣获全国民族团结进步先进集体称号，1990 年则荣获全国民族团结进步先进单位称号。诸如此类"政府称号"的获得，一方面说明 ZP 县民族成分多元，各民族在相处中处于和谐态势；另一方面也说明 ZP 县形成互嵌式社会结构已有一定基础。

在民族互嵌格局的建构中，民族人口迁移是关键的先决条件。由上文可知，ZP 县境内的各民族在历史演进中经历了多次迁徙，形成了全县范围内的民族互嵌式社会结构。其中 ZP 县布依鲁克塔吉克民族乡（以下简称 B 乡）就是典型的因历史移民而形成的民族互嵌式乡村。B 乡位于县城以南 30 公里处，总面积 24 平方公里，辖 4 个行政村，总户数 1058 户 3974 人，塔吉克族 423 户 1589 人，占全乡总人口的 40%，维吾尔族 339 户 1271 人，占 32%，汉族 292 户 1114 人，占总人口的 28%，三个主要民族比例为 4：3：3（国家统计局农村社会经济调查司编，2020：677）。塔吉克族和维吾尔族在四个村中均有分布，汉族主要聚居在 W 村。尽管 ZP 县的民族关系存在一些不稳定因素，但经过近十年的治理，情况有了很大改观，ZP 县 B 乡的民族互嵌经验可以说明这一点。对 ZP 县 B 乡民族关系的考察，有利于从微观层面上揭示 ZP 县民族互嵌式社会结构的形成机理，为"ZP 经验"的提出提供一定的学理支撑。

2. 现实演进

一是空间互嵌：居住格局相互交错。民族空间互嵌是实现民族互嵌式社会结构的首要条件，空间互嵌是指不同民族在居住格局上呈现交错杂居的状态。在人类学学科视域中，空间不仅仅是人与人关联的活动场所，还是一种社会建构，是环境、文化、社会关系、权力位置等多种事物的具体表达（黄应贵，2002/2）。"社会的整个相互作用也许产生着一种分级化：空间上的接近或者空间上的距离在什么样的程度上要求或者容忍现在的形式和内容的某种社会化。"（〔德〕齐美尔，2002：474）因此，空间关系会在一定程度上对人与群体关系产生一定的影响，"不同的空间条件影响乃至决定着族际接触互动的频度、深度、持久度、稳定度。共同的生产生活空间催生了族际交往互动的必要，也创造了族际交往互动的可能"（郝亚明，2019/3）。B乡的民族空间互嵌则体现在各民族空间交错杂居和公共空间的共用互享上。

B乡共有4个行政村，塔吉克族、维吾尔族、汉族在各村中均有分布，又各有侧重，维吾尔族人口主要集中在T村，塔吉克族主要分布在B村，汉族主要分布在W村。

2015年以前，B乡有三个行政村，依次为Y村、B村和T村。W村是位于戈壁滩上的自然村，由村民自治委员会管理村民内部事务，2015年改为行政村。W村为汉族聚居村，汉族人口占90%以上。B乡的汉族人口主要来自甘肃、河南、四川等地。南疆石油勘探会战指挥部的成立是B乡汉族来此定居的主要原因。该指挥部位于K镇与B乡W村的交汇处。石油指挥部刚成立时，来自四川、河南、甘肃、山东等地的汉族人因建设需要，举家搬迁至此，后有人借探亲之机在石油基地周边定居，并渐渐有了第二代汉族人口。当时B乡行政村的学校大多为少数民族语言学校，而这些编外汉族人口为了让其孩子学习接受国家通用语言教育，在其聚居区内修建了一所国家通用语言学校，县域内居住在其他村落的汉族农户为了孩子读书搬迁至该村，使该村的汉族人口逐渐增多，形成当前B乡的人口结构和分布格局。

精准扶贫以来，B乡在原有发展基础上更加突出民族乡的发展优势与特征，以乡政府为中心修建了塔吉克民俗博物馆、文化活动广场、别墅区、易地搬迁集中安置点、便民服务中心、商业广场、物流园、幼儿园、卫生所、公共厕所、公交车站等公共设施，拓宽整合并优化配置了各类公共服务资源，使各民族混居社区的居住质量和环境质量整体提高。这些公共空间的建立为各民族在空间上提供了很好的交往、交流、交融平台，巩固了各民族通过混合居住形成的空间互嵌结构。

我们在建易地搬迁集中安置点和设计师还有县相关单位商量确定方案的时候，就沟通过如何最大限度地保留邻里关系、乡土人情，同时也让居民走出家门，走进广场商业区等，通过举办文艺活动、买卖交易、唠嗑等实现各民族的交往、交流、交融。[1]

同时，援疆干部、"访惠聚"工作队以及驻村企业和技术人员入驻 B 村，也推动了 B 乡各民族空间互嵌。精准扶贫以来，B 村有来自上海、新疆维吾尔自治区单位、喀什地区单位和 ZP 县委的干部、企业老板、技术人员长期住在各村中，与当地村民在日常生活中频繁往来。

我是湖北人，在当地亲戚介绍下来这里开了一个加工四件套的分车间，我平时两头跑，我的儿子在湖北读书，每年放假都会随我和妻子在 B 村住一两个月。他还在这结交了好几个少数民族朋友。我们两口子忙的时候，孩子就交给厂子里的工人，下班了就把我儿子带到他们家里去了。刚开始的时候我不太放心，现在了解了就很放心。[2]

笔者认为"访惠聚"驻村"民族团结一家亲"等活动，干部与农民通过"结对认亲"，亲戚干部定期或不定期到各民族群众家中，与农民亲戚同吃、同住、同劳动。在共同的生活中彼此了解，帮

---

[1] SFD，男，34 岁，塔吉克族，B 乡乡长，访谈地点：乡政府办公大楼乡长办公室，访谈编码：FT2019040602。

[2] JZ，男，39 岁，汉族，企业主，访谈地点：B 村卫星工厂院内，访谈编码：FT2019040301。

助农民亲戚。于共居中增加交流，强化彼此的感情。各族群众和干部通过这种灵活的空间互嵌措施、日常的交流往来增进相互了解，在互学互帮的过程中达到民族间的交融。

二是经济互嵌：农业生产与旅游经济。民族经济互嵌是指不同民族的个体基于日常生活而形成的互相依存的经济关系。B乡民族经济互嵌的形成主要依赖不同民族成员在生产活动中的互动，还依赖市场经济带动下B乡旅游产业的发展。

在小农经济的社会结构中，B乡农民所生产的农牧产品都是自给自足的。随着市场经济的发展，B乡的农牧产品在产业扶贫的推动下，逐渐走向市场。最终B乡形成包含以玉米、小麦、蔬菜为主的种植业，以养殖牛、羊、鸽为主的现代畜牧业和以核桃、红枣种植加工为主的林果业的多元产业结构。同时B乡还建设了以红枣种植为主的林果业科技示范园，并配套冷藏保鲜库，引进红枣、核桃加工等企业入驻。这些种植企业以政府牵头为主，企业以注资入股的形式带动农户参与，农民与企业在签订协议后，逐渐建立起稳固的利益联结机制。B乡在经济发展中逐渐形成一条囊括生产、加工、销售全过程的产业发展链。互嵌式经济格局便在这一产业发展链的推动下逐步形成。各族农户在参与新型经济主体发展的过程中形成了互相学习、互帮互助、合作共赢的发展关系，同时各民族的生产生活也形成了互动的经济格局。

B乡的塔吉克族农户虽然早已适应农耕文化，但始终没有摒弃其祖辈以畜牧为生的文化传统，很多塔吉克族农户仍以畜牧养殖为主要的家庭收入来源。长期以来塔吉克族继承了祖辈积累的饲养牲畜经验，其饲养的牲畜肉质条件好，备受当地市场青睐。因此当地其他民族看到塔吉克族农民擅长畜牧养殖这一长处，便纷纷向其学习养殖经验。如塔吉克族农民习惯夏天将牛羊等牲畜交给牧场的牧民代养，在长期的代养过程中，牲畜主人与代养牧民建立了信任关系。这一模式让当地其他民族的农民羡慕不已。每到夏季，农户就提前联系其熟知的塔吉克族邻居，请他们为自己联系一个可靠的代牧人。在塔吉克族农民养殖经验的影响下，当地出现很多靠养殖脱贫致富的农户。当然这种学习是互相的，维吾尔族农户擅长的林果种植以及汉族农户擅长的农作物耕种也是当地塔吉克族学习的内容。

他们（塔吉克族代养牧民）夏天在草场代养的牛羊很好，秋天牛羊都长得很肥，能卖上好价钱。我们夏天把牛羊交给他们很放心，他们不骗人，病死了就是病死了，不像有些牧民自己吃了或者卖了就给你说病死了。你交给他们多少牛羊，到秋天回来的时候基本都是好的，损失很少。夏天牛羊到山上吃草，牛羊的肉好吃，卖的价钱好。我们也有时间在地里干活，不用操心牛羊。[①]

B 乡的 W 村是精准扶贫期间全县建档立卡贫困户最少的村，且该村没有一户汉族被列为建档立卡贫困户。精准扶贫前，经村委调查核实该村汉族农户的人均收入都在万元以上（当年的脱贫线为 3313

元）。家庭收入来源多元，农业生产方式先进是当地汉族农户收入较高的主要原因，这让周围的少数民族羡慕不已，他们通过各种方式学习汉族农户的家庭生产经营方式，在交流中少数民族农户发现自身在农业种植技术中的不足，并主动交流学习汉族农户的种植技术。各民族在生产交流中对彼此有了更深的了解，民族间的隔阂也在此过程中慢慢消失。

我家种了十亩红枣，我家地旁边是维吾尔族人，地里也种了十亩红枣，以前因为语言障碍我们几乎不交流，我在种红枣前就专门买书学习了如何修剪枣树、如何施肥等技术，我的地里的红枣年产量就比我邻居家高 1 倍。维吾尔族（人）每年给地里上点羊粪，浇几次水就不怎么管了，后来我发现他们将我扔在地头的空尿素袋子捡回去照着去买化肥了，还会在地头看我怎么修剪枝条，我就主动叫他过来，用手比画着告诉他怎么修剪、怎么施

① ABLT·THDH，男，43 岁，维吾尔族，B 乡 B 村村民，访谈地点：村民家中，访谈编码：FT2019041501。

肥，渐渐地我们的关系越来越好，现在逢年过节我们两家会走动，我跟他学了基本的日常用语（维吾尔语），他也跟我学会了简单几句汉语，他家现在红枣年收入能达到5万多元，经济条件比过去好多了。①

同时，扶贫开发以来，B村随着合作社的建立、卫星工厂的入驻，从土地中解放出来的农民变成了产业工人，来自各村的农民进入卫星工厂，成为工友，共同成立合作社成为合伙人。此时，各民族除了邻里同乡人的关系外，又建立起工友、同事等新的社会关系。运营于多民族社会单元的合作社强化了族际经济合作，是促进当地发展和各民族经济互嵌的重要载体和平台。

费孝通认为，大量汉族人口深入少数民族聚居的地区，形成一个点线结合、东密西疏的网络，这一网络构成了中华民族多元一体格局的骨架（费孝通，1989/4）。B乡利用地理位置优势和民族分布优势，发展具有民族特色的旅游经济，是形成这种网络的主要方式。

首先，旅游经济的发展、不同人群的参与，必然会在经济利益上形成一种对接和关联，建立起彼此需要的利益共享机制，从而促成社会关系网络的互嵌式发展。当越来越多的商户和供货商、游客和经营者等经济社会关系建立起来以后，原本相互不来往、没有交集的不同民族群众将"通过一个复杂的社会关系网变得连接起来"（〔英〕A. R. 拉德克利夫－布朗，2007：471）。其次，在旅游行为和旅游经济发生的过程中，不同民族的人们流动在陌生的场域之中，与当地人发生的语言交流、社会互动、文化碰撞等，都是当地人对本民族、本地域之外的语言文化和风俗习惯进行认知和学习的过程，在这一过程中，大量社会信息在民族地区社会的内外产生有效流动和传递，使得不同民族的人在生活、生产中联系在一起，进而在多民族社会中形塑了你中有我、我中有你、谁也离

① LJX，男，58岁，汉族，B乡W村农户，访谈地点：农户家中，访谈编码：FT2019042101。

不开谁的情感认同和共识。

B 乡以塔吉克文化为主，打造了多处旅游景点。疆外游客来 B 乡体验塔吉克族的民俗文化、与当地塔吉克族人交流，对当地塔吉克族人来说是改变其思想的重要机会。比如，当地塔吉克族人在市场经济时代喜欢现代化工业制成品。但当他们在经营景点旅馆、餐饮业时，发现外地游客们更喜欢原生态的、具有民族特色的餐食和饰品时，塔吉克民宿经营者为其旅店添加了带有塔吉克民族特色的工艺品、服饰等供旅客体验，餐馆在开发菜品时将塔吉克饮食风味与大众菜品相融合，以迎合外地旅客的需求。

三是文化互嵌：语言融合与习俗交融。民族文化互嵌是各民族文化通过生活中的互相借鉴与影响，从而形成的文化互融状态。文化上的相互嵌入形成了民族之间的和谐关系，增强各民族的中华民族共同体意识。B 乡的民族文化互嵌主要体现在语言与生活习俗两个方面。

语言是文化的重要组成部分，曾被视为定义"民族"的四个基本特征之一，也被学者视为判断不同民族文化交流与融合的重要指标（马戎编著，2005：151）。B 村的塔吉克族原操塔吉克语的色勒库尔话和瓦罕话，与维吾尔族在频繁的交往交流中，现在本地的塔吉克族除极少数老年人外，全部用维吾尔语交流。双语教育在 B 乡普及后，年青一代基本用国家通用语言交流，目前，ZP 县在全民中普及国家通用语言教育。笔者走在当地大街上，随处都有前来交流汉语的少数民族农户，这些农户虽然刚开始学习，发音不标准，词汇量也有限，但从他们主动用国家通用语言交流的意愿上反映出他们对于学习国家通用语言的热情，这为 ZP 县形成民族互嵌式社会结构打下了良好的文化基础。

我们原先跟着我们的父母是讲塔吉克语的，我们这里没有塔吉克族的专门学校，我们就去维吾尔族学校上学，后来全都说维吾尔语，我们的孩子就更不用说，我们的父母去世以后，就没有人和我说塔吉克语了，所以现在我几乎不会讲塔吉克语，但能听得懂。①

在历史发展过程中，塔吉克族逐渐放弃母语，选择维吾尔语作为日常用语。语言的演变反映出 B 乡塔吉克族和维吾尔族在语言上的相互融合，这种融合是理性的驱使，更是基于情感价值的选择。

各民族在语言学习中，不光有少数民族学习国家通用语言，还有汉族学习少数民族语言，笔者在 W 村调研时，看到很多汉族农户和少数民族用娴熟的维吾尔语进行交流，在干部队伍中，B 乡定期组织汉族干部学习少数民族语言。这种互相学习的氛围一定程度上增强了不同人群之间的交流，通过日常的接触，人际关系不再简单地局限于特定的人群，而是打破了以往所谓的"界限"。

在生活习俗方面，过去 B 乡农民在低水平的弱质农业下形成一种温饱型的"贫困文化"（戴宁、2019/2）。这种思想观念极大地限制了农民的发展动力，处在舒适圈中的农民，拒绝接受新鲜事物，加之文化水平、国家通用语言能力的限制，大部分农民交往范围仅限于周围的同一民族。

以前我们夏天种地，冬天养羊，赶巴扎的时候去巴扎逛一逛，其他远的地方不去，出去干什么？没有事情干，除非家里人得大病，去县城医院看病。②

以前我们这里的汉族人很少，只有石油（塔西南石油勘探指挥部）那边汉族人多，没有认识的汉族人。现在嘛，我们这开商店的老板、上门批发红枣的贩子、我们家认的亲戚都是汉族，打交道，交朋友，关系很好。③

扶贫开发以来，在国家力量及市场经济的推动下，大量外来文化

---

① NRKZ·SFD，女，78 岁，维吾尔族，B 乡 Y 村农户，访谈地点：农户家中，访谈编码：FT2019041801。

② YLWS·MHMT，男，58 岁，维吾尔族，B 乡 T 村农民，访谈地点：T 村 4 组巷口，访谈编码：FT2019033101。

③ ADL·TMR，男，53 岁，塔吉克族，B 乡 B 村农户，访谈地点：农户家中，访谈编码：FT2019033002。

生态植入当地社会中，在一定程度上改变了当地的文化面貌，现代社会文化与当地文化通过相互借鉴吸收，实现了较好的融合发展。笔者在调研期间发现当地塔吉克族、维吾尔族的餐桌上，食物种类呈现多样化趋势，非当地民族常吃的美食如烩菜、花卷、清炒蔬菜等均出现在塔吉克族待客的餐桌上。住在 W 村的几家少数民族农户家中做饭时用花椒粉、酱油、味精等调味品，而此类调味品在笔者走访的其他乡少数民族家中是很少见的。

过去我在做拌面炒菜时除了咸盐其他什么都不放，做好饭后餐桌上放醋和辣椒，家里人根据需要加。但我去我们邻居家做客，他家的饭比我做得好吃，我问了以后才知道他们放了调料，所以我现在做饭也用五香粉、花椒面、酱油、味精等佐料，做出来的饭味道和颜色都好了，家里人很爱吃。①

当地少数民族传统拌面菜是用土豆、茄子、西红柿和豇豆混合炖炒而成，受当地汉族农户以及餐馆的影响，当地少数民族，尤其是年轻人开始用不同的制作方法烹饪多种类菜品。且当地汉族农户也受当地少数民族的影响，能熟练烹饪抓饭、清炖羊肉、拌面等少数民族传统美食。很多汉族农户受当地少数民族洁净观的影响，摒弃用盆洗漱的生活习惯，洗手壶等开始成为当地汉族农户家中的常见用品。不管是汉族农户还是少数民族农户，在日常交往中，对彼此生活习惯有了深入的了解，并在了解后相互借鉴，融合形成你中有我、我中有你的民族关系。也因此，B 乡在不同民族文化的相互借鉴与吸收中形成了独具特色的当地文化，为该乡互嵌式社会的形成奠定基础。

总之，ZP 县 B 乡的多民族移民，虽来自异乡，但经过长期的历史发展，形成了交错互居的空间互嵌形式。农业和旅游业成为经济互嵌的纽带，语言和习惯习俗则成为文化互嵌的载体。同时，B 乡多方位的互嵌关系也给农户的生活带来

---

① RXGL·AYT，女，34 岁，维吾尔族，B 乡 W 村农户，访谈地点：农户家中，访谈编码：FT2019033104。

了深刻的影响。例如，受互嵌关系的影响，B 乡有很多女孩嫁到中东部地区，不同民族之间常以"阿达西"彼此称呼，一定程度上改变了当地民族关系。

精准扶贫以来，市场经济全方位嵌入，各民族在生产领域无民族界限，每个人以分工合作的方式参与市场竞争，民族界限在各民族共居的 B 乡已越来越模糊。塔西南石油天然气开发公司、卫星工厂等企业吸引了大量援疆的干部、工人及高新技术人才。多年来与地方各族群众形成了互嵌的生产、生活格局。同时也为当地的发展注入新的活力，形成了国家与地方、企业和个人融为一体的多种发展模式。这种各方协同、互利共建的发展模式，对地方经济的发展产生了促进效应，从而使当地群众的生活水平得以提升，也使当地民族关系在和谐中逐渐发展，对社会发展的实现起到了基础性的作用。

B 乡作为因历史移民而形成的民族互嵌式乡镇，其可以作为 ZP 县社会结构发展的缩影，为 ZP 县建设"民族互嵌式社区环境和社会结构"积累经验。首先，顶层设计

是民族互嵌式社会结构形成的前提。B 乡案例表明，该乡早期的维吾尔族、塔吉克族、汉族等多民族的人口流动和迁移为形成民族互嵌式社会提供了关键的先决条件。而人口流动以顶层设计为导向，B 乡早期成立民族乡、后期在汉族聚居区成立行政村都是从顶层设计上引导该村的人口流动，民族互嵌式社会结构也由此形成。其次，以制度作为基础，保证了民族互嵌式社会结构的形成。空间互嵌也是民族互嵌中的重要环节，从 B 乡的案例来看，扶贫开发前，该乡各民族处于小聚居的状态，不同民族聚居在各村内，生产生活中交流甚少，且缺少交流的平台，扶贫开发以来，政府通过制度调整，完善基础设施，在整体氛围上为各民族的良好互嵌提供了有利因素和可供交流的平台，推动了民族空间互嵌的发展。再次，经济互嵌是民族互嵌式社会结构形成的基础。B 乡民族经济互嵌的实践表明，以农业和旅游业为主的经济交流是推动其他方面互嵌的基础条件。少数民族农民在发现并总结反思了与汉族农民的发展差距之后，其发展的动力也得以激

发。最后，文化交流是民族互嵌式社会结构形成的必要条件。B乡民族文化的互嵌主要表现在语言和生活习俗上，语言的融合和生活习俗的相互借鉴是不同民族人口在日常生活中长期进行文化交流的结果。

（二）就业结构：互嵌式社会结构的助推力

社会结构的各维度相互关联，其中就业和职业结构与经济结构的关系又最为密切，在经济发展的不同阶段，经济结构往往是就业和职业结构基本形态的决定性因素，而就业结构的变化又推动了一个区域内人口的流动，人口的流动恰恰是互嵌式社会结构形成的前提条件。接下来笔者将从就业结构角度分析ZP县社会结构发展的实践。

1. 就业政策实施

精准扶贫政策实施期间，2018年，ZP县共计有贫困人口39696人，占总人口的18%。18～60岁贫困人口18092人中，无劳动能力的有2705人，有劳动能力但不具备转移就业条件的有3650人，有劳动能力且具备转移就业条件的有

11737人。① 面对如此庞大的待就业人口，ZP县如何实现农村剩余劳动力转移就业，从而促进当地经济发展、缓解人地矛盾、实现稳定繁荣发展，县政府多年来进行了很多探索。但受整体社会发展水平的影响，其职业教育水平滞后，农民接受科技、文化、信息渠道狭窄。ZP县的劳动力在精准扶贫前呈现劳动力素质偏低、对国家通用语言的掌握能力低等特点。ZP县政府在推动劳动力转移就业上的成效并不显著。

在精准扶贫政策的带动下，大量资本、产业及人才在ZP县汇集，发展机遇也随之而生。通过探索市场开放的纵深，开拓了产业体系和市场体系，ZP县也呈现多样化和自主性较强的就业选择形式。同时多样化就业形式迎合了ZP县青壮年非农就业的意愿。ZP县政府结合当地实际，按照就地就近就业为主、有序输出就业为辅的思路，制定了一系列转移就业的政策。据相关部门统计，全县新开发就业岗位1.4万个，农村中具备就

---

① 数据摘自《ZP县开展就业扶贫专项行动组工作汇报（内部资料）》，2018年12月。

业条件的 6.8 万劳动力人口全部实现就业。①

一是国家通用语言培训。语言是一种重要的经济资源，具有经济属性和经济职能（张之红，2019/5）。在 ZP 县，国家通用语言作为一种就业技能，直接影响农户的家庭收入。笔者在 ZP 县调研期间发现家庭经济富裕、自主选择外出打工的往往是会讲国家通用语言的农民，而固守在本地农村、以传统种植业为生的农民都不会讲国家通用语言，且这些人因语言障碍外出打工意愿不强烈。因此，不能熟练使用国家通用语言是当地很多农民家庭的主要致贫原因。

ZP 县所处的社会环境具有一定封闭性，少数民族是人口中的多数，单一的民族语言是其长期以来的交流方式，与外界的交流与沟通相对匮乏，国家通用语言普及率低，语言交流障碍严重制约了当地的就业安置、劳动力转移等扶贫活动的开展和整体经济发展。精准扶贫以来，ZP 县针对这一制约因素，开展了全民学习国家通用语言活

动。各级政府根据农民的实际生产生活所需，依托"农牧民夜校"，采取了形式多样的教学方式。同时编印了红枣种植、畜牧养殖、家禽养殖、蔬菜种植等实用技术的双语教材，从农民急需具备的就业技能入手，使国家通用语言教学内容在农牧民群众中落到实处。

在师资力量方面，ZP 县政府为每个村配备了相对固定的兼通国家通用语言与维吾尔语的专职教师，还聘请当地在读大学生于寒暑假期间担任农牧民的国家通用语言教师。定期组织本地中小学教师就教育方法、教学技能对各村授课教师进行培训，提高教学质量。在县、乡（镇）、村定期开展"国家通用语言大赛"，定期对各乡镇（村）"国家通用语言培训"效果进行督导检查，对优秀乡镇（村）的教师和优秀学员进行奖励。

K 镇 K 村为在农牧民中开展国家通用语言教育，由驻村工作队队长担任校长，由副队长或队员担任专职工作人员，由群众工作站站

---

① 数据摘自《ZP 县开展就业扶贫专项行动组工作汇报（内部资料）》，2021 年 11 月。

长担任班主任以及专职教师共4人创建了农民夜校。针对农民掌握国家通用语言的程度，夜校共设有初、中、高三个级别班，授课时间选在周一到周六每晚七点到十一点。村两委要求村内所有18~45岁不懂国家通用语言的农民参加农民夜校开展的国家通用语言培训，村两委进行定期考勤。

从这些农民的反馈来看，其掌握国家通用语言效果明显。2018年7月，笔者在ZP县调研期间和几个正在学国家通用语言的农民用国家通用语言交谈，这几个农民在参加夜校前国家通用语言基础为零。在农民夜校学习的半年里，他们虽然还不能讲出完整的句子，但基本能听懂笔者的问题，文化水平偏低、国家通用语言基础为零的农民有很明显的进步。

我弟弟的普通话进步非常快，现在在青岛从事捕鱼工作，每个月可以赚4500元，一年下来，相当于我辛辛苦苦种上几十亩棉花！最近咱们村里又有12个乡亲找到了合适的工作，他们都是在夜校短期培训后找到工作的，我也要加把劲了。（维吾尔语）①

笔者在调研中发现很多农民学习国家通用语言的动力主要来自农事及商业活动所需，走在ZP县的乡间小路上，笔者经常会碰到拿着尿素编织袋或者农药药瓶的农民前来询问编织袋、药瓶上的汉字怎么读，是什么意思，对庄稼有什么好处，这些人大部分为40岁左右的少数民族男性，在传统小农经济影响下的农村社会，男性在公开场合向女性询问知识，而且是关于农事生产的知识，这一现象在过去的ZP县农村会被全村人笑话，而今天却成为农民中一种常见的行为，这是跨时代的转变，是新时代农民意识的转变。

二是职业技能培训。职业技能培训是帮助农村剩余劳动力转移就业、增加农户家庭收入的途径之一。职业技能培训也是精准扶贫政策的统一要求，即必须实现一家至

---

① TSJ·MZKBR，男，40岁，维吾尔族，G乡K村农户，访谈地点：村委会门口，访谈编码：FT2018110801。

少有一个有技能的劳动力，并且达到劳动力市场中就业岗位的水平和能力。ZP 县结合本地实际开展的劳动力就业培训类型主要有：未继续升学的初、高中毕业生培训，建设生产技术培训，服务业专项技能培训，社会力量帮助下的就业培训。

针对农户家庭中未继续升学的初、高中毕业生（以下简称毕业生）进行全面的摸底调查，对学生未来想从事的职业意愿及本地企业的需求等进行调查登记，引导其进入技工院校免费接受教育，并建立人才需求库，通过订单培训、定向培训、定岗培训等模式向企业输送人才，提高就业率。ZP 县政府拨付专项资金为其提供免费培训、伙食和生活补贴，对优先吸纳毕业生的企业予以奖励。并要求技工院校将国家通用语言教育培训、法纪教育培训、中华民族共同体意识教育纳入培训内容之中，使毕业生在掌握劳动技能的同时，具备遵纪守法意识和国家认同意识。

对于农户家中需接受劳动技能培训、实现转移就业的一般劳动力，ZP 县政府根据农户家庭的致贫原因、生产基础、性别和年龄结构等，结合 ZP 县经济社会发展需求，实施了分层、分类、差异化的职业技能培训。对于年轻的男性劳动力，重点开展保安、驾驶、维修、建筑小工等在当地有较大就业潜力的技能培训。对于年轻的女性劳动力，重点开展厨师、食品加工、纺织刺绣、家禽养殖、蔬菜种植、旅游服务、家政等专项技能培训。对生产资料少、有劳动能力、相对年轻的人群开展各项实用技术培训，引导其从农、牧业中转移出来，从事非农就业。对有生产资料、有劳动能力、年龄偏大的人群开展种植业、养殖业的技能培训，提高其发展生产的能力。对有志于自主创业的农户，开展电商、微商、商业经营等方面的专项技能培训。

在调动社会力量参与农户职业技能培训上，各级政府协助基地建设并挂牌，聘请本地企业、合作社和个体工商户中的技术人员授课。采取"职业技能培训+实训"的模式，经过培训后的农户在培训老师的推荐下，到实训基地实习，学以致用，提高职业技能。同时对接收农户前来实习的企业、合作社和个体工商户给予一定奖励。通过社会力量的参与，当地的乡村职业技能培训中存在的针对性差、培训周期短、实训机会少、技术水平难提高、培训后就业率低等问题得到有效解决，农户有了就业底气。

当地的企业、合作社和种养殖大户根据自身发展需求，引进了先进技术。有些养殖大户本身已掌握先进的养殖技术，ZP 县政府则利用龙头企业、合作社和养殖大户的先进技术优势，调动其技术力量，建立起县乡村生产技能培训体系。并从本地企业、合作社和个体工商户中遴选了一些实训基地，学员在接受了理论学习后能及时实操，使职业技能培训落到实处。

为了减少农户在农作物种植、果树修剪、管护、施肥等环节的失误，提高农作物和林果种植产量，各村组织的技术管理服务队利用农牧民夜校，在农牧生产的节令前期，定期组织农户开展针对红枣种植、畜牧养殖、设施农业的培训。而且各乡镇发掘本土技术人才资源，遴选了一批在红枣种植、畜牧养殖、设施农业上发展较好、有经验、有技术的"土专家"，并将他们吸纳到相关产业的技术管理服务

队伍中，让"土专家"登上农牧民夜校的讲台为农户讲经验、传技术。

在种养殖技术培训中心，还有一批特殊的学员，那便是基层干部。他们跟农民们一起学习红枣种植、畜牧养殖、设施农业的先进技术，熟悉农牧业生产的各项技术，以便他们更好地开展基层工作、服务农民。

服务业是当地农户在短时间内实现转移就业的重要途径。各村结合当地妇女擅长打馕、制作糕点、加工奶制品、制作传统手工艺品的优势和本地服务业市场的需求，对农户进行了差异化的培训。如对于想自己开店创业的农户，为其进行副食品加工培训；对想通过服务市场实现工资性收入的农户，为其组织大厨、旅游接待、保洁、保安、水电工等相关的职业技能培训。如扶贫开发以来，为应对"五通七有"基础设施项目实施的要求，农村在道路交通、水利设施、抗震安居工程建设等项目中需要大量施工工人。为保证各项工程的质量，按期完成项目建设，充分利用当地劳动力，由县委和相关企业联合组

织开展了驾驶、小工、汽车维修等方面的培训。

精准扶贫以来，ZP 县旅游业发展趋势渐好，旅游业的发展带动了相关服务业的发展，并对服务内容和服务质量有了更高要求。县政府针对旅游景点周边有意从事旅游行业的农户进行了旅游接待、电子商务、烹饪技术等相关培训。对一些因家庭原因不能离家的家庭主妇，让她们利用空余时间参加民族特色手工艺品制作和服饰加工培训。

三是转移就业。通过国家通用语言教育和职业技能培训后，农户具备了一定的职业技能，接下来就需要政府有序安排农业剩余劳动力就业。

首先，在"县、乡镇、村"中有计划地发展劳务组织。ZP 县在精准扶贫以来，先后成立了多家劳动服务有限责任公司，有组织地开展劳动力就近就地转移就业。在农村中，以乡镇、村为单位，成立季节性的务工队或劳务合作社。根据企业、合作社、种养大户和团场的用工需求，各级劳务组织有序组织就业者就业，并帮助用工方管理务工人员，在就业者和用工方之间搭建桥梁，增强转移就业的稳定性。如精准扶贫以来，各村为开展美丽乡村建设，成立了各类建筑队、施工队等劳务组织；还有为满足当前政府购买服务的需求，各乡镇、村成立了公共事业服务队和生态合作社。通过开发保安、炊事员、公路养护员、保洁员等公益性岗位，组织村民从事公益性岗位工作。

其次，通过大力招商，引导各类企业来 ZP 县建工厂，工厂的入驻可为当地提供大量就业岗位，实现富余劳动力就近就地就业。ZP 县坚持边建厂边招商的原则，通过以商招商、商会招商、网络招商等多种形式吸引外地企业来 ZP 县投资建厂。精准扶贫以来先后引进了 ARJ 生物科技、HH 核电子科技、JP 农业科技、JS 服饰、XQ 铅笔、JC 袜业、DJP 织布、JCP 家纺等 10 家企业入驻工业园区，在各村建立卫星工厂。① 对这些入驻 ZP

---

① 数据摘自《ZP 县商经委依托卫星工厂、工业园区促进劳动力转移工作汇报（内部资料）》，2018 年 11 月。

县的企业，拨付各项扶持补贴资金，如：新增就业补贴资金、岗前培训资金和上级项目专项资金等。并为在村建卫星工厂的企业购置缝纫、家具加工、红枣加工等各类设备，以减少企业刚入驻后的生产经营成本。同时政府还建立了统一的卫星工厂考核评价体系，对入驻的卫星工厂在带动就业、促进增收等方面的成效进行指标评定，对于生产经营好、带动就业能力强、工人工资水平高的企业给予一定奖励。对于经营效益差、带动农户就业能力低的工厂，要求其限期改进，对于停工的工厂要求其退出当地企业队伍，保证企业入驻、退出通道畅通。

最后，针对当地农民转移就业的阻力，如家中的老人、孩子和牲畜无人照看的顾虑，政府也采取了相应的办法。如通过土地流转、牲畜托养、果园入合作社等办法让农户家中的劳动力解放出来，无后顾之忧地进入当地企业工作。在卫星工厂附近新建养老机构和托幼所，解决农村家庭主妇的顾虑。

对于已经转移就业的农户，政府联合企业通过各种方式关爱就业群体，以稳住就业农户。比如企业定期以外出旅游、聚餐等形式进行团建，村两委和工作队去就业人员家中与其家属谈心，尤其是已婚妇女外出就业的家庭，村干部会定期与就业人员本人及其家属谈心，帮其解决村干部能力范围内的后顾之忧。有些企业会根据员工的技能和优势分配员工岗位，使就业人员找到适合自己并能长期坚持的岗位。

其实这些人（贫困户）穷，并不是因为他们没有能力发家致富，反而这里边有些人比早发展起来的人还聪明。就是他们没有致富的机遇和条件，所以我们在岗位设置时在坚持公平竞争的前提下尽可能将收入相对高、能学到技能、就业前景好的"优岗"，向转移就业的建档立卡贫困群体倾斜。①

有些贫困户在卫星工厂等就业后，每个月根据工作量拿到手的工

① DYM，男，汉族，40岁，企业管理人员，访谈地点：ZP县工业园区内，访谈编码：FT2018091207。

资仅有 1200 元左右，当然这也因为企业在当地正处于起步阶段，效益还不好。很多工人觉得在卫星工厂工作不如回家务农搞养殖赚钱多，因此工作积极性不高。针对此问题，政府和企业采用多种办法做员工工作，引导其转变就业观念。但观念的转变是一个长期的过程，市场经济在 ZP 县农村处于不成熟阶段，还没有形成市场主导人力资本的局面，这就需要政府在其中扮演重要角色，以协调劳动力市场，通过激励式扶贫政策帮助他们实现稳定就业，使无所事事的农民变为有扎实劳动技能和稳定收入的劳动者。

除了一部分农户在当地的就业岗位实现就业外，另有一部分农户因为国家通用语言能力好，具备一定劳动技能和身体素质，在政府协调下实现跨区域就业。这些跨区域就业的农户中，有的农户选择在区内的喀什市、乌鲁木齐市等大城市就业，也有的农户跨区去了东部沿海省份就业，跨区的农户一部分由政府统一协调进入劳动密集型企业当产业工人，另一部分在中东部省份以开餐馆、摆摊等方式谋生。

对于想创业并具备创业条件的农户，政府在县城、乡村等地协助建立了创业园、创业街，为这些创业农户制定了小额担保贷款贴息、税费减免等创业优惠政策，简化创业申请手续和流程，解决了在创业起步阶段缺少场地、资金等棘手问题。在人口较密集的村道路两侧、景区周边建店面、摆夜市摊位等，低价出租给农户经营，引导和支持农户从事"微利项目"①。

根据 ZP 县相关部门统计，截至 2018 年，ZP 县通过政府购买服务，鼓励园区企业、卫星工厂及小微企业共计开发 3953 个就业岗位，吸纳 3152 人就业。② 全县 12 个乡

① 微利项目是指符合申请贷款条件的人员在村（社区）、镇（街道）、工矿区等从事的商业、餐饮、修理、种养殖等个体经营项目，具体包括：家庭手工业、修理修配、图书借阅、旅店服务、餐饮服务、洗染缝补、复印打字、理发、小餐桌、小卖部、搬家、钟点服务、家庭清洁卫生服务、初级卫生保健服务、婴幼儿看护和教育服务、残疾儿童训练和寄托服务、养老服务、病人看护、幼儿和学生接送服务、种植、养殖及其他涉农经济组织经营的项目。

② 数据摘自《ZP 县商经委依托卫星工厂、工业园区促进劳动力转移工作汇报（内部资料）》，2018 年 11 月。

镇（场）、133 个行政村均实现了就业动态清零，为了实现对这些已就业人员的动态管理，ZP 县将已就业人员全部录入自治区农村劳动力培训就业管理服务系统，并为已经实现就业的农户发放一定数额的就业补贴，对就业人员及其家庭进行激励。

2. 农民的选择

以上所讲的就业政策实施过程即是政府通过政策推动不同的就业模式，最终达到村民广泛就业的形态。共分为三个阶段，第一阶段是针对全民开展国家通用语言教育；第二阶段是针对就业群体开展就业技能培训；第三阶段是政府布局就业方向，制定就业政策，实现所有剩余劳动力动态就业。在就业政策的实施过程中出现了不同的政策效应。积极效应为推动 ZP 县的产业发展，尤其是为新兴产业的发展充实了人力资本。在就业过程中，ZP 县农户融入了不同的社会分层，接受不同场域中的工作制度，在不同的就业空间中出现了不同的岗位认同。消极效应表现为在市场经济发展不成熟的情况下，农民的就业观念与现代企业契约制度衔接困难，从而导致稳岗率低等问题。下文将对不同就业方向的政策实施效应进行分析。

一是卫星工厂就业。JHY 牧业有限公司位于 ZP 县 G 乡 K 村，该公司规模化养殖毛驴，以驴产品加工销售为主要经营内容。因公司的生产经营需要大量劳动力，便在 G 乡 K 村以及周围村落招聘员工。10 分钟左右车程的区位优势吸引了 K 村大量剩余劳动力前来应聘，很多村民在该公司应聘成功，并实现就业。工人们告诉笔者他们在该公司就业不仅赚到了工资，还学习到饲养毛驴的知识。

我们在招工的时候，一开始农民还有些顾虑，觉得按日结算的短工比在我们公司按月结算赚得多，后来我就给农民算了一笔账，打短工按日结算，虽然每天结工钱，一个月算下来比在我们公司上班赚得多，但短期工就业不稳定啊！一处工期结束意味着农民失业了，接着还要去别的地方继续找工作。而且短工有冬闲空缺期，但在我们公司不存在这样的问题，只要你踏实肯干，按月结算可以实现全年稳定就业，这样算下来在牧业公司工作比打短期工划算得多。很多农民经过我的分析，打消了顾虑，来应聘的农民越来越多。①

在卫星工厂就业的一般是无法离村实现跨区就业的农民，尤其是农村妇女，作为家庭主妇，她们要照顾一家人的生活起居，不能离家工作，但其白天完成家务后又有大量闲余时间。对于这些女性劳动力而言，想要兼顾家庭和工作，进入卫星工厂就近就业是最优选择。不仅能增加家庭收入，还能走出家门，通过劳动实现自己的价值。

ZP 县 T 乡 S 村建了两个卫星工厂和合作社，为该村提供了大量就业岗位，使该村的妇女就业情况大为改观。该村妇女 AYXGL·TRD 在天气转暖前联系好托儿所和养老院，将其 80 岁高龄的父亲送至养老院托管，将 2 岁的小女儿送至本村村民 AYXMGL·MMT 开办的托幼中心托管，自己骑着电动车到离家不远的卫星工厂上班，她目前已是一名熟练的手套制作工人。在该村像 AYXGL·TRD 这样通过卫星工厂实现就业的妇女有很多。因动态管理，具体数据不详。

以前想外出务工挣钱，但是村里又没有适合的工作，我要出去务工，家里的孩子和老人就无人照顾，所以一直就在家待着。自从村里建了手套厂，我第一个报了名，工厂以订单式生产为主，我不害怕拿不到工钱，听说部分手套都卖到国外去了。我真的很高兴，每月 1200 元的稳定收入让我们一家人的生活越过越好。②

针对卫星工厂就业的工资待遇问题，笔者与该村 10 位工人访谈后，工人们表示 2500 元是较高工资待遇了，大部分人的工资在1500 元左右。卫星工厂的工人工资根据工人们对流水线作业的掌握程度和出勤率来计算，以最高工资

---

① ZJL，女，54 岁，汉族，JHY 牧业公司负责人，访谈地点：G 乡 K 村 JHY 牧业公司办公楼，访谈编码：FT2018091901。
② AYXGL·TRD，女，31 岁，维吾尔族，S 手套厂工人，访谈地点：S 手套厂车间，访谈编码：FT2018082402。

标准来衡量，该村妇女的工资普遍不高，当问及这一现象的原因时，工人们表示，因为很多家庭琐事，以及乡土社会的人情世故，比如家里来客人或孩子、老人生病等意外情况时有发生，经常得请假或者旷工，有时候一个月的出勤率不到10天，因此拿到手的工资只有三四百元，这让很多妇女感到苦恼，自己很想好好上班，但家庭琐事又让其身不由己。这种按照劳动效率来计算报酬的方式是现代企业制度的基本方式，ZP县在长期的小农经济生产方式下形成的时间观念一时很难适应现代企业文化中的效率优先原则。

我之前一直靠种地养活家人，日子过得很紧张，一家人除了吃饭，种地开销没有多余的一毛钱，后来我告诉工作队我想找个工作，增加家里的收入，工作队帮我找到了在JHY药业公司上班的工作，从2017年3月到2017年底，我拿到了1.5万元工资，本来我可以拿到更高的工资，但是家里事情太多了，今天妈妈病了，明天要参加亲戚婚礼，我请了好几次假，扣了工资。明年开始我好好工作，除了妈妈病这样子的事情我会请假，其他时候都好好上班。[1]

二是外出务工。新型经济在ZP县处于起步阶段，卫星工厂、合作社等能提供的就业岗位有限，要解决农村剩余劳动力全部实现就业，政府需通过其他方式帮助农户就业，以劳务协作的方式，安排大量劳动力外出务工便是其中一种。在政府政策协助下，ZP县大量的年轻劳动力选择离乡务工，离乡务工根据区域范围分多种形式，有乡外县内务工，这种务工人员多为居住在县城周边的农民，一般早出晚归，在县域内从事服务行业，如餐厅服务员、清洁工、搬运工等，工作任务繁重，工资水平一般在1500~3500元。由于劳动力素质普遍不高，国家通用语言掌握程度低，很多人仍以从事重体力劳动工种为主，工资水平上升幅度小，但

---

① PZMT，男，41岁，维吾尔族，JHY药业公司保安，访谈地点：JHY药业公司保安室，访谈编码：FT2018081205。

相比于务农,外出打工的年人均收入更高。

村民 ABDWL·TYR 是 G 乡 A 村建档立卡贫困户,由于患有皮肤病,从小性格孤僻自卑,少与外界接触,从没想过能离开村子去县城打工。2015 年,在村委会及家人的多次劝说和鼓励下,ABDWL·TYR 慢慢破除心理障碍,参加了国家通用语言培训和职业技能培训,结业后来到 ZP 县城商品批发中心,在一家商品批发店找了一份送货的工作。他刚走上工作岗位时,由于国家通用语言水平较低,每个月工资只有 1800 元。为了能与汉族老板正常交流、提高业务水平,他利用下班休息时间继续在农民夜校参加国家通用语言培训,在工作中经常向普通话讲得好的同事请教学习。笔者在与他交流时,他已经可以用国家通用语言与笔者进行正常交流。

我现在每月能拿到 3000 元的工资,我的老板和送货的顾客都很信任我,我现在不会因为我的皮肤病自卑了,我要努力拿更高的工资。我今年拿到奖金后要将我村里的房子用新材料装修一遍,让全家人享受一下高档的生活环境。①

笔者在参与国家精准扶贫第三方评估工作时发现,精准扶贫期间,在区内县外务工的人数连年增加。且这些外出务工人员大多集中在喀什和乌鲁木齐两个城市。他们获得工作的途径主要通过亲缘和地缘关系,从事的工作集中于服务、建筑和物流搬运等行业,以体力劳动为主。工资水平相对于乡外县内务工人员的工资高 1 倍,甚至更多。但这些人在中大型城市,收入增加的同时,消费水平也在提升,租房、日常开销费用占收入很大一部分。但笔者访谈的区外务工人员表示,即使开销大,仍愿意留在大城市务工,问其原因主要有:大城市就医就学条件好;好找工作;生

---

① ABDWL·TYR,男,25 岁,维吾尔族,商品批发中心装卸工人,访谈地点:ZP 商业区,访谈编码:FT2018073001。

活能看到希望等。① 大多数情况是男性劳动力先去，等工作稳定、安顿好住处再将家属接过去。近年随着城乡二元体制的逐渐取消，城市对务工人员不论在政策上还是在文化上的接纳，使很多务工人员意愿在城市落脚。

我在乌鲁木齐给别人跑出租车，一个月工资多的话拿到 5000 多元，我的老婆在大学当清洁工，一个月工资 3200 元，我们的孩子和乌鲁木齐的娃娃在一样的学校上学，我们住在共产党给的廉租房里，日子好得很，以后不回去了，乌鲁木齐就是我们的家了。②

ZP 县的区外务工形式主要由政府组织，政府出面与东部沿海省市劳动密集型企业签订就业合同，并联合出资对务工人员进行培训后，统一分批次向东部省份派出务工人员，这些务工人员主要为初、高中毕业的年轻人，在劳动密集型企业从事配件组装等流水线工作，工厂根据这些务工人员对工作内容掌握的熟练程度和国家通用语言水平等综合能力来评定其工资水平，一般在 3000~8000 元不等，在区外的务工工资成为当地很多贫困农户家庭的主要收入来源，因此在当地有一种说法"一人就业，全家脱贫"。笔者与这些区外务工的年轻人聊天时，他们表示，从农村到大城市，远离家乡和家人，每天在工厂从事着重复且单调的工作，虽然挣的钱比在 ZP 县多，但并没有满足现状。这些年轻人在大城市中结识了不同人群，在现代企业制度与规则下工作，思想观念在现代文化影响下也发生着改变。他们中有人想留在大城市尝试不同的工种③；有人想在工厂工作期间学习工厂的技术和运营

---

① AIERK·TNYZ，男，27 岁，维吾尔族，乌鲁木齐某餐厅帮厨，电话访谈；RXGL·ZN，女，维吾尔族，33 岁，乌鲁木齐某服装店售货员，电话访谈，访谈编码：FT2019073004。
② TLM·MS，男，34 岁，维吾尔族，乌鲁木齐市出租车司机，访谈地点：ZP 县 A 乡 G 村农户家中，访谈编码：FT2018122501。
③ ASYM·THT，女，33 岁，维吾尔族，山东某电子厂工人，电话访谈，访谈编码：FT2018082501。

管理，然后再回到家乡创业①；有人觉得当工人太辛苦，想利用休息时间复习考大学②。他们的观念相比于上一代人有了较大改变。

当我得知自己成为村里的贫困户时，彻夜难眠，我作为一个年轻力壮的小伙子，没有缺胳膊少腿，却被评为贫困户，每天不好意思见人。我下定决心一定要早日脱贫，让家人过上好日子，决不能因懒惰而戴着贫困户的帽子。当我正在寻找挣钱的路子时，打听到村里正在组织村民集体外出务工，我和妻子商量之后决定，将两个孩子托付给父母照看，我和妻子一起来到山东浦林电子厂打工。2014年底，我和妻子凭借自己的努力，摘掉了贫困户的帽子。之后我和妻子一直在山东浦林电子厂务工，年纯收入有5万余元，现在我们盖了新房，装修了家里，各种家电设施都有，我们的日子比以前好多了，我现在每

次回去村干部都会叫我去给其他没有打工的村民做思想工作，我告诉他们我当初和你们一样怕外出务工难，最大的困难是怕自己不会说汉语，不能和别人沟通交流，其实你们应该看到，村里现在开办了农民夜校，专门给我们教普通话和法律知识，只要你们真心想外出务工脱贫致富，汉语绝对不是什么困难，就看你们愿不愿意脱贫致富。③

在 ZP 县还有一种务工形式是季节性劳务工，以秋季摘棉花为主，这种务工形式门槛低，只要身体条件好，劳动效率高，大多会在棉花采摘季节赚取相对较高的工资。随着全疆经济作物种植面积的增加和经济作物种类的增多，农忙期的不同时间段都需要劳动力，因此参加季节性务工的农户越来越多，务工人员也会根据自己的时间、身体素质和劳动强度选择务工，但季节性务工的缺点是务工期

---

① RZMMT·TS，男，26岁，维吾尔族，山东某电子厂工人，电话访谈，访谈编码：FT2018082502。
② AYNGR·MMTJ，女，22岁，塔吉克族，山东某电子厂工人，电话访谈，访谈编码：FT2018082503。
③ ABDKY·RHM，男，34岁，维吾尔族，山东某电子厂工人，电话访谈，访谈编码：FT2018091209。

短，很多季节性务工人员在务工期结束后又面临无工可做的情况。且乡村振兴战略中，应农业产业化发展需求，农业科技的普及率逐年增高，很多经济作物劳作已不需要人力，这就需要农民做出相应的就业选择，可将季节性务工作为寻得稳定就业前的过渡性工作。

三是自主创业。ZP 县的自主创业种类多样，有当地成长起来的"土老板""土经济人""土企业"，有外出务工掌握职业技能后回乡创业的务工人员，也有易地扶贫搬迁后，在农民聚居的商业网点开餐饮店、小卖铺和理发店的个体经营户。

2012 年我响应政府劳务输出的号召，报名去了山东一家手套厂上班。工作之余，我喜欢到其他厂子串门，发现 ZP 没有织袜厂，我当时心里就有了回家乡开个织袜厂的梦想，白天在手套厂上班，晚上我就到附近的织袜厂学习，经过一年的努力，我赚到了工钱，掌握了织袜的基本技术。2016 年，我回到 ZP 县，用前几年打工赚的钱从杭州购买了 1 台织袜的机器，在家开了个小作坊进行生产。经一年的辛苦经营，我赚到了人生的第一桶金，也尝到了当老板的甜头，我开始有了建厂房实现批量生产的想法，让村里的村民来我的工厂打工，2017 年，村里的工作队帮我争取到卫星工厂专项项目资金 50 万元，并帮我建起占地面积 4 亩、厂房面积 500 平方米、可容纳 50 余人就业的卫星工厂，免费让我使用，这是我以前做梦都不敢想的好事。可是要扩大生产，就得增加机器，购买机器又让我发愁。工作队得知我正在为机器的事儿发愁，便帮我协调银行并为我担保申请了 30 万元贷款，我购买了 5 台电脑织袜机，就这样织袜厂很快就开业了。不到一年的时间，我在工作队的帮助下，生意越来越好，还帮助村里40 名贫困家庭剩余劳动力就业。现在 JLPK 织袜厂每个月生产 5 万双袜子，年收入达到 60 余万元，袜子主要卖到叶城、莎车还有外地。①

---

① YSP·KDR，男，32 岁，维吾尔族，JLPK 织袜厂负责人，访谈地点：工厂院内，访谈编码：FT2018101202。

村民 YSP·NRH 在参加电焊技术培训前，在村里开了一家电焊铺，因技术不好，其门店生意一直不好。驻村干部建议他参加技能培训，学习电焊技术，经过短期培训后，他的电焊技术在原有基础上有了明显提升，他还掌握了一些复杂的农业机械焊接技术，电焊铺的生意在服务项目的扩展和村民认可中渐渐好转。2018 年其电焊铺每月纯收入在 4000 元左右。[①]

村里还有一部分缺失劳动力、就业能力低的农户。精准扶贫前针对这部分农户，基层干部主要通过将其纳入低保户或直接发放扶贫资金的方式扶贫，但这一扶贫方式没能从根本上帮助其脱贫，反而助长其"等靠要"思想。为了激发这部分群体的内生动力，ZP 县利用扶贫资金和扶贫政策帮其探索了在其能力范围内的就业方式。如村两委和工作队用村集体经济收入在村委会周边建商铺，廉价租给这部分农户开店。笔者从驻村干部口中了解到，目前这些正在经营中的商铺平均年收入在 5 万元以上，其收入水平在村里算是中高等收入。[②] 而且这些店铺在经营中推动了村内的商品流通，为村民的生产生活带来便利。

今年 5 月，我听说村里要帮贫困户开店创业，我早早来到村委会申请就业项目，工作队帮我开了一家超市，如今，我依靠超市收入每月纯收入可达 3500~4000 元，我也终于实现了在家门口创业致富当老板的梦想。[③]

四是公益性岗位。公益性岗位是指由各类用人单位开发并经人力资源和社会保障部门认定，用于安置就业困难人员就业的岗位。公益性岗位具有托底线、救急难、临时性等属性，实行部门横向协调，按需设岗、以岗聘任、在岗领补、有

---

① YSP·NRH，男，38 岁，汉族，电焊铺老板，电话访谈，访谈编码：FT2018092706。
② LZS，男，35 岁，汉族，S 乡 T 村驻村工作队队员，访谈地点：村委会大门口，访谈编码：FT2018091705。
③ KLBNR·ASAT，女，31 岁，维吾尔族，小超市老板，访谈地点：超市，访谈编码：FT2018092803。

序退岗的管理机制。① ZP县政府为收入偏低，特殊家庭中无法外出务工的妇女、低保户家庭安排了公益性岗位。公益性岗位一般分为县域内的公益性岗位和农村公益性岗位。据笔者了解，乡村的公益性岗位主要有村委会保洁员、保安、生态护林员等，工资在1000~1200元，具有劳动强度大、工资水平相对较低、性别分工明显等特征。但对于农村低收入家庭而言，有一份稳定的收入实属难得，且很多低收入群体因各种原因不能离家外出打工。笔者在调研期间了解到，农村的公益性岗位成为符合该岗位就业条件人员争抢的目标，很多村民也因此产生矛盾，成为村干部比较棘手的问题。为解决这一问题，ZP县对公益性岗位采取轮岗制，使这一矛盾得到缓解。

我们家有两个老人不能劳动，还要每天吃药，我的孩子大的上初中，老二上小学，小的就是这个（四岁的小男孩），我老公因为一些特殊原因长期不在家，我们家收入太低了，我又不能出去挣钱，村委会打扫卫生的这个工作应该给我干，但是村委会的人把这个工作给RXGL了，她们家情况比我们家好多了，肯定是RXGL给村委会的人好处了，对这个事情我很不服气。②

笔者认为公益性岗位的安排之所以出现争抢激烈，甚至引发矛盾冲突，一方面是由于村民对公益性岗位政策内容不够了解，对公益性岗位的认识只是从自身私欲出发，而没有认识到公益性岗位政策是针对某些特殊群体的差异化政策，非全民共享。另一方面也说明不管是特困群体还是普通农民在脱贫攻坚政策的激励下都有了就业自主性，开始转变观念，强烈希望通过非农就业来实现家庭增收，而恰好公益性岗位可以在不用离乡的情况下带来稳定收入，因此成为特困群体普

---

① 《关于做好公益性岗位开发管理有关工作的通知》［EB/OL］，人力资源和社会保障部、财政部，2019年12月4日，https://www.waizi.org.cn/doc/104664.html。
② GLGN·RSL，女，维吾尔族，A乡T村农户，访谈地点：农户家中，访谈编码：FT2018092506。

遍认可与接纳的最优选择，在这种情况下岗位资源供小于求的时候，就会出现村民之间对政策资源的非良性竞争。

在精准扶贫政策的推动下，ZP县农民的就业空间有了前所未有的拓展。同时，就业形式也出现多元化趋势，农村剩余劳动力，尤其是第二代农民群体在新的职业角色中产生了职业认同，而且这些职业认同也内含了ZP县农民对新的生计方式与生活方式逐步适应的演变过程。当然这一演变源于绿洲社会剩余劳动力面临的生存压力。

绿洲在有限的空间范围内承载越来越多的人口，人多地少的矛盾越来越凸显，土地已不足以养家糊口，且人均耕地面积不足两亩的土地不需要太多劳动力，剩余劳动力不得不外出务工来增加收入。外出务工获得的收入远比在农村务农高且稳定。以农民外出务工在餐饮店当服务员为例，若其在家从事农业生产，农村中一个五口之家的年人均收入在5000元左右，甚至更低。在餐厅当服务员，每月2000~2800元，年收入为24000~33600元，这对于ZP县绝大部分农村家庭而言，其一人的年均收入比一家人务农还要高。同时政府还通过各种途径帮助农民解决外出就业的后顾之忧，发放各类就业奖补资金。因此，摆在农民眼前的这笔账帮助农民做出了选择。

外出实现跨地区、跨省区务工的农民已感受到外出务工带来的好处，并在休假返乡后在农民中宣传自己外出务工带来的好处，未外出务工的农民在与其聊天中已经开始幻想自己外出务工的美好生活，农民在交谈中慢慢改变观念，主动参加职业技能培训，联系在外务工的亲朋好友计划外出，他们已从行动上开始做出改变。

3. 实施效应

就业政策对于ZP县而言带来的减贫效应是显著的，2018年ZP县共有贫困人口39696人，其中无劳动能力的有2705人，有劳动能力但不具备转移就业条件的有3650人，有劳动能力具备转移就业条件的有11737人，已实现转移就业的有8472人。笔者针对就业情况在ZP县贫困户中随机抽取了

85 户，做了小样本问卷，问卷有效率为 99%。对 84 户有效问卷中的收入进行测算后，得出 2018 年 ZP 县贫困户的年人均收入为 12368.26 元，最小值为 4297 元，最大值为 48300 元。① 见表 1。

表 1　2018 年 ZP 县脱贫户年人均收入

单位：元

项目	频数	最小值	最大值	均值	标准差
数值	84	4297	48300	12368.26	8019.799

从收入来源来看，被调查户中，占比最大的三项收入分别为：务工上班等工资性收入（40.91%），种植、养殖经商等经营性收入（26.65%），各类政府补贴（17.09%）。98.8% 的被访户表示家中均有可支撑稳定收入的产业。这充分说明当地农民收入呈现较为稳定的发展趋势，农民已不再完全依赖农业收入，大多数农民具备较稳定的增收能力。务农收入占比的明显下降和务工收入的明显提升，说明非农收入在逐渐改变农民的收入结构，传统农业经济模式逐渐被打破，务工成为当下改变贫困状况、实现 ZP 县农村社会的中国式现代化发展的首要选择。

我父亲年轻时经常酗酒，喝醉后总是和我的母亲吵架，母亲难以忍受提出离婚。离婚后我和弟弟就跟着母亲长大。2015 年，我结婚了，第二年有了孩子。我们家的家庭成员在不断增多，但 10 亩地从来没有增加，我每天发愁怎么养活一家人，然后工作队知道了我们家的困难，帮我想办法赚钱，最后在他们的建议下我在家门口给土地承包种植大户夏老板打零工，这样既可以照顾家人，又能管我们家的土地。就这样我从去年开春代管了夏老板的 120 亩棉花地。夏老板是个很勤劳的人，他告诉我他年轻时候来 ZP 县也是帮别人种地，还帮我的妈妈种过地，120 亩棉花从耕种

---

① 数据摘自《ZP 县开展就业扶贫专项行动组工作汇报（内部资料）》，2018 年 11 月。

到采摘，需要很多人力，有些时候只能用手工完成，我一个人肯定忙不过来，最后我找到独居的爸爸让他不要喝酒和我一起干活，在我的劝导和带领下我爸爸喝酒的次数越来越少，我们一起干活，一年下来净赚15000元，棉花地里没有活的时候，我就到附近的托运公司当装卸工，这样一年又多了8000元收入。我们家的核桃地里套种的小麦赚了3500元。棉花收完以后，我就让妈妈帮我们照看孩子，我和媳妇到岳普湖县拾棉花。我们俩每天挣500元，一个拾花季挣了19000元。今年一年我们家纯收入有45500元。我的弟弟去年9月，在结亲干部的帮助下，找到了一份交通协勤的工作，每月工资2200元。我今年和夏老板商量好了明年继续帮他代管棉花地，我要努力挣钱，让全家人过上好日子。①

从精准扶贫的整个过程中看ZP县农民收入结构的变化，可以发现ZP县农民家庭的发展能力与其家庭的劳动力数量，尤其青壮年

劳动力数量、家庭文化素质以及其拥有资本的数量等因素息息相关。而这一因素又决定了ZP县农村家庭的发展能力。一个农民家庭的劳动力数量越多，劳动力素质越高，劳动意愿越强烈，那么这户农民的家庭收入和拥有的资本数量就越高，反之，则该家庭将会呈现收入和拥有资本数量均较低的情况。

依照以上相关关系，笔者将ZP县农村家庭发展类型分为"发展型"和"维持型"。即发展能力强、再生产质量高的家庭属于"发展型"家庭，反之则属于"维持型"家庭。发展型家庭可以依靠各种社会资源和自身发展能力将自身所拥有的资本转化为财富，而维持型家庭因受自身发展能力不高和资本较少的限制，处于有积累而难发展或无积累亦无发展的状态。

家庭消费结构也是影响农户发展的重要因素，用当地人的话说"赚得越多，花得就越多"。根据笔者问卷调查发现，农民的消

---

① NRAHMT·MMT，男，26岁，维吾尔族，S乡W村农民，访谈地点：农户家中，访谈编码：FT2018092507。

费水平如果仅停留在满足生存需求，那么其发展的意愿相比消费水平较高的家庭会低很多。精准扶贫前，ZP 县农村家庭的消费构成中，生存必需品开销占 70%，生产资料开销占 20%，剩下的开销只占到 10%。而如今随着家庭收入的不断提高，农村家庭的消费结构越来越多元，消费需求由生存性消费向精神性消费转变，家庭消费中用于孩子教育、购买大件电器等消耗类产品的比例增大，农户的发展动力也因家庭消费水平的提升而增大。

精准扶贫以来，ZP 县的就业扶贫在各方力量的推动下成效显著，但受整体社会发展水平和传统生计模式的影响，就业扶贫仍存在较大阻力。从调查数据中可以看出，农户从季节性劳动力转移就业中获得的收入高于到卫星工厂就业。可见新兴经济主体在 ZP 县处于起步发展阶段，其带动和吸纳剩余劳动力就业的能力有限。且随着全国产业结构的调整和科学技术的发展，工厂对技术输出型劳动者的需求远比劳力输出型劳动者的需求大，而 ZP 县的农村劳动力大部分为劳力输出型劳动者，不能满足现代化工厂的用工需求。

劳动力在就业转移中受市场、自身技能等因素的影响，就业的稳定性不强，久而久之会强化农户对土地和牲畜的依赖，他们从传统农业中解放出来后又回到以农业为主的生计中，这一现象会阻碍 ZP 县农牧业现代化、新型工业化和新型城镇化的发展。还有些农户受自身文化水平影响，且长期生活在封闭的环境中，与外界交流少，思想较为保守固化。在政府政策推动下转移就业后，他们对外界及就业环境适应能力较差，便放弃外出就业，回到家中固守土地维持生计。

因此，提高 ZP 县农村家庭收入，促使其向发展型家庭转变，除了政府的政策推动外，农民自身也要转变就业观念，积极参与符合自身就业取向的各类培训，提升就业能力和劳动意愿，只有在国家与个人的共同努力下，逐步提升农民家庭的发展与市场经济的契合程度，从而真正体现出高质量发展的新发展理念，ZP 县农村才能从根本上改变其贫困面貌。

（三）社会结构发展与社会转型

1. 民族互嵌式开发对 ZP 县社会结构的重塑

社会作为一个整体性存在，有其独特的政治结构、经济结构、文化结构和民族结构。民族社会作为整体社会的一部分，必然处于一定的社会结构之中。社会结构作为社会科学的核心概念之一，是"在社会活动中被反复不断组织起来的一系列规则和资源"（〔英〕安东尼·吉登斯，1998：87），它"意味着不同形态和性质的社会群体的存在，同时也意味着资源配置的结构性约束条件的形成"（陈光金，2008/3）。社会结构通过多样化方式调动社会要素，并在不同的社会生活领域完成分配，使社会各方面的资源处于和谐状态，这样社会结构在使其自身保持统一性的同时，也满足了人的需要，使社会维持一种适应自然发展的状态。稳定性社会结构是构成社会实践的基本要素，但其本身也是社会实践的成果，在社会的发展变化中随之适应、调整与发展。

互嵌作为社会结构的存在方式，是指一种族际关系不隔离而又尚未融合的社会结构，互嵌是处于分割与融合之间的均衡状态（严庆，2015/11）。民族互嵌式社会结构是为了解决民族相对聚居造成的社会区隔和发展不平衡问题，在多民族国家建立的一种基于各民族间人际充分交往、文化深入交流、情感深度交融的高度融合的民族社会结构（郝亚明，2015/3），其目标是实现共同繁荣发展（刘成，2015/6）。互嵌式社会结构的形成路径有依靠外部力量的建构型互嵌社会结构和以民族间相互依赖、自然选择为基础的生成型互嵌社会结构（张军，2017/6）。建构型互嵌社会结构可以成为生成型社会结构的助推力，也是生成型互嵌社会结构形成的基础。

ZP 县的民族互嵌式社会结构具有政治、经济、社会三个方面的有利条件，政策倾斜、经济支撑和社会支持形成了 ZP 县民族互嵌式社会结构的保障。

在政治条件上，国家为促进区域整体的发展平衡并最终实现共同富裕，从公民权利入手，赋予每个公民平等发展的权利，并且进行了针对贫困地区的政策倾斜。ZP 县互嵌式社会结构的形成中，国家的政策支持是 ZP 县经济社会发展的强有力支撑，也是促进 ZP 县互嵌式社会结构形成、加快 ZP 县脱贫脚步的强大动力。多方帮扶力量使地区间的贫富差距大大缩小。ZP 县在不同发展时期，尤其扶贫开发以来，国家颁布了多项扶贫政策，不仅在财政上加大帮扶力度，还在技术、人才培养等方面加大帮扶力度。对口省份支援也是帮助 ZP 县脱贫的重要力量，上海市闵行区在与 ZP 县成为对口帮扶市区以来，一直致力于 ZP 县的脱贫事业，在资金提供、技术帮扶、项目扶持和人才支援等方面都作出了巨大的贡献。ZP 县政府在落实精准扶贫政策时，通过一视同仁的发展政策来淡化民族界限，但优惠政策又根据区域差异进行区分，具体的优惠项目和优惠额度根据贫困村以及贫困户的具体情况来设定。这种政府层面的态度转变逐渐淡化了不同民族间的界限，使平等的观念渗入各民族人民的内心，在待遇上各族人民一视同仁，人口的多少不会成为特殊对待的原因。这种平等的对待保证了民众的心理平衡，以此为基础，各民族的距离拉得更近。

"访惠聚"工作模式在干部的下沉和嵌入下，使 ZP 县互嵌式社会结构的再组织化进一步推进，党组织编织起了连接地方和基层的组织网络，基层社会得以进一步延伸和拓展，从前力量分散的社会凝聚成一个整体。地方基层的组织网络提供了外部的组织资源，其在作为关键治理资源的同时，对乡村利益也进行了合理调节。这些网络提供了教育资本，传播和传授了专业的知识与技能，还充分利用网络成员所拥有的社会关系网络，将其所在单位的信息和技术等资源活用于乡村治理的具体工作中，弥补了基层组织的人力资源不足。在诸多社会资源和新的社会治理力量补充和融合下，ZP 县内部建立起了一种嵌入式治理格局。

稳定的民族关系奠定社会发展的基础，ZP 县虽然维吾尔族人口比例较大，但除了维吾尔族以外，还居住着汉族、塔吉克族和回族等，且 ZP 县的汉族人口在南疆各县市中占比较大。各民族拥有政治、经济、文化等方面的同等地位，政府在执行各项政策时的一视同仁带来了各民族间相处的融洽。虽然 ZP 县的汉族农户相较于少数民族农户家庭经济水平较高，除了缺乏劳动力或因病等意外致贫的情况，大多数农户的年人均收入都在贫困线以上，甚至高出好几倍，几乎没有汉族农户被评为贫困户，扶贫开发以来也没有享受到相应的帮扶物资。但笔者访谈的所有汉族农户中，没有一个农户有怨言，并表示全力支持国家的扶贫政策，维护好民族团结。因此，ZP 县稳定的民族关系使政府得以顺利开展精准扶贫等各项政策，与其他贫困地区相比 ZP 县在同等条件下开展扶贫工作更加容易，因此也具有更多力量去集中解决其他问题，成为南疆地区首个脱贫县市，同时也为 ZP 县互嵌式发展奠定了基础。

在经济条件上，经济支撑着国家各项事业的顺利发展，经济的平稳增长和社会资金的支持也为 ZP 县的互嵌式发展保驾护航。ZP 县自精准扶贫政策实施以来，国民经济发展处于持续增长态势，经济的发展使得 ZP 县能够利用更多的财政资金投入精准扶贫工作当中，为互嵌式发展提供

经济支撑。

当然，除了国家财政的支持外，企业、社会组织、个人等以各种形式参与到 ZP 县的扶贫工作当中。比如为贫困家庭学子提供助学金，助其完成读书梦。与 ZP 县进行产业合作，在村内设立扶贫车间，提供就业岗位，推动农村剩余劳动力转移就业，并提供技术指导，帮助农村发展经济等。村里的能人带领各民族成立合作社，合作种植，并为有需要的农户上门提供农业科技指导等。各方力量的参与使 ZP 县各民族家庭收入水平明显提升，各民族通过经济联系在以前地缘关系基础上产生了业缘关系，这为 ZP 县互嵌式社会结构的形成提供了经济条件。

在社会条件上，居住格局、语言、婚姻、生产生活方式以及心理上的互嵌为 ZP 县互嵌式社会结构提供了社会条件。ZP 县 19 个民族以大杂居小聚居的形式互嵌居住在县城以及各乡镇村内。以 B 乡为代表的互嵌居住格局中，扶贫开发前各民族居住在该乡不同的村里，相互间往来甚少，尤其是汉族与少

数民族。扶贫开发以来，通过居民点统一规划建设，以及学校、医院、商业网点等公共设施的布局，村民几乎都是为了方便生产生活而选择住所，居住形式也趋同，对于是否与其他民族杂居并不在意。

各民族经过长期的发展融合，塔吉克等民族的特征逐步淡化，以90后、00后为主的新一代青年人对于本民族文化的了解程度慢慢递减，如笔者在 B 乡问塔吉克族年轻人"为什么你们过节宰羊都要在院落内最高的地方或者房顶上？"这个问题几乎没有一个90后年轻人知道，村里的小学生、初中生平时交流全部用汉语，甚至出现回家后因语言障碍无法与父母沟通的现象。国家通用语言在年轻人中已经普及，尤其在一些公共场合，使用国家通用语言文字已成为场所规定。

各民族的生产生活方式渐渐趋同，在 ZP 县农村地区，虽然一些农户依然保持着自给自足的小农经济，种植小麦、蔬菜，养殖牲畜、家禽等满足自家生活所需，但其家庭经济收入主要靠外出务工，具体形式包括参与合作社、进入卫星工厂或跨区域就业等。另有少部分人开店做生意。K 乡、B 乡等利用当地优美的自然环境及特色民俗发展旅游业，村民通过开家庭旅馆、农家乐、土特产店等发家致富。这样一来，相同的经济生产活动提供了共同的交流话题，在对技术经验的交流以及探讨和解决难题的过程中，促进彼此间关系的发展。

从民族社会基本属性来看，民族互嵌型社会结构建设不仅仅意味着各民族空间上的相互嵌入，也包括各民族社会互动加强和共同联系更加紧密（郝亚明，2015/3）。扶贫开发以来，ZP 县从政治、经济、文化、民族关系四个维度初步消除了民族间政治—经济—文化的隔离，形成了建构型互嵌社会结构。同时 ZP 县在发展中找到了适合自身发展的稳健型生计方式，也将国家对农民的扶持政策转化为自主发展的内生动力，"大社会"国家与"地方"的互动，见证了 ZP 县国家在场的正面力量，增强了广大村民的国家认同。这是一个在各民族内部尤其是各民族之间形成的新的族际—人际互动的过程，即生成型互嵌，各种有形或无形的经济、社会、文化界限随之不断被突破和穿越，最终必将形成各氏族在政治、经济、文化等领域深度互嵌的社会结构样态（刘诗谣、刘小珉、张迪，2021/8）。

2. 转移就业对 ZP 县社会结构的重构

ZP 县从 20 世纪初就开始以各种形式开展扶贫工作，其中以向贫困农户发放扶贫补贴为主，如发放扶贫资金以及牲畜、种子等扶贫物资。但这些扶贫物资在传统养殖技术和"等靠要"思想观念的影响下，并没有真正起到帮助贫困农户脱贫改变整体社会面貌的目的。农村大量的剩余劳动力因自身技能和就业途径的限制处于无业状态，农村社会在传统的扶贫模式中依旧处于贫穷落后状态，村民们的社会关系依旧处于血缘与地缘关系上。

精准扶贫战略作为一种外部嵌入力量，以资金、项目、人才、政策等为着力点，为各民族创造了相互接触、交往的环境和条件，推动了民族间的有机互动与良性交往，促使建构型互嵌社会结构和社区环

境初步形成。与建构型互嵌不同，生成型互嵌是基于不同民族长期的接触、相互选择、彼此依赖，从而形成的有机的社会结构，自然选择是其特征。

民族互嵌式社会结构最大的功能在于营造一定的可以维持社会团结的社会结构关联，并通过结构关联、利益关联、社会参与关联将不同民族群体结合起来，形成一种有机团结的局面。同化形成机械团结，互嵌形成有机团结①。有机团结是社会运转的理想模式，也是形成真正意义的共同体的基石。各族民众在国家主导下共享发展成果、共同谋求进步。国家与 ZP 县社会之间、ZP 县社会内部多民族之间于政治、经济、文化、精神层面的相互关联、相互契合创建了 ZP 县多民族社会的有机团结。互嵌型社会结构和各民族有机团结创造了社会运行的基本架构，构成了中华民族共同体形成的社会基础。共同体的形成还必须跨越民族的心理基础，并依靠情感机制的加持；只有

---

① 此处的有机团结承袭涂尔干对基于不同社会结构而形成的团结模式的分类，意指建立在互嵌式社会结构基础上的超越内部边界的族群结合。

多元族群的多重身份认同统一于更高层次的认同，即对中华民族的自觉认同和主动归属，才能构建出真正的共同体。

ZP县在精准扶贫、援疆等一系列政策推动与引导下，大量的农村剩余劳动力和求学青年走出ZP县，在流入地接受新的社会制度、生活方式和思想观念，并内化为价值观逐渐融入当地社会，其融入过程是再社会化过程。大量疆内外的干部、企业家、致富能手与技术人才走进ZP县，将现代化的管理制度、经营方式、思想理念等带入ZP县社会，使ZP县不断缩小与东部地区的经济差距。这种ZP县城与农村之间、ZP县与北疆之间、ZP县与东部地区之间的大流动，改变了ZP县人口的空间分布格局，ZP县在逐步实现大融居的人口分布特点。ZP县人口的这种大流动不仅加速了其传统农业经济的瓦解，推动了农村的现代化进程，还加深了各民族间的交往交流交融，为加快构建互嵌式社会结构提供必要前提。

各民族共同繁荣发展的实现，依赖各民族利益的连接与共赢、以倡导和促进团结进步为目标的建设。还应不断探寻各民族利益的契合点、拓展各民族的共同利益。扶贫开发以农业合作社、卫星工厂等为载体，制造、强化各民族间的利益关联，以共同利益为纽带相互依存、互动交流、协同进步。其深层意义在于，引导各族群扬弃个体本位利益，转向类本位利益，向着自觉的类利益方向发展。未来应在此基础上积极拓展其他的利益联结平台，创新各族民众内生发展与协同进步机制，巩固脱贫攻坚成果。当然，共同的利益并非仅限于狭义上的经济利益，共同利益以经济利益为起点，外延上升至广义层面。在以组织化形式促进各族民众经济交往的同时，还应引导农民将个体的、民族的经济发展与乡村振兴、新农村建设及中华民族伟大复兴的中国梦结为一体，推动民族共同利益统一于中华民族整体利益之中。因此，观念发展作为经济、政治、社会结构转变过程中的重要助推力量，其对发展现状的巩固和推动起到重要作用，下文将围绕教育与思维观念展开关于文化观念的发展实践分析。

（四）从传统走向现代

1. 农民观念转变

"现代"可以被视为代表这个时代特色的一种文明形态，"现代"一词作为一种综合特征，在政治、经济、文化等方面的现代化都是其重要内涵，人的现代化也不例外。之所以要分析 ZP 县社会发展中人的特征，是因为无论 ZP 县社会引入多么现代的经济制度和基层管理制度；农村的硬件设施建设得多完备，如果执行这些制度的人没有从思想和行为上做出改变，并真正让这些制度和硬件设施能为当地所用，进而推动当地经济发展，那么这些发展行为就都是徒劳的。因此，真正的现代化以人的能动发展为前提和目标，是人在新的社会机体等外力的帮助下自愿做出改变，进而自觉推动社会机体正常运转和渐进完善的动态过程。ZP 县在国家力量的推动下，将国家对农民的扶持政策转化为内生动力，ZP 县农民的生活态度、价值观念、思维方式较从前有了较大改变。

一是接受新生事物。农民准备和乐于接受他未经历过的新的生活经验、新的思想观念和新的行为方式。ZP 县易地搬迁政策从结果上看是成功的，农民放弃过去世代居住的居所，从熟悉的环境搬到了一切需要重新开始的陌生环境，其生计模式、生活习惯、人际关系等都要经历重大变化，但易地搬迁后生活环境的舒适度和方便程度相比过去提升很多。当询问已经完成搬迁的农民是否后悔时，很多农民的回答是不后悔，农民表示搬迁后不用再靠天吃饭，全家人打工的收入比种地多几倍，孩子上学方便了，买生活用品就近就能买到，不用担心房屋漏雨漏风。可见，他们从心理上接受了搬迁后的生活，并对未来生活充满了期待。农民在一成不变的拮据生活与改天换地的便捷生活的对比中，有了自己的选择，他们相比过去更愿意投入精力、时间和金钱经营搬迁后的美好生活。

很多农民不再因宗教、民族差异原因强烈干预儿女的婚姻问题，未婚的青年在选择婚姻时有了自己的主见，如果遇到父母强烈干预时，这些未婚青年选择通过村委民事调解或法律渠道维护自己的权益。

第一次结婚是在父母逼迫下勉强接受的，但没有感情基础，生了一个孩子后就离婚了，离婚后我带着孩子在父母家生活。离婚以后很长一段时间不能振作，我觉得我不能靠父母过下半生，然后我就去乌鲁木齐找工作，在工作之余学习在淘宝卖东西，卖我们新疆的特产。那个时候认识了现在的丈夫，一开始父母不同意，在我的坚持下父母也就同意了，结婚后我就来到湖南生活，在我丈夫的支持下，我开了一家淘宝店，现在主要卖衣服，收入比较稳定。[①]

农民开始接受社会的改革和变化。脱贫攻坚战从制度、文化、行为方式等多方面介入ZP县农村社会，改变了ZP县贫穷落后的面貌。妇女们走上街头在流动摊位前做起了生意，这在过去"男主外，女主内"的社会伦理下是不允许的。农村妇女没有赚钱养家的权利和义务，妇女们只需在家相夫教子，不可在外抛头露面，如果谁家的妇女打破这种传统就会被全村排挤，且该妇女受舆论的压力在家里也抬不起头。但今天的ZP县农村里妇女的地位和家庭角色较过去有较大改变，妇女们走上街头为增加家庭收入做贡献，妇女外出挣钱不再被村里邻居看作越轨行为，相反人人夸赞这家妇女走出家庭、走上工作岗位为家庭增加财富的行为。过去村民对村委会组织的各项活动反应消极、不愿配合，村委会开展工作难度大，而现在村里的村干部反映农民主动参与公共活动的意愿增强，村民在周围环境的改变下做出自身改变，不再固执地恪守己见，对人对事开始有自己的看法和理解，参与政治的集体意识增强。

---

① AYXM·NRMMT，女，34岁，维吾尔族，淘宝店经营者，电话访谈，访谈编码：FT2019092501。

现在的农民对每周参加升国旗仪式和村民大会非常积极，都不用每周提前通知，村民周一按时就到了，因为他们知道村民大会的内容跟他们的切身利益有关。而且现在的农民不像过去，村民大会上农民有啥意见都会积极表达，你只要给他提供机会，他都会积极分享自己的致富经验，农民在其中能找到获得感。①

农民开始尊重并愿意考虑各方面的不同意见。村两委和工作队针对贫困户提出"一户一策"的脱贫策略，并与贫困户商量如何实现脱贫致富时，农民由过去被动接受改为现在主动请求。

这几年在做群众工作时，给我最大的感受就是，村民觉得你的话有道理，对自己有帮助。精准扶贫刚开始那几年，我们入户做农民脱贫致富的思想工作时，很多人爱答不理，你说半天，人该咋干咋干，

根本不把你的话当话，他们只关心村里要给自己家发啥东西。现在不一样了，你一入户，还没等你问呢，就把你拉到地里或者羊圈里看他发展情况，跟你主动打听村里的政策安排，有时候有些农户除了自己家的经济发展问题，还跟你说说他面临的孩子教育问题、夫妻关系问题等等。②

农民也开始关注教育问题，农二代、农三代中"读书改变命运"的思想改变了"长大了我要当贫困户"的旧观念。农民在听到周围谁家孩子考上大学的消息时会羡慕并前去请教孩子的教育问题。当农民与外界社会联系越来越密切时，他们参与社会事务、职业培训时的职业定位也在发生改变，不再对服务行业的职业有偏见和歧视。

我们县开展的推拿按摩职业培训班，刚开始没人报名参加，你看这两年参加的人越来越多。越来越

① LXS，男，35岁，汉族，B乡T村村干部，访谈地点：B乡T村村委会，访谈编码：FT2018093002。
② SGM，男，47岁，汉族，S乡A村工作队干部，访谈地点：S乡A村村委会，访谈编码：FT2018092902。

多的人颈椎不好、有腰腿疼痛的病症，按摩能有效缓解疼痛，还能预防一些疾病，市面上按摩店的生意一家比一家好，农民对推拿的偏见也没有了，都想学个推拿开店做生意，或者自己学了回家给家里人按，所以报名的人很多，我们这推拿业现在都成了热门职业。当然我们这块还是会有序调控，避免推拿行业扎堆现象。①

二是规划自身发展。农民对自身的规划首先表现在他们开始注重现在与未来。这几年在 ZP 县农村调研，笔者最直观的感受是过去走在 ZP 县农村的村庄里，到处可见闲散聚集的男人和女人们，其中男人们在一起打牌、讲笑话，女人们则三三两两地坐在院落门口唠家常，只有农忙时节，村庄里才会看到忙碌的身影。而现在走在 ZP 县村落的巷道里，白天上班时间家家院落紧闭，门上挂着一把锁，有的人家举家外出务工常年没人。脱贫

攻坚以来，卫星工厂等新型经济主体入驻 ZP 县农村社会，将现代企业的生产程序和管理制度带入农村社会，它要求工人必须严格守时，倡导多劳多得。村民在实现转移就业的同时，也接受了现代企业制度，对时间效益的追求成为每个进入工厂的农民的目标。人们开始立足当下，放眼未来，希望通过自己的不断努力过上有质量的生活。

喂，现在大家都忙着打工挣钱呢，待在家里谁给钱花呢，大家挣钱的时间都不够，哪有时间闲聊呢。②

其次，农民开始有了强烈的个人效能感，对社会能力充满信心，办事讲求效率。从农民对国家能力的乐观态度上可以看出，ZP 县农民相比过去有了强烈的效能感。对使用农业科技产品和学习农业种植技术的主动性使 ZP 县农民改变了过去靠天吃饭、对自然被动适应的

---

① ZQL，女，39 岁，汉族，县人力资源和社会保障部门的干部，访谈地点：县委大院，访谈编码：FT2019072501。

② AYNR·RXT，女，32 岁，维吾尔族，T 乡卫星工厂工人，访谈地点：T 乡 T 村巷道，访谈编码：FT2019072504。

态度，新型经济主体中的合作种植塑造了各族社员共同的价值观念和进取意识。如对勤劳、钻研、探索等品质的高度认同，这从村民对种植能人的羡慕、尊重和讨教、借鉴中便可见一斑。

农民也开始计划未来生活。计划是现代人最明显的标志，贫困户对自己能在哪一年实现脱贫、自己什么时候进入工厂务工、在三五年内能实现什么工资水平、自己教育孩子的方式等都有了更明确的目标。笔者在 ZP 县调研时常住在已毕业大学生 RZY·TMR 家里，每次过去，她家都有不同程度的改变，不是盖了新屋就是装修了房子、添置了新家具，要不就是家庭成员有新的发展出路，在 2019 年古尔邦节，一家人忙前忙后送走最后一拨客人全家坐在一起吃饭时，笔者问她及家人未来一年都有什么愿望。

RZY·TMR 的爸爸：明年把家里的羊卖了，然后加入合作社，我在那养羊，还能挣工资，给你妈

妈和我一人买一辆电动摩托车。

RZY 的妈妈：希望明年我们厂（四件套加工厂）的生意好，订单多了我们的工资就高了，如果生意不好的话，我就在家里种菜种花然后卖掉挣钱。

RZY 的姐姐：我希望我能怀上孩子，生完以后继续在村委会上班。

RZY：我希望明年我能考上喀什的正式编制，不管到哪儿我都去，最好是 ZP，哈哈。

RZY 的弟弟：我现在在派出所干的工作是临时编制，我听说临时工可能要被裁掉，我得赶紧找个新工作。①

RZY·TMR 一家每个人都对自己未来一年的生活工作有清晰的规划，他家作为 ZP 县一个普通的农民家庭，自脱贫攻坚推进以来他家每个人发生的变化可以说是 ZP 县农民的缩影。

还有一个重要的表现是农民开始渴求知识。农民对知识的渴求从

---

① RZY·TMR，女，塔吉克族，28 岁，B 乡 B 村农户，访谈地点：农户家中，访谈编码：FT2019072805。

他们寄予在下一代身上的厚望能明显看出，过去农民在农忙时节在不征求孩子同意、不向学校请假的情况下，要求孩子旷课或休学帮自己务农。在这些农民家长的观念里认为学校教育不重要，只要能识字就行，大多数人推崇读书无用论，甚至有些少数民族农户认为学校教育中，孩子们学习国家通用语言会同化自己的下一代。因此，他们宁可送孩子去宗教学校也不想让下一代接受学校教育，这就导致 20 世纪末 ZP 县农村整体文化水平偏低。当教育不断改变人的生活境遇、在发展生产中发挥越来越重要的作用时，越来越多的农民意识到接受教育的重要性，很多农民举全家之力供孩子读书，并寄予下一代以厚望。笔者走在乡村道路上，迎面而来的村民拿着刚买来的农药瓶问我，这是什么字，并告诉我他现在在学习国家通用语言，等他的汉语水平考试通过后他就能参加职业技能培训了。这让我感受到 ZP 县农民对知识的渴求和对改变贫穷状况、追求富裕生活的渴求。

三是合作意识增强。ZP 县农民对外界的依赖性和信任感增强。

从前，很多民众认为生死及命运的主动权被宗教控制着，人们在宿命论中不断地向命运妥协，认为一切都是上天早已安排好的，与上天抗争是徒劳的，更不会相信传达神之旨意的宗教人士外的其他任何人。新中国成立以来，非法宗教势力受到打击，民众接触了科学民主等现代思想并受到影响。尤其是脱贫攻坚战等战略的实施，使科学发展观、现代民主意识同制度、市场、资本、教育等一起下沉至 ZP 县农村社会，人们对命运的思考发生了很大改变，开始反思过去的愚昧与妥协，试图寻求进步与抗争，通过接纳新的生计方式提高物质生活水平。同时他们也开始参与政治生活，关心大环境与自身的关系。合作社在 ZP 县的兴起，不仅推动了农业的发展，也促使农民产生了合作意识。参与合作种植后，村民们意识到小农户合作经营的重要性，认识到小农户单打独斗已经难以生存，只有抱团取暖才有出路，而合作社正是抱团取暖的重要组织，因此，农户产生了组建合作社对接市场的想法，可以看出农户对个人及群体的依赖感和信任感较过去明显增加。

我们的生活嘛，我们自己说了算，胡达（神）说了都不算，躺在家里只能等死，走出家门看一看，别人怎么盖新房了，别人怎么买摩托车了，别人怎么拿到分红了，你要主动去找，财富才能降临在你头上。①

农民的合作意识增强。ZP 县 A 乡 T 村过去普遍存在劳力匮乏、收割播种速度慢、易错过时节等难题，为解决难题，村两委工作队与该村农民商议后决定在全县成立首家农机综合服务农民专业合作社，由工作队争取项目资金 100 余万元购入拖拉机、播种机等农具，村委会拥有农机所有权，以租赁的形式对内提供保本微利服务，对外则实行商业化运作。村第一书记表示：

一开始只有 11 名农民入股成立合作社，后来想申请的农户越来越多，大家一看，钱投到合作社还能保本分红，都想加入合作社。②

农机合作社的成立不仅解决了合作社无力购买农机的问题，而且拓宽了社员致富门路，壮大了村集体经济收入，让世代以手工劳作的农民享受到农机服务的便捷与高效。

基于新型经济主体所构建的"共同利益"纽带，村落农户建立了亲缘、族缘之外的业缘关系。在个体社会来临、"熟人社会"遭遇瓦解的情况下，生产技术的交流与生产中的互帮互助，密切了人际往来，加深了情谊。当不同族群长期共同生活在同一个社会，他们可能在某种形式下向整合靠拢，也可能向着不同的方向强化差异，与之对应的整合和分离被称为同化和多元化。专业合作社以共同经济利益为纽带，将当地不同民族、不同村落以及不同国家的农户集聚起来，实现农业规模化生产。合作社不仅是

---

① TMR·TLP，男，56 岁，塔吉克族，B 乡 Y 村农民，访谈地点：农户家中，访谈编码：FT2019072701。

② MJ，男，47 岁，回族，A 乡 T 村驻村工作队干部，访谈地点：A 乡 T 村村委会，访谈编码：FT2019072603。

一个农业经济组织，还是促进民族、区域、国家间交往交流的载体，同时也加快了边疆地区民族文化的繁荣与一体化发展。市场经济进入农民生产、生活领域最直接的方式就是生产、生活资料的商品化。过去 ZP 县在小农经济的传统下，人们以追求最基本的生存为目标，在自给自足的社会氛围中，人们没有市场经济的竞争意识，也没有利用生产的剩余产品实现商品价值的动力，衣食住行在自己所拥有的生产资料空间中基本能得到满足，只要一家人勤俭节约，一年的劳动所得一般都能满足基本生存。

随着市场经济的介入、商品市场在农村的建立、现代生产技术在农村的不断推广，农民发现同样的地块条件，不管他一天多么精心地耕种他的土地，别人家地里的单位面积产量总是比他高，而且别人没有像他一样整天守着土地，其他人除了种地的收入外，还利用农闲时间打工赚取其他收入，因此现代农业生产方式开始被当地农民所关注。在这个过程中，农民要掌握现代农业生产方式，必须通过市场购得好品种的种子、化肥、农药、租赁或购买现代农具。农民发现在种地的过程中生产性投入越来越大，因此，农民不得不选择打工、养殖等方式来补贴农业生产，以保证第二年农业生产有资金可以投入。ZP 县农村的生产关系在此情况下发生了巨大变化，农民群众对市场的依赖程度也越来越强，对于当前的 ZP 县农民而言，如果没有了各级市场和流动巴扎、没有村里的百货商店、没有农技站，而对于喜欢网购的年轻人而言，没有智能手机、没有村里的物流点，那都是难以想象的事情。

2. 农村妇女的改变

一是妇女权益与地位发生改变。妇女权益地位的改变是一个社会迈向现代化的重要标志。ZP 县在传统农业社会时期，妇女的地位低下，无权参与家庭事务，更无机会跳出家庭，参与政治、经济、文化和社会活动。虽然改革开放后，妇女参与职业和社会政治活动的机会增多、社会权益和地位有所改变，但妇女回到家庭后，仍然要服从丈夫、从属于丈夫。在 ZP 县农村，男人认为自己在家庭中享有绝对的权威和地位，大男子主义思想严重，认为女人就应该在家里恪守妇女贞操，如果让女人走出家门参与社会劳动，与其他男子在一起工作，在接触中会产生感情、会破坏其家庭。只有让女人在家相夫教子，减少与外界社会接触的机会，才能避免妇女出轨现象的发生，社会道德风气才不会被破坏。

同时，在大男子主义盛行的男权社会中长期生活的妇女们，认为自己就是男人的附属品，在受到不公平的待遇时认为这是自己的命，大多数妇女选择听天由命。精准扶贫期间，农村妇女在政府的鼓励下和妇女权益保护的相关法律不断完善的过程中，渐渐放下顾虑走出家门，参与社会事务，并通过自己的劳动获得报酬，为家庭收入贡献自己的力量。而这种贡献并非过去妇女在家庭中相夫教子的贡献，而是体面的工作和直观的现金收入。在此过程中，男人们渐渐改变了过去对家中妇女的态度，尊重家中妇女，女人们在家中的地位也明显改善，对家庭事务有了发言权。丈夫面对家中重大经济决策事宜时会主动找妻子商议，听取与自己不同的意见，并支持妻子外出务工，男人

们回到家也会主动做些家务。

在 A 乡 T 村 XY 服装厂工作的妇女们便是妇女权益地位改变的最有力例证。该服装厂于 2017 年在扶贫项目的投资下建立，厂内有缝纫机 35 台、烫台 3 个、锁边机 3 台，厂内有 38 名职工，全部为妇女。工厂每月制作成品服装近万套，产值 10 余万元，人均月工资 2000 元。在该工厂上班的妇女在进入工厂前都是家庭主妇，在政府的号召下，她们走出家门，参与职业技能培训，最终上岗成为工厂工人。妇女身份的转变也带来了自己及家庭成员观念的转变，原先从不进厨房的丈夫每天按时给工厂里务工的妻子送饭，原先蓬头素面的妇女盘起了整齐的发髻，穿上了漂亮的裙装，画起了美丽自信的妆容。很多在工作中成绩较突出、思想积极的妇女还在工厂和村两委的推荐下加入了中国共产党，参与工厂和村内事务的决策。妇女享受到平等的权利，参与家庭事务，并走向社会，参加政治、经济、文化和社会活动。

二是妇女职业身份多样化。精准扶贫前，受生计方式和地域文化

的影响，当地妇女大多在家操持家务，辅助丈夫从事农业生产。农村女性由于缺乏职业技能，很少有机会进入城市参与就业竞争。加上女性身体条件的特殊性，无法从事重体力劳动，男性比女性劳动者更有优势，因此外出打工的 ZP 县妇女大多随从丈夫或家人进入劳务市场，辅助男性劳动力或在操持家务之余找一份工作以补贴家用，一般这类妇女从事的大多为服务行业的工作。

重男轻女的社会观念在很大程度上影响并阻碍了 ZP 县农村女性受教育的权利和参与社会发展的权利。在维吾尔族聚居的 ZP 县农村，普遍存在男性继承和妇女从夫居的传统家庭观念，"女孩是人家的，男孩才是自己的"的性别定位使得男性在家庭和社会活动中成为主导者，在社会公共事务的判断和决策方面，通常都是依照男性的价值观来进行评判，女性较少有参与发言的机会。笔者在调研中了解到，当地农村在家庭出现突发事件而陷入贫困时，如果不能负担每个子女的求学资金，通常首先会牺牲女孩的读书

机会。甚至有些家庭的经济能力完全能达到供孩子读书条件，且家中不缺少劳动力，只因女孩到了待嫁的年龄，便要求其退学，更别说让女性参与主导其他社会活动了。

正是以上方面的原因使得当地农村女性的文化水平普遍较低，受文化程度的限制，女性获得发展的机会和参与社会活动的权利很少。社会在评估一个家庭的发展水平时，一般所说的父母行为通常被父亲一方的行为取代，母亲在贫困中的角色行为被忽视。现实中，有很多母亲也参与了家庭收入的贡献，但是在评估父母贫困的影响时，母亲贫困被排除在外。而且当地人虽然生活贫困但极其看重"面子"，收垃圾、当清洁工等工作普遍被认为是"没面子"的工种和职业，即使再穷也很少有人愿意从事。笔者在调查期间发现，当地几乎没人愿意收垃圾和废品，都是外地的汉族人收垃圾捡废品。

精准扶贫以来，妇女们渐渐走出家门，各大企业在 ZP 县开设工厂，招收女工，使大部分妇女的生产力得以解放出来，她们逐渐成为

ZP 县引领社会潮流的一支重要力量。通过各种途径，妇女与外部世界的联系越来越紧密，其价值观念也得到更新。她们中许多人通过参加国家通用语言培训和职业技能培训找到适合自己的工作，不再将自己局限于家务劳动中，而是成为家庭经济收入的重要创造者。同时随着妇女对家庭的经济贡献占比提高，其在家庭中的地位也明显提升，对于家庭中的重大决策有了参与决定的权利。

是村干部们帮我实现了就业的梦想，我现在有稳定的收入，当丈夫看到我每月能有 1000 多元的收入时，他对待我的态度都改变了。今后，我一定要发挥自己的特长和优势，做一名脱贫致富的带头人。①

也有女工因家庭原因不能继续工作，但对外出工作充满了期待。

我家经济条件不太好，家里有 5 口人，我的公公是村委会小队长，为向周围人起带头作用，首先鼓励我到厂子就业。我 2016 年 8 月开始到厂子上班，我大概上了四个月的班，因为有三个孩子，父母年龄大了，没法照顾小孩儿，我就只好辞职回家照顾孩子。我到厂子上班之前，根本不懂缝纫技术，很担心自己掌握不了技术，但师傅教我怎么缝，在她的支持和鼓励下，我慢慢学会了，我很满意厂子环境和管理方式，和其他妇女相处很好，想多挣点钱，尽量减轻家庭的经济负担。②

笔者通过访谈发现，很多女性在进入工作岗位后，对自我的认同提高，在由家庭角色向社会角色转变的过程中，自我获得感不断提升。访谈的很多女性表示，如果可以解决家庭中孩子、老人、牲畜等的牵绊，自己愿意找一份工作，实现自我价值的同时提高家庭收入水平。

---

① MNWE·MMT，女，31 岁，维吾尔族，卫星工厂工人，访谈地点：M 工厂门口，访谈编码：FT2019080103。

② TURS·UNGUL，女，25 岁，维吾尔族，原村委会妇联主任，访谈地点：其家中，访谈编码：FT2019080103。

从 2017 年 3 月 11 日，我到这个深圳产业园开始上班。我在学校的时候，一直在住宿，因此并不太了解家庭在生活、经济等各方面所面临的困难。我工作后，遇到很多困难，到企业以后，只回了 3 次家，很想回家，但请假程序很烦琐。刚来企业上班时很难适应企业环境，因为在学校的时候最起码可以出去买东西，但这里一周只能轮流在带队老师的带领下，才能出去买东西，否则，一个月内哪儿都不能出去。我们不能享受政府补贴，只能做多少挣多少，企业给我们每天 11 元伙食费。还有就是听不懂这里的人说话。但我觉得我可以克服这些困难。我到这个企业上班 7 个多月了，在上班过程中，更进一步感觉到了学习国家通用语言的重要性，回去后我打算不做家庭妇女，继续好好学习缝纫技术，到工厂上班。①

精准扶贫政策通过各方力量的介入，促使 ZP 县农村妇女角色实现多样化，她们作为 ZP 县经济生产的主要参与者，推动 ZP 县社会的整体进步与发展。同时伴随着社会发展进步、全球化进程加速以及创业浪潮的涌现，人们生活方式也在日趋多样化。

在当前 ZP 县变革势能的积蓄之下，重男轻女的观念逐渐被打破。新时代的女性不仅具备传统美德和柔美气质，对自己的生活和事业也都在进行积极的经营。"她"时代创业成为经济焦点，与此同时"她"们也开始追求性别平等，对于自身所处的女性群体，设法赋予实现自我的机会，ZP 县的很多女性经济带头人在招工中便体现出这一特点。贫困问题的复杂性在于其成因的多样性，即微观与宏观、个体与社会、经济与政治等方面，单一的贫困治理手段很难带来较高的收效。在当前大扶贫格局下，专项扶贫、行业扶贫、社会扶贫等互为补充，此背景下，在体制创新、政策设计与执行中，不能忽视妇女的重要作用，应当及时发现现存的问题，在政策方面针对性强地进行供给，采取多种方式帮助南疆农村妇女实现就业。

①　AMINA，女，19 岁，维吾尔族，外地企业女工，电话访谈，访谈编码：FT2019072303。

四、"ZP 经验"的中国式现代化符号

（一）国家与地方关系视角下的"转变"与"互嵌"

ZP 县的发展经验主要体现在"转变"与"互嵌"上。"转变"主要体现为 ZP 县在国家在场的背景下，借助国家扶贫政策与当地的发展愿望，结合当地资源禀赋、社会结构和文化特征，由最初的物质生活改善转向发掘地方发展潜力，最后寻得适合自身的稳健发展模式。"互嵌"则主要体现为 ZP 县在国家外力的作用下，逐渐打破其在经济、政治、社会和文化中的边界，进入一个以中华民族共同体意识为共识的、融合的、更大的发展空间中。国家负责顶层设计，以发展项目作为发展的载体，ZP 县政府则是发展资源的配置者，村两委和第一书记是发展实践的行动者，当地农户则为发展对象，从而共同构成了当地的发展话语。同时，在这一发展话语中也反射出国家与地方的关系，国家通过政策扶持重返 ZP 县乡村，乡村通过政策执行实践呈现乡村里的国家，两者在共生与互动中推动了 ZP 县的现代化。

全球化和市场化作为外部资源给一些特殊地区的人和社会结构群带来了发展冲击，而他们所处的社会结构会成为阻碍其融入市场经济的因素，且被市场经济惠及的相对较少。这种结构性缺陷不仅有整个国家社会分层上的结构特征，也包括贫困群体自身在整个国家或社会中特殊的社会结构。贫困的人群往往被认为存活于整体社会结构之外的特殊社会结构之内，并且具有独特的贫困文化，从而被当作与大众不同的群体。受这种观念影响的人通常会将社会结构当作导致贫困的原因。实际上，通过人类学的研究发现，不与世接触或较少接触是乡土社会或边缘群体常有的状态，并且基于其所处的生存环境形成了独有的社会结构，也涵养了独特的文化秩序。不难发现，贫困群体所处的生存环境是一个非主流的社会结构和文化模式，抑或是贫穷直接根源于他们的文化价值观。身处于经济全球化和市场化的潮流中，结构性的因素使他们很容易陷入贫困，甚至无法从市场经济发展的涓滴效

应中得到基本的发展，无以摆脱贫困。但是也有国家通过一系列经济上的政策，将经济社会发展效应辐射至贫困地区，或是跳出经济的手段，通过广泛的教育交流，使贫穷人群的社会可以和主流群体的社会接壤。这种国家与地方的发展模式根植于 ZP 县的各方面，从而引发了 ZP 县多方面的发展转变，也是中国向贫困地区发展所交出的一份答卷。

ZP 县在精准扶贫政策相关项目的带动下，驻村工作队被派驻到南疆绿洲社会的各个部分，并且随之而行的是大量的有益资源。这一模式下谋求的并非是物质上的暂时满足，而是引导农民实现思想和行动上的双重转变。当然，这一转变过程是在遵循少数民族地区法律法规的前提下，帮助少数民族地区各族民众的发展。这一发展模式是一种接纳国家视角下的发展，即以精准扶贫政策作为助推力，促进农民主体的发展。无论精准扶贫还是乡村振兴战略，对于少数民族群体都是在进行由保护到扶贫，使其能够参与到社会发展的整体进程中。在这一过程中，各项政策的落实会使各民族的群众加深对党和国家的认同感。

（二）政策实践视域下的 ZP 县发展路径

综观 ZP 县社会从传统农业社会向现代化迈进的历程，在精准扶贫的大背景下，作为一个典型的绿洲社会，ZP 县的发展体现出复杂性与多元性。

1. 生存型经济向发展型经济过渡

精准扶贫前，ZP 县社会的生计类型是以传统农业生产为主，以畜牧养殖和林果种植为辅的混合型生计类型，因传统农业生产的特点是遵从农作物生长周期，投入大量劳动力，以提高产量来增加收入。而 ZP 县绿洲人均耕地面积有限，随着人口的不断增多，ZP 县社会的生计模式一直由内卷在维持，直到农业生产与生态间的平衡被打破，大量农业剩余劳动力无法转移，农民陷入贫困或在贫困边缘徘徊。

精准扶贫以来，ZP 县从传统农业生计入手，通过流转捆绑农民的土地，将大量农业剩余劳动力转移至非农产业或转化为农业工人。

引进现代农业企业，将农民流转出的土地进行集约化耕种，实行订单式经营，农民不仅获得了土地流转分红收入，还能获得转移就业后的双重收入。订单式农业作为一种契约农业，其对农业生产行为及管理模式的要求更高，在这种农业模式的影响下，农民的生活模式、思维方式及对未来的生计规划有了较大改变。

农民对土地的"高投入，高产出"期望是 ZP 县顺利开展土地改革、发展现代农业的重要助推力。同时，合作社等现代经济组织的发展在帮助农民规避市场风险的同时，也培育了农民的信用精神和理性发展理念。在精准扶贫政策引导下，ZP 县的传统农业迅速融入市场经济浪潮，农业与市场的接轨意味着农民的收入与全国甚至全球的经济发展形势相关联。在市场的引导下，农民种植的作物由过去维持生存的粮食作物向经济价值较高的作物转变，生产方式也由传统人力耕种向机械耕种转变。可见，以农业产业化为主的发展模式是实现社会发展的模式基础。

在"三变"改革政策的推动下，ZP 县一部分农户带头将土地流转资金作为股金投入合作社，年底获得分红，从而带动了更多农民加入合作经营的队伍。ZP 县以合作社为依托的"三变"改革，加速了生产要素的流动，依托市场在更广泛的领域建立生产单位，进行资源整合和利用，有效促进了农业现代化进程。

在新型经济主体发展方面，ZP 县自精准扶贫以来实施了一系列优化产业结构的政策措施，在开展职业技能教育、引进劳动密集型企业、发展旅游经济等方面取得显著成效。在整个 ZP 县社会中进行着自上而下与自下而上相结合的发展行动。农民在政府的引导下抱着尝试的心理参与土地流转，从土地中转移出来的农民进入卫星工厂当工人或者以农业产业工人的身份继续从事农业生产。

2. 由传统农民向现代农民和产业工人的身份转变

订单农业的引进帮助 ZP 县农民增收，改变了他们的农业种植和管理模式，培养了农民的契约精神，促使他们实现从传统农民向现代农民的转变。传统农民的种植行为更多是遵循传统习惯，主要为获得粮食及生活所需的货币，而现代农民的种植目的，除了获得生产和生活所需的物资之外，更多的是通过理性计算，加大投资获得更多收入。可以说订单农业的引进提高了农民的发展能力，增强了农民的发展信心。个别农民开始通过买地、租地、贷款的形式扩大种植规模，引进农业机械，提高种植效率，雇工经营农业，以获得更多的收入。除了搞好种植业之外，农民们还尝试多种经营，实现收入途径的多元化，农业生产从满足自我生存需要向获得更高收入的投资经营转换，完成了从传统农民向现代农民的身份转变。

农民由于生产资料的分散性、生产方式与既得利益的独立性，从而具有散漫、安于现状的特征，除了从事农业生产的农民这一身份外，无其他职业身份，家庭经济收入在单一收入来源中仅能维持生计。精准扶贫以来，政府通过招商引资，吸引大量劳动密集型企业在ZP县投资建厂，各类合作社相继成立，为农民提供了大量就业平台。同时，政府通过政策引导，使一部分农民通过职业技能培训，获得了产业工人和"半工半农"的职业身份。

引进的现代企业在行为方式上为农民建立学习、监督、约束的机制，在行为素养上为其培养专业、责任、尊严等品行。这种现代企业制度和精神渐次融入产业工人的工作生活中，使农民在转变职业身份的同时改变其思想观念和生活方式。因此，ZP县农民职业身份的改变不仅仅体现在其所从事的工作类型上，更体现在其思想转变上。

3. 由索取型基层单位向项目代理单位的组织转型

ZP县在开展精准扶贫工作之前，以村委会为主的基层组织的主要工作是向村民传达国家政策及完成上级政府下达的收税任务，同时基层组织需要上级财政的拨款来保证其正常运转，与中国大多数村委会的职能无任何差别，是典型的索取型基层单位。并且在历史发展过程中，ZP县少数农村基层组织因不作为、贪污腐败等问题在农村产生消极影响，一定程度上弱化了基层政权的作用发挥以及村民参与政治生活的积极性和主动性。

2014年以来，"访惠聚"驻村工作队以外部植入的方式直接介入，有效化解了 ZP 县农村内部的"治理性危机"，提升了基层治理能力和管理水平，对基层组织的工作能力提出了更高的要求。村委会不仅要完成上级安排的常规性工作，也要通过项目代理角色积极争取并落实各项政策项目，协调好农民与企业的关系，确保土地流转等工作顺利开展，还要组织农民对其开展国家通用语言和职业技能培训，提高农民的劳动素质。新时期的基层社会组织不仅有效行使了基层政权，还有效调剂了农民与市场经济的关系，推动传统农业的市场化发展。

在自治区"访惠聚"工作队的带领下，村委会工作人员的办事能力、工作成效、待人接物态度有了重大改观，也得到了村民的赞许与认可。村民开始放下心理负担与村委会建立联系，积极参加村委会的集体事务，配合村委会完成各项指标任务。精准扶贫工作在 ZP 县的顺利开展离不开村委会等基层党组织的各项职能的有效行使和村民的积极配合，村两委通过推动新型

经济组织、合作社等组织力量在农村的发展，使其接受国家政策指导，成为市场机制的新载体。可以说，精准扶贫工作在 ZP 县的顺利完成，标志着基层行政组织功能的转变，即基层组织由索取型基层单位向项目代理单位的转变。

4. 由政府主导型向需求导向型的服务转变

精准扶贫前由于农民缺乏对公共服务需求的有效表达机制，加之基层政府与职能部门没能深入基层掌握农民对农村公共服务需求的实际状况，政府财政资金在农村公共服务方面分配比例较低，故而常出现因缺乏政策和资金支持而无法开展农村公共服务工作或公共服务供给和需求脱节的现象。随着农村税费改革的推行，国家将大量农村税费用于发展农村公共服务，如农村免费合作医疗、免费义务教育等民生工程，精准扶贫国家战略在原有基础上加大了农村的公共服务力度，使 ZP 县的公共服务水平又有了大幅提升。ZP 县根据很多农户因缺乏就业技能而致贫的现状，在基础教育的基础上开展了针对特殊就业人群的职业教育和针对全民的

国家通用语言教育。为解决群众"看病难、看病贵"的现实，在合作医疗基础上实施了针对不同群体的惠民医疗政策。ZP县的社会公共服务实现了由政府主导型向人民需求主导型的转变，这种转变是在政府、社会、农民的协同下实现的。即将各种资源有效整合，使农民通过合理渠道表达意愿，并有效满足其需求，使农村公共服务在政府行动与农民的需求表达中实现双向互动。

在人居环境的改善方面，也是以农户的需求为导向，从各村实际情况出发，通过"项目整合"的方式开展人居环境整治行动。富民安居工程保障了农村居民的住房安全；庭院整治工程在美化村民人居环境的同时增加了农民的增收渠道；道路硬化工程打通了ZP县的最后一公里，建立了农村与外界的联系通道；饮水安全工程保障了农民的饮水安全，提高了农民的身体素质；易地搬迁工程整合了农村的公共资源，提高了公共服务效率；"三新"工程改变了村民的生活方式，养成睡觉上床、吃饭用桌的健康生活习惯；乡村大舞台、文化活动室和健身广场丰富了村民的精神文化生活。这些项目工程不仅符合农民对人居环境的改造需求，同时也让政府在开展新农村建设中获得了农民的支持，农民积极参与人居环境改善，使精准扶贫以来ZP县农村的基础设施建设达到事半功倍的效果。

5. 由建构型互嵌向生成型互嵌的结构转变

ZP县和南疆其他绿洲一样，维吾尔族是主体民族，但相比于南疆其他县市，汉族人口的比例较高，各民族的分布呈大杂居小聚居的特点，但基于文化差异、语言障碍等原因，汉族与少数民族的交往不密切。精准扶贫期间，ZP县通过发展新型经济主体、转移农业剩余劳动力就业、派驻"访惠聚"驻村工作队、加强农村基础设施建设、发展基础教育与全民教育等方式，从政治、经济、文化、民族关系四个维度初步消除了民族间政治—经济—文化的隔离，形成了建构型互嵌社会结构。同时ZP县在发展中找到了适合自身发展的稳健型生计方式，也将国家对农民的扶持政策转化为自主发展的内生动力，各民族内部尤其是各民族之间形成了新的族际—人际互动，ZP县社会结构逐渐向生成型互嵌发展。

经济上，以卫星工厂、合作社为代表的新型经济组织，其在联通政策、农户与市场的基础上，成为各民族社员共同经济利益的纽带，促进了不同民族、不同地域之间的互惠与合作。各类产业合作项目的运营加深了社员之间的联结与认同。卫星工厂为各民族农户提供了就业岗位，使农户在亲缘、地缘关系基础上增加了业缘关系，为不同民族间的交往、交流、交融提供了平台。运营于多民族社会单元的合作社强化了民族间经济合作，是促进ZP县发展和民族团结工作的重要载体和平台。

政治上，国家在参与乡村社会治理与建设中变为一种具体存在。"访惠聚"工作队加入基层治理，其代表国家形象在整村改造的动员、拆房和建房过程中，采用走访贫困户、追踪、因人制宜的工作方式实现了机关干部、村干部与普通民众间的互动。对于ZP县的村民来说，国家已经成为他们生活中不可分割的存在。同时国家与ZP县农民在纵向维度的相互嵌入使得当地的国民意识与国家认同愈加明晰和坚固。

文化上，ZP县借助精准扶贫项目资金修建文化广场，组织各类文化活动，设立村级文化室，定期组织宣讲，通过宣传脱贫攻坚典型故事和先进人物以转变农民思想观念。这些村级公共设施、文化活动和宣传故事创造了各民族交往交流交融的契机，增强了各族群众间的社会关系网络联结，促进了各民族对彼此文化的了解与欣赏。相互之间在接触互动中增进了解、互生好感，建立起新的社会网络，在不断的互惠往来中交融共生。

6. 超越乡土社会的文化转型

精准扶贫前，ZP县农民受传统农业生计方式的影响，大部分农民还固守小农经济思想，加上偏远农村受交通条件的限制，与外界互动少，农民处于满足现状、不求发展的状态之中。精准扶贫通过直接下沉的方式将政策、精英人才、教育、资金和技术等输送至ZP县农村，使南疆社会从生产力到生产关系发生了剧烈的变化，这种变化的最终承受者是人，只有当地的人积极接受和适应这种变化，ZP 县社会的面貌才能从根本上得到改变。

ZP 县在国家精准扶贫政策与现代市场经济的推动下，逐渐打破了封闭状态，受到思想冲击的人开始在职业选择、婚姻选择、政治态度等方面做出改变，人们开始思考自身与他人的差距，开始承认并顺应变化，不再幻想通过宗教来保全自身。他们开始对所处环境进行反思，同时也对所在村域的发展议题有了自己的想法，并开始积极参与乡村公共事务，这种改变尤其体现在当地的青壮年劳动力中。

当地农民的上述改变在一定程度上由教育、学习、技能培训等决定。教育充实个人基础的知识与技能，为心灵和人格带来健康的因素，为人的发展提供不竭的动力，ZP 县开展的基础教育与全民教育正在逐渐唤醒农民的自觉性和发展意识。在教育中他们具备了转移就业后的职业技能，自愿地参与到自己生活空间的创建中。在此过程中，他们不仅是以经济和生活的改善为唯一的发展目标，更是开始形成他们新的生活价值和生活理想。

从深入描绘发展的状态，到细致考察国家政策的变化在每个人身上的具体作用，是人类学研究的一贯思路。从古至今，国家力量在 ZP 县的发展中发挥着重要作用，尤其是随着精准扶贫国家战略的推动，ZP 县社会发生了由"生存型"的绿洲社会向"获利型"的市场社会、由"内向型"向"外向型"社会的转变，具体表现为基层个体全面参与到国家市场的循环体系之中。农民个体的人均收入不仅能满足生存所需，还能有剩余用于自我发展；农村的生计方式由以农耕为主转向多元化；社会组织由过去弱职能的村委会向以村委会为核心，以卫星工厂、合作社等为辅的多种社会组织并存的新型组织结构转变；村委会职能发生重大转变，成为具身的国家。人们的思想观念由过去的封闭、保守、散漫转变为合作、竞争、积极上进，可以说 ZP 县社会在现代化发展中主体结构已经形成。

ZP 县正是在这一过程中走出了低报酬、停滞的小规模农业经济的泥潭，实现了传统经济向现代经济的发展。这一转型不同于东部地区以工业下乡为主的"苏南模式""温州模式",也不同于西南地区以旅游经济为主的"平安模式",它代表的是一种绿洲经济发展模式,是国家主导下的、于生态平衡和社会发展基础上形成的一种可持续发展模式。

"ZP 经验"的成功首先体现在对社会发展能动因素的有效调动上。ZP 县绿洲社会生态的脆弱性和各绿洲单元的封闭性是其发展的制约因素,但 ZP 县社会在其生态多样性的基础上形成了生计、文化、社会空间的多样性,这是 ZP 县实现发展的能动因素。因此如何最大限度地调动 ZP 县社会发展转型的能动因素、优化资源配置方式、在更大的空间范围内实现资源优化配置,成为 ZP 县发展的关键所在。ZP 县借助精准扶贫等国家政策力量,坚持计划与市场结合的指导原则,通过基础产业转型,发展新型经济主体,提高基层组织治理能力,完善基础设施,发展公共服务和文化事业,推动互嵌式社会结构和社会关系网络建立,在逐步发展中打破过去独立封闭且自成体系的绿洲文化,逐步形成符合自身特点的发展模式。

"ZP 经验"的成功还体现在它开创了一种"离土不离乡"的非农化方式,开辟了一条超越乡土社会的新途径。乡土社会的生活是富于地方性的,地方性是指他们活动范围有地域上的限制,在区域间接触少,生活隔离,各自保持着孤立的社会圈子(费孝通,2011:9)。乡土社会由于地方性的限制,体现出生于斯、老于斯、死于斯的常态生活。假如在一个村子里的人都是这样的话,在人和人的关系上也就形成了一种特色:每个孩子都是在人家眼中看着长大的,在孩子眼里周围的人也是从小就看惯的。这是一个"熟悉"的社会,没有陌生人的社会,而如今的 ZP 县农村已不纯粹是一个"乡土社会"了。从土地中走出来的农业劳动力走进现代化工厂,当起了一线工人。经营家庭旅馆的村民与上海、乌鲁木齐、喀什的旅行社建立长期或短期的生意关系,并通过互联网、手机等向国内外的游客招揽生意。经营网点的村民,通过直播带货,将 ZP 县的农副产品推销到全国各地,内地的企业老板、技术人员、个体经营户长期居住在 ZP 县农村，ZP 县农民的生活已经很难说是局限于地方性的生活，ZP 县农村社会也很难说完全是一个没有陌生人的社会了。

（三）国家的力量：对社会转型理论的思考

在民族学人类学的研究中，有学者认为区域社会发展缓慢是由所在地的社会结构与整个社会发展无法匹配整合而致。Geertz 在研究爪哇农业时认为：爪哇社会结构与外来资本主义社会结构的脱离使其固守在有限耕地上从事农业生产，人口的增长最终带来爪哇社会农业的内卷化（Geertz，1998：8）。怀特在研究意大利城市贫民窟时认为：贫民窟特殊的人口构成和社会关系使其在整体社会结构中自成一体，被排斥在街角社会（〔美〕威廉·富特·怀特，1994：7~469）。而 Scott 在研究东南亚农村时则提出：农民社会的文化与结构使农民趋向于追求安全第一的生存经济，并且当社会变革冲击到农村社会结构时，农民会以反抗的形式对抗变革（Scott，1977：1-246；Scott，1999：1-464）。在中国，乡村的社会结构是其致贫的主要因素，尤其是我国偏远的少数民族地区。郭佩霞在研究"少数民族贫困"时提出：中国少数民族地区属于典型的礼俗社会，社会劳动分工简单，社会关系基于感情和社会行为而以习俗和传统为基础，社会制度由文化信仰演化等，这些特征成为制约其融入整体经济社会发展中的因素（郭佩霞，2008/3）。乡村社会结构，如内部的权力结构、制度规定等，也是制约贫困群体脱贫的因素（邢成举，2017：267~272）。

"社会转型"是社会转型理论的核心概念。尽管关于"社会转型"的定义历来是见仁见智、众说纷纭，但人们大多同意其最宽泛的含义乃指社会从传统型向现代型转变。"社会转型"强调的是社会结构的转型。社会转型理论之所以用"传统型社会"和"现代型社会"的术语区别"传统社会"和"现代社会"，如同郑杭生所认为的是为了避免重蹈现代化理论将传统与现代对立起来的覆辙。他认为传统和现代这两者除了有相互矛盾、相互对立的一面，事实上还有相互依存、相互吸收的一面（郑杭生，2007/11）。

就中国社会来说，尽管传统因素还这样那样地起着主导作用，但是现代因素也已显现在社会生活的各个方面，早就不是那种典型的传统社会了，而且分别看来，纯粹传统的东西也很难找到，总是多多少少、程度不同地带有一些现代的特点，可以说是你中有我、我中有你。传统因素不仅可以转化为现代因素，而且如果方针和做法正确，还可以成为促进现代化的深层因素。即使将来现代因素实际上起主导作用了，传统因素也仍然会以不同的方式在社会生活的各个方面存在，成为现代生活中一个不可缺少

的部分，那时，也不可能是纯粹的现代社会（郑杭生，1994/2）。

总之，"ZP 经验"是一个全面、深刻且非常复杂的发展过程，不仅是中国乡村社会转型实践的缩影，也是了解绿洲文化的窗口，对南疆绿洲的发展具有一定的参考价值。ZP 县在国家力量和市场经济的综合作用下，过去传统的社会关系网络和乡村秩序以及个人的发展逻辑被重整，随之被纳入国家和市场的整体发展秩序之中；这是国家力量在 ZP 县的体现，也是中国式现代化在南疆绿洲的缩影。

参考文献

〔英〕安东尼·吉登斯.1998.社会的构成〔M〕.李康，等，译.北京：生活·读书·新知三联书店.

〔英〕奥雷尔·斯坦因.2020.从克什米尔到喀什噶尔〔M〕.方晶，译.桂林：广西师范大学出版社.

〔英〕A.R.拉德克利夫-布朗.2007.原始社会的结构与功能〔M〕.丁国勇，译.北京：九州出版社.

〔德〕齐美尔.2002.社会学：关于社会

化形式的研究〔M〕.林荣远，译.北京：华夏出版社.

〔美〕威廉·富特·怀特.1994.街角社会：一个意大利人贫民区的社会结构〔M〕.黄育馥，译.北京：商务印书馆.

陈光金.2008.结构、制度、行动的三维整合与当前中国社会和谐问题刍议〔J〕.江苏社会科学（3）.

陈广庭撰.2016.绿洲〔M〕.广州：世界

图书出版公司.

陈华主编.1988.和田绿洲研究［M］.乌鲁木齐：新疆人民出版社.

戴宁宁.2015.民族交往心理及其影响因素：对南疆维汉民族交往的民族学考察［M］.北京：社会科学文献出版社.

——.2019.构建民族互嵌型社会结构的民族心理基础及实践路径［J］.北方民族大学学报（哲学社会科学版）（2）.

董博文.2016.中国社会转型中民族关系的调控与变迁研究——以新疆为例［D］.博士学位论文.中共中央党校.

费孝通.1989.中华民族的多元一体格局［J］.北京大学学报（哲学社会科学版）（4）.

——.2011,乡土中国　生育制度　乡土重建［M］.北京：商务印书馆.

冯雪红.2013.嫁给谁：新疆阿村维吾尔族妇女婚姻民族志［M］.北京：社会科学文献出版社.

高华君.1987.我国绿洲的分布和类型［J］.干旱区地理（4）.

高亚滨.2017.绿洲社会的知识话语变迁与"现代化"［J］.学术月刊（2）.

郭佩霞.2008.民族地区反贫困目标瞄准机制的建构——基于凉山彝区的分析［J］.农村经济（3）.

国家统计局农村社会经济调查司编.2020.中国县域统计年鉴·2019（乡镇卷）［M］.北京：中国统计出版社.

韩德麟.1995.关于绿洲若干问题的认识［J］.干旱区资源与环境（3）.

郝时远.2013.关于全面正确贯彻落实党的民族政策的若干思考［J］.民族研究（1）.

郝亚明.2015.民族互嵌式社会结构：现实背景、理论内涵及实践路径分析［J］.西南民族大学学报（人文社会科学版）（3）.

——.2019.民族互嵌与民族交往交流交融的内在逻辑［J］.中南民族大学学报（人文社会科学版）（3）.

贺雪峰.2020.乡村治理的社会基础［M］.北京：生活书店出版有限公司.

黄应贵.2002.空间、力与社会［J］.广西民族学院学报（哲学社会科学版）（2）.

黄宗智.2003.中国革命中的农村阶级斗争——从土改到文革时期的表达性现实与客观性现实［J］.中国乡村研究（2）.

李洁.2010.新疆南疆地区汉族移民及民族关系研究：以阿克苏地区拜城县农村汉族移民及民族关系为例［M］.北京：民族出版社.

李晓霞.2011.新疆民族混合家庭研究［M］.北京：社会科学文献出版社.

——.2015.新疆南部乡村汉人［M］.北京：社会科学文献出版社.

刘长明、周轩编著.2006.林则徐在新疆［M］.乌鲁木齐：新疆大学出版社.

刘成.2015.民族互嵌理论新思考［J］.广西民族研究（6）.

刘林.2018.新疆连片特困地区少数民族贫困农户自我发展能力提升研究［M］.北京：经济科学出版社.

刘林、李光洁.2016.基础设施可获得性与特殊类型贫困地区居民的多维贫困——以新疆三地州为例［J］.贵州财经大学学报（5）.

刘诗谣、刘小珉、张迪.2021.流动与互嵌：铸牢中华民族共同体意识的结构维度——基于贡山独龙族怒族自治县的田野考察 [J]. 中南民族大学学报（人文社会科学版）（8）.

刘秀娟. 1995. 绿洲的形成机制和分类体系 [J]. 新疆环境保护（1）.

刘艳. 2020. 新疆南疆四地州区域性贫困的整体治理研究 [J]. 新疆大学学报（哲学·人文社会科学版）（6）.

马戎编著. 2005. 民族社会学导论 [M]. 北京：北京大学出版社.

马彦琳. 2000. 干旱区绿洲可持续农业与农村经济发展机制与模式研究——以新疆吐鲁番地区为例 [J]. 地理科学（6）.

——. 2003. 绿洲可持续农业与农村经济发展研究 [M]. 北京：海洋出版社.

钱云、金海龙等编著. 2010. 丝绸之路绿洲研究 [M]. 乌鲁木齐：新疆人民出版社.

钱云、刘秀娟. 1996. 新疆绿洲的形成、演变和发展 [J]. 新疆社会经济（1）.

王利中. 2014. 20 世纪 50 年代以来新疆工业变迁研究 [M]. 北京：当代中国出版社.

王永兴. 1998. 吐鲁番绿洲可持续发展研究 [M]. 乌鲁木齐：新疆人民出版社.

汪久文. 1995. 论绿洲、绿洲化过程与绿洲建设 [J]. 干旱区资源与环境（3）.

伍光和、张英. 2000. 中国绿洲地域系统研究 [J]. 干旱区资源与环境（3）.

邢成举. 2017. 精英俘获：扶贫资源分配的乡村叙事 [M]. 北京：社会科学文献出版社.

徐莉. 2021. 绿洲城市代谢特征及其驱动因素研究——以新疆典型绿洲城市为例 [D]. 博士学位论文. 新疆大学.

徐黎丽、杨亚雄. 2017. 维吾尔族跨国布料生意困境研究——以新疆阿图什市 DXLK 村跨国商人为例 [J]. 广西民族研究（3）.

严庆. 2015. "互嵌"的机理与路径 [J]. 民族论坛（11）.

张安福. 2013. 汉唐屯垦与吐鲁番绿洲社会变迁研究 [M]. 北京：中国农业出版社.

张春霞. 2015. 南疆绿洲文化转型研究：以马克思主义文化观为视域 [M]. 北京：人民日报出版社.

张军. 2017. 民族互嵌式社会结构的意义、特征及生成路径研究 [J]. 烟台大学学报（哲学社会科学版）（6）.

张军民主编. 2011. 新疆绿洲生态经济发展战略 [M]. 乌鲁木齐：新疆人民出版社.

张彦虎、夏文斌. 2021. 新时代党的治疆方略视角下的新疆精准扶贫与民族团结研究 [J]. 新疆大学学报（哲学·人文社会科学版）（4）.

张之红. 2019. 乡村振兴视角下推普脱贫的可行性和必要性研究——基于 K 村的调查 [J]. 黑河学刊（5）.

郑杭生. 1994. 当前中国比较文明研究的任务 [J]. 社会科学辑刊（2）.

——. 2007. 现代性过程中的传统和现代 [J]. 学术研究（11）.

周飞舟. 2006. 从汲取型政权到"悬浮型"政权——税费改革对国家与农民关系之影响 [J]. 社会学研究（3）.

中国科学院新疆综合考察队编. 1959. 一九五八年新疆综合考察报告汇编（农牧业生产部分）[M]. 北京：科学出版社.

ZP 县志编纂委员会编 . 1992. ZP 县志 [M]. 乌鲁木齐：新疆大学出版社.

Geertz, Clifford. 1998. *Agricultural Involution：The Processes of Eological*. University of California Press.

Hsiao, Kung Chuan. 2014. *Rural China：Imperial Control in the Nineteenth Century*. Chinese University Press.

Scott, James C. 1977. *Moral Economy of the Peasant：Rebellion and Subsistence in South East Asia*. New Haven：Yale University Press.

——. 1999. *Seeing Like a State：How Certain Schemes to Improve the Human Condition Have Failed*. New Haven：Yale University Press.

多元一体民族格局中的国家教育体制

——以彝族"俐侎人"学校教育为例

陈　栋[*]

摘　要： 彝族"俐侎人"世居于云南茶马市西北部的大山深处。在过去封闭的社会生活中，形成了族群独特而又相对独立的社会结构、生活方式和文化系统。改革开放后，俐侎社会开始转型，俐侎地区学校教育也因之得以大力推进与整体变革，具有重要的地方性意义。少数俐侎学生通过身份、行为和观念三个维度上的运作，取得了较好的教育成就，并与其他学生一起推动了区域社会变迁。在民族、边疆、农村三重区域社会中，从空间、时间意义上深入理解俐侎族群生活场域的国家教育体制，如何成功制造和传播多元一体民族格局，具有促进社会稳定和社会进步的价值和意义。

关键词： 民族教育　边疆教育　农村教育　国家教育体制　多元一体民族格局

---

* 陈栋（1988.4—），男，河南正阳人，教育学博士，2017年毕业于南京师范大学教育学原理专业，江南大学政策研究室副研究员。

一、俚㑊人国家教育的区域化与课程的地方化

（一）初识彝族支系俚㑊人

1. 游走于俚㑊山乡

俚㑊人世代聚居于云南省茶马市①SD 县、PM、云州 3 县交界处的高山密林之中，在地理空间位置上处于我国西南边陲横断山系纵谷区南部，区内山河相间、岭多坝少。初入 SD 县时，笔者曾因景生情写下"十万大山缠玉带，三千青瓦蔽莽苍"的诗句，既是感触又是实情。由于超过 3/5 的俚㑊人居住于 SD 县境内，其中又有约 2/3 居住于黑树彝族乡境内，而且散居在 PM、云州的俚㑊人聚居地与此又十分接近，地理环境也极其相似，因此通过概述 SD 县的人文地理环境，基本可以透视俚㑊人聚居地的生活环境样态。

云南省茶马市 SD 县，是云南省西南部靠近中缅边界、以农林副业生产为主的一个普通山区县，历来是滇缅往来的重要通道，全县辖 3 镇 7 乡和国营白塔农场管理委员会，118 个村（社区）、1634 个村民小组，总人口 33.34 万，世居汉、彝、佤、布朗、傣、傈僳、拉祜等 22 个民族，少数民族占总人口的 20.97%。其中国内独有的彝族支系俚㑊人中的 61.5% 更是世居于此，属于彝族主要聚居区之外的支系小聚居区。在民族、边疆、农村等背景因素的综合影响下，SD 县的教育情况呈现多姿多彩又千差万别的样态，可以说普遍意义上的中国教育问题在此处都有显现（如教育公平问题、课程改革问题、教育质量问题、辍学问题等）。

因 2015 年 10 月与本科舍友（也是本研究的调研关键人之一）的一次电话通话，我再次认识到世居于云南省茶马市 SD 县攀花乡（本科舍友的老家）的一个鲜为人知的少数民族族群——彝族支系俚㑊人，对他们的教育状况及生存状况产生了浓厚的兴趣。经过 4 个多月的前期准备，我于 2016 年 3 月

---

① 按照民族志研究的惯例与学术伦理要求，文中的关键地名、人名，在不影响研究论证的前提下，均作了转换处理。

21 日正式进入云南省，在春城市与春城市人民检察院、云南师范大学和云南民族大学的数位老师、朋友进行了数轮的商谈求教，以拓展研究人脉、聚焦研究问题；并于 3 月 25 日正式进入茶马市 SD 县，开始了为期 3 个多月的田野调查。在茶马市 SD 县进行田野调查期间，笔者共走访了黑树彝族乡的黑树村、鲜花村、蕨坝村 3 个行政村的 10 余个自然村或村民组，以及坐落于这 3 个行政村之内的黑树乡中心完小、黑树中学、鲜花完小、土坝小学、橘树完小等学校；走访了攀花乡的攀花村、茶树村、老虎寨村、白沙村、半山村、明坝村 6 个行政村的 10 余个自然村，以及坐落于这 6 个行政村之内的攀花乡中心完小、攀花中学、茶树完小、老虎寨完小、半山大沟边完小、明坝完小等学校；另走访了数瑟县的平掌寨乡、临缅镇、堆沙乡和 PM 县的 YL 乡等地。在各村寨和山村小学中实际有效调查时间①超过

65 天。

具体来说，我在攀花乡攀花村参加了一次半俐侎人家庭（主干家庭，父亲一方为俐侎人）的婚礼，通过参与式观察体验到当下当地的俐侎人和汉人在婚姻习俗和仪式上相互融合现象，且现代生活元素痕迹明显；在黑树彝族乡政府驻地与政府工作人员同吃同住 9 天，通过参与式观察和非参与式观察了解作为俐侎人分布最为集中的民族乡②，深入了解了当地唯一的官方民俗传承机构——俐侎文化传习所及其民俗传承活动；反复进入黑树中学进行课堂观察、参与教学和生活体验；在鲜花村（含鲜花小学、土坝小学）与俐侎人共同生活超过 10 天，参加了俐侎人最隆重的传统节日"桑沼哩节"和多场民俗活动，了解到俐侎人传统与现代的生产生活方式、当下生存与文化境况等，对俐侎人及与俐侎人长期打交道的其他族

---

① 即将上午、下午、晚上三个时段中实际开展田野调查的时间相累加，进而得到的正式"工作时间"。
② 黑树彝族乡的"彝族"主要指俐侎人，人口约 1 万人，约占全乡人口的 1/3，约占俐侎人总人口的 1/2。

人对待俐侏教育状况的态度与做法有了了解；在攀花中学与师生共同生活了15天，参与课堂教学2次，进行课堂观察7节，进行食堂和运动场观察15次，在门卫室参与执勤5天，了解到俐侏人与汉族杂居最广泛的攀花乡（约有一半村寨为纯俐侏人村寨或杂居村寨）的俐侏教育基础比较薄弱。其他诸如在鲜花村土坝小学、半山村大沟边完小、茶树村、下路镇等地进行的田野调查形式多样、结论各异。

2. 参与式观察和体验式理解

从2016年3月21日进入云南省春城市开始，我的田野研究就以非正式访谈开场。其间主要接触和访谈了包括SD县县政府部门四大班子、民族宗教事务局、文体广电旅游局、人力资源和社会保障局、黑树彝族乡政府等在内的多个政府部门的20余位工作人员，包括SD县一中、攀花中学、黑树中学、鲜花完小等在内的十余所学校的上百位师生，包括鲜花村大寨组、茶树村旧寨组、黑树村岩子脚组等在内的20余个村寨的20余位村干部和村民。其后共整理76位主要访谈对象的访

谈录音22份计41.6万字，另有访谈笔记一本近4.5万字。

具体而言，笔者在对SD县一中的5位俐侏阿朵和YQX老师进行访谈时，采取的是开放式访谈法，主要收集一些基本的俐侏学生学习和升学情况等；在对SD县一中LTP老师（俐侏人）、黑树中学LXZ老师（俐侏人）、攀花中学LLY老师（俐侏人）、鲜花完小YCY校长（俐侏人）、土坝小学LWX老师（俐侏人）进行访谈时，采用的是结构性访谈法，主要收集他们的学习和成长经历，所教学生的教育成就及俐侏学生在其中的处境，以及对俐侏人生存和教育现状的看法等；在对黑树彝族乡退休干部ZSZ（俐侏人）、ZLZ（俐侏人）进行访谈时，采取的是半结构性访谈法，主要收集他们对俐侏民风民俗、人口分布的研究资料和研究成果，同时了解作为俐侏人中"高级知识分子"、高社会地位的他们对当前俐侏社会现状和政府行为的认识与看法；在对黑树彝族乡乡长CZZ、人大主任ZJW（俐侏人）、副乡长ZYL和政府工

作人员 LJK（俐侎人）、CH、ZCY（俐侎人）、ZL、ZXS、LXH 等进行访谈时，采取的是开放式访谈法，主要通过办公室谈话、饭桌晤谈、篮球场交流等途径，了解和记录他们对三本乡俐侎人风俗习惯、社会生活和教育现状的看法和意见；在对 SD 县县文联副主席 LYW、茶马市文联作家 HN、茶马日报社记者 ZWF 等对俐侎文化较有研究的各界人士进行访谈时，采用的是电话访谈法（夹杂一些短信、微信交流），主要是了解他们对于俐侎民俗文化和社会发展的看法；在对攀花中学校长 ZZQ、黑树中学校长 LZW、黑树中学副校长 PHZ、茶树完小校长 YJZ、六沟边完小校长 ZQX（俐侎人）进行访谈时，采取的是半结构性访谈，主要了解他们对于俐侎学生学习、俐侎家长的教育意识和学校管理等方面的看法和想法，并与他们交换了对于提高俐侎学生教育水平和降低俐侎学生辍学率的想法；在对黑树村主任 ZCL（俐侎人）、岩子脚组村民 LZL（俐侎人）、鲜花村支书 ZSL（俐侎人）、鲜花村卫生院医生 LST（俐侎人）、鲜花大寨组村民 LFC（俐侎人）和 LLL（俐侎人）、土坝组村民 LGW（俐侎人）等进行访谈时，采取的是非正式访谈法，主要是在有引导性的闲谈中了解和收集关于俐侎民众社会生活、教育意识、风土人情等方面的资料。其他诸如对黑树中学学生 LCH、黑树中学教师 HJC 和 LH、鲜花完小教师 ZSG 和 XYB 等的访谈也分别运用了上述访谈研究方法中的一种。

通过田野调查进行参与式观察和体验式理解，我首先对俐侎人民间节日"桑沼哩节"、鲜花完小的日常生活和攀花中学九年级某班的课堂观察等关键事件进行"斯特劳斯式"的书写（〔法〕克洛德·列维-斯特劳斯，2009：65~73）；其次对现行教育体制下俐侎人中教育成就较高的 LTP、LXZ、LLY、YCY、LWX 等人的生活故事和成长经历进行了记录、描述与诠释，以全面和真实地探究现代社会背景下教育在俐侎人生活、成长中所体现的重要意义。

（二）国家教育的区域化写照

1. 日常边民教育与教学改革

俚侏小学[①]中有代表性的学校鲜花完全小学（简称鲜花完小），是SD县黑树彝族乡鲜花村的中心学校，坐落于鲜花村大寨自然村，紧邻鲜花村委会和村卫生院，地处黑树彝族乡政府西北方向，距乡镇中心13公里，平均海拔2080米，属民族高寒特困山区。学校创建于1952年，服务于鲜花村的10个自然村19个村民小组，服务面积2.54平方千米，服务人口681户2802人，其中彝族俚侏人占85%以上，服务区内只有班洼自然村有汉人居住，其余均为纯俚侏人村落。村名"鲜花"为傣语音译得名，地名含义为鲜花盛开的小块平掌地。[②] 鲜花村共有8个教学班，其中完小有6个教学班（学前班和一年级为一个复式班），共有学生291人，其中约90%是俚侏学生；土坝、田寨两个教学点各有一个复式班，各有学生30人左右。鲜花完小有7位老师，其中3位俚侏老师，校长YCY为俚侏人；土坝和田寨各有1位老师，土坝小学的LWX老师为俚侏人。学校硬件设施方面，完小教学楼为2005年5月竣工的一层砖混结构，空间布局呈C形，分别是6间教室、1间办公室和3间教师宿舍，其中教室平均每间约30平方米；在上级部门和中海集团的关怀下，学生宿舍楼于2012年9月建成投入使用，是当时全校最好的硬件设施；学校食堂为2005年12月由原学生厨房改造而来，是一层砖木结构房间，条件极为简陋，学生无固定就餐场所。[③]

---

① 在官方文件和日常说法中并没有"俚侏小学"或"俚侏学校"的称谓，本研究选取鲜花完小作为代表"俚侏小学"的个案，是因为鲜花村属于传统的俚侏村寨，村里生活的绝大多数都是俚侏人，鲜花完小又是鲜花村的中心学校，而且鲜花完小的学生中绝大多数是俚侏人，因此较有典型性。同类学校还有木厂村的木厂完小、蕨坝村的橘树完小和攀花乡茶树村的茶树完小等。

② 综合参见：鲜花完小：《鲜花完小督导评估汇报材料》（内部资料），2014年11月13日；2016年4月16日对鲜花村党支部书记ZSL的访谈录音整理材料；SD县黑树彝族乡鲜花村民委员会ZSL、HY登记：《第二次全国地名普查21610-群众自治组织-村民委员会登记表》（内部资料），2016年5月20日。

③ 综合参见：鲜花完小：《鲜花完小督导评估汇报材料》（内部资料），2014年11月13日；黑树彝族乡《现有校舍详细信息表》（内部资料），日期不详；2016年4月15日对鲜花完小校长YCY的访谈录音整理材料和笔者当天的田野笔记。

学校地处一座矮小山丘的山顶平地上，没有围墙和大门。

课程教学改革在相当长的一段时期内，一直是我国教育领域的核心话语方式。俚伈地区虽然在空间上距离我国教育行政中心和课程教学改革的典型活跃区较远，在体制化要求和自主化行动方面却与之几近同步，探索着本地化的教改进程。

为了应对"减负提质"的社会吁求，SD县县教育局在2009年尝试进行了一系列的中小学课堂教学改革，播下了许多课程教学现代化的火种。

在领悟国家课程教学改革相关文件精神和借鉴外地先进经验的同时，俚伈地区学校也在摸索着自己的学校教改"特色"。攀花中学就制定了详细的素质教育实施方案和措施，包括抓管理强化素质教育评价工作、抓"特色"项目提高素质教育水平、抓教学质量提高素质教育效果和抓培训强化素质教育师资建设等。

在俚伈地区学校的课程教学改革系列方案中，较多的是对国家教改文件精神、要求的细化与拓展，

在框架和脉络上与国家教改要求、趋势保持了高度一致；同时补充了一些本校经验和做法，使本校在教改实践中摸索出来的优势得到保留。这种"一纲多本"式的课程教学改革方案，将俚伈地区学校与国家教育体制、教育行动牢固地结合在了一起，同时也将教师与学生、学校管理者和普通教师紧密地团结在了一起，大家有了共同的目标和行动准则。

与教改方案相配合的，是各种精细化的评价指标和量表。SD县县教育局教研室给各中学教师配发了《SD县中学教师导学案备课本》和《SD县中小学教师听评课手册》。在这两份常备材料的开篇，分别是《新课程标准和课堂教学改革背景下的备课和上课》《新课程标准和课堂教学改革背景下的"好课"》，要求教师们在备课和听评课的时候，必须领会和学习新课程标准和课堂教学改革的核心思想，并自觉地认同和内化到自己的教育教学行动之中。同时，还有《新课程标准和课堂教学改革背景下的课堂教学效果评价表》和《分步导学评价表》等作为操

作化指针。不仅中学如此，各小学也针对教改要求，相应地开发出了自己的评价量表，用以指导教师实践新课改，形成累积性的观念认同。

SD县县委、县政府于2014年9月28日印发的《SD县中小学教育教学质量奖励评价办法（试行）》中提出，"为全面实施SD县中长期教育改革和发展规划纲要，调动各类学校的工作积极性和创造性，最大限度发挥教师教书育人的主导作用，激发学生学习的主观能动活力，做强做优做大SD县教育，促进全县教育事业又好又快发展，办人民满意的教育"，特设"高中质量奖""初中质量奖""小学质量奖"，分别以当年的高考成绩、九年级学业水平考试成绩、六年级学业水平考试成绩为评奖依据。

2. 方兴未艾的校园文化建设

校园文化建设是实现办学多样化、特色化的途径之一，也是彰显学校办学水平和能力的一个侧面。一般而言，校园文化包含物质文化、精神文化和制度文化等方面。俐侎地区的教育主管部门和各学校，在教育检查监督管理体制的制约和现代办学理念的影响下，也根据自身条件和对校园文化建设的理解，在物质、精神和制度等方面都做出了一些本土化的努力。但这些"本土化"的尝试并不包括将俐侎族群文化融入学校文化之中，而仅仅是就国家教育体制中对校园文化的普遍性强调所做出的表浅化回应。

如黑树彝族乡就强调，要按照"加强领导、全校动员、人人参与、各负其责、综合治理、完善机制、确保长效"的工作原则，加强校园环境综合整治，做到绿化、美化、净化、亮化，使校园形象更美、校园环境更优、校园品位更高。各校要围绕"森林彝乡·绿色校园"建设目标，实现校园春有草、夏有花、秋有果、冬有绿，形成颇具特色的校园绿化品位。要根据时代发展和教育改革的需求，加强学校标识性文化建设，切实把校训、校风、教风等彰显于学校醒目之处，建设具有校园特色的文化阵地和宣传橱窗，教室、办公室、寝室要布置美观，体现育人功能，真正实现"每一面墙壁都说话，每一个角落都育人"。①

（三）学校教育的地方性意义

1. 不让一个孩子掉队

控辍保学实际上是俚㑇地区学校所面临的巨大挑战，而且已经成为俚㑇地区政府、学校、社会的共同责任。

黑树彝族乡着重从六个方面入手加强控辍保学工作：一是以法控辍，综合治理。要明确规定各校教师、学生家长或监护人的控辍保学责任，积极开展以"控辍保学"为宗旨的宣传活动，营造良好氛围。二是以管控辍，措施保学。要成立以乡长任组长，分管教育副乡长为副组长，村"两委"、乡直各有关部门及各校主要负责人为成员的控辍工作领导小组，明确校长是学校控辍责任人，班主任是班级控辍负责人，层层签订控辍责任书，把控辍目标分解量化到每一位任课教师，定期不定期召开会议摸清"动摇生""家困生""学困生"底数，建立规范的转出、转入手续，把控辍保学工作绩效与业务考核、评先评优、定职晋级挂钩，做

到"思想认识到位、组织领导到位、工作力度到位"。三是以质控辍，兴趣导学。要鼓励学生发展特长，以开展丰富多彩的活动课等方式吸引学生兴趣，重视做好对潜能生的辅导，建立新型亲和的师生关系，教师以知识、艺术、真情实感全方位控辍，以此保住学生。四是以德控辍，以情劝学。切实做好厌学生和有辍学苗头学生的思想工作，防止离校造成辍学。各校要求教师与学生结"帮扶"对子，做到传授知识有耐心、生活情感有爱心、控辍保学有恒心，做好"双困生"思想工作，用真心爱护辍学生，关心辍学生，经常家访，及时掌握"双困生"的思想动态，解决"双困生"的各种困难，让他们安心地上学，以真情实感把"双困生"留住。五是以资控辍，帮困助学。各校要加强收费管理，坚决制止乱收费现象，切实减轻学生的经济负担，多渠道筹措资金，经济扶贫控辍，动员社会力量，援助贫困生。六是合力控辍，

---

① 罗炯明：《改革创新　担当尽责，奋力推进全乡教育事业发展实现新跨越——在黑树彝族乡 2014 年教育工作大会上的讲话》，内部材料，2014 年 9 月 12 日。

巩固成果。要建立家长委员会，召开家长座谈会，巩固在校生，稳定动摇生，召回辍学生，让家长认同并共同参与，经常及时地和家长沟通。①

在控辍保学工作一线的学校行动方面，攀花中学在 2015～2016 学年度下学期开学时，对师生按时返校情况做了摸底。在此之前的 2012～2013 学年度，攀花中学制定了详细的《控辍保学工作方案》，提出"把我校辍学率控制在 3% 以下"的目标，具体措施包括坚持依法控辍、继续建立完善有关的规章制度明确控辍保学的责任和奖惩、坚持教改控辍、坚持扶贫控辍和建立控辍保学奖惩制度等五个方面。

PM 县 YL 乡也是彝族俐侎人集中居住的主要区域之一，针对本乡学生的控辍保学情况，YL 中学 WKM 老师撰写了一篇实践性、实用性较强的论文，将农村初中学生辍学原因归纳为社会、家庭、学校三个方面。其中，社会原因包括受打工热潮的冲击，读书不如打工；就业压力大，人才观念陈旧、成才方式单一；社会风气差、导致学生流失；少数民族文化底蕴低，某些民族风俗桎梏学生成长。家庭原因包括农村家长文化水平低，无坚持供孩子读书的意识；单亲家庭中，留守青少年亲情缺失。学校原因包括学校设备设施跟不上，学生学习兴趣不足；学校内部管理制度存在问题造成流失；师资队伍建设跟不上导致学生流失；教育体制不健全，万事以考定终身；学籍管理不规范，学生择校自由行。

与中学的辍学情况相比，小学的控辍保学任务就轻了许多，基本上可以达成控辍保学指标。以鲜花

---

① 其中，2013～2014 学年，黑树彝族乡初中在校学生 883 人，小学在校学生 2520 人，其中俐侎人学生 1052 人，少数民族学生 2022 人。通过努力，黑树辖区内适龄儿童少年就近接受义务教育，小学入学率达 99.5% 以上，初中毛入学率达 99% 以上，小学、初中辍学率分别控制在 1% 和 3% 以下；视力、听力、智力三类残疾儿童少年入学率达 80% 以上；15～24 周岁有学习能力人口非文盲率达 100%。详见罗炯明《改革创新 担当尽责，奋力推进全乡教育事业发展实现新跨越——在黑树彝族乡 2014 年教育工作大会上的讲话》，内部材料，2014 年 9 月 12 日。

完小为例，2011～2015 年的四个学年度内，鲜花完小辖区内（鲜花村）适龄儿童的入学率和巩固率均超过 99%。虽然每年都有适龄儿童未入学以及学年末适龄儿童未在校的情况，但均属个例（见表 1）。

表 1　鲜花完小辖区内适龄儿童入学情况、学生巩固情况统计 *

学年度	适龄儿童数（人）	适龄儿童入学人数（人）	入学率（%）	学年末适龄儿童在校人数（人）	巩固率（%）
2011～2012	304	302	99.34	300	99.34
2012～2013	319	317	99.37	315	99.37
2013～2014	321	320	99.69	319	99.69
2014～2015	317	316	99.68	—	—
2023～2024	195	195	100	204	100

* 鲜花完小：《近三年辖区内适龄儿童入学情况，学生巩固情况统计表》，内部材料，2016。

关于个别学生的辍学和未升学情况，鲜花完小 YCY 校长给出的解释有学生年纪和个头比较大、生理成熟得比较快、早婚、社会不良风气影响、娇惯等原因。

入学率应该是 99% 以上，除了极特殊的。因为，入学的话应该是最近这十年，我们已经没有多大的压力。在十年以前我们入学也是一大难事，真的。这十年来我们一个就是免了学杂费，还免费提供教科书；另外，寄宿生生活补助费倒是以前就有了嘎，但只是一部分，从 2011 年开始有营养改善计划、营养早餐。家里面每天吃一个鸡蛋喝一盒牛奶，他之前应该是一个月都很难达到的。有的一星期喝一盒牛奶，有的吃一个鸡蛋已经不错了，在家里的时候，应该比较拮据。当然，这是原因之一，只能说原因之一嘎，党、国家政策真的是促进了我们俚伈族地方的入学积极性了。①

实际上在俚伈地区学校里，俚伈学生和其他族学生所面临的辍学

---

① YCY 校长访谈记录，地点：鲜花完小，时间：2016 年 4 月 15 日，编号：Ⅰ-A1-a1、a7、a14。

情况类似，共同的原因就在于当地教育氛围和家庭教育观念普遍较差，加上近年来打工潮和外界不良信息的影响，家长不再将家庭的希望寄托在子女的教育上，学生又由于个性的张扬和社会的宽容而选择弃学。而俚㑇学生辍学的独有原因则在于，俚㑇人普遍有害羞心理，不善于和老师沟通学习方面的情况，而且俚㑇人有早婚习俗，从而对辍学与否抱有开放心态。面对学生辍学尤其是初中生辍学情况，俚㑇地区学校与地方政府、村两委等保持联动，共同控辍保学，大部分学生及其家长逐渐认识到并且接受了教育是改变学生命运和家庭经济生活水平的主要途径等观念，这对于改变地方教育风气和文化底蕴有着不可估量的作用，而这种作用也恰恰是教育维稳的核心吁求。

2. 学校教育的社会凝聚功能

虽然俚㑇人在其生活的 SD 县、PM、云州等地，在经济生活水平、社会参与程度和政治影响力等方面总体上处于弱势，而且俚㑇人的社会生活相对较为封闭和保守，但在俚㑇地区学校里（无论是俚㑇学生占主体还是其他民族学生占主体的学校中），几乎没有矛盾现象存在，这对于俚㑇学生融入学校生活和多民族共同生活，不啻为一项利好因素。笔者通过对从 20 世纪 70 年代的大学生到刚刚毕业的大学生、从教师和学生到教育管理者和家长、从俚㑇人到俚㑇地区的其他人等多角度、多侧面进行调查走访，全面透析了这一现象。

ZLZ 是黑树彝族乡黑树村岩子脚组人，是 20 世纪 70 年代推选入学的第一代俚㑇大学生，先后在黑树彝族乡政府工作了 20 余年，目前退休在家研究俚㑇传统文化，是黑树彝族乡文化站下辖的 SD 县俚㑇文化传习所的负责人和俚㑇文化非物质文化遗产传承人。他在俚㑇族群中属于文化和社会地位较高的一类，也是对俚㑇文化研究比较透彻的一位，他的女儿 ZCL 目前是黑树村委会主任和 SD 县俚㑇文化传习所负责人之一。

我这一代从我懂事一点起，在（民族歧视）这方面没有。我这个寨子本身就是一样一半的人，是杂居的。而且是与汉族有亲戚关系嘎，像我寨子一些什么姓王的、姓杜的、姓吴的，都与我家有亲戚关系，所以呢我感觉不存在民族歧视问题。①

LTP 是黑树彝族乡黑树村人，老家在黑树街旁边不远。她的家庭是传统的俚侎家庭，但因为离汉人聚居区较近且在街边，所以从小开始她的生活氛围中就掺杂着许多汉族因素。她的父母都会说汉话，只是爷爷奶奶那一辈不怎么能够和汉族人交流。父亲在街上做一些小生意，母亲在家务农。小时候家庭教育很少，父亲只教过她一些简单的数字和名词，其他方面的管教也很少。她小时候在家就讲俚侎话，到小学一年级的时候基本可以听得懂并且会讲汉话。她上的幼儿园是在黑树街道上的天使之翼幼儿园，小学在黑树中心完小，初中在黑树中学，高中在 SD 县一中，大学在云南师范大学念的思想政治教育专业，2014 年大学毕业，现在是 SD 县一中高中部思想政治课教师。在她的印象里，很少碰到有其他民族嘲笑俚侎人的现象，反而某些时候

会有些自豪。

LXZ 是黑树彝族乡鲜花村大寨组人，老家是典型的纯俚侎人聚居村落。她的家庭也是传统的俚侎家庭，而且她从小生活的环境就是纯俚侎人环境。她的父亲会说汉话，而且对女儿的教育要求比较严格，认为不读书就会落后。父亲做一些茶叶生意，母亲在家务农。小时候父亲在家会教她一些简单的汉语词汇，她到五六年级才开始听得懂且会讲汉话。她四岁开始就被送到学校与姐姐一起念书，中间休学一年，到六岁正式开始在鲜花完小上学，初中在黑树中学（与 LTP 是同班同学），高中在 SD 县一中，大学在红河学院念的思想政治教育专业，2014 年大学毕业，现在是黑树中学（初中）思想政治课教师。在她看来，读初中的时候（2005~2007 年）会有一些同学因为俚侎人落后而嘲笑她们，后来上高中期间就慢慢没有这种情况了。

去到了高中，民族也在增多，

---

① ZLZ 访谈记录，地点：SD 县俚侎文化传习所，时间：2016 年 4 月 11 日，编号：Ⅳ-A2-a4。

比如说我们班会有一些傣族，还会有一些白族，所以说同学之间也就很平等地相处。①

LWX 是黑树彝族乡菖蒲塘村人，老家也是典型的纯俚侎人聚居村落。他的父亲是供销社职工，在 1980 年就带他去了攀花乡读小学一年级，后来因为听不懂也不会说汉话，又回到黑树中心完小，到五年级的时候才可以听得懂且会说汉话。初中在黑树中学，初中毕业后考入茶马师范学校，1993 年中专毕业后分配工作，一直是鲜花村土坝小学唯一的教师，已经在此岗位上坚守了 20 余年。在他看来，在上学期间几乎没有遇到民族矛盾或民族歧视现象。从小学到大学期间，从二三十年前到目前，基本上在俚侎人的学校生活里，不存在俚侎学生受歧视或者俚侎人与其他族学生有民族冲突等现象。

笔者接触到的其他受访对象（包括俚侎人和在俚侎地区生活的其他民族的教育工作者等），也都一致反映说基本没有遇到过民族冲突和民族歧视现象，尤其是在他们初中阶段以后，这可能与当地人民淳朴的性格以及和谐的族群社会关系有关。近年来，在大部分情况下，当地族群之间虽然可能在心理和社会交往活动方面相互保持一定的距离，但因为经济水平大致相当、社会生活方式颇为相似、惯常性地共用地理空间和知识系统等，族群之间并没有产生等级差别和绝对隔离现象。

校园内群体性的冲突基本不存在。可能有些俚侎学生因为语言和交往方便、心理和情感依赖等原因，会习惯和本民族的学生扎堆聚集，但也不至于出现小团伙现象，学生族群亚文化尚未形成。而且有些老师为了平衡同学关系，便于俚侎学生与汉族学生交流且提高汉语水平，会着力地消除这种同族群学生扎堆现象。YWB 是攀花乡老虎寨完小教务主任，老家在攀花乡茶树村下边，他本人虽然是汉族，但已经在老虎寨完小教了八年书，而且定居在这里。他对老虎寨村俚侎和汉族杂居情况以及学校里的俚侎

① LXZ 老师访谈记录，地点：黑树中学，时间：2016 年 4 月 6 日，编号：Ⅳ-A2-a4。

学生情况十分熟悉，并且实际负责着云南省唯一的俚倮双语教学课题。他专门自学通过了国家心理咨询师考试，在家校合作、家校沟通方面有着独特的、系统化的经验，尤其是在与俚倮人（包括家长和学生）沟通方面独有心得。

总体而言，无论是控辍保学工作所带来的直接劝学结果和间接社会教育结果，还是学校自然消弭民族矛盾所营造的近期和谐校园和远期和谐区域社会，都可以看作是通过教育手段达成维持校园、地区和族群关系稳定目的的系列举措。

3. 教育支边守望山乡

俚倮地区学校所具有的国家身份，使它们自觉地肩负着支援边疆地区建设的责任。自 1986 年国家颁布实施了《义务教育法》之后，中国的基础教育发展"实现了一次历史性的飞跃"（柳海民、王澍，2016/4）。同年，国务院印发了《国务院关于促进科技人员合理流动的通知》（国发〔1986〕73号），强调"鼓励和支持科技人员从城市到农村、从大城市到中小城市、从内地到边远地区去工作"，"边远省、自治区可以在国家规定

的政策范围内给予优惠待遇"，对"智力支边"做出了规范。在这种背景下，俚倮地区学校既承接着基础教育飞跃所带来的总体性地方教育进步，又承接着教育支边所带来的连带性地方教育发展。其中，守望在俚倮山村里的教师，作为俚倮地区学校教育的直接承担者和"责任人"，他们的教育实践行动本身既是回馈乡梓又是以智力的方式支援边疆；守望着俚倮人的教育公平，作为俚倮地区学校建设和教育基本建设的推动力量与"促进器"，在物质和规则层面上既保证了俚倮学生的受教育权又切实地推动了边疆地区建设。

SD 县黑树彝族乡和攀花乡，由于地处山区，交通不便，因此尚有很多一师一校的教学点在艰难运转，承担着俚倮人的教育期望和社会的教育责任。攀花乡老虎寨村火烧寨小学就是一个一师一校的教学点，小学唯一的教师 ZZH 的从教故事，代表了这些服务于深山密林之中的俚倮人的乡村教师的普遍情怀。笔者在鲜花村土坝小学做调研时，亲身经历了"车骑人"（即由于下雨泥泞，唯一的交通工具摩托

车只能半推半扛地在山路上行走）的状况，由此深刻体会到山区交通不畅、多雨泥泞给山区教师带来不便。除了 ZZH，笔者所接触到的如 LWX 等老师也都是如此，他们以自己的实际教育教学行动守望在俫僳山村里，维持着俫僳地区学校的正常运转，教导着一代又一代的俫僳人和其他各族人民，潜移默化且经久不息地影响着俫僳山村人的教育、文化和社会观念。

（四）学校课程的本土化努力

1. 各方的本土意识

在俫僳地区学校中，由于角色、身份和地位不同，各方对于本土课程的认识、理解和态度也千差万别。LTP 和 LXZ 本身都是俫僳人，都在黑树彝族乡完成九年制义务教育，之后考入 SD 县县一中进而进入大学，2014 年大学毕业后回到 SD 县教思想政治课。可以说她们的成长经历代表了 90 后及以后俫僳学生的基本教育生涯轨迹，而且她们的学校教育生涯进程基本与国家开展第八次全国课程改革、提倡三级课程管理体制的进程相融合。

在俫僳地区学校中运行着一项旨在为小学低年级教师提供教学辅助用书的云南省教育厅项目"在彝族俫僳人幼儿学前班教育中开发双语听、说对照教学手册的研究"。该项目是以 SD 县教育局为责任单位进行申报的，参与人包括 SD 县教育局和攀花乡教育办公室、黑树彝族乡教育办公室及两乡的部分中小学的相关人员，于 2015 年底结题，成果是开发出一份《彝族俫僳人幼儿汉语启蒙手册》。从这一课题的运作过程和成果来看，这应当是与俫僳族群文化有关的，也是俫僳地区唯一的本土课程建设。

课题是我们学校的俫僳老师还有攀花乡的俫僳老师同时做，他们两家是咋样划分的任务我搞不清楚。应该是算县上的一个项目。上次讲到这个问题，我们就讲，这个早就应该做。为什么早就应该做，因为他们可能是用国际音标标注他们的音，我们再不做一下，现在我都没办法上啊。就像今年，九年级俫僳人相当多，成绩相当好呢，甚至是全校前三，前十应该有三四个俐侎人。①

YJZ 是攀花乡茶树村茶树完小校长，不是本乡人，是汉族。茶树村是攀花乡唯一的纯俐侎人行政村，是个较小的村子，有 4 个村民组。由于村内人口基数小，且生育率一般，因此茶树完小每年招收的学生只有 10～16 人，小学入学率基本可以保证，完学率差一些，但初中入学率几乎为零，目前只有一个毕业生在攀花中学读初一。仅出过两位大学生，2015 年毕业（家长是村干部）；另有 1 人读五年制大专，3 人读中专。2016 年 5 月，茶树完小有 117 名学生，6 个教学班，7 位老师都不是茶树村人，只有 1 位老师是俐侎人（老虎寨村人）。由于语言不通，茶树完小的教学成绩始终难以提高，针对这种情况，YJZ 校长也没有想出很好的解决办法。

鲜花完小的 YCY 校长是课题的实际参与人，多次参加课题论证研讨、成果编制修改等工作。他对俐侎双语教学课题的态度是基本上把它当作一个教师教学辅助手段，可以在俐侎老师数量减少、青黄不接而俐侎学生逐渐增多的情况下，让小学低年级尤其是幼儿班的其他族老师用俐侎话（汉语拼音注音）给学生解释教学内容，更便于教师教学和学生学习汉语。

访谈人：我听说咱们攀花那边拿了一个县里的课题，是想做一个双语教学的一个计划还是什么？

YCY：哦，这个是学前教育，就是能够让俐侎孩子尽快地接触汉语的一个课题。

访谈人：您有没有参与到这当中呢？

YCY：我参与倒是参与了，我们乡上有四个老师参与这个项目课题的研究。就是用一个土办法，把俐侎话用汉语拼音的读音进行注读，就像我们开始学英语的时候，我们在英语旁边用汉字标注一下，就这么个手段。

访谈人：现在是还正在做吗？您预测一下这计划效果应该怎么样？

---

① PHZ 校长访谈记录，地点：黑树中学，时间：2016 年 4 月 13 日，编号：Ⅴ-A4-a1。

YCY：这个效果应该也比较好，因为他主要是针对老师，老师在有俐侏学生的地方，说一些简单的俐侏话，翻译给学生，让学生尽快掌握汉语，就这样。

访谈人：就主要是说把这些汉语用俐侏话解释一下给学生听，让学生更快地了解这句话的意思，也就是说这个计划其实是针对一些幼儿班或者低年级的老师的。

YCY：是让俐侏学生通过老师的这个解释之后，能够理解更多的汉语。①

ZQX 是攀花乡半山村大沟边完小（半山完小）校长，老家在攀花乡白沙村。他的家庭是传统的俐侏家庭，但因为白沙村是俐侏人和汉人杂居，他从小与汉人接触也比较多。他的父亲是一名铁匠，虽然不识字但是会说汉话，以前在生产队时常去 PM 县②打铁，见多识广，比较注重子女的教育，母亲在家务农。他大哥成绩较好，也很注重帮助他学习，他平时也会积极地与老师沟通交流，因此成绩一直还

不错。8 岁开始上一年级，小学在白沙小学和攀花中心完小读，1984 年小学五年级毕业进入攀花中学读初中，1987 年初中毕业进入茶马师范读民师，1990 年毕业分配到老虎寨村老虎寨小学（俐侏人小学），1992 年调到茶树完小（俐侏人完小），1994 年调到白沙村忙榨小学（俐汉杂居小学），1998 年调到半山完小（非俐侏完小）任教务主任，2003 年又调回茶树完小任校长，2004 年又调回半山完小任校长。由于经历丰富、能力突出，他基本上可以算是攀花乡俐侏老师中的佼佼者。ZQX 校长身为俐侏老师，且和 YCY 校长一样都是完小负责人，另外还有黑树彝族乡木厂完小 LCH 老师，他们三人主要负责课题成果即俐侏双语教学手册中的汉语和俐侏语（汉语拼音注音）的互译，即给手册中的汉语内容注上俐侏读音。在他的表述中，老虎寨完小 YWB 老师负责汇总、编辑、排版，而内容是他们三位俐侏老师负责一块编排的。从

① YCY 校长访谈记录，地点：鲜花完小，时间：2016 年 4 月 15 日，编号：Ⅴ-A4-a2。
② 茶马市里文化较为发达的临县，与攀花乡和黑树彝族乡接壤。

他的成长经历和工作经历出发，对于手册中掺杂俐侎服饰、传说等族群文化元素，他持积极欢迎的态度，也乐于支持课题成果进课堂、进课程。

访谈人：像咱那个课题，您参与的是什么？

ZQX：我参与翻译，像老师这个单词，用我们俐侎话怎样说，我首先用汉语拼音拼一下，拼不了呢，我要找国际音标来标注。

访谈人：内容是怎么设定的？

ZQX：我们是搞上下两册，上册也就是学前教材，然后我们首先让他熟悉，进入学校与人交流称呼，爸爸是咋个叫，妈妈又咋个叫，妈妈我们叫"a-mó"，爸爸叫"a-wò"，舅舅我们叫"a-wēng"。

访谈人：这些内容基本上就是一些平常学前班会学的东西，然后把它搬到这个里面翻译过来。

ZQX：数字学习到一二三四五六七八九十。然后讲故事，有寓意那种，教育意义那种故事了么。①

MZH 是攀花乡教育办公室主任，老家是 PM 县的。他召集、主持和参与过多次俐侎双语教学课题相关会议和研讨，是攀花乡区域内俐侎双语教学课题的主要负责人，对俐侎双语教学课题的各项情况比较清楚。在他看来，俐侎双语教学课题主要是为了解决低年级俐侎学生入学时汉语学习较为困难的问题，通过低年级老师用俐侎话（音）解释相关汉语内容，帮助俐侎学生更快地融入学校生活。课题成果要用汉语、俐侎语（汉语拼音注音，用国际音标补充）和图片三种符号相结合的方式形成教材，用于汉族老师教俐侎娃娃学习汉语。在他的印象里，这份教材已经开始在部分学校试用（但实际上在最有可能试用的鲜花完小和老虎寨完小均未进入课堂）。接下来除了按照专家意见修改并准备结题外，还要开发与双语教学手册相配套的俐侎语教学光盘，长期规划是继续开发出类似的傣语、布朗语、傈僳语等少数民族双语教材。他认

---

① ZQX 校长访谈记录，地点：大沟边完小，时间：2016 年 5 月 10 日，编号：V-A4-a2。

为自己在课题进展中起到了一定的组织作用，由 ZQX 校长他们几个俐侎老师提供材料，由老虎寨完小 YWB 老师结合攀花教学实际编订成书、装订成册、进行修订。

老虎寨完小教务主任 YWB 老师具体负责了俐侎双语教学课题的运作和手册的编订。在他看来，这个课题就是编订一份俐侎学前教育的启蒙教材，帮助汉族老师教低年级俐侎学生学习汉语以及能够进行基本的互相交流。他早在 2003 年就酝酿了这个想法，当时茶马市教育局让他一个人负责研究，后来中断；之后直到 2014 年又通过县教育局向省教育厅申报了边疆民族教育课题。因为他没有过多时间去兼顾进行研究，所以课题延期，结题后要把课题成果变成地方的民族教材。双语教学手册的内容是由他构思、设计和实际操作的，其他课题参与人参考，由县教育局决定是否采用；课题申报时所列的参与人虽多，但只是说为他提供材料，实际并未提供多少（半山完小 ZQX

校长认为是他们三个俐侎老师负责设计、翻译和供稿，由 YWB 老师负责统稿和排版），只有当遇到需要用俐侎话进行翻译时才会找俐侎老师提供帮助。由于是拿汉语拼音来表达俐侎语，因此针对俐侎语中各地方言不同的情况，选用的是以黑树彝族乡攀花村俐侎语为基础方言。课题成果形成的双语教学手册分为上下两册，上册的整体构思就是让孩子来到学校，帮助他熟悉学校，然后把他家庭的基本情况拿来做交流，下册是让他懂得热爱自然，然后逐步、逐层地深入。

我们编的这个是学前教材，学前教育的启蒙教材，也就是说，俐侎族学生进入我们学校之后，首先得教会他说汉语，跟汉族老师和汉族学生能够有基本的沟通交流，我们主要是做这方面事情。现在国家要开展义务教育，少数民族学生家长也知道了义务教育政策，所以纷纷把孩子送到学校来读书。①

---

① YWB 老师访谈记录，地点：老虎寨完小，时间：2016 年 5 月 30 日，编号：Ⅴ-A4-2。

编撰手册主要是为了能够与国家教材接轨①，为课堂教学服务，培养俐侎人才。

2. 边疆学生的理想信念

受攀花中学 ZWL 老师和 LZJ 老师委托，笔者于 2016 年 4 月 28 日 10：00～10：40，到九年级某班给全体学生上了一节班会课。课前，笔者精心准备了两个问题：（1）五年后的你是什么样的？（2）你最敬佩的人是谁，为什么？要求学生们限时以（记名）纸条的形式作答，随后根据学生们的答案分别以拆字、引证、用典等形式，引出了学习、困难、选择、挫折等概念，并结合自身的学习经验向他们作了阐释。

攀花中学属于多民族混合就读的学校，其中汉族学生最多，彝族（含俐侎人）学生次之，九年级某班学生的民族成分构成与学校的总体情况类似，其中有两名彝族俐侎学生。表 2 是对他们的回答进行的统计。

表 2　边疆学生的理想信念调查*

单位：人

问题	答案	理由	学生人数
五年后的你是什么样的？	（也许是、希望是）（大）学生	不想过早踏入社会，热爱学习（音乐、舞蹈、篮球）	30
	不确定	尽力去拼	11
	有工作	挣钱	8
	漂泊（无业）	（不知道未来如何）	6
你最敬佩的人是谁，为什么？	父母（老爸老妈）	无私，温暖的家，激励、帮助、陪伴	10
	老师	传授知识，知识渊博	9
	父亲（老爸）	顶梁柱和保护伞，操劳	8
	母亲（妈妈）	无私的爱，带我来到人世	3
	成龙	为电影奉献青春	3
	哥哥	坚强，点子多	2
	爱迪生	成就大	2
	奥巴马	第一个黑人总统	2

---

① 虽然目的是与国家法定课程接轨，实际上编撰的手册内容却是另外一套知识系统，而且融入了较多俐米元素，其接轨效果有待考量。

问题	答案	理由	学生人数
你最敬佩的人是谁,为什么?	文章	年纪最小的导演	2
	你	因为你是博士	2
	尊重别人的人	交往需要,尊重我	2
	贝多芬	坚持梦想	1
	爷爷奶奶	哺育后代	1
	雷锋	无私奉献	1

注:1."答案"和"理由"两栏内容为关键词汇总,可能略有出入但不影响答案原意;2. 由于"父亲"这一答案项被多名学生特别指出,故未合并到"父母"这一项中。

资料来源:自编调查问卷分析结果,地点:攀花中学,时间:2016年4月28日。

一是边疆学生的理想和人生规划。在对"五年后的你是什么样的?"这一问题的回答中,全班46名同学共给出了55个答案,可分为4类(见图1)。分别是:(也许是、希望是)(大)学生、不确定、有工作和漂泊(无业);占比分别是:54.55%、20.00%、14.55%和10.90%。

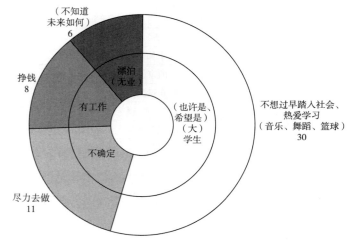

图1 对"五年后的你是什么样的?"这一问题的回答

从以上答案分布情况中可以看出，大部分同学（54.55%）还是希望能升入大学继续学习，但是对于升学与否并没有太大把握，甚至可以说是相当胆怯，经常会用"也许""希望""可能"等字眼来表达；1/5的同学表示对五年以后未来的自己不确定，但是会"尽力而为"；有一小部分同学（14.55%）希望自己有一份工作，比如女警察、4S店经理等，这样可以早点挣钱；还有一小部分同学（10.9%）认为自己可能处于漂泊的状态，没有太明确的想法，主要是由于自己学习成绩不理想且家庭不能提供较好的资源支撑。

二是边疆学生的偶像和人生信念。对"你最敬佩的人是谁，为什么？"这一问题的回答中，同学们共给出了48个答案，可分为14类（见图2），其中又以父母、老师、父亲为高频选项。

在这14类答案中，学生们把"父母""老师""父亲"三类角色当作了主要的"偶像"，其中"父亲"的角色与"父母"的角色有所重叠，但有16.67%的同学（男女各半）把"父亲"角色单列，可见父亲在他们心中的分量尤重；相比而言，把"母亲"角色单列的同学只占到6.25%，且都是女生，可见在学生们的日常生活中，"母亲"所占据的戏份比"父亲"要少很多，也折射出这一边疆区域内相对传统的男权社会特征。虽然有18.75%的同学表现出对"老师"角色的偏好，但大都停留在认为老师拥有较多知识、能够传递知识的层面，并没有显露出对教师职业身份的向往和追求。除了父母外，其他被视作敬佩对象的家人角色还有"哥哥"和"爷爷奶奶"，但都占比较少。在对公共人物的认同上，虽然都占比较少但类型多样，可见学生们的思维和眼界比较开阔。另外，有2位同学提及"尊重别人的人"，这体现出处于叛逆期的青少年学生对自我价值和人际交往的渴望及焦虑；由于这两位同学都是男生，所以认为在边疆学生的九年级年龄段（约15岁）上，男生面临着更多的成长危机和认同需求。还有2位同学敬佩"你"（即笔者），因为"你是博士"，而且他们同时认为自己五年后"也许是一个学生，也许是一

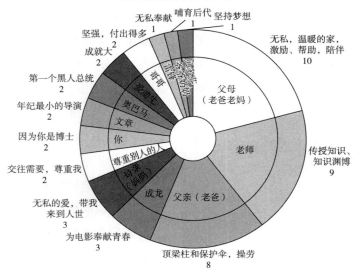

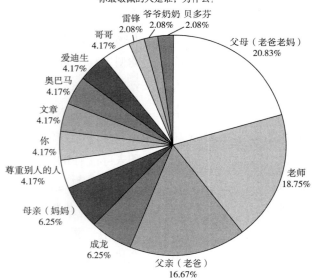

图2　对"你最敬佩的人是谁，为什么"这一问题的回答

个无所事事的人"，这体现出他们虽然有继续读书的愿望，但对自己的信心不足，迷茫感较强，迫切需要引导、疏导和教导。

总而言之，俐侎地区的学校教育生活，不仅是国家教育体制机制的区域化缩影，更体现了学校教育生活文化的地方性意义；不仅彰显了国家官方课程知识体系的绝对权威，更彰显了对本土课程和地方性知识的深层洞察。

二、社会力量办学与族群文化再生产

（一）组织型社会支持力量

1. 家校合作与家长接送制

俐侎地区教育场域中的社会力量，依照其自身的行动逻辑和利益诉求，基本上可以分为组织型和个体型两类。其中支持力量又起着中坚和主导性作用，反对和中立力量在大部分常规时段功能微弱。组织型的社会支持力量通过正规化、集群化的方式参与到教育场域的基本活动之中，个体型的社会支持力量通过潜在化、分散化的方式参与到教育场域的

基本活动之中。

俐侎地区教育场域中的组织型社会支持力量，一般是指在家校合作和社会助学的过程中，被学校这一社会组织通过制度化和正式化的运作所支配和影响，或作为统一组织与学校产生相互作用的社会力量。这两类社会支持力量分别围绕学校常规活动而展开行动，目的就在于保证和支持学校教育、教学、管理等活动的正常和更好地开展。

俐侎地区学校的家校合作，因为特殊的教情、社情而呈现独特的样态。俐侎地区位居横断山脉腹地，大山掩映，交通极为不便，即使修通二级公路，也因过于蜿蜒曲折而出行艰难，因此俐侎地区学校的学生，除了个别家在学校旁边村寨的走读外，绝大部分自幼儿班起就开始住校。在家校合作方面，俐侎地区各学校可谓"各显神通"，而此现象背后所折射出的作为与家校合作制度相关的（伴生性）组织型社会支持力量的教育，实际上处于一种半规范化半灵活化的状态。

由于普遍实行寄宿制，周末接

送时交流成为俚㑇地区学校开展家校沟通的最主要方式。黑树彝族乡鲜花完小 YCY 校长专门就学校的周末接送学生制度作了解释。他根据鲜花完小学生家长和鲜花村自然地理环境的具体情况，将周末接送学生细化为分片区分批轮流集中接送，即由各自由结合的接送片区内的家长在周末时间轮流接送本片区内的学生，这样既保证了学生上放学的安全，又适应了当地生产生活的需要和家长的实际情况。在家校合作方面，鲜花完小也就是利用家长周末来集中接送学生的空档，由部分负责教师偶尔进行沟通，每学期召开的家长会也会就学生的学习和生活情况集中作出说明。而鲜花村的学生家长由于近两年打工形势不好，开始留在家里照顾孩子，也把一部分外部的教育理念带回了山村，使得家校沟通的频度和方式开始向更为密切的方向发展。

黑树中学也实行家长周末接送制度，由于中学学生的家庭住址一般比较分散，因此只能靠各学生家长自己单独来接或邻里之间相互帮忙。在周末接送孩子的过程中，初中老师也会及时和家长沟通一下孩子在校的学习和生活情况，但一般情况下如果学生没有突出问题的话，老师和家长则不会进行沟通交流。

日常就在学校里，我们学校必须要家长来接，但有的家长出去打工了没办法，他要委托村子里的亲戚或者什么人来接他的孩子，然后平时小孩有什么事的话，更多的是班主任与家长沟通。值周教师晚上都要去查夜，像一些孩子出现有什么问题啊，就告诉家长一声。[①]

除了周末接送，也有学校实行的是家长每日接送或雨天接送制度。鲜花村土坝小学的 LWX 老师坚守在这个教学点二十余年，由于常年需要一个人照顾二十多个学生，近几年实行营养改善计划之后还要照顾学生的早餐和中餐，又由于学生都是来自附近四个村民组，

---

① LZW 校长访谈记录，地点：黑树中学，时间：2016 年 4 月 13 日，编号：V-A1-a1。

且学校又不寄宿，因此土坝小学建校二十余年来一直实行的都是家长每日接送或雨天接送制度，偶尔有些家长不方便则由 LWX 老师代为看管或送回家。这种在日常教育生活过程中所形成的非正式制度，也体现了学生家长群体对于学校和老师的支持与配合。

来的时候大部分还是由家长送，这挨着的就不一定送。家里面也比较忙，昨天我跟这些学生说，你们回家之后要跟父母说一说，放学时间如果是下大雨了，那么你们要让家长来接，因为你们东一个西一个，我不可能全部都送，我送不完那么多，如果下大雨了就来接一接，这样比较安全。[①]

与学校实行的家长接送制度相配合的，是俐侎地区学生家长们为了接送学生而做出的调整和牺牲。如鲜花村大寨组村民 LFC 往年都外出务工，2016 年因需要接送两个孩子上学，就留在家里务农、务工了。

俐侎地区学校所开展的家校合作并非只体现在周末接送和每日接送等学生接送上，还包括很多其他形式。黑树中学 LZW 校长讲述了黑树中学家校合作方面的相关做法，基本上可以分为控辍保学、周末接送和家庭特殊学生家访三类，而且这三类之间彼此关联颇多。在黑树中学开展家校合作工作的过程中，学生家长、班主任、乡政府、各村委会实际上结成了一个控辍组织，并且形成了一系列的联动制度，可以看作组织型社会力量的一种作用形式。

家访我们主要通过几种形式，一种是电话，学生回去了，第一时间，我让每一节课我们科任老师去上课，都要小心清点学生，到齐没有，不来的是请假，什么原因请假，还是缺席了，特别是缺席的学生，那么就第一时间打给主任电话，班主任马上跟家里面人沟通。另外一个是，我们的家长星期五都要来接学生，接送学生的时候都是由班主任跟这个

---

① LWX 老师访谈记录，地点：鲜花村土坝小学，时间：2016 年 4 月 19 日，编号：V-A1-a3。

学生家长进行交接，交接的过程当中哪个学生有问题，班主任就跟家长聊聊。另外一个是，开学之后一个星期学生不来的，通过打电话这些形式没有效果的，我们学校就组织老师下去，亲自到家里面再做工作。[①]

攀花乡半山村大沟边完小ZQX校长讲述的家校沟通形式和内容，与鲜花完小基本相同。实际上，俐侎地区学校中实施分片区分批轮流集中接送制度最为成熟的是攀花乡老虎寨完小。老虎寨完小教务主任YWB参与了"家长接送制"等学校教育管理制度的起草和实施，在他看来，老虎寨完小的家长接送制是得到了学生家长的认可和支持的，已经就此形成了良好的家校合作氛围。

访谈人：附近寨子要回家的那部分学生，一般都是下午上完课就回家吗？

YWB：噢，现在家长也比较支持，他们都是孩子下晚自习之后，直接到学校来接。路上来回要保障安全，他们已经形成那个意识了。[②]

"家长代表管理委员会"是老虎寨完小关于家校合作方面的另一个比较成熟的学校管理制度，两者共同构成了一个比较完善的组织型社会支持力量体系。家长代表管理相关制度具体体现在"学校管理社会化"制度中。

"老虎寨完小学校管理社会化"制度规定了家长代表的来源、产生标准和程序、权责等内容，将家长与学校教育教学管理紧密地结合在了一起，并且用制度化、常规化的形式加以规范。这不仅加深了老虎寨村民对老虎寨完小日常教育活动的了解，更增强了他们对于学校的"主人翁"意识和责任感，使老虎寨完小的教育教学管理活动及相关教育意识扩展到了村民的日常社会生活之中，还将学校的运行和发展置于周围的社会发展之中，起到了以学校

---

① LZW校长访谈记录，地点：黑树中学，时间：2016年4月13日，编号：Ⅴ-A1-a1。
② YWB主任访谈记录，地点：老虎寨完小，时间：2016年5月30日，编号：Ⅴ-A1-a5。

促进区域社会变迁的作用。在此制度的规范下所形成的家长代表管理委员会，不仅监督学校运行、教师工作，更监督学生成长和家庭环境影响，成为俐侎地区较有代表性的组织型社会支持力量。在这种力量的作用下，俐侎地区学校可以更好地融入周边的社会场域，并以自身的教育力量达成渐进性的区域变革。

2. 贫困学生资助与特殊形式助学

俐侎地区教育场域中的另一种典型的组织型社会支持力量体现在多种社会力量助学方面。其中包括官方的"春蕾班"、SD 县贫困大学生救助协会、SD 县一中特招俐侎学生，以及民间的老舍茶馆、苗圃行动、中国海运（集团）总公司等社会组织的助学或资助行为。这些官方或民间组织的助学行为，有的体现出阶段性、短期性的特征，如由省妇联主导的"春蕾班"在俐侎地区学校中只办过两届，后续因政策缺位和官方主导力量退出，这种办学形式难以为继；有的则体现出持续性、全面性的特征，如北京老舍茶馆和香港苗圃行动的

资助行为就持续了数年时间，给许多出身贫困俐侎家庭的学生提供了连续数年的资助或给多所俐侎学校提供了校舍、教具等多方面的资助。攀花乡老虎寨完小的主教学楼上就树立了"老虎寨村申银万国苗童希望小学"的标识，黑树彝族乡菖蒲塘村的小学全名即"天威苗童希望小学"等。

俐侎地区学校中的"春蕾班"源于中国儿童少年基金会发起的"春蕾计划"，目的是资助西部地区失学女童重返校园。云南省妇联系统在省妇联的统一指挥下，于 1994 年开始实施"春蕾计划"。"该计划通过建'春蕾小学'、在当地学校办'春蕾班'、一对一结对子的'春蕾桥'，使得每一个受惠的女童每年获得 300～500 元不等的资助，帮助她们完成学业，这一计划逐渐覆盖了全省 16 个地州。" 2006 年，SD 县妇联和人口与计划生育委员会等部门"在黑树乡创办三个小学、一个初中'春蕾班'130 人"。研究者在对黑树中学副校长 PHZ、黑树中学 LXZ 老师、攀花中学 LLY 老师、SD 县一中 LTP 老师进行访谈时，

他们都谈及了"春蕾班"（"女童班"）的事情。

在 2016 年 4 月 13 日的访谈中，黑树中学副校长 PHZ 提及，由省妇联主导在黑树中学办过两届"春蕾班"（女童班），专门聚拢俚侎族女童，给她们相应的补助。在 PHZ 的印象中，LXZ 和 LTP 都受过春蕾班的资助。

在 LTP 的记忆中，她在黑树中学读初中的时候听说过有一届"女童班"，班主任是专门借调来的小学俚侎老师，班内同学都是女生，但不全是俚侎人。

"女童班"学生享受一系列的优惠政策，并且会有一定的补助，这使其成为一种比较有代表性的由政府主导的组织型社会支持力量。

> 我读小学那个时候还会有种女童班，我们学校办了一届女童班，只办过一届，后面好像就没有了。我们小学有过一届，然后我读初中的时候也有过一届是女童班，都是

女生，她们会得到资助，学费也是免费的。①

LLY 在上学的时候没有享受过政府方面的资助，但她的妹妹进入了俚侎"春蕾女童班"，不仅享受到了经济方面的政策优惠，还享受到了小升初考试方面的特殊照顾（当时小学升初中还是需要通过考试进行排名和录取的）。而这些专门的帮扶政策对于俚侎学生而言，是极其稀缺又极为重要的。

> 反正我在小学的时候没有得到照顾，到初中也没有得到照顾，等我毕业的时候，后来的那些人又得到照顾。比如说，我妹妹她们，就上了春蕾女童班，那些都几乎不用花钱。然后，上初中也是几乎不用考试了。②

除了在全国、全省范围内开展的"春蕾计划"系列行动及类似的政府行动之外，由官方所主导的组织型社会支持力量还体现在县域

---

① LXZ 老师访谈记录，地点：黑树中学，时间：2016 年 4 月 6 日，编号：Ⅳ-A5-a3。
② LLY 老师访谈记录，地点：攀花中学，时间：2016 年 4 月 26 日，编号：Ⅳ-A5-a3。

内的助学机构上，如 SD 县的"贫困大学生救助协会"，就为数位俐侎大学生提供了资助。也在一定程度上满足了俐侎地区民众对于子女接受更高层级教育的愿望。

为了支持本区域内贫困大学生的学业，2008 年 8 月 21 日，SD 县专门成立了"SD 县贫困大学生救助协会"这一半官方性质的福利机构，专门负责筹划和实施贫困大学生救助工作，协会成员主要由有关社团、县直相关部门、县直各校、各乡镇人民政府、各中心校、教育局各股室的主要负责人组成。民间的组织型社会支持主要体现为各种社会组织的公益助学行为，在俐侎地区教育场域中存在着两种主要的民间组织型社会支持，一种是北京老舍茶馆助学，另一种是香港苗圃行动助学，这两种力量都是通过政府渠道，长期、持续地直接资助学习成绩优异的贫困学生求学的公益行动，虽然对象不一定专门针对俐侎学生，但基本涵盖了俐侎学生群体，因此可以看作俐侎学生所能够实际接触到的最主要的助学力量。

PHZ 向笔者讲述了他当班主任期间的一个俐侎学生辍学的故事。虽然这个俐侎学生成绩好，但是也后来因家庭困难而失学，由此引出了本地贫困家庭学生得到资助的主题。他说他在当（黑树彝族乡）乡镇督学的时候，去争取过北京老舍茶馆的资助，而且这个资助是长期的、有选择性的，对俐侎学生尤其是家庭困难且学习成绩优异的学生有很大帮助。

LTP 就享受过北京老舍茶馆的资助，在她的印象中是俐侎学生都可以享受到这类资助。她在高中时段才享受过香港苗圃行动的资助，但她认为虽然都是资助贫困优秀学生，北京老舍茶馆的资助是专门针对俐侎学生的，而香港苗圃行动则是针对所有学生的。

LTP：我记得我是初中还是高中的时候，北京老舍茶馆给过我们资助，一年好像 500 元还是 600 元。

访谈人：是每个学生这么多，还是所有俐侎学生加一起这么多？

LTP：就是只要是我们那种少数民族啊。初中时候也是比较少的，或者记得好像有过这样的一个政策，其他的就和其他少数民族是一视同仁的。

访谈人：今天上午在你们的教务处，他们说中学里没有这种资助，就算有也是口头的。

LTP：嗯，没有，没有那种资助，像什么香港苗圃行动啊，然后以前我读高中的时候拿到过什么什么那些，不是针对少数民族，是针对所有的学生，只要你学习成绩好，家里有困难都可以。①

LXZ 在高中时期享受过香港苗圃行动的资助，她印象中苗圃行动是资助品学兼优的贫困学生的一项公益助学行动；她也享受过老舍茶馆的资助，这项资助则是面向少数民族学生中品学兼优的贫困学生群体的，而且持续时间比较长。

高中的时候有苗圃行动，要品学兼优的贫困生。高中时候，离家比较远，家庭条件又不好，就是比较穷，几乎一个学期只能回一次家，就觉得特别得想家。哦，我们

还有一个什么补助，老舍茶馆吧，每年补助给我们 600 块，从初中就开始补助。②

黑树彝族乡鲜花村大寨组村民 LLL 有一个正在茶马市临翔区一中读高三的女儿，是俐侎家庭中较少的培养出高中生的家庭。他们夫妻两个一个只上过小学四年级，一个未上过学，但极力支持自己的孩子上学，并且他们的女儿 LXY 自己也有较强的读大学的意愿和自觉性，因此算是较好地适应了现代学校教育体制的俐侎家庭。在 LLL 的印象中，他的女儿在小学六年级的时候开始拿北京老舍茶馆的助学金，持续到初一和初二。

LLL：就是小学时候有个助学金，北京茶馆助学金，那才有过一回，每年 600 块钱，六年级拿着过一回，初一、初二拿着过。

访谈人：那个钱是通过学校给她们的吗？

LLL：通过学校，我们去黑树

---

① LTP 老师访谈记录，地点：SD 县一中，时间：2016 年 3 月 29 日，编号：Ⅳ-A5-a1。
② LXZ 老师访谈记录，地点：黑树中学，时间：2016 年 4 月 6 日，编号：Ⅳ-A5-a1。

那儿拿。①

3. 个体型社会支持力量

个体型社会支持力量在作用方式、作用范围、时间跨度和影响力度等方面，均与组织型社会支持力量不同，体现出潜在化和分散化的特征，更多的是以一种个体型的社会良心、公德意识和社会责任感等方式作用于学校教育场域，从而达成社会力量的教育作为。

在俐侎人集中居住的 SD 县政府驻地下路镇，流传着一个村寨干部支持乡村教育的温暖人心的故事。只有在 SD 县这种农村、边疆、民族复合型背景下的特殊场域中，才会产生像布朗族大妈秦秀菊这样的支农支教人物。在黑树彝族乡和簪花乡及邻近的 PM 县、云州土地上生活的俐侎人中，自然也不乏这种默默奉献的温情人物。这类人物的助学行为的基本内容和方式都是类似的，既与当地的自然、人文和经济社会环境相适应，又与整个国家的教育

体系和文化需要相接轨。作为个体型的社会支持力量，他们的善举为俐侎地区教育注入了一剂催化剂和强心针。

黑树彝族乡鲜花村土坝组村民 LGW 是当地的俐侎头人，在附近相当大的范围内都具有较高的威信和较强的影响力，是俐侎民俗节庆活动的主要策划者和主持人之一。他的父亲在世时是当地有名的"朵觋"，他虽然没有承袭"朵觋"的身份，但对于俐侎民风民俗和族群历史传说故事等都较为熟稔，而且与当地政府和其他俐侎民俗文化名人（如各村寨的"歌头""朵觋""哭婆""总理"等民俗文化核心人物）的联系较为密切，属于比较活跃且有一定号召力的民间"核心人物"。他曾经在 1993 年当黑树彝族乡人民代表的时候，为了发展当地的教育，集合民间力量主持修建了土坝小学，并且引进了土坝小学建校以来的第一个也是唯一一个、很有可能也会是最后一个老师 LWX。

---

① LLL 访谈记录，地点：黑树彝族乡鲜花村大寨组，时间：2016 年 4 月 17 日，编号：Ⅳ-A5-a1。

这里有个土坝小学，那个是我自办的学校。那些老人家讲给我，为了土坝后代，我们土坝必须要个小学，钱没有不怕，只要给我公办老师。党员、团员、老干部全部到会，后头我说给他们，比如你家这个提留款，1981 年开始，1981 年、1982 年、1983 年、1984 年，现在已经 1993 年了，像提留款没有交过，怎么干呢，瓦房舂墙，我说舂墙呢要 9 个工，我们定好，搞个学校，舂墙。定好后，舂墙呢你们几家人拼，你把这个提留款抵到工；没有瓦呢，瓦一片算多少，烧瓦即那几家，一般人家算你一角我算给你一角五，这个一棵竹子，舂墙还要竹子么，要多少；桌椅板凳，一套要多少，哪几家出。就是把这个账全部记上，那年我们这些账目全部抵托完了，小学就建成了。①

LGW 的助学行动不仅方便了鲜花村上坟坝、下坟坝、上红木、下红木四个村民组的学生上学，更为这片掩映在深山里的俐侎乡土种下了一缕文脉。二十余年的时光，

在 LGW 和 LWX 的努力下，一代代的俐侎人从这个小学毕业，或进入鲜花完小继续读完小学，或辍学回家但完成了基本的"扫盲"任务，而这对于提升俐侎族群的文化底蕴和教育意识而言，善莫大焉。

除了上述的个体型社会支持力量的一些做法，还有许多其他的个体型社会力量助学行为，如攀花乡半山村大沟边完小是由半山籍的旅美华人徐定心先生捐建的，攀花乡白沙村杰诚希望小学是由 SD 县杰诚有限公司捐建的。此外，俐侎地区的多所学校都与民间爱心机构有联系，获取过不同种类、不同数额的民间资助。这些个体型的社会支持力量，通过民间的途径达成了对镶嵌于社会场域中的教育场域的参与和干预，并且以切实的助学行动达成了对俐侎地区学校教育的助力和支持，向俐侎人表达了广阔社会对于他们的关怀与在意。

在俐侎地区的教育场域中，组织型和个体型的社会支持力量共同助力着学校教育教学管理活动的正

---

① LGW 访谈记录，地点：黑树彝族乡鲜花村土坝组，时间：2016 年 4 月 16 日，编号：Ⅳ-A5-a4。

常开展，以及重塑着俐侎学生、俐侎家长乃至整个俐侎社会对于教育和社会流动的信心与信任。俐侎地区社会场域与教育场域的互嵌，不仅体现于社会环境对教育环境演进的制约，更体现于各种社会资源、社会力量对于教育场域的干预，以及学校教育活动的有效开展对于社会环境的利用和调和。俐侎地区学校所代表的教育场域，与俐侎地区家庭、村寨、政府部门等各方所代表的"剩余"社会场域，正在持续地、渐进地发生着共变式的变革。俐侎地区学生既是这种共变的产物与结果，更是这种共变的参与者和推动者。

（二）族群文化的再生产

1. 俐侎族群文化再生产的两条路径

俐侎族群在人口和社会的再生产进程中，不可避免地要伴随着族群文化的再生产；甚至于族群文化的再生产，还会引导和推动着族群人口和社会的再生产过程。以俐侎学生（也是新生代族民）为载体推动和增补族群文化的发展，成为俐侎族群文化再生产的新生形式。对传统族群文化的继承和发扬，对现代社会文化的吸纳和内化，成为俐侎族群文化再生产的两条主要路径。

俐侎族群的文化传统通过对族群学生的社会护佑促进了族群文化的再生产。由于现代学校教育制度和现代政治经济管理制度的多重配合，所有新生的俐侎儿童已经不可能完全脱离学校教育体制而成为一个"文盲"，因此必然要经历一个"族民—族民/学生—族民"的身份、角色转换的过程。在这一过程中，"族民"身份始终贯穿于俐侎学生的成长与生活之中，而且由于族群文化传统对于他们的人生观、价值观塑造起了根本作用，俐侎族群在文化再生产过程中，对文化传统的继承是属于核心位置的。因此，俐侎族群文化传统的再生产会推动俐侎社会的再生产和族群的再生产。

此外，俐侎地区学校教育加上政策、舆论、媒体对于外部世界主流价值体系的宣导，使学校教育背后所承载的主流社会文化越来越多地对俐侎学生和俐侎地区民众产生重要影响。

2. 教育对于俐侎族群文化再生产的作用

在俐侎地区教育场域中，俐侎

族群文化传统所内蕴的族群惯习使大多数俐侎学生采取了以低教育成就来应对学校教育体制要求的策略。这种策略的背后不仅有俐侎族群文化传统对学生的"放任自流"所形成的社会护佑，更有该文化传统通过对族群人口和文化再生产的促进所达成的社会闭环。俐侎族群文化对俐侎学生教育成就的影响深刻性体现在，不仅通过俐侎学生的惯习达成了对族群文化的继承，更通过俐侎学生的本土转化和代际传承保持了族群社会和文化的独立性。不过，俐侎区域的教育和社会场域虽然在一定程度上相对独立，但终是受限于和从属于广大的教育和社会场域，而俐侎族群的惯习也会在族群逐渐地对外开放、对外融合的进程中发生变化。

三、文化反哺中的区域 社会变迁

（一）人力资源的社会循环

1. 文化反哺与乡土社会变革

部分俐侎学生通过自身对族群传统社会结构的超越，达成了较高的个体教育成就，转而又将其投入推动俐侎地区传统社会结构变迁的进程之中；而大部分教育成就较低的俐侎学生，虽然自身所蕴含的外部主流社会结构要素和各种资本较少，但通过更早地返回族群社会之中参与社会生活、更为普遍地在俐侎社会中传播学校教育体制和媒体所制造出的主流社会文化共识等途径，也在切实地参与着推动区域社会变迁的进程。正如周晓虹所提出的"文化反哺"之说，"传统的社会化方式正在改变，社会化不再是一种单向的训导过程，而成了一种双向的以至多向的交流引导过程。"（周晓虹，1988/11）。在俐侎区域社会急剧变革的背景下，俐侎学生通过他们的学校生活习得部分主流社会文化，并将其转化到家庭和村寨社会生活之中，形成了对俐侎传统社会文化结构的再造，以及对于俐侎族群和整个俐侎区域社会的"文化反哺"。由俐侎学生主导的"文化反哺"和推动的区域社会变迁主要可分为两个方面，一方面是通过人的返乡达成人力资源的社会循环，这是"文化反哺"的根基；另一方面是通过自身努力及连带作用达成社会资本的有机提升，这是"文化反哺"的功能。

关于现代教育体制对于农村地区形成的旋涡式"抽水机"现象，其中主流社会对于边缘社会的一个最主要的就是人力资源的抽离。费孝通在《损蚀冲洗下的乡土》（1947年）一文中写道："一个乡间出来的学生学得了一些新知识，却找不到一条桥可以把这套知识应用到乡间去；如果这条桥不能造就，现代的教育，从乡土社会论，是悬空了的，不切实的。乡间把子弟送了出来受教育，结果连人都收不回。"（费孝通，2011：405）意在强调建设教育系统的"落叶归根的社会有机循环"。他强调"人也有根的，个人不过是根上长出的枝条，他的茂盛来自这个根，他的使命也在加强这个根。这个根就是供给他生长资料，供给他教育文化的社会：小之一家一村，大之一乡一国"（费孝通，2011：402）。这种将乡间子弟与乡村建设相关联的观点对于俫侎地区尤为适用，而由俫侎学生参与的俫区域社会乡土重建进程则是人力资源的社会循环

的最好体现与结果。

绝大部分俫侎学生是极恋乡土的。首先，俫侎族群文化传统根植于俫侎学生的思想意识之中，就算他们已经受了学校教育和主流社会文化的洗礼，依然会在某种程度上延续着族群封闭和保守的特性；其次，通过教育途径也难以达成较高的社会地位和较好的社会流动，其生活水平和幸福感也并不会比返乡好太多，相比于外地人去俫侎地区就业而言，这些俫侎学生更愿意自己返乡就业；再次，俫侎学生长期生活于熟人社会之中，养成了思维方式、生活习惯等方面的路径依赖，对于乡土生活的熟悉感使他们更乐于返乡重复这种熟悉的生活、接触那批熟悉的人群；最后，俫侎地区的部分政府工作人员和学校老师有意促进俫侎学生返乡就业①，以他们相对较好的教育成就来带动俫侎族群的教育意识，并且弥补目前俫侎地区的俫侎人公职人员较少的短板。当然这并非绝对情况，也偶于有极个别例外的俫侎学生外出就业，但他们所付出的心理和身体

---

① 2016年SD县秦花乡政府曾特招茶树村仅有的两名大学生返乡工作。

上的艰辛往往比别的民族学生更多。目前俚倸学生中教育成就较高的群体（如 LTP、LXZ、LJK 等），在选择工作上大多倾向于返乡考取公职以获取熟悉又稳定的家乡生活，而非去外地闯荡。大部分俚倸学生虽然教育成就不高，甚至初中阶段就辍学回家务农或外出务工，但也倾向于短期外出与长期在家、个别外出打工与大量在家务农，而非通过外出务工而后想办法在城市安家并将家里的所有资源和家人都转移到城市里去，这与外部世界的其他民族城市务工人员的想法、做法大有不同。

这种改变首先是知识上的，必然要将乡土知识与现代社会知识进行对接，使一部分乡土知识进入现代社会知识系统的同时改造乡土知识系统本身，乡村教育就起到了这样的作用；其次是心态上的，将乡土社会的价值进行现代化的包装，从而提升乡土社会在整个社会结构和活动秩序中的位置，使乡土社会上生长的人民不再将走出乡土看成是"荣耀"，也使从乡土中走出去的那部分人能够自豪地将他的"根"作为文化标签予以宣扬。

2. 教育促进俚倸学生"人的现代化"

除了那些能够返乡考取公职的教育成就较高的俚倸学生外，其他大量"普通"的俚倸学生则目前更需要俚倸地区学校教育体制及教育行政管理体制给予另一种"关照"，即通过国家民族教育政策所鼓励的职业教育的方式进行本土建设人才培养，从而达成更为显著的人力资源的社会循环。翁乃群认为："如何使农村基础教育不再只是成就少数精英理想的阶梯，同时也是实现广大百姓谋业安身的大道，便成了我国基础教育面临的最大挑战。"（翁乃群主编，2009：30）。在俚倸人集中居住地区，应当优先发展和普及中职、高中教育。俚倸人受集中居住地区交通等自然条件限制，学前教育适龄儿童很难及时入学并得到很好的照料，当地幼儿教育师资和设施也很难得到保证，而且人们普遍对于学前教育的重要性的认识和理解度不高，因此在当前情况下很难优先普及学前教育。

但中职和高中教育则相对而言更容易为俚倸人所接受，也更容易在当地得以实施，一是因为随着时代发展和社会进步，越来越多的俅伓人开始意识到文化知识尤其是实用性的技术性知识在他们的生产生活中所扮演的重要作用，优先发展和普及中职、高中教育能够免除俅伓人对于学生入学难度和经济投入方面的疑虑；二是因为目前俅伓人中，中职和高中阶段适龄儿童入学率极低，严重影响了当地人力资源的挖掘和经济发展后劲的扩充，相比而言通过强制和疏导性的手段促进俅伓学生初中入学率、保持率和毕业率的提升，并进而使他们能够升入中专和高中继续学习，是体现教育的社会价值和时代教育需求的关键；三是中职和高中阶段适龄儿童能够更好地照料自己，更加适应长期寄宿的学习环境，可以免除家长的一些后顾之忧。

当然，在俅伓地区优先发展和普及中职、高中教育要特别注意程序步骤和方式方法。首先，中职和高中教育之间的比例要合理分配。目前俅伓学生的辍学率极高的一个主要原因就在于学校教育成就达不到学生和家长的预期，就连与辍学务农、务工相比都没有多大的吸引

力。当然这其中有俅伓族群实用、短视等文化心理的作用，但更主要的是学校教育的主流晋升渠道太窄。因之，在俅伓地区要与初中（甚至是小学，因为初中俅伓学生的辍学率已经极高）衔接开始重点推进与当地生产生活相匹配的职业教育，如农、林、副及手工业等，以提升俅伓学生对于教育有用性和实用性的信心，从而留在教育体制内接受规范教育及主流社会文化熏陶。

其次，中职和高中教育之间的地位要平等匹配。普通高中因其有更加高远的升学功能（考大学）而在社会地位上要优于中等职业教育，这种意识逐渐进入俅伓人的思想观念之中，这会让他们产生轻视职业教育（同时也轻视普通高中教育）的想法而弃学。就他们自身而言，实际上也更乐于接受能够有一技之长、能够更早就业的职业教育，毕竟这些与他们的族群传统社会结构更加匹配，而且他们中的大多数人对于"上大学"并没有太强烈的兴趣。因此，在俅伓地区发展（宣传和推进）中职和高中教育时，要注意两者之间地位的平等

匹配，摒弃学校类别即等级的观念，同时也要树立起基于普通高中的职业生涯规划理念，使俚僚学生能够较好地看待、对待职业教育和高中教育，以及选择好、担负起基于这两种教育的未来生活。

最后，中职和高中教育之间的流动渠道要打通。现行的学校教育体制中中等职业教育和高中教育之间是典型的双轨制，彼此极少有流通的情况，而中等职业教育与大学之间的联系又远不如普通高中与大学之间紧密。在俚僚地区人们对于职业教育和高中教育的差别虽然有一定的认识，但并没有那么明显的等级差别对待，而且在大学的吸引力还较为有限的背景下打通中职和高中教育之间的流通渠道，可以让俚僚地区学生对于接受学校教育的未来发展可能性有更为清晰的认识和更为亲近的态度，从而不必因需要过早地选择职业教育或高中教育、选择就业或考大学而产生迷茫和担忧，使他们能够在接受职业教育和高中教育之间较为自由地转换且不至于因教育类型的固化而选择辍学，从而延长他们的就读时间和升学时程。

总而言之，由教育成就较高和一般的两类俚僚学生通过人力资源的社会循环而共同推动的区域社会变迁，虽然途径、方式和内容有所差别，但正因如此方显社会发展的多层次和丰富性。而且他们在接受完学校教育后的人力资源回流过程中，通过自身的文化反哺切实地将学校教育体制及其背后的主流社会文化传导到了俚僚社会之中。原先处于被教化者地位的晚辈之所以能够"反客为主"，充当教化者的角色，是因为古往今来没有任何一代能够像他们一样经历如此巨大而急速的变化，也没有任何一代能够像他们这样了解、经历和吸收在他们眼前发生的如此迅猛的社会变革（周晓虹，2000/2）。俚僚学生充当了后喻文化的主力军，而通过他们所达成的"后喻"，无论是对于俚僚族群还是俚僚族群文化传统而言，都是一种积极的变革和认同力量，这些力量使俚僚社会与外部主流社会更加全面、深刻地接轨了。暂且搁置接轨后对于俚僚族群文化的影响，仅就社会发展趋势和俚僚族群的存续态势而言，这都是必要且及时的。

（二）社会资本的有机提升

1. 区域专统社会资本的现代转化

除了俐侎学生回乡所促成的俐侎地区人力资源的社会循环之外，由俐侎学生所推动区域社会变迁的另一个典型表现是促成了俐侎地区社会资本的有机提升。这里的社会资本，不是布迪厄所强调的与经济资本和文化资本相并列的"社会资本"，而是广义上的社会中的"资本"。资本可以表现为三种基本的形态：（1）经济资本，这种资本可以立即并且直接转换成金钱，它是以财产权的形式被制度化的；（2）文化资本，这种资本在某些条件下能转化成经济资本，它是以教育资格的形式被制度化的；（3）社会资本，它是以社会义务（联系）组成的，这种资本在一定条件下也可以转换成经济资本，它是以某种高贵的头衔的形式被制度化的（〔法〕皮埃尔·布尔迪厄，1997：189～192）。俐侎学生所促成的俐侎地区社会资本的有机提升，是一种总体性的"资本"扩容和增量式的发展，而非"加杠杆"式①的短时投机。

具体而言，在俐侎学生对家乡的文化反哺和人力资源循环的过程中，俐侎地区的总体经济资本和俐侎学生家庭的经济资本会随着俐侎学生的工作、创业和其他形式劳动而有机增加，这些经济资本的增加途径和总体数量都与族群传统社会生产（尤其是农林副业生产）有明显不同。俐侎学生经过正规的学校教育，会在不同程度上习得现代社会生产生活所必需的文化知识及社会规则，而他们返乡进行文化反哺时便会将这些在学校教育场域中习得的社会文化带回到区域社会和族群生活中，因此促成了俐侎族群的总体文化资本和各自家庭文化资本的提升。俐侎学生在学校生活中比在传统族群社会生活中接触到了更多的同学、老师和地方各界人士，走出惯常熟悉的生活场域而结识外在世界的不同人物并达成不同类型的社会关系，自身也会在这一

---

① '加杠杆'是一个经济学术语，即通过利用信贷和金融周期等方式实现资本的以小博大。本研究在此引用这一术语意在说明可能存在一种具借杠杆效应的经济、文化或社会资本的短期投机效应，其却基不牢很有可能造成相关资本抽离后的社会"空心化"。

过程中形成更高的社会身份和社会地位。非但如此，俐侎学生通过学校教育部分接受了主流社会的文化，进而将其转化为激活俐侎传统社会资源的动力和手段，使俐侎区域社会能够在急剧变迁的大的社会背景下得以有理、有据、有节地将传统社会资源转化为社会资本，而不至于骤然受到外部社会的各种资本的侵袭和席卷（虽然这种影响仍然十分明显），这成为俐侎区域社会资本"有机"提升的一种良性结果。

经济资本的有机提升是由俐侎学生参与推动的俐侎区域社会变迁的最典型表现，也是俐侎区域社会发展的首要方面。长久以来，俐侎地区社会经济落后和社会生活封闭的现状极大地制约了俐侎族群的生产生活。一个典型表现是集市的频率过低，一般要五至六天才有一次，新兴的固定商店较少且不成系统。俐侎人对于商品和货币的看法正如费孝通在《乡村·市镇·都会》一文中写的：街集之类的贸易场合里甚至还有直接以货易货的方式，即使以货币作为媒介的，货币也常

只是价值的筹码；带着货物上街的人，还是带了其他货物回家的（费孝通，2011：355）。仅仅是在十余年前，俐侎社会还较为封闭的时候，货币的使用在俐侎地区集市中还不是十分普遍。俐侎妇女们会带着自家的农产品和少量货币（当时俐侎地区的经济收入水平较低）去集市上进行交换，最后带着家里需要的棉线、盐巴等物品（而非是货币）回家。由于基本的生活资料都可以依靠土地和山林产出，自耕自织、自给自足，所以并不需要过多的交换和货币。

现在打工收入和其他形式的收入急剧增加，加上人们观念的开放程度骤然升高，对于货币的在乎程度和使用频度也大幅增加了。在俐侎学生的参与和推动下，俐侎区域的社会生活正高速地"现代化"和世俗化，连锁商店、中型商超、快递运输等将地理位置仍旧十分封闭的俐侎区域社会通过现代经济手段与外部世界进行了日益密切的联系。相比于传统俐侎族民的社会生活方式，接受过现代学校教育和媒体舆论引导、对外部世界有着更深

的了解和认可程度，俚僚学生在这些新的经济增长点上占据了主要位置。他们的经济活动不仅对于区域社会发展是一种重要推动，对于他们自身和家庭而言也是累积经济资本的重要过程。更何况在他们的经济活动中，不仅有着外界商品和消费方式的输入，还有相当大一部分是通过区域广传统的农副产品转化为现代商品的市场化进程，这对于俚僚传统农林业生产而言是一个巨大的变革过程。正是俚僚地区茶叶和核桃产量丰富、品质较高，但仅有少数几家私有的中小规模茶厂，产出的也是附加值较低的粗茶，核桃制品企业完全没有。由于缺乏资金、技术，缺乏本土科技和管理人才，不能培植本土企业，只能暂时通过将这些农副产品转化为初级加工商品来促进区域社会资本的总量提升。

文化资本的有机提升是由俚僚学生参与推动的俚僚区域社会变迁的显著表现。这里的文化资本不是指俚僚族群文化传统中的文化积淀，而是指适应现代社会变迁需要的社会文化类型，是对俚僚族群文化传统进行的现代化包装和改造

所形成的"现代性"族群文化。在接受学校教育（哪怕是仅接受完小学教育）的过程中会不自觉地内化许多意识形态和思维方式，从而在教育成就较低的基础上实际达成了对社会文化模式较高的文化认同。因此在他们的社会生活中，必然会对所继承的族群文化传统和村寨传统生活方式进行不同程度的改造。

2　教育推动区域社会的转型重塑

由于目前在俚僚村寨中仍有大量的中年以上俚僚族民不识汉字、不通汉话，因此提升俚僚地区文化资本是最为迫切的任务，而且完成这一任务必然要以现代教育体制下所培养出的俚僚学生为要介。

在这一领域，俚僚学生充分发挥文化反哺作用，消除学校社会教育任务的巨大压力和俚僚族民对于现代学校教育和社会教育的恐慌或抵触。国务院1988年2月5日发布的《扫除文盲工作条例》中就提出"扫除文盲教育应当讲求实效，把学习文化同学习科学技术知识结合起来，在农村把学习文化同

学习农业科学技术知识结合起来"。① 因此在俚偬地区进行家庭扫盲和代际扫盲时，可以结合中等职业教育的普及同时进行，并且这种适应当地社会生产生活的扫盲与提升文化资本并举的方式，也将给俚偬地区带来一种非城市中心模式的区域发展机遇。

社会资本的有机提升是由俚偬学生参与推动的俚偬区域社会变迁的内在表现。随着社会变迁和学校教育制度的楔入，俚偬传统社会构成和形态发生了较大的变化，俚偬学生（包括转化为其他社会成员身份之后）正逐渐成为社会变迁的主要推动力量。在这一过程中，由俚偬学生转化而来的俚偬教师正通过自身的文化和社会影响力对俚偬区域社会发挥着尤为重要的导向作用。

在俚偬教师通过自身的社会活动和文化影响对周边俚偬族民和村寨进行现代化和世俗化影响的时候，社会资本由此被生产和再生产，并达成了相互叠加与强化。而在这一进程中，所有涉及这类社会

资本生产过程的俚偬族民都能够清晰地感受到社会变迁与社会重组，因而也会在相应的变迁与重组进程中找寻自己的位置，从而达成总体社会资本的提升。当然，除了俚偬教师（最有社会影响力的主要转化群体），俚偬学生还转化为政府公职人员、商人和其他类型人物，虽然各种社会身份所直接形成及连带形成的社会资本类型、内容不同，但总体而言都是在有机地提升着俚偬地区社会资本的总量。

总而言之，俚偬学生在由族群文化和心理结构、国家教育和政治结构等共同构成的结构化环境中，利用、转化和再造家庭影响和个体资本，通过自身返乡参与社会建设和引领社会活动而达成了对区域社会变迁的推动和文化反哺。在这种通过结构、利用结构最终又达成再制结构的过程中，俚偬学生对于区域社会中的各种资本和权力也进行了建构与重构。俚偬学生的总体教育成就不仅表现在他们通过学校教育而接受当前社会的文化，更表现

① 国务院：《扫除文盲工作条例》，http://fgk.chinalaw.gov.cn/article/xzfg/198802/19880200268716.shtml，1993 年 8 月 1 日。

在他们在内化和认同了当前社会价值观之后又参与到推动区域社会变迁的进程之中；这一过程不仅是俐侎学生个体型的资本增长，更是整个俐侎区域社会的转型重塑。在俐侎区域社会急剧变迁和与当前社会加速接轨的社会大环境之下，俐侎学生在接受学校教育的过程中所习得的文化、规则以及在社会实践中所形成的资源、资本，都为他们自身和族群的发展奠定了坚实的基础，也为国家教育体制在多元一体民族格局的地位和作用给予了新的科学实证。

参考文献

〔法〕克洛德·列维-斯特劳斯.2009.忧郁的热带［M］.王志明　译.北京：中国人民大学出版社.

〔法〕皮埃尔·布尔迪厄.1997.文化资本与社会炼金术——布尔迪厄访谈录［M］.包亚明　译.上海：上海人民出版社.

费孝通.2011.乡土中国生育制度乡土重建［M］.北京：商务印书馆.

柳海民、王澍.2015.中国义务教育实施30年：成就、价值与展望［J］.北京大学教育评论（4）.

翁乃群主编.2009.村落视野下的农村教育：以西南四村为例［M］.北京：社会科学文献出版社.

周怡.1988.试论当代中国青年文化的三重意义［J］.青年研究（11）.

——.2000.文化反哺：社会变迁中的亲子传承［J］.社会学研究（2）.

流动的村落共同体

——以 Y 县 B 村新型乡村建设活动为例

刘　慧 *

摘　要： 现代化背景下城乡发展呈现巨大差异，返乡群体通过游走于城乡之间，在与本地村民多面互动中成为新型乡村建设的内生力量。Y 县 B 村乡建群体通过协助本地村民租赁土地或者通过村民/村委买下古民居，与 B 村原住村民成为邻居。返乡群体在遵循 B 村的作息习惯、风土人情、风俗文化的前提下，展现自己在乡村的日常生活，以此获取村民的认同和好感。在返乡实践的过程中，返乡群体与村民不断建立联系，相互形塑对彼此的认知，乡村各主体自身也在不断调适中建构了一种新型社会关系，即 B 村精神共同体。乡建语境下多元主体互动的现实，以及乡建过程中呈现的"事件性"特征，形成了乡村新型流动"共同体"，共同推进新型乡村建设实践。

关键词： 流动　返乡群体　乡村建设　村落共同体　民俗协商

---

* 刘慧（1987.7—），女，湖北武汉人，法学博士，2022 年毕业于华东师范大学民俗学专业，深圳大学文化产业研究院在站博士后。基金资助：广东省哲学社会科学创新工程特别委托资助项目（项目编号：GD22TWCXGC16）。

一、从乡思、乡愁到
乡建的图景

（一）游走在城乡之间的人

国家语意下的乡村发展，更多的是关于如何发展的政策方针。2005年，党的十六届五中全会提出要按照"生产发展、生活宽裕、乡风文明、村容整洁、管理民主"的要求，扎实推进社会主义新农村建设。2007年，党的十七大提出"要统筹城乡发展，推进社会主义新农村建设"。2008年，浙江安吉县提出的"中国美丽乡村"计划，使全国各地兴起了美丽乡村建设热潮，美丽乡村建设成为社会主义新农村建设的代名词。2012年，党的十八大提出"推动城乡发展一体化"。2016年，《关于深入推进新型城镇化建设的若干意见》指出，要加快特色镇发展，发展具有休闲旅游、商贸物流、信息产业、先进制造、民俗文化传承、科技教育等特色优势的魅力小镇。2017年，党的十九大首次提出"乡村振兴战略"，指出要"加快推进农业农村现代化"。2021年，国家乡村振兴局的成立成为我国全面实施乡村振兴的新起点。

在国家与民间的双重语境下，当代乡村成为需要重点发展的"问题乡村"。乡村边缘化、空心化、失序化的挑战以及国家与民间对"问题乡村"发展的重视，使得乡村研究成为人文学科研究的热点和重点。

都市民俗学在转型路径探讨中关注了"游走在城乡之间的人"，世界民俗学、中国民俗学研究向来立足乡村的传统，但也面临着学科的现代转型。民俗学的乡村研究旨趣是保护乡村传统文化。随着城乡的发展变迁，有学人提出都市民俗学可以促进中国民俗学的现代转型。当代民俗学的都市转型，主要是从乡村民俗研究转向都市民俗研究。刘铁梁等认为，中国都市民俗学的发展历程大体经历了三个阶段：第一个阶段是从20世纪80年代开始，都市民俗学主要是将乡村民俗学作为参照对象开展研究；第二个阶段是20世纪90年代，都市民俗学主要是以"都市民俗"为对象进行研究；第三个阶段是21世纪以来，都市民俗学研究注重学科建设和范式转型

（刘垚、沈东，2015/6）。从都市民俗学的发展历程来看，中国都市民俗学近30年的发展历程呈现大都市中心主义、经验研究取向以及学科化趋势的整体性特征。程鹏认为，中国都市民俗学的研究对象可以归纳为"都市里的民俗"与"都市化的民俗"两种类型，这两类研究对象分别对应两种学术指向："都市里的民俗"作为区域民俗学研究的对象，可以对比乡村民俗学关于"乡村里的民俗"研究；"都市化的民俗"研究主要是回应学术上有关现代化的研究诉求（程鹏，2014/4）。从国际都市民俗学发展历程来看，其发展必然伴随着现代化进程而出现。现代都市民俗学是取"空间上的都市化"与"时间上的都市化"的并集。都市民俗学伴随着现代化进程出现，解决的也是现代性的问题。因此，徐赣丽提出建立"现代民俗学"，以拓展都市文化研究（徐赣丽，2021/1）。周星认为，"中国民俗学的现代转型并非只是把研究对象从乡村转向都市那么简单，而是要关注城乡民众最为基本的现代日常生活"（周星，2017/2）。

针对都市民俗学与现代化诉求

紧密相关的问题，近几年也有民俗学者提出"日常生活转型"理论，并指出日常生活具有审美化的特征。民俗事项、民俗文化等作为民俗学的研究对象，自身所具有的审美特征，有效破除了"日常生活审美化"概念中隐藏的文化有高雅与低俗之分的二元对立格局。民俗文化源于生活，构成民俗生活的大部分，并且依附于一定的社会习俗和传统，是特定生活方式和生活经验的反映。日常生活审美化要解决的是现代性语境下的民众生活困境问题。具体而言，指现代生活与传统生活产生了巨大差异，比如消费、文化、信仰等逐渐地大众化、世俗化，都市民俗学的宗旨则是要解决现代性民众生活方式变化所引发的问题。

中国民俗学需要从乡村民俗学研究传统向都市民俗学转型的观点已得到民俗学界学人的广泛讨论与认可，但关于如何实现转型的路径研究存在不足。徐赣丽提出"城市化背景下民俗学的时空转向：从民间文化到大众文化"的研究路径（徐赣丽，2021/1）。廖明君和岳永逸认为，研究新一代的"都市民俗学"，需要用都市化视野关怀民俗主体主否；都市化视野不仅包括都市，亦包括乡村，要整体性地关注流动的城乡民俗生活（廖明君、巴兆祥，2012/2）。

以都市民俗学作为研究视角，不管是考察都市空间里的民俗文化事项，还是探究乡村空间的民俗文化传统，都需要用平等、平衡的眼光来做统筹式研究。中国民俗学乃至世界民俗学的乡村研究传统及近年来关于都市民俗学的转型思考，促使笔者着重关注了"返乡者"这一群体。他们是由都市向乡村流动的特殊群体，他们中的每一位既有都市生活的经历，又怀揣返回乡村建设的想法。在民俗学研究视域下考察"返乡群体"的返乡实践，可以较好地观照现代化背景下城乡发展的差异与及其深层矛盾，从而形成民俗学关于"人"的整体性研究路径。

（二）国（美）外乡村建设实践研究

乡村建设本身就是一场指向乡村各个方面综合治理的实践。在西方发达国家，乡村建设实践起步较早，且已有较为成熟的实践经验。围绕国外乡村建设实践，如美国"新城镇开发"、日本"造村运动"、德国"村落更新计划"、韩国"新村运动"等，国内外学界都有关于实践方法、路径等相关研究。

二战后的德国农村问题比较突出，政府通过土地整理、村庄革新等方式，使农村经济与城市经济得以均衡发展；从1990年起，德国农村发展的普遍模式成为欧盟农村政策的方向（常江、朱冬冬、冯姗姗，2006/11）。日本的造村运动最具知名度的是1979年开始提倡的"一村一品"运动。曲文俏、陈磊指出："日本造村运动最突出的特点是：要求一个地方（县、乡、村）根据自身的条件和优势，发展一种或几种有特色的、在一定的销售半径内名列前茅的拳头产品，也包括特色旅游项目及文化资产项目，如文化设施或地方庆典活动等。"（曲文俏、陈磊，2015/7）日本造村运动的内容后来扩及整个生活层面，造村运动的范围也由农村空间扩大到都市领域，变成了一场全民运动。与日本类似，1970年的韩国政府主导以

"勤奋、自助、合作"为宗旨的乡村建设运动，即"新村运动"。"新村运动"分为三个阶段：第一阶段主要是农村基础设施建设；第二阶段以增加收入为主；第三阶段是发展以农产品加工为主要内容的农村工业，韩国以改善生产和生活环境为重点的"新村运动"，创造了农村建设跨越式、超常规发展的成功模式（〔韩〕朴振焕，2005：190）。中国台湾的乡村建设实践集农业生产、观光、休闲、度假于一体，既解决了民众的生存问题，也推动了农业永续经营，这种发展模式引起了研究者的关注（吴人韦、凌诗佳，2006/3）。此外，其他欧亚农村的乡村建设实践对我国当下的乡村振兴皆有可以参照和学习的地方。

（三）不同学科视野下的乡村建设研究

我国的乡村建设实践经历了20世纪30年代民国时期的乡村建设运动、革命和建设时期中国共产党人领导的乡村建设、21世纪至今的新农村建设三个主要历史时期。20世纪30年代的中国乡村建设运动打着"回乡村去""到民间去"的旗号救济和改造乡村，希望通过"乡村复兴"进而实现"民族复兴"。梁漱溟、晏阳初、黄炎培、陶行知、高阳等乡村建设知识分子，在邹平、定县、徐公桥、晓庄、无锡等地进行各类乡村建设实践，同时国民政府还成立了行政院农村复兴委员会，负责指导和协调全国乡村建设实验。在此期间，国民政府和民间组织共同参与实践乡村建设。虽然乡村建设各派的具体做法不同，文化、教育、政治各有侧重，"到农村去""发展农村经济"却是乡村建设派的基本共识（耿达，2017/4）。

基于国内不同时期的乡村建设实践，学术界均有较为及时的研究回应。有学者指出，20世纪上半叶对本土村落研究呈现"村落中心主义"倾向的明显特征；且长期受制于"本土—他者""传统—现代"等二元分析框架的限制（林聚任等，2014/9）。同时"社会学界乃至整个社会科学界长期以来沿用欧洲现代化产生的进化论视角，将社会形态的演变设定为两种类型的替代，如机械团结—有机团结、共同体—社会等等"（贺雪峰，2013/3），使得村落研究陷入了困境。

基于社会学庄研究范式，贺雪峰评论道："现在的学者主要通过两种方式超越村庄：一种是物理意义上的超越，即上升研究层次，将研究对象从村庄提高到乡镇、县域，有些研究甚至以'中国'为表述对象；另一种是理论意义上的超越，他们关心的是中国村庄同西方社会科学经典理论对话，为推动世界社会科学理论发展提供经验材料。"（贺雪峰，2013：54）社会学是从社会网络的视角来关注村落生计，如社会学的乡村旅游研究更多的是关注社会的流动与秩序。经济学领域对乡村的研究，主要是通过宏观考察及量化分析来理解村落的生计特色，人类学主要是从异文化的视野来看待村落的文化生态（蔡磊，2014）。人类学关于乡村的研究，基本是引入西方理论进行对话，在人类学日益本土化的语境下，也面临着由土实践理论创新的困境。

民俗学之外多门学科视野下的乡村建设研究，大部分是基于个案的研究，回至本学科的理论立场，

同时在原有的基础上进行拓展。在关于乡村研究的个案研究中，常常需要进行跨学科思考，不同学科的研究范式，均能为本文"B村共同体"的民俗学式研究提供参考。

（五）民俗学语境下的乡村研究

乡村建设研究是一个历时百年的经典话题，从民俗学的发生及学科发展来看，乡村研究的理论与方法尤其值得反思。首先，我们需要承认的是，在学术群体的共同努力下，中国民俗学关于乡村、村落的研究成果非常丰厚，研究成果几乎涉及村落民俗文化生活的方方面面，也几乎涵盖了民俗学主要研究对象。

"关于村落在中国社会研究中的特殊重要性，学者们有着广泛的共识。这不仅因为村落在国家的区位结构中占据绝对的时空优势，也因为乡村的生活模式和文化传统在更深层次上代表了中国历史的传统，影响着未来的发展走向。"（林晓平等，2014/9）萧放等通过梳理近70年中国民俗学学科建设历程，指出：民俗学的学术根植于时代的土壤，中国民俗学学科发展和变革的每一个阶段始终与当时的

国家社会政治环境、文化生态息息相关、密切关联，民俗学人因时入世、求实担当的学科精神与责任意识在国家社会建设进程中得到深刻体现（萧放、贾琛，2019/6）。民俗学关于乡村的研究同样也遵循了学科发展的规律。张士闪从艺术学与民俗学的双重角度切入 20 世纪中国乡民艺术学术史研究，指出乡民艺术根植于乡土社会的文化形态，乡民艺术的发展过程其实也折射了乡土社会特定时期乡村建设的特征（张士闪，2007/3）。而民俗学关于乡村的研究，是一个从"民族国家建构"到"乡土语境回归"的过程。

民俗学意义上的乡村研究之"乡土语境"具体指什么？其乡土语境主要体现在通过乡村模式的探究来理解村落特色生计及村落民俗传统（刘铁梁，2013/3）。又如，民俗学关于乡村旅游的研究，注重对民俗事项的研究，在观照乡村生活方式转型的同时也探究民俗文化发展规律，这也是乡土语境研究的一个方面。诸如此类立足乡村空间的传统民俗学研究不胜枚举。回归"乡土语境"的民俗学研究，以乡村个案研究最为突出。刘晓春等的《历史与文化的互动——赣南客家家族制度的个案研究》充分利用了当地的族谱、县志、州志、乡规民约、艺文志以及民国的《民商事习惯调查报告录》等文献资料，还原了赣南东山城镇富东村的村落与家族历史及家族谱系的构建过程。他们认为："对于具体村落家族的研究只能是发掘村民在日常生活中创造的历史，以及这些具体的历史所具有的时空穿透力，也就是这些具体的历史背后所蕴含的时代意义和人们对人生存方式多元化的理解。"（刘晓春、周建新，2001/2）

近几年，在乡村振兴语境下，民俗学人也在探索"实践民俗学"的实现路径。萧放等指出："具体到民俗学所要面对的'日常生活的整体'而言，与以往基于民俗事象与文本中心的研究不同，也与表演学派的研究方法有所差别，以实践为中心的民俗学研究，不是极其细致地描绘具体事件或个人行为，而是发现事件之中各类因素在时间与空间中的联系，并描摹这些联系变化的轨迹。"（萧

放、靳熙，2019/1）

"望得见山、看得见水、记得住乡愁"（习近平，2023：171）是国家乡村振兴规划中提出的实践目标，"乡愁"这个词也是整个人文学术在进行乡村实践研究时绕不开的话题。安德明提出，"作为一门曾被认为是受现代性怀旧（乡愁）情绪影响而产生的学问，民俗学向来与'乡愁'问题有着密不可分的关系。这不仅表现在它的诸多研究对象如歌谣等当中有大量抒写离散与乡愁的内容，也表现在它始终对古老传统的价值的特殊认识，并对传统的衰落或消亡怀着特殊的敏感与关切"。（安德明，2015/2）

不管是基于国家宏大叙事的乡村历史文化研究，还是立足于微观层面的乡村实践研究，特别是直面当下多样的生活文化实践时，民俗学者要有反思的精神。周星在最新的研究中就提出，"现代民俗学应对本真性和乡愁问题的立场，就是把它们均视为研究的对象，也就需要和它们保持适度的距离"，这样才能保持一个研究者的主体性立场（周星，2021：1）。

（五）返乡群体

中国语境下的返乡话题可以从"知识青年上山下乡"谈起。知识青年返乡不是当代社会的产物，具有深远的历史渊源。从社会史发展的角度来看，钱理群将近代中国的返乡青年进行了断代和划分。第一代返乡青年是以"五四青年"为代表的知识青年；第二代返乡青年是20世纪30年代的中国共产党人和乡村建设学派；第三代返乡青年指的是延安的青年知识分子；第四代返乡青年是新中国成立后五六十年代的知识分子；"文化大革命"中的返乡知识青年群体则是第五代返乡青年（左靖主编，2013：244）。在此基础上，钱理群提出支农大学生群体是第六代返乡知识青年的代表。当下我国乡村建设呈现多元化的局面，返乡群体已成小型规模，并形成多种模式的乡建模型。当代乡建主体镜像呈现多元化特征，他们正在与国家乡建话语形成了良好的互文，国家对乡建群体的定位是"乡建人才"。

就中国语境而言，"三农"问题一直是人文社会学科关注的重点。近些年，"三农"问题研究也从原本宏观性政策研究转变为具体的针对"人"的研究。特别是在社会学语境中，逆城市化背景下针对返乡群体的研究成了新的研究热点。早期的返乡群体研究，主要集中在农民工的返乡问题上，对于知识青年的返乡研究也常常局限于"下乡村官"群体，倾向于从经济或者政治的层面去做分析以回应乡村最为迫切的发展需求。从文化实践的视角对返乡群体进行研究是本文关注的重点。近几年，民俗学学科相关研究中对返乡群体的关注以"新乡贤"研究较为突出，如季中扬、师慧指出当代新乡贤文化建设一方面是为了传承中华民族优秀传统文化，另一方面是为了破解乡村社会现代发展困境这一世界性难题，尤其是后者，是当代新乡贤文化建设所肩负的时代使命（季中扬、师慧，2018/1）。又如，刘晓春等通过对黔桂地区返乡青年组织的村寨建设实践的研究，认为黔桂地区返乡青年组织以地方记忆表象化和维护地方的生态敏感性等方式，发掘了地方传统文化，实现了地方传统的现代意义再生产（刘晓春、贺翊昕，2021/2）。无论是"乡贤"主体，还是以文化再生产为主的返乡青年，或者"新农人"（Suryanata et al.，2020/1），都是本研究关注的具有文化自觉与文化自信的乡村建设内生力量。

从网络媒体的报道中可窥见，当代返乡群体呈现多元化特点。从他们原有职业身份来看，这个群体中有返乡的大学教授、海归博士、企业家、艺术家等，他们有着与其职业身份相匹配的专业知识和技能。从他们的返乡意愿来看，更是呈现诉求多样化的特点。如自愿选择返乡参与乡村建设，或是从事生态农业生产，或是从事农村教育事业，或是从事乡村文化事业，或是纯粹的生活方式选择等。

近年来，国内乡村建设群体逐渐形成规模。乡建主体的类型，涵盖了专家学者、科研机构、建筑艺术文化专业人士及 NGO 和其他社会群体。乡村建设的重点内容，包括乡村文化教育、乡村产业扶贫、乡村农业技术发展、乡村传统文化保护、乡村弱势群体关注等方面。国内乡建群体从流动轨迹上看，以东部沿海城市为主，往中西部城市辐射。

（六）村落共同体

关于村落共同体的讨论，首先要追溯到"共同体理论"研究。共同体理论是哲学、社会学、民俗学等人文学科的一个经典理论。滕尼斯、鲍曼、安德森等外国学者针对不同国家特定历史时期的社会问题对共同体做了细致的描述与分析。

共同体作为社会学的基本范畴，最早是由德国社会学家斐迪南·滕尼斯所提出。滕尼斯认为"共同本形态"是人类关系中的一种基本形态。它是一种不同于"社会形态"的存在（〔德〕斐迪南·滕尼斯，2010：516）。滕尼斯对共同体的类型、具体形式和内容特点等做出了界定。滕尼斯指出："作为本质的统一体，血缘共同体发展着，并逐渐地分化成地缘共同体；地缘共同体直接地体现为人们共同居住在一起，它又进一步地发展并分化成精神共同体，精神共同体意味着人们朝着一致的方向、在相同的意义上纯粹地相互影响、彼此协调。"（〔德〕斐迪南·滕尼斯，2010：87）他从事物发展的角度阐述了共同体形成的内在

逻辑，即从血缘共同体逐渐分化成地缘共同体，进而形成精神共同体。这三类共同体在发展的过程中也是各有侧重。"一般而言，同血缘共同体关联着的是人们的共同关系以及共同地参与事务。总的来说，其是对人类本质自身的拥有；同样地，地缘共同体建立在对土地和耕地占有的基础上，精神共同体的本质则关联着神圣的场所或受到崇拜的神祇。"（〔德〕斐迪南·滕尼斯，2010：87）

滕尼斯的共同体形态是一种理想化的人类关系，他提出人类关系还有另外一种存在方式，即"社会形态"。他认为社会形态是比共同体形态更为复杂的人类关系存在方式。"共同体的基础是持久的、真正的共同生活，而现代社会是一个流动性很强的社会，人们很难在一起持久地共同生活，就此而言，在现代社会中，人们不可能保持传统的共同体。"（季中扬、李静，2014：6）也就是说，滕尼斯所确定的共同体形态是会随着社会的流动而发生变化的，共同体的最终形态是处在不确定性的。

鲍曼指出，现代性社会正在从

"固体"阶段向"流动"阶段过渡；"社会"已经被越来越多地视为一种"网络"而非"结构"，社会被人们认识为各种随意性的联结和分离的矩阵，是一个可能出现无数种排列组合方式的矩阵（〔英〕齐格蒙特·鲍曼，2002：3）。流动的现代性按照股票市场或金融市场的模式来解放变革的力量，认为一切基准都是会发生"决定性转变"的。固态状态下的现当代性，它的一个非常突出的特征是一种"最终状态"——它是当前秩序建设要尽力达到的一个最终顶点，而且在这一状态下，它会停止下来并呈现"稳定的经济""完全平衡的系统""正义社会"的状态，或者是一套"理性法律和伦理道德"的规则（〔英〕齐格蒙特·鲍曼，2007：82）。

虽然共同体具有不确定性，但共同体的建立或者重新建构是有其必要性的。鲍曼认为，共同体是"弱者的哲学"；所谓弱者，就是那些不能实现事实上个体性的法律意义上的个体（〔英〕齐格蒙特·鲍曼，2007：69）。"有权势的人和成功者"，与那些弱者或者失败者不同，可能会仇视共同体的约束（〔英〕齐格蒙特·鲍曼，2007：71）。但同时，这些成功者也不可避免地会面对"风险社会"带来的不可控性和不确定性（〔英〕齐格蒙特·鲍曼，2007：72）。无论成功者多么珍爱他们的个体自主性，也无论他们对捍卫这种个体自主性多么有信心，全球性精英成员也会偶尔需要归属感（〔英〕齐格蒙特·鲍曼，2007：76）。他们也期待一种共同体的建立，以抵御不确定性的风险社会。

鲍曼指出，事实上的个体与法律上的个体期待建立的是一个"道德共同体"，这种共同体需要长期的承诺、不可剥夺的权利和不可动摇的义务。而且这种使共同体成为道德共同体的承诺，将是一种"兄弟般的共同承担"的承诺，它重申的是每个成员享有避免错误与灾难的共同体保障权利。法律意义上的个体可能从共同体的幻觉中理解的是一纸确定性、可靠性和安全感的保证，但在事实上他们自己常常孤军奋战，只能依赖私人可支配的稀缺资源，把个体选择自由转变为个体自主的表现形式。鲍曼关于共同体的讨论中还提出了一个"美学共同体"。因写作需求，不在本文讨论的范围内。也认为，美学共同体和道德共同体常常是一起崩溃的，而且在流行的"共同体"中常常被混肴（〔英〕齐格蒙特·鲍曼，2007：78）。

在现代社会中，究竟是否可以重建一种无须基于共同生活的"脱域的共同体"？安东尼·吉登斯提出，在充分现代化的社会中，我们也许可以建构一种"脱域的共同体"，所谓脱域"指的是社会关系从彼此互动的地域性关联中，从通过对不确定的时间的无限穿越而被重构的关联中'脱离出来'"（〔英〕安东尼·吉登斯，2000：14）。本尼迪克特·安德森提出了"想象的共同体"概念，认为民族就是一种想象的共同体，"想象的共同体"概念进一步祛除了"共同生活"要素，而代之以"相互联结的意象"。"从想象的共同体概念来看，在任何一种社会形态中，建构共同体都是可能的。进而言之，在现代社会中，如果说能够建构某种共同体的话，也必然是一种不同于传统共同体的新型共同

体，只能是一种'想象的共同体'，一种纯粹观念性的、文化的共同体。这种共同体由于不是自然形成的，必然需要政治、经济、文化、教育等种种外力的介入，需要有目的、有计划地建设。"（季中扬、李静，2014/6）从滕尼斯的共同体理论到鲍曼的道德共同体、吉登斯的"脱域的共同体"及安德森的"想象的共同体"之间的理论对话，可以为本文乡村共同体的研究提供诸多参考的可能。

在乡村建设语境下，乡建中的主体即使谈不上是法律意义上的弱者，但因其各自所拥有的技术、知识、资源等有限，同样不能完全应对乡村建设过程中出现的问题。针对传统乡村的性质与特征，国内学界先后提出过"村落共同体""宗族共同体""市场共同体"几种类型界定。虽然这些观点也注意到村落的开放性尤其是"基层市场共同体"的联系，但主要是采取一种整体性和静态性的视角，将乡村视作一种相对封闭的自治体（许远旺、卢璐，2015/2）。"近几年来中国政府在广大农村地区开展的新一轮的社区建设，其目标就直接指向了建

设社区'生活共同体'，其要义在于使社区建设的功能、价值和意义回归居民的日常生活。从农村居民日常生活出发，建构地域性社会生活共同体，其指向可以从两个方面来理解：一是作为空间形态的共同体；二是作为精神文化形态的共同体。"（林聚任等，2014/9）

传统的民俗学或者人类学研究，通常会把某个具体的地域，例如村落作为研究对象，这个地域的人们通过血缘、地缘等纽带连接在一起，他们之间共同恪守祖辈留下来、通过乡规民约呈现的所谓礼教或规范。这样"面对面"的共同体，具有本质主义的特征。一旦超出这些范围，在没有血缘、地缘的关联，也没有宗教或者王权这样的力量来规制的时候，人们如何互相认定是属于同一个"共同体"的？本人认为，需要建构一种新型的共同体模式。具体而言，来自村落本地的乡建主体是传统村落空间中有血缘和邻里关系的群体；而外来返乡主体大体超越传统村落空间，大部分没有血缘和地缘关系，他们由业缘、趣缘等要素勾连，是新型的共同体类型。本地乡建主体与外来返乡者通过日常生活的互动，形成了以传统村落共同体的建构为基本形式，以精神共同体—新型共同体为理想的建构路径。新型村落共同体是乡建群体的当代形态，也是比较理想型的乡建模式。

二、B村的再发现

（一）自然地理文化空间

B村位于Y县县城西北向，离县城5公里，面积22.6平方公里。B村辖管B东村和B西村两个自然村，全村辖21个村民组878户2906人。环城公路从B村前绕过，加强了B村的可进入性。自明代起，B村就是古Y县十二都之一，且是"三、六、九（都），大乡村"之首。B村的地理文化空间形成实则包含了地理与历史的双重维度，复杂的地理空间讲述了丰富的历史故事。

B村是一个处在边界上的小村庄。这个边界，要从Y县的地理方位说起。从地理方位上看，Y县处在安徽的南边。从具体的地形图上看，Y县北边是山，不适宜前行，而往东可以去上海、南京。同属于古徽州地区的婺源县，曾经是安徽与江西的交界地。Y县与婺源靠近，所以Y县离江西也很近，因此往南便可以去江西的景德镇，再往西或南，可以到浙江。这样的地理区位，使得Y县所在的皖南地区与皖北地区形成了差异很大的文化传统。皖南村里的文化形态与东南边的江南文化更为接近。

B村同它所在的Y县一样，北边是L，东边是青河，西边是最为著名的世界文化遗产地、徽文化的中心区西递和宏村，而B村只是处在徽州文化与其他地域文化的边界上。从Y县的人口变迁历史来看，这里的地域文化一方面是本地的山地文化，另一方面是第一次人口迁徙带来的中原文化，还有近年来从上海、南京、浙江等地返回B村即第三次人口迁移的人所带来的江南文化。

B村所在的Y县，自秦代置县以来，在数千年历史变故中，不乏中原一族因战乱举家移民于此。移民是了解中国近现代社会变迁的重要视角。早在1936年，赛斯就强调民俗学需要从历史的维度研究迁移所造成的影响（Sayce，1936/2）。每个移民群体都能对当地的文化生成一定的冲击，引起文化植入，进而形成文化再生产的现象（Hallowell，1957/2）。T先生介绍了Y县历史上的移民史：

我们祖上应该是商汤时代从中原迁亡到这边来的。我这个姓"汤"在这里很少有。应该是从中原河南一带商丘殷墟过来的。据我爷爷一辈说，三国时期，作为北方的俘虏，被东吴的士兵押到这里来种地。我们祖上可能就是那个时候被抓来的战犯。三国时期，Y县这个地方相对于楚国来说，是蛮荒之地。后来几次人口迁移，三国时期一次，元末明初一次。这里逐渐人口多起来了，也慢慢发展起来了。要了解这边的村子，首先要了解Y县这个地方。这个地方很怪的，它是十里不同音，有各种移民。[①]

---

① 2018年1月2日，Y县徽堂，T先生。T先生现为Y县X村人，以前经营过蚕厂，现在在X村经营画元、字画还有根雕木作等工艺品，同时卖一些本地的土特产，因看到B村游学的广告，主动参与到讨论会中（访谈编号 BST20180127）。

T先生介绍了Y县历史上的移民史。据资料记载，宋元以后，独特的地理环境、丰富的物产资源、雄厚的徽商财富、刻意的风水理念以及别开生面的文化气息，使得Y县建筑在徽州一府六县中成为佼佼者。明清以后，由于历史诸多原因，Y县古建筑还能够较好地保存至今，使之成为明清徽派建筑的典型代表。

B村作为Y县境内的一个自然村落，村里传统的村落景观不复存在，于是在大力发展古村旅游的名单上被边缘化了。与村干部有过交流的外来返乡者基本能够理解政府的立场。但作为村民，他们往往更看重眼前的事实。在田野调查期间，邻村的一位村民说，"还挺羡慕B村这样的村子，反正政府也没把村子围起来开发，村民想干什么都行，想盖房子就盖，想卖什么就卖什么。"而B村村民也会觉得景区挺好，可以赚门票钱。

（二）村落共同体的雏形

在B村做田野调查的时候，如何努力成为村里人？"生人说熟话"是技巧，但前提是在最短时间内建立起有关B村的地方感，熟悉了所在的地方，这样与村民才有共同的话语。来B村之前，笔者也规划了很久，但被问得最多的问题是：你去那里安全吗？住在哪里？有认识的朋友吗？谁引荐的？有人建议，直接找到当地文化主管部门，说明情况后即可开展调研；有人建议，以游客的身份，跟着旅行团先去考察下，确保可行性；有人建议，尽可能找当地的朋友引荐；有人建议，到当地后，不要住在村里，住县城，人多热闹更安全。旁人为我考虑的是安全问题，同时折射的都是城市人对乡村的刻板印象，也呈现了我们在"法治社会"与"熟人社会"中谋生存的各种纠结。笔者检索了线上和线下各渠道信息，联络了一切可以联络的朋友包括朋友的朋友，只为多了解一下笔者将长久驻扎的这个地方的安全问题。比如宏村磊磊、Z姐的朋友，比如唐老师说有认识的朋友，又比如在网上搜到的曾经来过B村调研的人的博客、微信、网页等，都是虚拟的存在。认识人是第一步的，紧接着就是迅速熟悉村落的方位和空间环境。这要感事"写春游学"项目，使笔者迅速成为"B村通"。

第一次到访，10天时间，笔者在B村的熟人社会网络逐步建构起来。比如姚老师与钱师傅，是村里熟人圈中有名望的人，村民都认为笔者应该先去拜访下他们；而胡老师是村里很热心的人，一定也不能错过；汪老师更是村里甚至县里大家都认可的有文化的人，村的历史方面的知识必须要请教他。后来大家听说县志三的钱老师与我是校友，基于一种熟人认知的逻辑，自然是要去探望一番。即使笔者在村中待了一段时间，但短时间内想要获取村民的认可基本是不可能的，甚至还被村民贴上了"××地方来的研究生"的标签。

乡村旅游与乡村建设具有内在的关联性。旅游开发是乡村建设的一种路径，同时在旅游开发的发展反思中，乡村建设又涌现了其他路径。B村乡村建设主体呈现多元化面貌（见表1）。B村的返乡群体，从年龄构成来看，基本横跨了20世纪40~90年代近五个时代；从身份关系来说，他

们包含了亲戚关系、邻里关系、朋友关系等类型；从地域上来看，他们更生地涉及了安徽、上海、北京、江苏、浙江等多个省市，即便同为安徽省的返乡者，也来自不同城市；从职业身份来看，其中包括艺术家、学生、本地返乡青年、当代返乡个体户、退休教师等；从他们返乡的行为实践来看，有从事民宿经营的，有进行生态农业种植的；从生活空间来看，他们在村庄中要么是自建，要么是租借，都有稳定的住所。可以说，他们从血缘、业缘、时间、空间等维度建构了一个新型的B村村落共同体。

B村返乡群体的身份是处在流动中的，或者说是处在建构中的。返乡群体建构的是传统文化传承与保护的主体角色，是具有文化自觉与自信的群体，与传统返乡人有着本质的不同。要论返乡的动力因素，总归还是受到政府、社会、外来返乡者及个体生命历程的综合影响。虽然乡村建设的很多设想是理想化的，但通过观察本村人与外村人的日常生活实践会发现，这个共同体又是真实存在的。只是这个共

表1 田野调查访谈对象基本信息（部分受访人做了化名处理）

受访人	出生年代	与村庄的关系
Z老师	70年代	安徽人，"B村书院"主人（村中有住宅）、B村工销社负责人
R女士	80年代	江苏人，B村工销社"管家"
郑晓光	60年代	上海人，猪栏"三吧"主人（村中有住宅）
寒玉	70年代	上海人，猪栏"三吧"主人，与郑晓光是夫妻关系
QXH	60年代	江苏人，B村书局创始人，在村中有住宅
LXX	80年代	江苏南京人，"早春游学"创始人，在Y县有住宅
张主任	60年代	上海人，PS村"御前侍卫"精品酒店、民宿主人
牧儿	90年代	上海人，"狗窝酒吧"主人，在村中有住宅
邢瑞	80年代	安徽人，Z老师团队成员，租住在村民家
张煜	80年代	安徽人，曾经在B村做生态农业种植
ZWX	80年代	驻地艺术家，现租住B村原欧宁家
老韩	60年代	安徽安庆人，"老山房"主人；后将房子转卖给了一个浙江人
汪老师	40年代	村民、退休村干部、B村书局工作人员
姚老师	40年代	村民、退休老师
钱师傅	40年代	村民、退休工人
胡老师	50年代	村民、退休老师、村老年协会会长
查老板	60年代	村民，经营自建民宿、Y县县城返村人员
何阿姨	60年代	村民，经营自建民宿
菊姐	70年代	村民、返乡村民、B村工销社厨娘
查阿姨	60年代	村民，B村工销社保洁人员、胡老师的妻子
汪程龙	80年代	返乡村民
孙阿姨1	60年代	村民、泰来农庄老板娘，与俞老板是夫妻关系
孙阿姨2	60年代	村民、孙阿姨1的妹妹，与洪老板是夫妻关系
孙大叔	60年代	村民、孙阿姨1和孙阿姨2的哥哥
YQ	90年代	村民、泰来农庄俞老板女儿
靖姐	70年代	村民，原B村供销社负责人
汪姐	80年代	B村书局工作人员
小孙	90年代	"土书馆"主人
小杨	90年代	重庆人，"土书馆"主人
小许	80年代	安徽人，NP村"七约农场"农场主
如意	80年代	Y县人，NP村"七约农场"农场主，与小许是夫妻关系
小汪	90年代	B村人，在NP村经营植物染手工坊
C女士	90年代	四川人，与小汪为夫妻关系

同体分为几个维度，即共同体之间的身份认同是有严格区隔的，共同体之间也是有矛盾的。

早期的乡建群本，凸显的是部分领袖人物的思想，大部分参与乡建的主体其言行皆处于遮蔽状态（任金帅，2014：31）。当代乡村建设主体呈现群体化特征，群体间以平等合作的契约关系为主。本文研究的返乡群本，在所谓上可以与知识分子这一名词相互替代，但有其自身特征。已有研究指出，比起20世纪二三十年代的乡村建设学派，当代返乡群体更多在价值理性和经济理性的基础上选择踏上返乡之路（李露清，2016：83）。这其中，个体的主观能动性与自觉性得到最大的体现，特别是对传统文化与乡土社会的认同，具有极大的文化自觉与自信。

（三）互联网时代与网红村

B村首先是个移民村。B村很久之前就呈现人口多元化的特征，且半数人口多外来移民。按照B村乡贤汪老师的介绍，B村一直都有外来移民的传统。有准确资料记载的移民历史有三次。

将B村带入村落之外大众视野的是来自外地的一批返乡者，他们有策展人、艺术家、高校老师等。汪老师将近十年B村外来返乡人士的到来，视为B村的第三次人口迁入期。鉴于B村自古以来的移民传统，对于这批外来人口的到来，B村人似乎并不觉得惊讶。正因为这样的习以为常，B村村民的日常生活似乎并没有发生多大变化，村民们与返乡者较好地相处着。

哈佛大学女博士周韵在参加由南京大学在B村举办的一次活动中指出，中国农村发展到了如今，不应再存在"农村该是什么样"的想象，她认为应当警惕价值秩序与情怀上的差序。周韵的言论使得B村一下子成为网络舆论的热点，B村一时间成为媒体报道中的"网红村"，B村的这批返乡人也成为大众关注的焦点。与B村人更多关注自身的日常生活不同，媒体大众比较关注的是"为何有大批城市人士选择乡村生活"且"为何他们会选择B村"。

笔者进入B村进行田野调查时考察到，欧宁等人是从城市返乡的，是一群具有共同职业倾向和理想的人，他们的愿望是建立一个共同体，即 B 村共同体。诚然，"B村计划"发起人绝对不会否认关注 B 村，既与自身的审美倾向有关，也与 B 村的古村审美特点有关，还与它的古村遗产基因有关。总之，选择 B 村并不是简单的一句"乡村情怀"就能概括的。在与他们的交流中我们能了解到他们不希望 B 村成为遗产名录上千篇一律的古村，也不希望 B 村像西递、宏村那样旅游化。

诚然本地村民对村落的发展理想与欧宁等人的设想有很大不同，但想要改变当下生活现状的愿望是一致的。这种愿望，在西递、宏村成为全国著名的文化旅游胜地后格外强烈。村里的一位阿姨告诉我：

宏村本地人都有钱，在那边做客栈工资太低了没人去干的。宏村请的阿姨都是从县城找的，那一点工资（1000 多块钱）本村人是不会去做的。本地人即使不做事也是有钱的。他们房子租出去，每年过年算钱的时候，一个户口就是几千块。然后 60 岁以后，每个月也有几百块的补助。他们把房子租出去，自己在宏村外建了一片新房子，也是商品房，一家一家都买了。那边如果不是因为旅游，盖了那么多房子，谁去买啊？一个客栈租出去，都要十几万的。我做事的那家，算便宜的，一年 8 万元。①

其实村民很清楚西递、宏村发展起来的原因，也清楚现在面临的问题，但涉及生存所需的资源时，他们自然会有羡慕的情绪。这种羡慕的情绪同时也是复杂的。比如，西递、宏村因为长久以来是各大美术学院学生写生的基地，水源污染严重，环境问题变得格外突出，而且由于商业竞争，人际关系也变得复杂不少。T 先生说：

我在 B 村有房子，买来养老住的，就在姚老师旁边。我十几年前买的，那个时候书局还不在。我是 Y 县人，很多地方都可以买到

---

① 2018 年 4 月 7 日，B 村，查姓小卖部，W 阿姨。在进入 B 村后，为了熟悉村里的环境，与村民日常交流产生的对话内容（访谈编号：BSW20180407）。

房子，能买到比 B 村更好的房子，但我喜欢 B 村，它很幽静，那种人的自朴还不在。我在西递，那里人与人之间是设防的。当我到 B 村的时候，感到人际关系挺好的。①

"B 村计划"的网络传播，恰好顺应了这个时代某条正在逐渐充盈的支流，如都市人对城市的间隙厌倦，从而转向对乡村不加克制的浪漫想象。在 B 村成为网红村后不定时会有各种青包客或小型旅游团进入这个曾经鲜为人知的自然村落。

三、充入：村落共同体的重构

B 村共同体的乡建实践，主要内容都涵盖在"B 村计划"中，其中关于乡土建筑的改造活化部分影响最大；B 村计划搁置后，继续形成影响的是"Y 县百工"调研活动。作为外地返乡者，在最初的 B 村乡建实践遇到困难后，他们又试图通过引导具有共同意识的本地人进行协商合作，以推进 B 村的乡村建设事业的发展，并建立 B 村共同体。

乡村，作为中国社会的根基，它的空心化这样的现实，艺术界比较早地做出了行动回应。艺术走向了乡村，开始跟乡村社会建立关系。后来黄专先生也去乡村做过一些艺术项目，但这些活动还是属于艺术家的观念呈现，是用艺术的方式表达，而不是用乡建的方式。用乡建的方式乡建，是指用符合乡村文化认同的方式去进行乡村建设。在 B 村，返乡群体的乡村建设具体包括三个方面的内容：一是对乡村建筑进行直接改造，建构新型的乡村公共文化空间，如对 B 村祠堂、老油厂、共销社等的改造；二是对以 B 村为主的 Y 县地区的传统手工艺进行调查研究，而后进行新型的手工艺品设计创造；三是致力于与村民的交流互动，间接进行新型社会关系的建构。

---

① 2018 年 月 日，Y 县徽堂，T 先生。T 先生现为 Y 县 X 村人，以前经营过蚕厂，现在在 X 村经营包括古玩、字画还有根雕木雕等工艺品，同时还卖一些本地的土特产，因看到 B 村游学的海报，主动参与到讨论会中（访谈编号：BST20180127）。

（一）公共空间的建构：乡土建筑的改造

1. 祠堂——B村书局

《礼记·大传》记载："亲亲故尊祖，尊祖故敬宗，敬宗故收族，收族故宗庙严。"（胡平生、张萌译注，2017：32）祠堂作为中国传统乡村社会中血缘关系的载体，具有维护宗法礼治、敦宗睦族的作用。据资料记载，B村曾经拥有五十多座祠堂。B村的祠堂基本都是以村庄大姓氏为名而建，如汪氏祠堂、何氏祠堂等。祠堂的功能在其俗称上就有所表现，如启泰堂、墩义堂、贻善堂等，都暗含了村庄墩宗睦族的期待。随着村落的变迁，祠堂的功能也发生了显著变化。村里的祠堂曾经被作为粮点、蚕房、教堂，或者被征用为学校、村委办公点，能完全保持原始功能的祠堂几乎没有。现在B村的祠堂大部分都是废弃状态，有的还用来堆放木柴和棺椁，如J家祠堂。在当代文化遗产保护的语境下，作为乡土建筑的乡村祠堂得到了政府的重视，有的经政府评估后被贴上"古建筑"的标签，然后进行修缮保护。但是政府的保护能力很有限，且由于村民对这样的文化遗产的价值认识不足，祠堂类古建筑保护难度加大。

2011年Q先生参加完首届B村丰年庆后，决定把书店开到这个皖南乡村来，城市书店进驻B村也是经历了重重困难的。B村自古以来便有读书传统，村里也设有农家书屋。平时农家书屋不乏有查阅农技等方面知识的村民。在村委的帮助下，B村书局最终顺利落成，其中也有村委出自村庄发展的考虑和村民渴望读书的心理需要。

Q先生认为把书店开到B村的初衷是很美好的，就是给那些想看书的人创造一个清静的阅读环境。书局以经营徽文化、徽建筑、乡村文化、乡村建设、艺术类书籍为主，也有一些畅销书目，如民俗民艺类的书籍、文化生活类的书籍，还有儿童图书、绘本等。B村书局的建立给村民特别是年青一代创造了一个新的阅读空间。在纸质书籍日渐式微的时代，实体书店的经营往往面临着尴尬的境地。但B村书局可能是个意外。在网络上，它被评为"最美乡村书店"。在村落中，它从原来的祠堂变为村民的阅读空间，看似功能发生了变化，其实质恰恰也是为了保留村庄有关祠堂的历史。

2. 老油厂——猪栏酒吧

老油厂直叫猪栏酒吧，主要是与猪栏一吧、猪栏二吧相呼应。村里人也称这里是"三吧"。猪栏酒吧老油厂店的原址是 B 村油厂，而 B 村油厂最初是个大户人家的房子，后来变成了人民公社和村生产队所在地。

关于"三吧"的改建，基本秉持了"旧物再利用"的原则。如在综合公共空间中，原来是巨大的油厂厂房，现在依然保持着原貌，老式榨油机横在空间中央，能够唤起人们关于计划经济时代的生活记忆。大客厅里还有写着"人民公社好""全国学人民解放军""全世界无产者联合起来"的系列标语墙，极具年代感。又比如室内陈设，有花费30多块钱收来的20世纪80年代的旧沙发改造的沙发椅，花十几块买的用来照明的旧用白炽灯，还有从旧货市场上淘来的台灯等。关于旧物利用，从经济理性的角度考虑，是节省了做民宿的成本。但对于"三吧"设计

师 Ji 女士来说，主要是想打造一个包含日常生活方方面面的、具有时代感的空间，能够满足一些人"怀旧"的心理需求。这是一间符合文旅博物馆的标准的民宿，其中各类不同年代的大小物件随处可见。

当然，除了"怀旧"这个设计理念，作为一个民宿，它该具备的功能一样都不能少，比如住宿、餐饮、休闲、书店、杂货铺等。但这里又不同于普通的民宿，这里的服务员都是从村里请过来的村民，她们全权负责住店客人的日常需求。饮食方面，遵循当地的节气时令，吃的都是自家菜园子里种的应季蔬菜。休闲零食是来自村里糕点师傅做的特色点心，如红纸包的千层酥、徽雕糕。服务员的衣着装扮跟在自己家里一样，没有刻意打扮。猪栏"三吧"老油厂店占地十几亩，但只做了20间房。设计者的出发点是尽可能地保留公共空间，而不是将其商业价值发挥到最大。

猪栏酒吧的"匠心独运"设计，最开始是被 B 村外的人高度赞赏的。猪栏酒吧作为唯一一个

非专业建筑师打造的建筑项目，在 2015 年入选了"中国建筑之'中国最具责任感的 19 个建筑'"名单。村里人知道有很多外国人住在猪栏"三吧"那边，还有一些国内的名人也住过猪栏"三吧"，所以猪栏"三吧"是属于名声在外的乡村民宿。村民对猪栏"三吧"的关注点可能与外来游客不一样。胡老师谈到村民与"三吧"的关系时用的是"紧张"一词：

> 我们村民与"二吧""三吧"的关系一向比较紧张。现在虽然慢慢缓和了些，但是他们是跟村里缓和了，我们几个老人心里还是不舒服。不是我不舒服，是我们的老会长不舒服。老会长的老婆和姚老师的老婆有一次在"三吧"那边割草耕地，口渴了想去"三吧"讨碗茶喝，结果没有讨到。有游客来的时候，我给他们指路到"三吧"参观都指了好多次了。他们这样做不应该。还有

一些村民反映，我自己也看到过了，比如他们那个篱笆旧了要重新换一个了，他们家隔壁有一个老人家苦得不得了，你就给人家当柴火烧嘛，结果他们也不干，一把火烧掉了。还有呢，我有次带市政协的人去，结果吃了个闭门羹。还有一次，好大一个旅游团来村里，我们说带到"三吧"去看看，也是吃了闭门羹。①

当然，胡老师对猪栏酒吧的印象还停留在刚开业时期，作为刚入住乡村的民宿主人来说，他们从思维上也还没有适应乡村的交往逻辑。现在的猪栏酒吧白天几乎都是不关门的，室内大厅里还有免费自取的茶水，里面的管家大姐也都是本地村民，不会再出现"闭门羹"之类的事情了。

3. B 村供销社—B 村工销社

历史上的 Y 县，人们均"读书力田，无出商贾者"。直到清代康熙、乾隆年间，因人口增加，人们迫于生活，四出经商，逐渐

---

① 2018 年 4 月 1 日，村口，胡老师。胡老师是村里退休教师，村里发生的事他都信手拈来，对 B 村外来返乡群体的一些行动实践有自己的看法，同时最开始的态度是较为不满的（访谈编号：BSH20180401）。

自立商号，遍及长江两岸各大商埠，形成了"青"的一支劲旅。抗日战争爆发以后，长江两岸各大中城市的商号，纷纷内迁或停业，县内商业也因货源枯竭，一蹶不振。到1948年4月，Y县解放时，全县工有店铺、行商、摊贩49?户。新中国成立后，国营商业部门、供销合作社采取了与私营商业完全不同的经营方式，以"为人民服务"为经营观点。根据"保证供应"、"稳定市场"的经营方针，还建控制了商业市场，领导私营商业改变经营方式和端正经营作风（Y县地方志编纂委员会编，1989：315）。

1955~1956年底，通过经销、合营、合作等形式，Y县基本完成了对私营商业的社会主义改造。93.5%的私营商户分行业组成公私合营、合作商店或合作小组。1958年后，县内国营商业和供销合作商业合并一体，商业网点撤并，以致网点减少，流通渠道单一，经营特点消失，服务质量降低。在1963~1965年国民经济调整时期，因供销政策的调整和经营管理的改善，市场逐渐活跃。

党的十一届三中全会后，国家对经济发展实行调整和放宽的政策，各种经济成分和流通渠道全面发展，城乡集市贸易迅速复苏和活跃。同时企业经营管理得以改善，商品经济得到很快恢复和发展。到1985年，国家已形成了以国营商业为主体的比较完整的商业体系。Y县有国营公司12个，供销合作社21个，代购代销店53个，共有经营资金316.89万元，年销售金额2665万元，其中干部和职工共1011人，另有合作商店29家、个体商店和摊贩325户，合计从业人员885人。

供销社所涉物资种类极其丰富。B村供销社是在1949年Y县供销合作社成立后，逐步建立起来的农村基层供销合作社。B村供销社属集体所有制，入股社员按规定交纳股金，社员代表大会为最高权力机构。1950年，先后建立临溪、碧阳、城郊、西武联村供销合作社，渔亭、际村中心供销合作社，西递、屏山、碧东、?西、汇村、上村、潭口联村供销合作社。1951年，建立美溪、?村联村供销合作社，江村供销合作社撤销，成立北庄联村供销合作社；碧东、碧西村供销合作社合并，成立B村联村供销合作社，碧阳联村供销合作社并入城郊联村供销合作社。至此，Y县共有基层供销合作社14个，社员27522人，股金155万元，从业人员88人。

B村供销社的负责人靖姐讲述了供销社极具时代感的变迁历史：

靖姐：他（欧宁）也就是2008年、2009年过来的。供销社是2015年租给他们的（沈工）。2017年3月28日试营业。实际上是2014年就租给他们了。

LH：真有眼光，那个时候买下来的。

靖姐：没有，我跟你讲，那个时候我们买的时候也是因为没有地方可以去了。供销社里全部解散以后（1997年解散的），1997年开始承包下来，到2005年才买下来。那个时候刚好改革开放，以前都是供销社专营，后来县城里的批发部慢慢出来，我们好几个同事都去县城开批发部了，但是那个时候我们两个人刚结婚

没什么钱，别人上街去（县城）投资需要钱，我也没钱，我就在这里，把这里全部承包下来。我们才几年就赚到钱了。

LH：那个时候承包下来还是卖百货吗？

靖姐：那个时候承包下来，我分两个柜子，一边是日杂，油盐酱醋，另一边是百货，卖文具，还有鞋子之类的，再另一边卖布。我老公承包这边的（日杂），我承包那边的（百货），我们两个人分开承包。这边（现在小卖部所在地）到了2010年的时候，跟我合伙承包的人讲，"街上（县城）批发部多了，百货的生意就没有刚刚承包的时候好了，两个人在一起也赚不到钱了，就你承包吧，我上街（去县城）去了"。那边跟我老公合伙的那个女的也不做了，我就干脆把两个店并到一个店了。这边因为生意差了，村里人家都出去打工了，小店也慢慢多了，我那个时候就开始卖化肥，因为种田的人还有，然后加工猪饲料，那个时候养猪的人挺多。现在，你看全部都改变了，没人种田，也没有人养猪了，所以我就又想办法了，把店子

盘出云，就这样子一不一环的。前几年县里供销系统象我们这种供销社越来越难做了县（供销社）里就投资过来，让我们改成超市的样子。前几年来流行超市了，什么地方都改成超市。县里给了我 13 万元，叫我改。那时候一改，我又舍不得，这么大的地方，又不知道该怎么改，那个货架看上去还是挺好的嘛，我又觉得这个货架改掉可惜了，反正我改也是这样子，不改也是这样子，我也不要那个钱了。许多供销社都改了，就我家还有文，我们没改，后来他们过来了跟我们讲（不要改），我就更不想改了。那时候我还没想到会这样子。

IB：现在满意吗

靖姐：现在这样子肯定很好啊！以前店没在，后靠东边有厨房的地方，其他地方都是桑地，戏台原来没有，后面的房子是现成的。面积一点没有改。

IB：（这边）小卖部以前格局

是什么样的？

靖姐：这边以前是个仓库。前前后后（1997 年开始）20 年，现在租给他们，我没事干了，租了12 年，一晃就过了四年了。不知道 12 年之后会怎么样。我们跟村口的泰来农庄老板都是同事，那时候他们就买了村口的供销社化肥厂的仓库。他们把仓库拆掉盖成了酒店。泰来农庄前面是土产公司收蚕茧的仓库，他们只是租下来，现在不卖了。要卖也不是以前那个价格了。村口还有个碧云客栈，那个时候3 万元卖，我们当时也想买，但是没有钱，刚买下供销社，钱不够。①

供销社的变迁历史，也是计划经济时代中国乡村的缩影。为了保存这段历史，2015 年 5 月，Z 老师带领的团队租下 B 村供销社，将其命名为"B 村工销社"，经过近两年的设计改造，于 2017 年 3 月正式对外开放。B 村工销社以"百

---

① 2018 年 4 月 1 日。供销社对面的小卖部，供销社原负责人靖姐。访谈内容主要是了解 B 村工销社早期的发展历史及变迁过程（访谈编号：BSJ20180401）。

工十条"① 为理念，着力于民间百工与当代设计的融合，勾连城市与乡村的物质和精神需求。

B 村工销社遵循原来的格局，改造为"前店后坊"模式。设计者的初衷是在彰显"百工"技艺之外，还保留村民关于计划经济时代的记忆。同时他们企图唤醒这个空间的公共功能，将其变成"B 村的会客厅"。"施工由 B 村本地工匠——Y 县能工巧匠古建公司完成，前后历时 18 个月。在工销社临街风貌的改造上，我们采取了最少干预原则，门脸和外墙依然保留历史的原貌和记忆，导视系统的标牌采用铝木结合，字体则采用传统书法的形式、尺度和比例，以低调内敛为原则。"（左靖主编，2017：30）

以工销社为工作起点和核心，Z 老师在几年的乡村工作实践中总结出了一套自己的经验。他把自己在 B 村的乡村建设实践归纳为三个生产。一是空间生产，主要是物理空间的改造。"但仅仅改造物理空间是不够的，很多人到乡村去做事情，会改造或新建很多建筑，建筑里放什么，怎么用，不知道，只是把建筑做起来。做内容是比较'吃亏的'，一个展览，一次放映，做完之后没有一个实在的东西能被看到，他就不知道你在做什么。但是问题在于，最重要的还是内容。没有内容，建筑只是一个空壳。所以第二点就是文化生产。把文化植入物理空间里。B 村工销社改造后 Z 老师团队做了一个展览，这绝不是为做展览而做展览，它包含着切实的内容以及与乡村、本土的关联。策展人 G 老师找到当地做漆、打铁和编竹的工匠，然后请设计师与他们沟通合作这个展览。'Y 县百工'在这里得到进一步的延伸和深化，此前的梳理

---

① 百工十条：1. 传统家园，寻找重返传统家园之路；2. 服务社区，立足社区，结合实际需求，利用团队优势提供服务；3. 地域印记，寻找发现具有乡土或民族等地域印记的产品；4. 百工习得，提升消费者对民间工艺的认知与理解；5. 日用之道，坚持只做日用产品，不做奢侈品；6. 当代美学产品设计既有本土关怀，又要具备国际视野，源自传统又不失当代感；7. 环境友好，不给自然环境造成污染，不过度消耗自然资源，不过度生产和消费；8. 连接城乡，促进生产者之间、消费者之间、生产者与消费者之间的互动交流和社群营建，勾连城市和乡村的物质及精神需求；9. 公平贸易，符合公平贸易的各项准则；10. 良品良工，符合相关质量标准体系，追求工艺细节，体现匠人精神。

和成骂只是第一步，最终的目的是把民间工艺和当代设计结合起来，在当代找到一条可持续的出路，只有有人用，它才不会死。'（左靖主编，2017：3）这是Z老师对B村二销社的定位。

B村工销社和之前不同的是开始重视产品体系的构建。这就是第三点：产品生产。理由很充分：我们所处的时代环境决定了要实现城乡之间的联系和循环必须依靠商业、资本、消费去推动，这是无法避免的。所以他们包装当地的土特产，在B村茶器和产品发掘。他们的拳头产品是精酿啤酒，是一个回乡'90后'青年毛儿在做，一款叫天光，一款叫清晨，名称是当地的方言，早晨和黄昏的意思，酒里又加上了当地出产的陈皮和红茶。毛儿还把黑字后干，特地做了一款叫黑多的精酿啤酒，目前已经做了几款精酿了，具有很好的市场反响。

B村工销社的体系里另一个非常重要的部分是D&Department（以下简称D&D）。D&D是日本设计活动家长冈贤明于创的以发掘地域文化为核心的整个计划，它通过长效设计的理念寻访不同地域的长效设计产品，并通过店铺、展览、出版、游学、教育等形式，让人们了解不同地域文化的独到之处。这与百工的理念和工作思路无疑是契合的——在乡建的语境里，应该做的工作是立足不同地方的文化，发掘并转化它们在当代的价值。

B村二销社在2020年开到了西安的一个商业综合体里，地方物产的消费端和所传递的价值观有了第一个城市窗口。他们在西安店做了一个名为"从乡村到城市"的展览，这是他们乡建工作的一个重要节点。Z老师说这样他们就把整个乡建工作做成了一个闭环——从城市找来资源导入乡村，再把乡村的价值输出到城市。这条路或许会对乡村的活化和发展起到一定的推动作用。

（二）"唤醒"传统手工艺

"B村计划"搁置后，这个返乡群体在一段时间里都很沉闷，甚至有的人已经退出了。"Y县百工"调研活动是在"B村计划"后，但早于B村工销社建成前的。Z老师称那个时候还不成熟，文化的东西进入乡村太快了，导致老百姓无暇接受。他说最初到皖南从事乡村工作，当时很多文艺青年都被它的浪漫所感动，再回头看这些东西都带着明显的书斋气，它不是源于实打实的社会或乡村经验，导致后面吃了很多苦头。Z 老师也认为他们当初这些所谓的知识分子，是不懂农业、不懂农村、不懂农民的一批人，在非常具体的情境里持续地遭遇着水土不服。

"文人相轻"是村里文化人对外来者的刻板印象，本质上还是希望得到外来者的尊重。这种尊重主要是精神层面的，通俗地说就是希望有面子。胡老师在 B 村工销社团队面前是丢过面子的，同时有意思的是，他还会用另外一套话语体系来表达他作为文化协管员介入外来群体中的责任。

关于"传统文化"和"国家安全"这样的问题可能是返乡群体最初进入乡村空间时所忽视的，所以才会招致一些行动上的阻力。鉴于村委所说的 B 村是一个特殊的空间，Z 老师后来调整了行动方向。但他没有马上离开 B 村，而是发起了以保护传统徽州文化为主的"Y 县百工"调研活动，并且对外声明"Y 县百工"调研独立于"B 村计划"之外。

"Y 县百工"调研项目是 A 大学重点建设的校外实习基地项目。"Y 县百工"调研项目始于 2011 年 7 月 15 日，在随后的近三年时间里，来自 A 大学新闻传播学院的同学们总共进行了十期调研工作，参加人数近 80 人次。同学们走访了 Y 县的所有乡镇和大部分村落，寻访到 90 多项民间传统手工艺，其中包括省级和市级非物质文化遗产项目。Z 老师认为寻访 Y 县百工，第一点，做档案式的收集和整理，忠实地记录下每门手艺的时令、工序和用途；第二点，通过调研手工艺来了解手工艺人和他们的精神世界、他们对待生活的态度，以及当下徽州乡村的社会经济状况，其中包括：手工艺收入占家庭收入的比重、工业品的普遍使用对于手工艺的影响等；第三点，也是最重要的一点：向从事手工艺工作的匠人学习，探索新旧事物的融合，实现民艺再生。

对于"Y 县百工"调研活动，村民也有自己的理解：

你看百工已经失传了，有些工艺别人也不会信了。就是如果能产生效益，大家就都会去做，没有效益的东西，人家肯定不会做。比如说竹篮，是很好看，但是它花的功夫很多。一个塑料袋2毛3毛，用完就可以扔了。但是一个竹篮，好一点的300~400块，一般的篮子也要4~5块钱，大家就会觉得还不如用塑料袋装东西方便点，这样就产生不了效益啊。不过工艺品又不一样，工艺品可以收藏啊。

"Y县百工"调研活动经历了2012~2014年整整三年时间。农庄老板会饶有兴致地说起Z老师带领学生在B村做"Y县百工"调研时的场景：

那时候（2012年）交通还没有现在这么方便，我们就把自己的自行车、电动车借给他们骑，近一点的村子他们就靠这些代步工具自己去。远一点的地方我们就开三轮车送他们去。那些学生很能吃苦

的，早出晚归，出去就带一点干粮。夏天的时候，回来衣服都汗湿了，晒得黑黑的。①

Z老师把在B村的工作重心转向对地方文化的发掘基础上，同时还注重对当地文化的传播。Z老师自己就是安徽人，同时他又是A大学的老师，他带领A大学的学生把之前流理出来的90多种当地手工艺连同手工艺人的联系方式一并收录进《Y县百工》书里。书籍是专门请设计师设计的，装帧设计中用了3种纸，别册用福建宁化木活字和玉印纸手工印刷制作。宁化的玉扣纸曾有过辉煌时刻，但目前几乎已不再生产，他们委托当地的朋友去请求再特别制作一批。他们认为既然呼吁百工复兴，就要从自己的工作开始做起，在自己的工作中使用它；只有能够进入百姓日用，才可能生存、持续。得益于这些不间断的出版和展览工作，他的乡村工作似乎从之前锣鼓喧天的节日状态进入了一种貌似"无为"

的日常状态，并没有彻底从公众视野里消失。但这在文化和艺术系统里是一种重要的工作方法，展览也好，出版也好，都是在不断发声、持续传播。

（三）共事共赢共享

返乡群体中最为突出的一类主体是建筑设计师。在建筑设计师参与乡村建设的语境中，他们强调"设计社会"。"设计社会"一词这几年在乡村建设中的建筑师群体中开始流行，之前还有一个词叫"社会工程"，两者的含义有一定的交叉。他们认为社会设计主要是指通过运用不同的设计方法，解决复杂的社会问题。这个理念始终关注设计师在社会中的角色与责任，将对社会问题的关注放在首位，在设计过程中，为当地带来社会变革，以至于形成更加深远的社会影响。

在这层意义上，深入乡村开展工作的乡村建设者，不单单是物理建筑的设计者，更是乡村社会的设计者——他们主动或被动地承担了乡村相当一部分的经济、社会和文化的设计任务，可以说是在乡村中"设计社会"。学界与

"设计社会"理念相近的一个词是"社区营造"。不管是"设计社会"还是"社区营造"，都不是单个主体能完成的，"共同建设"是外来乡建者最为看重的乡村建设模式。从字面意思上来看，共同建设可以简单地理解为外来者与本地村民一起参与到村庄的各项建设工作中。但实际过程中，其指向不仅仅是具体的"建筑"或者事项本身，而且包括了诸如科学技术、传统知识等精神层面的认知和认同互动。

建筑师或乡村建设的工作其实早已溢出了乡村建筑本体的修缮、改造、新建的范畴，而是着力于以设计智慧为当下的乡村社会问题提供解决方案。这意味着乡建者在踏入乡村的那一刻起，就必须考虑与营造相关的，以及在狭义的营造之外的诸多事宜。前者需要考虑乡村的地理和气候条件，以及历史文脉、传统材料、新技术和成本等职业范围之内的事情，后者则要应对诸如土地制度、村民诉求、公共文化、农村产业等社会学范畴的内容。

B 村的乡建一方面是对乡村

景观的直接改造。如改为书局的祠堂、改为民宿和老油厂以及改为工销社的原供销社等空间是返乡群体最为经典的实践内容。关于乡村景观的改造，很容易陷入为了设计而设计、为了体现设计师的工作价值而唯一的思维中，更不乏为了迎合自己、业主、游客等主体对"设计"和"网红"建筑的想象而刻意改造历史建筑的行为，这是乡村景观改造的一个困局。

E村的乡建者更想通过乡土景观的改造来影响村民的认知。各类文化人进驻乡村，潜移默化地影响了村民们的生活。有的人看到村里的新鲜事物集积攒人气、带来游客，也把自家的老房子修一修，往客栈方面靠拢。乡村建设，表面上看是让乡村焕然一新，或者修旧如新，其实也还是理念的革新。B村这些年名声很大，在B村走访了一些村民，很多村民都会主动提起Z老师。可以说，Z老师团队这些年推行的乡村建设，无论是早期的理想主义，还是当下的实践，对B村的震动其实都是很大的。

村口的农庄是早期到B村进行乡建实践群体的栖身之所。当时E村基本只有村口的少数农庄可以同时为外来人提供就餐和住宿等便利。泰来农庄所在的农村信用社与原村所属的供销社是同一时期因改制被村集体拍卖的国有资产。上文供销社原负责人靖姐说过，他们当时尽量保留了供销社的大致面貌，只做了局部的修缮，而农村信用社则被洪老板买来后直接全部推倒重建，成了现在的泰来农庄。

我们家这里原来是农村信用社所在地，这个房子是我们家买地建的，胖胖的戴眼镜的那个，是我姨父。当时农村信用社那边在拍卖，属于国有资产，经营不下去了。我姨父买下来一直闲置着。然后刚好我爸就一直说开小饭店，他原来是在XW村（毗邻B村的一个小村子）那边开饭店。后来他们俩就说反正地闲着也是闲着，不如做点事情，就准备建个房子。后来两个人就合伙把这个店开起来了。后来慢慢发展到住宿。本来这边是准备做写生的

（生意），因为这边自然风光挺不错的，可能会有美院的学生过来写生干啥的（我想大概也是受西递、宏村影响）。当时做的全部是学生铺，现在家里还有几间学生铺（上下铺），后来就慢慢发现这种（民宿）文化产业发展起来了。①

泰来农庄的早期经营内容主要是餐饮，没有住宿这一部分。农庄是俞老板和洪老板两家人合伙经营的，YQ 的妈妈和小姨负责清洁卫生，洪老板和俞老板两人掌勺炒菜。泰来农庄早期的客人基本是本地人，有从县城开车过来吃饭的，有本地办红白喜事酒席的，自 B 村计划以后，以慕名而来的外来乡建人为主，即背包客，他们成为这里的主要消费人群。

泰来农庄的改变是从何时开始的？YQ 告诉我：

刚开始是书局带动起来的。慢

慢发展起来之后发现游客变多了，后来临时就把那些上下铺拆了，改成了标间。当时我也挺郁闷的，每次回来都没有固定的房间住，就感觉回家还不如住旅馆。在当时村子里有住宿的就猪栏酒吧、我家以及村口的古村客栈，当时感觉还好，也不是特别多。②

据俞老板说，他后来还受 Z 老师邀请去北京做徽菜的技艺交流，在这样的互动中，大家相互之间的熟悉程度也逐渐加强了。甚至俞老板对 Z 老师的饮食喜好以及他们在 B 村做的事情，桩桩件件都能信手拈来。当然 Z 老师一直很照顾他们的生意，从外面来村里的友人和他的学生，他一般都会带他们到 T 农庄就餐，泰来农庄就像是 Z 老师在村里的另外一处栖身地。起初，外来返乡人士是很依赖泰来农庄的。本人调研期间，刚好有一位当年参与"Y 县百工"调研的成员带家人

---

① 2018 年 4 月 7 日，泰来农庄大堂，YQ（俞老板的女儿）。访谈内容主要是关于村里年轻人对村里民宿发展起来的一些想法（访谈编号：BSYQ2018040701）。
② 2018 年 4 月 7 日，泰来农庄大堂，YQ（俞老板的女儿）。访谈内容主要是关于村里年轻人对村里民宿发展起来的一些想法（访谈编号：BSYQ2018040702）。

到Y县旅游，地……特……带家人到B村探望俞老板一家，双方寒暄了半天，可见"Y县……调研团队"与这里建立了……的关系。

经由外来返乡人员建议而稍做改造的民居不止一两家，他们并没有直接参与到改造的工程中，仅仅只是从旁建议。在这……的影响下，村里的民宿渐渐多了起来。针对民宿多起来的现象，YQ有她的想法。

这次来怎么觉得怎么着村子都是民宿客栈啊，看来看去都是民宿。这次回来还发现各种小卖部都开起来了，卖菜、卖零食、卖特产。这个感觉挺好，其实比较担心的是家家户户都搞一个小窗口卖东西，那就很可惜了。原来那种民风就看不到，大家都忙于计较都做生意。你像之前他们回来的时候，可以到村子里逛一逛的，拉到一个村子去找老人家聊聊天，人家还会请你去家里喝水、吃饭。都在开窗口卖东西了，太忙了，就没空搭理你。以前农家很淳朴，大家都热情好客。我感觉要照这么下去，以后可能这种淳朴氛围都找不到了。①

YQ的担忧不无道理，在村里持这种观念的人也不在少数。大家期望B村有所发展，但并不期待B村发展成为宏村那样的旅游村，这就对B村返乡者的乡村建设实践提出了更高的要求。B村的乡村建设对B村的真正改变到目前还不能作判断，它却深刻地改变了生活在B村的人，如村民菊姐变身为B村工食社的厨娘；比如对Z老师这样的教授，觉得他们不愿意与村两委常交流请示，是"文人相轻"似的高傲；比如对猪栏酒吧的评价，村民反映吃了几次闭门羹事件，认为猪栏酒吧不仅要跟村两委搞好关系，更应该跟村民搞好关系，向天讨口水喝这样的事，不应被拒绝。还有应该懂得些村里的人情世故。村里人给猪栏酒吧当义务导游，他们应该对村民更为热情点才是。

---

① 2018年4月7日，泰……农庄大堂，YQ（俞老板的……）。访谈内容主要是关于村里年轻人对村里民宿发展的一些想法（访谈编号：BSYQ18040703）。

村民洪老板也会对外来返乡者的行为做评价：

整体来说，B 村的氛围还是挺好的，都是年轻人。在这个平台上，大家都会交流下。如果在别的乡村，估计就很难了。在有些乡村，外来人想要进入很难的。即使你进入了乡村，没有一个团体的氛围，没有一个好的氛围，你连聊天的人都没有，不可能天天就是看风景吧。因为有个群体在这里，很适宜年轻人进来参与这里的建设。人家就讲，B 村是个卧虎藏龙的地方。①

还有返乡人自己对其合作伙伴的一些新看法。如 QXH 评价猪栏酒吧的设计时，会提到"共赢"这个词：

诗人晓光，他们把自己的酒吧、自己的客栈推广到全世界，他们不仅仅做生意还会把自己的儿子带到 B 村来第二次创业，自己装修和设计，做了一个酒吧；他们特别重要的是创新地做了一个 B 村精酿啤酒，在全国刮起了一阵啤酒旋风，现在成为很多 B 村人以及县城的年轻人生活的一个场所和根据地。关于 B 村书局、工销社、狗窝酒吧等 B 村现有的几个有特色文化载体的合作项目，我觉得这还是很重要的，因为大家在一起共事，就是要联合联强，合作才能把事情做得更好，双赢、共赢、多赢，合作共赢，一起举行。②

"共事"才会"共赢"。同在乡村这样一个地理空间，共同的生活只是基础，只有共同参与到具体的建设实践中，才能对参与主体有更多的行为认知。B 村返乡者认为，当各色人真正参与到乡村建设中来时，也才是他们所实践的乡村

---

① 2018 年 4 月 10 日，泰来农庄，洪老板。访谈内容主要是村民通过观察和参与外来返乡者的行动实践，对他们的行为做出的评价（访谈编号：BSH20180410）。

② 2018 年 3 月 31 日，B 村书局，QXH。访访谈内容主要是返乡人自己对其合作伙伴的一些新看法（访谈编号：BSQXH20180331）。

建设凸显价值的时候。

应 Z 老师团队的邀请，笔者对 B 村重点地标变迁的概况进行了整理。如表 2 所示，在 B 村外来群体的乡村建设规划中，不仅包括历史建筑，还包括普通的民居，其中的自然景观和日常生活场景都是重要的关注对象。村民对历史建筑的价值较为容易理解，但对于诸如小卖部这样的生活空间往往不以为然。外来乡建者企图通过对特殊历史空间的改造及对日常生活空间的解读，建构一个具有整体性的乡建图谱。

表 2　B 村重点地标变迁的概况整理

类型	名称	功能	变迁概况
历史建筑	B 村工销社	住宿、吃饭、购物、展览	2017 年 3 月正式重新开放，由建于 1964 年的农村老供销社(供销社是计划经定时期的农村商业中心)改建而成，不定期举办针对手工艺的游学体验活动。B 村工销社与 D&Department Project 合作，于 2018 年 10 月开设设计品集合店"D&Department Huangshan by 工销社"
历史建筑	B 村书院	办公、驻留、住宿	由清代中期的民居改建而来，民居的原主人是清代嘉庆年间(1819 年)的进士汪溶。改造保持了传统民居的格局和陈设，并拥有大型的徽州庭院。现为 A 大学农业与发展研究院的乡村驻地工作站，也是某杂志的编辑部所在地
历史建筑	B 村书局	书店、咖啡	中国最大的民营书店南京先锋书店的首家乡村分店，于 2014 年 5 月由 B 村清代家祠改造而成，书局保持了建筑原貌，二层为二手书店。附属建筑原为牛圈，经著名建筑师张雷改造成咖啡馆。B 村书局被读者们评为"最美乡村书店"
历史建筑	猪栏酒吧油厂店	住宿、吃饭	诗人夫妇经营的第三家民宿，于 2015 年正式开业。老油厂店由一栋清末老宅几经周折改造而成，既有外部自然风光，又有雅致的休憩空间；充分利用旧物装饰空间，设计讲究环保与生态，将传统物件与现代审美进行有机结合，是当代文人空间典范
历史建筑	猪栏酒吧 B 村店	住宿、吃饭	一对诗人夫妇经营的民宿分店，由建于清末民初的徽州传统民居改造而成，内部有两进的天井，高约十米，保存完好的雕刻以及前后两个院子，还有小水塘等公共空间。同时兼有两处可以看风景的平台，分别在二楼和三楼。《纽约时报》、《费加罗报》、《法国国家地理》、Lonely Planet、TIME OUT(英文版)、《石与墨的儒商中国》等国外媒体和书籍对猪栏酒吧进行过报道和赞誉

类型	名称	功能	变迁概况
当代民居	狗窝酒吧	酒吧	一位出身于绘画世家的年轻人经营的酒馆,建筑由村里的包子铺改建而成。狗窝酒吧是一幢二层阁楼式建筑,现代化时尚的酒吧为乡村的夜生活增色不少。狗窝酒吧联合 B 村工销社、猪栏酒吧,开发了 B 村精酿系列啤酒,每隔一段时间都会推出新的口味
当代民居	靠山邸	游览、交友	在枧溪上游、山谷入口处,一位 70 多岁老人的宅子。大家都叫这位老人"钱逍遥"。他热爱园艺、木工,院子和屋子里的景观和家具都是由他亲手制作的。他还承包了两座山,并根据中国民间神话故事,造了一些有趣的景观。平时可以在山上劳作、煮水烹茶
当代民居（木架结构）	芳芳小舍	个人住所	村中一位爱好摄影的退休小学老师的会客室,大家尊称这位老师为"姚浪漫"。院子被命名"芳芳小舍",源自其夫人和女儿名字里各有一个"芳"字。小院布置为个人摄影展风格,陈列了诸多由姚老师拍摄的 B 村人日常生活照,既雅致又具生活气息
当代民居（木架结构）	B 村·驿	青年旅社	两位外地年轻人经营的国际青年旅社,2017 年正式对外开放。昆仑国际青年旅舍 B 村·驿,以两套明清徽派建筑为基础,经舒适化改造而成。店内设有小酒吧、咖啡馆、音乐弹唱台等休闲设施,还拥有跑步机、动感单车、综合健身架等健身器材。内部装修以环保健康的实木、古砖、水泥等为材料,以健康、原汁原味的徽派建筑居住体验为主,吸引了大量的年轻背包客
当代民居	土书馆	交友、阅读	两位外地年轻人改造的当地民居,取名为"土书馆",以提供一个自然阅读的空间。土书馆原是山脚下的夯土民居,修葺过程由村民协助完成,整体采用的是传统土房子的建筑原理,内部陈设简洁舒适,与村中传统徽派建设风格相得益彰
清代遗址	B 村云门塔	游览	位于村南漳水西岸,俗称"三都宝塔",因塔旁先有"云门书屋"而得名。塔建于清乾隆四十七年(1782 年),为村民汪世禧、汪世炜捐银 3400 两召集族人所建。塔五层,宝珠顶,高 36.4 米,径 5.28 米,呈正六角形,内外两层砖筒结构,二筒之间,设盘旋楼梯,每层窗均飞檐翘角,挂有铜铃。塔下原有云门书屋,房依地形而建,整洁典雅,为汪姓会文之所,今已倒塌。云门塔现为 Y 县重点文物保护单位

续表

类型	名字	功能	变迁概况
历史建筑	十三门祠堂	已废弃	又称汪氏祠堂，B 村现存最大祠堂，因年久失修，现基本不对外开放。汪氏祠堂（十三门）坐落于碧阳镇 B 村碧东组，始建于清代，坐西北朝东南，其开间 19.55 米，进深 42.86 米，建筑占地面积 837.90 平方米。该祠堂为五开间二进一门庑两厢建筑，三合土地面基本完好，天井地坪石为 Y 县青石板，现为 B 村历史古迹
历史建筑	汪勃纪念馆	纪念、祈福	又名三勃园，为南宋签书枢密院兼权参知政事汪勃当年辞官归隐所建故居，至今已有 800 多年历史。园中池塘、竹林、石笋、假山基本留有原样。园中房舍为后人重新所建，园内矗立于假门洞前的一块石碑，风化后存断痕，碑上所雕刻的张九成《B 村访友》七言诗文，因时间久远而字迹模糊难辨
自然景观	桑园蚕茧	种植	蚕丝绸产业曾经是 B 村乃至 Y 县重要的经济支柱产业。随着现代化、城镇化的发展，村庄劳动力流出，桑蚕产业逐渐衰落。近年来 B 村土地流转，原有的桑园升级为多功能生态农场，成片的桑园景观重新出现。虽然村民不再种植桑树，但每年春末，依然有采摘桑葚制成果酱的习惯
自然景观	稻田菜花	种植	B 村如其他古徽州传统村落一样，有着画里乡村的美誉。依托 B 村特有的立体式山地、丘陵、峡谷小盆地平原等地形特点，B 村的春季有油菜花海、秋天有稻田景观，会吸引大批游客、摄影者前来采风观景
当代民居	供销社广场小卖部 村口小卖部 村头小卖部 村读客栈小卖部	商品零售、日常闲聊	20 世纪 80 年代初，随着我国改革开放，经济形式和经营体制日趋灵活多样，市场上商品日益丰富，原来以单一形式存在的百货商场和供销社无法适应群众的生活需要。因此，随着市场的开放和商品的丰富，城市甚至乡村都开始出现小卖部经营模式。B 村现有的几处小卖部，除了满足村民日常生活所需，同时也是村民茶余饭后家长里短聊天、休闲场地，是乡村物质生活与精神生活的缩影
当代民居	泰来农庄、碧云古村客栈、云门农家乐、周家园	吃饭、住宿	B 村村民自主经营的民宿。村民利用自用住宅空闲房间和闲置的房屋，结合当地的古徽派、自然景观、生态、环境资源及农林渔文化生产活动，以家庭副业方式来经营，给旅客提供乡村活动深度体验游。民宿老板擅长传统徽菜制作技艺，如刀板香、火腿腌制等。客栈外观采用古典中式设计风格，内部布置简约干净、舒适清雅

续表

类型	名称	功能	变迁概况
当代民居	古味园食品厂	食品点心零售	徽州传统糕点制作家庭作坊，食品厂点心制作过程基本沿袭古法，口味传统，在 B 村及周围的街坊邻里享有知名度。B 村工销社畅销产品"红纸包""徽墨酥"等传统点心均出自古味园食品厂，同样受到了外地游人的喜爱

作为中国社会根基的乡村，它的凋零和空心化是触目可及的现实。但这种现实被束之高阁，或是被有意识地"遗忘"。对于这样的现实，艺术界比较早地做出了行动回应。艺术走向了乡村，开始与乡村社会建立关联。艺术家是用艺术的方式表达乡建，不是用乡建的方式去做乡建。用乡建的方式乡建，其实就是指用符合乡村的方式、符合乡村文化认同的方式去进行乡村建设。

四、流出：村落精神共同体的生长

流动性在本质上是地理的，关于流动性的地理研究大多集中在城市，"城市"被构建为超级流动性的原型空间；乡村的稳定性，与归属感、传统和停滞有关，同时也依赖于并被相当复杂的流动形式所破坏。因此，我们也要关注乡村的流动性。返乡群体进入乡村语境，他们需要通过与土地、房屋建立关系来拉近与乡村、村民的关系，他们也需要通过对乡村建筑等各种空间的设计，来展示他们的技能、表达自身的诉求。在返乡实践的过程中，他们与村民不断建立联系，村民对他们的刻板印象有了改变，外来者对村民的刻板印象亦在改变，乡村各主体自身也在通过不断调适改变自我，建构了一种新型的社会关系，即村落精神共同体。B 村共同体是以超越了血缘与地缘、凭借共同的趣缘而结合的共同体形态。有人会问，离开了 B 村这一实实在在的村落空间，这个共同体是不是就不存在了？也有人说，B 村共同体本身就是失败的，因为进入 B 村的一批返乡者也陆续都离开了，这个共同体最终瓦解了。可以说，返乡群体离开乡村是一种必然。因为当代返乡群体本身不受空间位置的限制，他们所依托的是精神意志，是精神层面的认同。

从个体的返乡生命历程中可以明显看出，B村乡建群体经历了嵌入村落空间、而后又离开村落的过程。比如，Z老师同时在云南景迈山发展，村里人F先生去了浙江台州，她儿子要去石亭村开拓新的空间，还有村官ZY老三在附近村经营民宿。他们以作实村落共同体的建构为手段，从而实现后现代意义上的共同体构建；他们通过流动的乡建轨迹，认识了乡村的本质。B村作为一个勾连彼此的媒介与符号，为返乡群体实现更深层次的身份认同提供了可能。

一个根本的理念是，大家都没有完全地脱离"B村"这个文化空间。他们离开B村后所从事的事业仍然是以B村为起点甚至为中心的。B村共同体的流动，其本质是为了连接城乡，影响更多的人参与到乡建中来。在B村共同体所进行的连接城乡的实践中，以乡村"早春游学"项目和城市"早春市集"活动最具代表性。乡村"早春游学"和城市"早春市集"的发起人是自称为"B村摆渡人"的LXX，也是带笔者进入B村的第一人。按照发起人的初衷，是想通过"早春游学"的形式，在传统与现代两个层面上拓展后现代意义上的B村共同体；通过"早春市集"连接城乡，让城市人共享村落文化，实现互动的共同体。

（一）回归乡村语境："早春游学"实践

"早春游学"由LXX创办，通过游学联系地方创新行动、本土新青年和城市社会转型下的人们，以此主动现代都市人发现和共同创造个地方的价值，营造共同的"新故乡"。

2012～2016年，LXX一直在上海以B村上海支部的名义举办或参与各种活动，分享"B村计划"相关故事。她不会做饭，不喜欢做家务，也没办法种一块地，是一个已经被都市化的人，不可能完全回到乡村。离开了城市便捷的服务，回到乡村她没办法像别人一样感受到乡村的日常之美。看明白自己的本性后，LXX决定去接受这一现实而不是当作缺陷。她认为，在城市也可以做跟农村和农民有关的事，不过前提是要对所接触的农村和农民生活有深层的认识。LXX认为她自己就是一个需要农村的城里人，她的做法是先成为一个空间意义上的B村人。她想通过游学的方式去认识真正意义上的B村，于是有了"早春游学"项目。她认为通过"腊味之旅"和"早春采茶"游学项目，可以慢慢进入B村的日常生活语境中。

1. 乡建语境下的游学

游学又称研学旅游，与之相关的概念有大游学、修学旅游、教育旅游等。游学一般指中国古人通过异地旅行来获得知识、体验文化、拜师求学等学术交流活动，如孔子列国周游、唐玄奘西天取经、徐霞客山川考察等（王双，2020/34）。大游学（Grand Tour，也译为"壮学"）是近代早期对欧洲贵族子弟的一种培养方式，兼具游学、观赏与游乐性质。一般认为，修学旅游最早起源于日本且被正式纳入学校教育体系。教育旅游是以教育为首要动机的旅游活动，凸显旅游的教育价值。不同时期对研学旅游的表述及定义有所不同，但相关概念都能凸显旅游的文化教育意义，即文化教育是研学旅游的本质特征。旅游是社会教育的重要组成部分，具有德育、智育、体育、美育和环境教育等方面功能。研学旅游作为个体的学习情境，具有愉悦性、演变性和社会导向性等特征。

乡建语境下的游学，或者通俗地称为"乡村深度旅游"，主要是基于乡村的民俗文化资源所进行的在地体验，或者是将乡村遗产化，或者将乡村审美化，但根本在于对所到达乡村的文化有一定程度上的认同。LXX对B村的历史文化、村落日常生活等有着极强的地方认同，她希望带领她的朋友去乡村体验不一样的风景。

2. "早春游学"项目实践

以本人参与的两个"早春游学"子项目为例，其基本是以"B村"符号认同为主才得以形成的游学活动。具体而言，游学活动皆是以皖南地区传统的腊月节庆和春季节气为核心展开的。游学成员组成团队的方式也很简单，均是基于对B村的某种认同。比如，LXX

是笔者通过网络田野，通过朋友圈持续点赞加上文章发布所熟知的。这大概也是互联网时代大家获取身份认同的直接有效的途径。其间我们也尝试运用过"互惠"的传统交友方式来获取彼此的认同。但这些在正式见面之后，都显得不重要了，只因我们对"B村"这个符号有着共同的兴趣。

笔者参加的第一个游学项目就是"B村腊味之旅"，其内容按照时间顺序安排如表3所示。

表3　"B村腊味之旅"计划

日期	时间	活动内容
1月25日	15:00	乡绅姚浪漫带领参观B村：云门塔、乐成桥、耕读园等；在田野上欣赏黄昏降临，去姚浪漫的客厅小坐喝茶
	18:00	在B村工销社吃"落昏"
	19:30	在Y县古城徽喜文化空间观赏徽剧，参加Y县传统"锡格子茶"年俗茶舌会
1月26日	8:00~8:30	工销社跟菊姐学做腊八粥
	9:00~10:00	参观体验独特的"腊八豆腐"制作
	12:00	在猪栏"三吧"民宿用午餐
	14:00~17:00	去"山神"钱逍遥山上挖冬笋 之后回猪栏"三吧"开茶话会
	18:00	在历史文化名村PS村御前侍卫处用晚餐
	19:00	参观PS村最高的院落御前离院，品酒观影
1月27日	9:00~11:00	在文化遗产村落NP村七约农场体验做米酒
	12:00	在NP古宅中的萝卜饭店吃午饭
	14:30~15:50	参观Y县传统春节点心"红纸包"生产
	16:00~17:00	B村书局喝咖啡卖书，与"B村手绘明信片"作者汪老师交流
	18:00	在豪来农庄吃杀猪饭

从"B村腊味之旅"的内容上来看，涵盖了B村这样的古徽州村落的诸多传统文化因素。从空间上来看，因为整个Y县地区的古村落在文化形态上是具有整体性的，所以此次游学的范围以B村为中心，却也不局限于B村，但完全不影响对徽州文化的近距离接触。"腊味之旅"以徽州饮食文化的制作体验为主，如腊八粥、杀年猪、点心制作、腊八豆腐制作等。

腊月是一年的岁尾，正值寒

冬，民谚有云："腊七、腊八，冻掉下巴。"这时冬季田事告竣，但人们生活的节律并未因此而放慢，大家怀着愉悦而急切的心情加快了向春节迈进的步伐。腊月，正是迎接春节的前奏曲，有着丰富的内容。Y 县民间要吃腊八粥、扫房、请香祭灶、封印、写春联、办年货等。而制腊八豆腐便是其中重要风俗，延至今天已经发展成一道品牌，成为世界文化遗产中一种原汁原味的特色食品。

腊八豆腐制作的工艺流程细致讲究，第一道工序：浸黄豆，磨豆腐。浸黄豆前要洗黄豆，一般挑上一担大水桶，来到水井边，倒在大盆里。从水井里吊上来清水，将黄豆放进去，用手搅拌，再用撩勺捞起来放入另一个装了清水的水桶，如此反复洗三次左右，清除污垢，再让这些洗净的黄豆泡上两三个小时。传统豆腐，十斤（十六两一斤）做一锅，如用石磨，要磨三四个小时。一锅可做三个豆腐外加一个因豆腐。第二道工序：泡浆。磨好的黄豆，装进一个大水桶，Y 县方言称洪桶，然后将烧开的开水加进去。一边加，一边不停地搅拌，要从桶底搅起来。搅拌均匀以后，用一个盖子将洪桶盖起来，一般要盖 20 分钟左右，待豆浆匀和。第三道工序：沥浆、榨浆。将泡好的豆腐浆舀到一块豆腐片当中。所谓豆腐片便是一块硕大的白布，四个角分别捆绑在 1 个十字架上。豆腐浆水沥到大铁锅中。沥到一定的程度，将剩下的豆腐浆捆绑在豆腐片中，然后扎紧，放到豆腐板上，上下压紧。通过压榨，将豆腐水压出来。第四道工序：煮豆腐浆、点卤。榨出的豆浆水，全部倒入大锅，架起大火烧。做豆腐点卤分两种：一是用豆腐母（Y 县方言），另一种是用石膏。豆腐母可直接下在锅里，豆腐水烧开后就可以下，要下三次左右。再接着烧开后，便可以退明火。第五道工序：压模、烤晒。烧开的豆花待冷却后，舀起来放入豆腐盂中。豆腐盂用竹篾编成，圆形，扁状。豆腐在其中压制成型：上面中心微凹，里面放少量食盐。将成型的豆腐，放入一个盘子中，然后放在太阳下慢慢烤晒，食盐吸收豆腐中的水分逐渐融化为盐水，并被豆腐逐渐渗透吸入。水分晒干后，豆腐表皮逐渐壳化，也就成了腊八豆腐。据豆腐坊的老板介绍，腊八豆腐做好后一般要晒上十天半个月（刘某　2019：165）。

腊八豆腐因其历史悠久、风味独特，是极具徽州文化底蕴的地方特产，受到了广大游客的喜爱，有'豆腐火腿'之美称。每年春节前夕的腊八，即农历十二月初八前后，Y县家家户户几乎都要晒制豆腐，民间将这种自然晒制的豆腐，称作"腊八豆腐"。古徽州地理环境闭塞，经济条件落后，外出的人们不可能享受什么美味佳肴，于是，当游子告别亲人外出求学、经商，亲人们往往会送上这一份特别的礼品；人们外出探望亲友往往也会带上这份特别的礼物。这是因为腊八豆腐便于携带，而且便于保存。晒制好的腊八豆腐一般呈圆鼓形状，上面有心形凹槽，摆放食盐等作料。表皮四角至圆心距离相等，易于晒制时成熟及作料均匀渗透；同时，当人们在品尝这片片的豆腐时，不自觉会产生对亲人的思念，从而将故乡牵挂在心。

3. 城里春的新茶人："早春采茶"

"无徽不成镇，无茶不成俗。"

安徽是我国古老的茶区之一，受经济条件、历史文化、宗教信仰、地理环境、民俗风情、图腾崇拜等影响，安徽茶俗文化呈现鲜明的地域性特征。在历史的长河中，徽茶文化与徽州民俗文化相互渗透、融合为一，并经过长期的历史积淀、总结归纳、口传心授和发展演变逐步形成了独具特色的安徽茶俗文化。茶，早已渗透到了安徽人民的生产生活、衣食住行、婚丧嫁娶、待人接物的成规礼俗和迎来送往的人际交往之中（翁飞龙等，2017/18）。

《Y县志》记载："锡格子茶是Y县民间传统的待客礼俗。'锡格'为Y县方言词，指锡制用于盛糕点待客的用具。一般为圆状，直径大多不超过15厘米，高不到8厘米，一组一般为四个，可以重叠盛放，上面再加一个盖子，以保护糕点的卫生整洁与不变形。讲究一点的，还配有红木雕花手提，与金属镏金花纹护盖，不失为精美的工艺品。Y俗婚嫁喜宴，早餐或贵宾亲朋来临，为客人泡上茶饮的同时，要用锡格装上四样糕点待客，然后还上茶叶蛋等，俗称吃'锡格子茶'。"（Y县地方志编纂委员会编，1989：285）在 B 村田野调研时，有幸在靠山邸钱师傅家享受到了古徽州茶礼——锡格子茶的待遇，如图 1 所示。

图1　古徽州茶礼——锡格子茶

Y 县人自饮或待客多用绿茶。按照制作工艺不同，一般可分为"烘青"和"炒青"两大类。炒青用大锅炒鲜茶进行杀青，Y 县方言称"打茶口"，再通过晒、搓揉，揉出茶汁，以后再放入锅中慢慢烘干。炒青散茶大约出现于元朝，一直保持至今。烘青茶叶采摘回家后，一般是摊凉后揉捻，再用火烘焙。一般不再下锅炒揉，所以烘青的茶叶外形较松，芽叶较完整，香气较清醇，滋味较清爽，汤色较清明，叶底较绿明完整，亦较耐泡，用以待客较多（Y 县地方志编纂委员会编，1989：285）。

传统的锡格子茶待客，会视客人身份不同，而在格子中所装的糕点和小吃品种不尽一样。贵宾来临，一般要盛桂圆、寸金糖等。一般来宾，也可装花生、南瓜子等。有一些糕点在 Y 县民俗中具有吉祥如意的象征意义，如麻酥糖，因为用大红纸包装，所以素称"红纸包"，象征发财进宝。寸金糖，也叫京果，寓意珍惜光阴，天天向上。亲友来访，一进门，主人还要先煮三个清水蛋或者糖水荷包蛋待客，俗称吃"子鳖"。如果是正月里，亲朋好友上门，则多要呈茶叶蛋，县方言称"盐茶子"。煮鸡蛋时，不但加荞叶、酱油、盐，还要加卤豆、八角、陈皮、桂皮等。煮成的茶叶蛋又香又好吃，炊火卤煮的时间越久，茶叶蛋越入味。在鲜荼升腾的雾气与荼叶宜人的香气中，品尝着糕点小吃，唠嗑着家常话，氛围越来越浓，亲情也越来越深。此番民谷，方言称"说鳖"。在此"说"字念人尸 县话类同"血"字读音。吃过锡格子茶，然后吃面条或者粉丝。Y 县接客，抄面一般是不作为菜肴端上桌面的。正规的酒席一般有日昼四碗，再隆重一些的有口大盘 四小盘、四冷盘加几大碗，或者是六"燕窝席""鱼翅席""海参席""鸡鱼席"等，但鸡、鱼、红烧肉、肉圆等三荤，一般不可缺少。

"早春采荼"创立的初衷，大概就是想让大家能多近距离地感受安徽的茶俗与茶礼，同时品到一口地道的好茶。"早春采茶"的第一个合作方是F城市 Y 茶文化工作室。此工作室致力于寻找中国好茶样本，并希望通过又文料为依据的实地考察，延续中国茶的传统。从 2013 年开始，工作室负责人遍访茶山，不断考察茶叶制作的历史真

变，力图完美呈现"传统中国茶"的"当代标准样"。工作室创始人 W 先生是中央美院毕业的，对艺术家门的民艺、乡建思路比较明白。他与茶学系毕业的 J 老师是搭档，工作室也跟新民艺的倡导者、乡建人 Z 老师的"Y 县百工"项目有合作，于是才有了工作室入驻 B 村找徽茶的故事。工作室的理念是，以找茶之旅为形式，在传统茶技艺和现代茶文化之间寻找勾连，钻研当代所谓的标准的制茶工艺。几年下来，他们跌跌撞撞地走过了很多茶山，结识了一些掌握传统工艺、对传统手工感兴趣的做茶师傅

丰喜欢茶的人去茶山找茶是 W 先生卖茶的方式。他认为，会品荼的人首先得知道荼来自哪里、是如何制成的。因此每年安徽茶季，他和 J 老师就招募城市里对茶感兴趣的人到 B 村上茶课，认识安徽不同的茶山和树种，体验代表性荼的制作方法。W 先生的访茶跳出了荼圈，跟他到 B 村上课的人也不是茶人，而是各地来自不同行业的朋友。大家一边上着课，抽空还要接客户电话。讲课的人和上

课的人都有一份天真，像大学里的社团或者兴趣小组。这也是他想要的效果，跑茶山不是要做茶农，而是站在城市人的角度去认识传统的中国、标准的中国茶。

笔者有幸全程参与了"B村找茶"的游学活动。凌晨5点，村口水塘处便响起了浣洗声，T农庄家老板说，清明后至谷雨时分，浣洗声只会来得更早，因为村民要早起做好家务去采茶了。看到游学团队冒雨采茶，同时还找不到合适的山头，他们会传授经验。茶课前夕，在工销社挑拣了三天新茶，新茶还是掌柜跟茶厂老板"抢"的。与其说是跟人抢，跟茶市抢，不如说是跟天抢，"看天吃饭"在皖南地区尤其应验。特别是茶季，天气呈现周期性的四季循环播放模式，因此茶叶的生长状况全看老天爷的心情。"一天一个价"是当地人讲得最多的一句话，说的是新鲜茶叶随着天气的变化而价格不稳定，也间接导致了成品茶叶的价格波动。2018年明前暴热，清明期间暴雨，紧接着倒春寒霜冻，故而能抢到几斤明前茶实属不易。挑拣茶叶不是什么技术活，但能粗略看出采摘细

致与否、制茶精细与否。比如，掺杂其中的茶梗茶花、焦煳的边叶、底层的茶末（当然这是上完茶课后才总结出来的）。对于一个首次参与茶叶挑拣工作的人来说，心里是有很多问号的：此茶采摘自谁手？制茶于何处？标准何在？成品茶叶的挑拣活在村民眼中倒是个稀罕事，围观的村民边说说笑笑边挑拣。挑挑拣拣，损耗不少，偶尔遇到中意买茶的人，卖茶人倒已有十分不舍了；随后的大雨霜冻天，这种不舍直接变为了后悔，往后的茶叶品质竟大不如明前了。

从与村民的交谈中可以知道，种茶是当地人的传统，即使不再成规模，但家家户户都有自己的茶园，茶叶丰收的季节，外面打工的人都会回来采茶。

我们靠山吃山，这一季还是靠茶叶生活。钱师傅山脚下那些人家，田地很少，就是靠山上的林木、竹子、茶叶来生存。在村里，一个茶农，如果家里茶园足够的话，这一季一个人就可以搞万把块钱。外面打工的人，也会等这一季茶叶采好了再出去打工。采茶是山

里的人的主要生活来源。石亭村那边，他们也是以茶叶为主。石亭村那边原来有两个豆腐摊，这个季节都不做了，主要以关系为主。他们平时做豆腐，一天也能赚点钱，但是他们去采茶叶。因为茶叶长起来了，你不去采的话，那个茶树来年就不好长了，必须要去采，就是要去把茶树、茶园管理下。所以他们靠山吃山，还是以竹林、树木、茶叶为主。①

互助是过去村落人解决农忙问题的方式。以前还请人采茶，商议一天多少钱。现在连人也请不到了，大家都出去了。往年春节过后，人家茶园多的就上门来打招呼，把人订好了，请去采茶。现在都请不到人了。因为基本上家家户户都有茶园。

在 B 村，这一季的生活都与茶有关。这一季的茶一买卖，都是在老地方进行。落香时分，最热闹的依然是村口某处，茶贩子与茶客约好的交易场所。在村里人看来，手工制茶不如机械制茶，新茶不如

老茶，茶农不如茶贩子。现在很多人喝茶，讲究喝手工茶，假如现在体验一下手工做茶的流程，可能观念上就会有所改变。其实手工茶有很多也是不科学的，村民说手工茶都还没有机械茶做得好。比如夏茶主要是做炒青茶和红茶，还有就是做太平猴魁、大叶茶片。猴魁完全是靠工艺和手工的，机器只能做一些辅助。但是压的环节，机器肯定比人压得好一些。对于茶农来说，其实赚不到什么钱，都是茶贩子赚钱。茶叶市场价格多少跟茶农的关系不是很直接，当然也不是茶贩子能决定的，这由整个茶叶市场决定。以前那种礼品盒的茶，有些年份是 200 多元一斤，但是如果某年产量不好，那它的价格就会因为茶叶少了而升高，到 300～400 元/斤，茶农还是吃苦的。有时候年成好了，价格不好，价格好的时候，产量低。"物以稀为贵"也是茶叶市场的行业规律。

组织早春游学，把有共同志趣的城市人带到乡村，让他们体

---

① 2018 年 1 月 7 日，秦来农庄，洪老板。访谈内容主要是关于山里人"靠山吃山"的具体生活实际内容（访谈编号：BSH2018-0-07）。

验农村的生活，试试生活的另一种可能。如近距离看看采茶季村里的日常，也看茶山人的生存智慧，像钱师傅用茶叶洗手、菊姐用茶叶止血，如村民采完茶下山时手中必定还会顺带些山货回家，如满山的春笋、野菜，应景的映山红等。

（二）做家：城市"早春市集"的实践

传统的集市（菜市场）是指定期聚集进行的商品交易活动形式。为拉动内需，国内兴起了"地摊经济"。① 以上海、北京、深圳、杭州等为代表的城市购物中心深谙"地摊经济"的落地之道，纷纷策展主题市集，如童趣、嗨淘、美酒、艺术生活等；这类市集迅速成为升级版的城市地摊形式，摆脱了传统地摊"脏乱差"的印象，囊括了诸如创意市集、跳蚤市场、非遗文化夜市等形态，成为新的人气聚集地。

市集的概念其实更早于地摊。在空间上，一个指向乡村，一个指向城市；在时间上，一个代表过去，一个代表现代。城乡互动关系下，创意市集有效连接了城市，让乡村物产、传统手艺能够在城市空间流动。当代中国语境下的市集，更有着丰富的内涵。其中，有一类是乡村振兴者主动推动的城市市集。"早春市集"是本文重点关注的一个市集类型。

按照市集召集人 LXX 的设置，早春市集有四个板块。

一是"土地餐桌"，一种"地产地销"的经济模式，本地生产和生态种植的农场形成的一种互相支持的关系，改变了纯消费主义的生活方式，培养了从土地到餐桌的身体感受。二是"地方风物"，会跟游学的目的地建立一些物产交流，让人们在日常生活中慢慢建立与地方物产的连接，与市集上的新

---

① 2020 年 6 月 1 日上午，时任国务院总理李克强在山东烟台考察时表示，地摊经济、小店经济是就业岗位的重要来源，是人间烟火，与"高大上"一样，是中国的生机。这并不是李克强总理第一次给"地摊经济"点赞。在 2020 年"两会"之后的记者会上，他就曾对"地摊经济"给予高度评价。这既是为"地摊经济"撑腰打气，也是为城市治理"点题"。

风物共同成长。三是"手作温度"，聚集了一些独立的手艺人和设计师。四是"海派生活"，上海有它自己的特点，位于上海的市集也起到了一个探索城市个性的作用。

LXX的"早春风物"摊上，摆着她从云南喜洲背回的羊毛毡帽子和B村三二酿造的精酿啤酒。她非常喜欢这种与真实世界的连接，是都市人久违的乡村生活的人情味。市集上的小贩顾客个个自诩"城市山民"，市集就像是村民们在村口相遇、交流的空间。"城中村""下式生活"在魔都渐渐成了一种时尚的生活方式。他们喊出了一句口号："有村的地方就是故乡"。

2019年春节前夕，LXX接续"山民小菜场"的市集传统，在上海办了两场早春乐事集。游学路上串联起来的人们，在年终岁末聚集在一起举办市集、买卖年货风物，喝茶吃饭、访古写画，称得上是赏心乐事。LXX很希望能够持续把乐事集办下去，让更多城市人一起来探索村式生活的可能。"山民小菜场"是2017年末

在上海市区一家服装店后院里开起来的生活市集。住在上海五原路附近的邻居、"城市山民"服装店老板娘的顾客和朋友们，既是摊贩也是顾客。他们带来了深山里的猪肉、散养黄牛做的肉酱，现场做的肉燕馄饨、糯米饭，自己酿的米酒，手工作的藕粉米糕……天然的食材和热气腾腾的美食，圈起来的不只是买卖，还有充满烟火气的人情。

尽管不知道未来的城市和乡村会发展成什么样，LXX觉得传统的城乡二元对立已经不再适应新的时代。至少在中国台湾和日本，她看到乡村社造和文创已经让乡村成为大家认可的观光地。她想做的就是把乡村以外的人带回去，联系起地方创新行动、本土新空间和城市社会转型下的人们，共同发现和创造小地方的价值，营造每个人的"新故乡"。在高速变迁的时代，"本土"是变化很快的，产业在变化，今年种菜，明年就换另外一个东西。所以说其实不存在一个本地的概念。我们要快速地去建构一个在地的概念，这才是笔者觉得最有包容性的。

城市街区是否能发展出村庄般的人际关系？LXX 心里也没有答案，这可能是这个时代的人需要共同去探索的，这也是她觉得参与这个时代很有趣的部分。真正理想的社区市集，需要更在地，通过居委会来知道周围居民的信息，需要更多准备。比如上海田子坊的例子，为什么人们不集资让经营困难的店活下去？人们都不知道这个店，它们"在社区中"而不是"社区的"，是一种"装饰"，甚至居民都是装饰，而不是社区的。一个小商业店倒了周围的人可能都不知道，和居民的生活产生关系的才是社区商业。这是一个类型化的问题，标准就是按照市集和社区的关系而定。Shopping Mall 的市集是跟社区没有关系的，面向的是流动性的人。永嘉路或者上生·新所做的市集，试图跟周围居民建立关系，但只是"试图"。也有批评者的声音，市集到底带来什么？人们期待它交易的到底是什么东西？LXX 说她就是想做一个被自己认可的有价值观的市集，而不是资本认可的市集。她还提到"做家"（Family making）这种家庭的观念，就是几

户一块就形成了一个家庭感。在我们看来，不是说单纯去复兴一个本质化想象的血缘家庭，而是要发展大家都是兄弟姐妹一样的亲亲关系，没有血缘关系的朋友也能一直聚在一块，这是最吸引人的。重新组建家庭的亲密感是"早春"最高阶的意义，而且通过分享食物最容易建立信任关系。LXX 对早春乐事集有一个非常理想化的愿景，即早春乐事集不仅是一个集市、一个聚会，更是一群人、一种生活——她称之为"全球化下的地方生活"。无论这个"地方"是家乡，还是城市生活的社区，总之就是一个人实现自己、安顿生命、创造未来的地方。

LXX 以 B 村为乡村的代称，吸引了一批又一批朋友到 B 村体验乡村的生活，同时也带领城市里的朋友在城市中赶集，从而建构了她所谓的超越地理空间的精神共同体。这种共同体，"是一种看不见的地方，一座神秘的城市和一种神秘的大会"，可以超越血缘与地缘关系"陪伴着他们漫游四方，走到异国他乡"（季中扬、李静，2014/6）。

（三）从嵌入到脱域：共同体的流动轨迹

嵌入：乡村的本真性①

首先是进入乡村空间，而后又离开乡村，这其实是一个从嵌入到脱域的过程。返乡群体的"离乡"，一个可能的原因是对所到乡村有了一定程度的认知。与其说他们是在进行乡村建设，不如说是在做对"乡村与本真性"问题的思考，尤其是关于"人与自然和谐相处"的状态，处理人"本真性"的问题，同时也有着本对于文化认同层面的探寻。认同作为日常生活中的一个高频词，是关于对"我（我们）是谁"的追问，转换为学术话语，有着更为深层的含义，且更多地指向文化认同。在当代"文化研究"领域中的"认同"有两种基本含义，一是指自我意识的萌生与成熟，从而形成稳定的身份感，二是指个体在所属地域、文化、集体的一种强烈归属感（季

中扬，2010/5）。自我身份感的形成是一个极其漫长的过程，可能贯穿了个体成长历程的大部分时间。本人在 B 村做田野调查的第一天，偶遇一位短暂停留在 B 村的哲学专业老师 HS，他讲述了自己关于不停游走、不断流动的故事。

我家北边，横着京杭大运河，把我们的村子划成两段。北边是梦溪村的主体，南边是我们家所在的位置，古代地图上画的，叫东升浜，太阳从东边升起来的意思。浜是南方的一种地名，就是水域所在的位置。东升浜就是被运河隔开的一个小地方，好像被抛弃在运河南边。我小时候上学要坐船，早上要坐船摆渡到对面去上学。因为交通不方便，中午一般不回来，到晚上又坐船摆渡回家。我从小就是过的那种日子。感觉这个世界给了我特别特殊的一块土地，我生活在这么一个小小的地方。北边是京杭大运

① "本真"（authentic）一词原指某件艺术品是原作而非复制品。本真的概念最早由萨特和西蒙·波伏娃引入存在主义。在中国，目前它主要被运用于旅游学之中。对旅游研究而言，真实性应是此者与他者、这里与那里、现在与过去、熟悉与陌生、变化与静止、破碎与完整、世俗与神圣等二元概念的逻辑辩证。"本真性"作为 20 世纪 60 年代以来西方旅游社会学研究的核心概念，它是人们对现代旅游"好恶交织"的心理反应，揭示了现代旅游现象与社会现实及存在的问题。

河，南边是一条小沟，旁边是另外一个县市。所以，通过对于"边""界"的理解，我认为我是生活在世界边界上的人。①

他一直想去试图描述，"对于一个小小村落里的小孩来说，世界是怎么形成的"。除了地理上的边界，还有一些词语上的边界。他们那个小村子叫"东升浜"，他总以为是太阳升起来的地方。村子东边正好是一大片桑树地，在孩童的视角里看过去，是一望无际的一片桑树地。但其实它不太宽，也就是两三公里的桑树地。对于小孩子来说，就觉得它是一片森林一样的存在。在那个语境里面，他一直在思考"什么是东""什么是西"。一个小小的地方，就形成了他对世界的一种基本的方位感。HS 觉得这种确定空间感的事情是很有意思的，它就是所谓的长大，就是不断去确认在人与人的交往中"我"的位置是什么，这就是长大后自我意识的形成。最后就会发现自己是个什么样的人，就会知道"你是

谁""你跟别人是什么关系"，后来会发现，"我是小孩""我有父母、亲戚、同学"等。所谓自我，其实就是通过探索边界找到自己位置，然后发现自我与别人的不一样，出生、家庭、生活的地方都不一样。后来又发现，我们生活的地方满足不了自己对世界的想象，于是想去更远的地方看看，于是慢慢就有了乡愁，有了一种自我认同。

从个体的身份认知到群体的身份认同，常常也是通过"空间"位置的变换得以实现的。可能大多数返乡者也是基于个体的认知困境而选择换一个地方生活，乡村因其特殊的价值成为返乡人的首选之地，他们会努力去寻找自己所在空间的位置。在进入乡村之后，返乡者会不停地探索所到之处的各种真相，以与心中所想象的乡村作对比。回归到村落语境，需要讨论的就是关于"B 村是不是传统的古村落的样貌""村里的人的生活方式是不是传统乡村的生活方式"，这些涉及日常生活的方方面面的问

---

① 2018 年 1 月 28 日，Y 县老街"徽堂"，HS。访谈内容主要是讲述个体自我身份感形成的逻辑（访谈编号：BSHS20180128）。

题。当真正进入乡村空间、进入乡村手境里，在对当代乡村生活有了更深的了解后，大家会心照不宣地感到，"原来现在的乡村生活是这样子！"

有一定深度的认知，才会形成某种认同。如"寻春游学"的 B 村采茶课，其核心就是让大家体验真正的制茶技艺。这其实关乎近些年文化遗产保护中的一个重要的话题——对文化本真性的讨论。本文认为关于本真性或者原真性的思考是外乡人进入乡村语境最想探究的问题，这大概也是"早春游学"团队面对进入 B 村的人最需要回答的问题。

对于茶课学员来说，他们和制茶人一样，感兴趣的是传统产区、做茶的老师傅以及传统做茶过程。这一套走下来没那么容易，王老板他们已经连续到数茶区好几年了。第一次采购时候，找到黄山毛峰的核心产区中有 20 年做茶经验的老师傅，买最好的鲜叶，一锅下去，师傅把茶给炒糊了。据了解，师傅确实有 20 年的做茶经验，但是他已有 20 年没有手工做过茶了。黄山毛峰现在已经不是手工做的茶

了，都是机械加工。这其实间接揭示了近年来茶叶消费市场的一些真相，比如"手工做茶与机械制茶的区别""老茶树与新茶树的区别""老师傅与徒弟的区别"等。

在这里我可能需要先解释一下手工茶这个事情。按照我做传统中国茶的思路，雨香斋的茶我肯定是要追到机器诞生之前的样子的。因为机器追求的是产量，而最好的、最高级的茶，还是应该是手工做出来的，是作品级的。这是我的理念决定的。现在我们工作室的安徽绿茶基本上达到了全手工的状态。把茶放在市场上，这可能是一个很好的卖点。但这不是我主要想强调的。因为手工只是做茶的一个手段。我希望通过这样无限接近传统方法和手段，得到古人描述的这个茶应该具备的样子，我觉得这是比较正确的方法。通过寻找到优质的核心茶场，运用自然的茶园管理方式，以及精细的手工制作，再结合自己的感受和古代文人、士大夫对这款茶的具体描述，找到精进的方向，我觉得这样下来，我所做出来的茶应该可以被称为传统茶、文人

茶了，并且应该是非常优秀的中国茶。①

当大家还在讨论"明前茶"的市场时，一位有20多年做茶经验的茶贩子却认为真正好喝的茶叶是谷雨茶。游学团队对B村这样的乡村感慨不已。这种感慨，既有对当下乡村空间里保留的文化传统的惊喜与赞叹，也有对乡村空间里文化变迁部分的理解与尊重。"所见即真实"，进入乡村空间，能够被认同的那部分文化传统便是真实的存在。因此，真实与否，关键在于个人自身的认同点。

2. 脱域：乡村的符号化建构

对于世界来说，西递、宏村建构的是关于传统中国文化的符号认知；对于B村而言，建构的是关于徽州古村落的符号形象。B村成为网红村，其实就是一个被符号化的过程。作为一个被符号化的乡村，从生活在村落中的人到返乡群体的实践内容都成为被符号化的对象。如B村书局成为自媒体上文艺青年推崇的网红打卡地；B村乡建群体陆续离开了这个实体的文化空间，在新的城市建了一个"B村工销社"。

在城市新建的空间也叫"B村工销社"，一方面是纪念工作的起点，另一方面是希望"B村"这个词能够从地理层面发展成为一个文化符号、一种精神象征。现代化语境下的乡村建设诸多实践必须依靠商业、资本、消费去推动，这是没办法避免的。乡村的符号化与乡村的遗产化、审美化都有密切的关联。很难说清楚遗产化、审美化、符号化这三者之间的具体关系，是平行关系还是因果关系？包括乡村建设与具有遗产化、审美化和符号化特征的乡村之间是否存在因果关系？我们可以理解为，正是乡村的这三种特征才使得乡村建设成为可能；也可以理解为，乡村建设成为了乡村进一步实现遗产化、审美化与符号化的动因。

总之，B村乡建群体是"流动的共同体"，它涵盖了两个面向：从时间上来说，呈现的是返乡共同

---

① 2018年4月9日，B村工销社，W先生（王老板）。访谈内容主要是讲述他对于"手工茶"的理解（访谈编号：BSWH20180409）。

体中个体的生命历程；从空间上来说，是针对生命历程中出现的一些矛盾点的自我调适。

五、乡建内生力量的身份重建

（一）多元化的村民主体性

"内生发展"作为一种理论是在20世纪70年代提出来的。"这一思想及理念除了在国际关系等领域被广泛关注外，在区域研究中，率先被广泛运用在针对欧洲中部欠发达地区农村的讨论上，在这一理论形成、发展、实践的过程中，研究者和实践者层面关注议题的视角从经济学转向社会学。"（张文明、章志敏，2018/11）从经济学转向社会学的内生发展理论，"主要是应用于讨论区域内的发展不平衡问题，特别是被广泛应用于对城乡之间发展不平衡问题，即相对后发的农村如何发挥内生动力以实现振兴"（张文明、章志敏，2018/11）。从该理论的发展路径来看，内生发展模式萌芽于对外生发展模式的反思及批判，在理论与实践的碰撞中产生了新内生发展模式（张文明、章志敏，2018/11）。

从其本质来看，内生发展到新内生发展，是一种从地方理想到超地方实践的行为（张文明、章志敏，2013：1）。"新内生发展在捍卫内生发展所表达的价值立场之外，承认并接纳超地方因素在农村发展中的作用，这使得外生与内生之间的对立互斥状态在新内生发展的讨论中得以消解，也使农村发展被置于整体化、互联的、动态的视角下进行实践意义层面的讨论。"（张文明、章志敏，2018/11）这种超地方因素，主要是对相对封闭式的"理想型"发展模式的反思，它指向内生发展与外生发展中的多种因素，如资源的优化、产品的多元化、服务的平衡化等。

非内生型乡村发展依赖于"自下而上"整合外部影响以增加本地活力的活动（Bosworth et al.，2016：3）。"中国的内生发展模式实际上与新内生发展论有相似之处，发展由底层以改革和创新之名推动，国家认同后强力介入全过程，并一直发挥积极作用。"（张文明、章志敏，2018/11）本文在中国的乡村建设语境下讨论内生发展，主要是基于乡建主体性问题的讨论。乡村建设最大的困难是村民缺乏主体性，村民是被资本、权力、文化挤压成的失语的居住者。乡村建设语境下村民的失语，主要是在乡村资本、权力、文化等方面未能较好地发挥应有的主观能动性。虽然关于"主体"的讨论是本文的核心，但能够看到，主体背后其实也是"资本""权力""认同"等村庄内在要素的互动场域。

学界关于"主体性"乃至"主体间性"的讨论一直未间断过。方李莉认为，要把乡村价值放在文化多样性和社会共生的视野中，"修复乡村价值"就是修复乡村秩序，修复人与人的关系（方李莉，2018/1）。季中扬、康泽楠将重塑乡民主体性看作艺术乡建的关键，并主张用现代艺术精神改变村民进而重塑乡村社会结构（季中扬、康泽楠，2019/2）。刘姝曼提出，艺术乡建是一个交互的过程，各主体在乡建场域中生成多样化的张力与互动关系，延伸出不同场景中对"多重主体性"的探讨，因此认为用"多重主体性"一词诠释艺术乡建中的张力似乎更为贴切（刘姝曼，2020/6）。"多重主体性"其实与新内生发展理论的观点有契合之处，强调的是内部力量与外部力量的整体性发展。当代乡村建设面临的社会问题很多，但最主要的困境是乡村精英流失，乡村社会失去了自治与发展的内在力量（季中扬、胡燕，2016/2）。本文田野调查的 B 村虽然也有这样的问题，但就 B 村而言，在乡建语境下，在外来返乡者的行动影响下，村民的主体性逐渐凸显出来。

内生力量主要是指村落空间被冠以"本地人"称谓的主体。在这些主体中，最为重要的是村落"能人"。QXH 将 B 村能人成事定义为是一种"乡帮文化"现象。

乡帮文化，"乡帮"中的"帮"是帮助的帮，这又是一个新名词，乡贤在中央一号文件里也有，里面提到了实施乡村振兴战略，我看了两遍，如果要是这样的一个实施乡村文化和振兴战略，B 村实际上已经走在全国前列了，在四五年前就已经走在前面了。你刚才讲的乡贤或者叫"乡帮"，比如汪老师。因为 B 村过去就是在茶马古道之中，是茶马古道上的一个驿站。过去一车一车的黄金，影响着在扬州做生意的"乡帮"们，这些"乡帮"在外面曾经创造的历史烙印还体现在现在的乡贤身上，B村书记的汪老师就是一个例子，他从一个普通农民到村主任，到后来他做生意，就是"乡帮"对不对？也变成了推广宣传B村的一个窗口，同时也可以说是画家，用手中的笔画出了有生命力的B村彩画。姚老师虽然退休了，但是他还在写作，每天拿着一个小相机嚓嚓嚓地拍照片，把B村的变化，通过自己的镜头记录下来，然后通过展览、书籍进行宣传。①

乡贤群体在当代农村中不是特例，他们拥有一定程度的文化自觉和实践能力，对乡村文化传承与发展起到了关键作用。同时乡村中还有一类"能人"主体。他们对乡村的日常事务有较为全面的认知，能够很好地处理各种人际关系。

B村的HWH，过去在这里工作，他在20年前就有眼光在B村村口买了一个地方，花了200万元造了这个房子，不仅仅是自己做好生意，它还成为B村有名的地方，可以让外地人到B村旅游。他就是帮他们牵线搭桥，找房子做住宿，让这些城里面的公共人、知识人和社会人来拥抱B村新的一轮变革。②

除却村中的"能人"主体，还有一些边缘群体也是值得关注的。权力分化常常使得"他者"的声音有所减弱，而倾听这些声音可以改变我们未来管理经济、维持环境和促进社会福祉的方式（Pomeroy，2022/2）。贺雪峰指出，从合作主体上来看，乡村老年人是最为边缘的群体，与其他乡村主体不同，他们的行动逻辑不再是经济理性，而是有着极高的老有所

---

① 2018年3月31日，泰来农庄，QXL。访谈内容主要是讲述关于B村"能人"的理解（访谈编号：BQXL20180331002）。
② 2018年3月31日，泰来农庄，QXL。访谈内容主要是讲述关于B村"能人"的理解（访谈编号：BQXL20180331003）。

乐和老有所为的愿望和积极性（贺雪峰，2013：16）。"老年人因处在农村社会的边缘地带，他们对任何外来的关心都极为敏感和珍惜，因此，他们有着极高的合作愿望和极强的合作能力。妇女也是乡村中另一个重要的边缘群体，这个边缘群体中同样蕴含着更多的合作需求和更强的合作能力。"（贺雪峰，2013：16）以上这两个群体是当前乡建者进入乡村后，最愿意合作的群体，这两个群体也最容易让外界产生共情。如果他们说 B 村计划和他们没什么关系，这并不代表他们"失语"了，而可能仅仅是在说他们有更为要紧的事情要做。

外来返乡群体乡建实践唤起了村民的文化自觉与自信，他们的到来让村民看到了 B 村与西递、宏村不一样的发展路径。在外来返乡人的影响下，村里人将私人空间公共化，一类是将老屋修缮后作民宿，修缮的风格力求恢复徽派民居风格；另一类是将个体空间重新布置，进行审美化，如"芳芳小舍""靠山邸"等，提供给本村和外来人参观。原住村民作为村落主体的身份不容置疑，但他们同样可以成为当代乡建的主体。在 B 村返乡群体的影响下，他们也各自建构了差异性的形象。"一般而言，在传统文化得以保留的村庄，农民拥有一致的行为准则和处事模式，即使出现少数不愿意合作的搭便车行为，这些行为也会遭到大多数人的唾弃，不会蔓延为一种普遍的行为，也不会影响村庄日常生活和合作秩序。"（应若平，2007/11）

作为当代 B 村发展的内生力量，本地村民的主体性呈现出多样化特点。本文梳理为以下几种类型：一是堪称外来返乡群体致力于本地乡建实践的领路人、乡贤，有汪老师、姚老师和钱师傅等，他们给 B 村乡建提供了很多灵感，同时还有依赖老一辈村乡贤成立的村老年协会和黄梅戏剧团。二是在返乡群体的乡建实践影响下，追随他们投身于乡建行动中的村民代表人物。三是在外来返乡群体影响下，模仿他们对现有土地房屋资源进行改造的村中小卖部。四是对外来乡建者的实践行为保持谨慎态度并适时审视自己工作的本村村两委。无论是主动改变，还是被动改造，这几大主体基本构成了 E 村的乡建内生力量。

（二）日真：村两委的行动逻辑

较之于乡村能人主体或者边缘主体，居于乡村核心地位的村委会主体，是作为强势主体出现的。对于村两委而言，如果外来返乡群体的乡村实践内容符合村庄发展整体规划，就会考虑合作，合并到村庄发展的具体实践中。但如果对于外来返乡群体的乡村实践内容不理解或者不认同，那就会采取疏远的方式，观望其产生的村主效应。这个群体的合作愿望虽然也强烈，但基于思想观念和立场的多方原因，往往很难在短时间内达成合作的一致性。"丰真"往往是村干部采取的稳妥做法。

在 B 村返乡计划搁置后的 2017 年，B 村发起了"保护水源地"的行动。发源并流经 B 村全境的章河、要水，都在 Y 县自来水厂的上游。且是新安江的另一支发源地，而三河流域（E 村、石亭的枧溪村）依法实行了十分严格的水资源保护措施，并于 2010 年就被列为一类水源地保护区。在这样的背景下，B 村村两委于 2017

年在全村村街弄道范围内实施规范化青石板铺路，同时沿河实行污水处理。并对村民提出了"门前四包，垃圾袋装"的要求，且家家户户都配有垃圾箱型垃圾桶。2019 年，全村以每年 12 万 ~14 万元的价格实现了清洁卫生外包、垃圾倾倒和装运全部机械化（包括村内）。

针对"如何全天候无死角管理好生活垃圾"问题，村委采取了具体措施：建立每 2 名党员包片（段）责任制，老年协会监督流动哨。在这样的背景下，B 村生态美超市应运而生，经营种类包括：村民家中的生活附属垃圾，如香烟盒、香烟头、牙膏皮、易拉罐筒、各种矿泉水瓶、饮料瓶罐、包装箱袋、塑料包装盒、农药瓶（另袋装）等。平时村民将生活附属垃圾袋装在家，在每周规定的时间内送到村生态美超市。生活垃圾不是货币上购，而是采取以物易物的交换形式，村民凭借不同的生活用品废物换取生活日用品，比如牙膏、洗衣粉、香皂、毛巾、洗发水、沐浴露等。这样的"交易"，深受村民的欢迎，每到"交易日"，村民提着大袋、小袋到生态美超市排队换取自己需要的生活用品。生活附属垃圾则由村里统一回收处理。

生态美超市生意红火，在与村民"交易"的环节，负责超市的村委委员点货、验货，然后由货主村民自选需换取的日用品，登记签字，建立超市的逐日账页，形成台账。B 村生态美超市的建成实现了 3280 人的村街民巷和家庭庭院、厅堂、厨卫干干净净与耳目一新。2021 年 4 月，配合 Y 县妇联等职能单位，B 村开展了清洁卫生庭院、美化庭院评比。B 村"保护水源地"行动的意义不仅仅是源头保护，其对于新时代的新村貌、新家容、新习俗都是一次创新"革命"，改变了千百年来村民的卫生习惯，真正彰显了乡村振兴的成效。

B 村有阳光之家、农家书屋等立足文化教育的村庄公益组织，从形式和领导者来看，这几个组织完全与 B 村返乡群体的实践互不相关，这些组织基本都是村两委主导

的。但是从 B 村宣传栏的内容来看，外来返乡者的一些实践活动也逐步被纳入了村委的宣传工作中。在 B 村调研期间，可以看到村中文化广场旁的文化宣传栏中关于村庄建设的设想。

B 村党委不仅重视物质文明建设，更注重村民的精神文明、思想素质建设，将文化建设作为加强党对农村的绝对领导和农村党建工作的有效载体，在全村开展文化党建工程，通过文化建设促进党建工作，以党建工作保障农村文化的健康发展。[①]

在具体建设过程中，一是推进文化阵地建设和村级组织活动场所建设，以文化广场、文化活动室、农家书屋、远程教育站点等为阵地，建设开放式的村级组织活动场所；二是积极引导村民组织成立民间黄梅戏剧团、龙狮队、广场舞队等，提高村民的文化素养。在关于 B 村文化产业发展的介绍中，书局和猪栏酒吧均在名单中，村委的行

---

① B 村文化宣传栏宣传语。

动中有审慎态度，但同时也有不一样的发展立场。

结　语

当代村落共同体具有流动性特征，这种流动性体现在返乡群体返乡后的"离乡"行为上，但人群的离乡不代表精神共同体的解体。再反观返乡群体的乡建实践，无论是"返乡"还是"离乡"，对 B 村原住居民已经产生了影响。他们也已不再是原来的村民形象，在认知上已经完全建构了一个新的身份，且与"B 村共同体"的理念越来越趋近。原住乡民、返乡的 B 村人等共同形成了关注 B 村发展的共同体，即乡村共同体。QXH 也总结道：

我觉得他们对现在有这样的改变，完完全全就是改革开放 40 年巨大的变化。给人们带来思想和观念上的新一些改变，再加上好多当地的人有创新意识、革新意识、人文关怀，是能干事情的人，想法

非常积极，想把家乡建设得更加美好。他们有这样的激情。他们本身有文化、有知识，而且有的又是村里面的领导，他们做到了示范引领带动的作用，所以说带动了 B 村新一轮全新的发展。再加上以 Z 老师为代表的外界公共人、知识人和社会人来到 B 村从事项目，还有外面比较有影响力的电影工作者、艺术家、作家、诗人，这样一个群体的到来。他们这样一批人到 B 村来，大家共同完成了 B 村的乡村建设。①

通过 B 村共同体的建构，我们可以尝试分析当代乡村建设的本质性问题，并探讨乡村建设的可能性路径。当代乡建的本质是基于"家本位"的行动逻辑。所谓"家本位"，首先就是把"家"作为衡量一切事物的尺码和标准，一切活动围绕着家展开，以家庭为圆心，向外扩散（黄西雨，2019/23）。其次是依据乡建语境下多元主体互动的现实，以及乡建过程中呈现

① 2018 年 3 月 31 日，泰来农庄，QXH，访谈内容主要讲述对 B 村乡村建设的整体认识（访谈编号：BSQXF20180331-04）。

"事件性"的特征，探讨解决乡建问题的有效路径是"民俗协商"的方法。早期的乡建主体，其领袖的作用其实与宗族族长的功能有某种一致性，有较强的身份差序。宗族解体后，村庄契约组织中的主体之间更多的是平等协作关系。基于这样的关系，应采取协商的方法推进乡建实践的开展。民俗协商不同于普遍意义上的协商，它是以文化认同为基础的协商，可以弥补契约协商之不足。结语的第三部分，提出未来理想化的乡村建设模式，即陪伴式乡建。当代乡村建设在政策制度上具有不确定性，在主体参与上具有流动性，在空间上具有差异性，因此需要陪伴式的乡建模式。"陪伴式乡建"主要指的是返乡主体通过周期性的驻村，与村民较长时间的生活、劳作，有效地促进乡村各主体间的沟通协作。陪伴式乡建坚持"授人以鱼，不如授人以渔"的原则，力求达到陪伴村民共同建设乡村。

（一）超越"家本位"的当代乡村建设

要理清乡村建设的本质，需要先回答"何为乡村建设"与"为

何乡村建设"这两个问题。

何为"乡村建设"？民国时期的乡村建设运动，面对的是深重的民族危机，如何救亡图存是整个民族国家发展的核心议题（郑大华，2000：70~71）。有人提出"科学救国"，有人主张"教育救国"，有人践行"实业救国"，也有有识之士试图通过乡村建设运动来改变中国乡村的落后面貌。民国时期的乡村建设运动其实质，指向的是特殊时期民族国家发展的宏大叙事（朱汉国，1996：72）。

当代乡村建设其实更早是从民间个体自发发起的，到2017年才正式从国家层面提出。不管是个体层面的实践，还是国家层面的政策，均倾向于提升民众（个体）的生活幸福指数。民众生活幸福指数的提升具体来说就是家庭和美、家业兴隆、家园和谐等。因此，本文提出当代乡村建设的本质其实是立足于"家本位"的乡村建设实践，是以传统"家文化"为核心的微观语境下的返乡实践。

传统的皖南乡村，徽商萌发做生意的念头大多是"齐家"的缘故。皖南徽商"齐家"的行动理

念是中国传统儒家文化的精髓之一。他们视传统的儒家价值取向为人生的崇高理想，他们在实践中履行儒家的伦理道德，以致形成异乎同一时期其他商帮的特色——贾而好儒，从而获得了比其他地区商人更大的实惠，成就了事业上的辉煌（朱英利，20■5/10）。

当代乡村返乡群体的行动逻辑，其本质也是从"家本位"思想出发的。如牧儿举家搬迁到 B 村的故事，L 和 X 四方游学找寻家的感觉的故事等，大家其实都在通过返乡寻找理想的栖身之所，并尝试在乡村生活下去。其实不止是在 B 村，还有临近 B 村的 NP 村也有两对小年轻，他们要么是携家带口返乡从事生态专业种植①，要么是利用自身所长宣传充手工艺②，像这样通过返乡在乡村经营家庭、事业的返乡群体越来越多了。在经营事业的同时，他们也逐渐关注到所

返乡村的空心化问题，特别是留守儿童和老人群体，甚至是留守妇女，他们本是家庭的核心力量，但现在都处于乡村的边缘地带，这些都是乡建者在着重关注的问题。他们返乡进行乡建实践的本质，其实也是在致力于解决"家本位"文化逐渐式微的问题。

滕尼斯在《共同体与社会》中怀念了以"家庭"为核心的传统共同体类型。在共同体中，人们是一种相互信任的亲密关系，人们考虑问题主要基于情感动机，又或者是整体的影响，因而社区的整合十分容易。人们在共同体中找到了归属感、认同感，并培养出了责任意识（〔德〕裴迪南·滕尼斯，2010：135）。在中国文化语境下，滕尼斯的"共同体"思想基本也可以用传统中国"家本位"思想来理解。费孝通在《乡土中国》中提出差序格局，认为"中国的

---

① 七约农场，创始于 2015 年，位于世界自然与文化遗产地——黄山，是消费者和农人共建的农场，致力于自然农业和自然教育，不用化学农药化肥种植。笔者认识的 NP 村"七约农场"的主人，是 2015 年返乡的两位年轻人，他们带着自己的父母返乡从事生态农业种植，并在村里结婚生子，在乡村过上了三代同堂的生活。七约谐音"契约"，办农场的初衷是希望回归人和自然的良好循环，建立人和人之间的真诚信任。七约：真实、自然、专注、合作、分享、感恩、博爱。

② NP 村的"十六植物染手工坊"的主人，是笔者认识的另一对返乡青年，他们致力于植物染传统手工艺，也是举家搬迁到乡村的。

社会结构就像是石子丢入水中产生的一圈一圈的波纹，其中心就是自我，围绕自我这个中心，按照地缘和血缘逐渐向外扩展，表现出亲疏远近，当然这里的自我并不是纯粹的个体，而通常是指个人所在的家庭"。（黄西雨，2019/23）从民国乡建运动到 B 村返乡人乡建实践，从"国本位"到"家本位"的转变，是当代乡村建设运动的显著特点。虽然，当代"家本位"文化也有逐渐泛化的特点，在返乡群体的实践中，既以"家本位"为主，同时也超越家本位。人们从全国各地奔向 B 村，虽然没有血缘关系，也没有地缘关系，但是拥有共同的乡建理念，同样能够服务于乡建实践。但问其"大家返乡的初衷"，即使是超越了"家本位"，也依然离不开"寻找理想的家乡"这样的理由。

温铁军在《乡建笔记：新青年与乡村的生命对话》一书的后记中写道，"今天我们需要'跳出乡建看乡建'，用另外一种书写的方式，重新书写民间那些活生生的人、活生生的故事，展现人们自觉地、自我地回归自然、回归社会的方式，至少能让被忽略的社会改良活动呈现出来"。（温铁军、梁少雄、刘良主编，2020：396）本文理解的另外一种书写方式，是"跳出家乡建家乡"的故事叙事，也可以是"回家乡建家乡"的故事，是一种流动的乡建叙事。

（二）民俗协商的新型乡建路径

从民俗学学科的角度来说，乡村建设具有明显的事件性特征。我们也可以将其定义为某种类型的民俗事件。施爱东指出，"所谓民俗事件，也即日常生活中的非常事例，是平衡被打破之后的非常态关系。无论历史研究还是民俗研究，都应该从具体的事件入手，没有事件就无从进入具体的生活情境"。（施爱东，2021/3）具体的事件包含"过程—事件"两层含义，采用"过程—事件"分析的研究路径在民俗学、人类学、社会学等学科中并不少见。如周建新在他的著作《动荡的围龙屋》中就是采用"过程—事件"分析的方法及文化抗争中相互建构的分析框架来呈现客家传统文化的保护问题（周建新，2006：351）。"洱海的环境治理是一种以环境名义开展的社会治理与目的地管理过程，逐渐从治理水环境延伸到环境、民生、产业升级等多方面的综合治理。"（孙九霞、陈景、黄秀波，2020/9）。因为同"洱海事件"一样，在中国乡村建设的过程中，这样的事件不在少数。作为中国乡村建设的一个缩影，B村的乡村建设实践也是从艺术介入乡村逐渐回归到人—人、人—地、人—社会等多种关系协商治理的问题上。如前文所介绍的"B村计划"，可以说是B村乡村建设过程中较大的事件。返乡的外来者除了要做一些既定的文化和艺术实践活动，还需要在这些实践活动中处理好与村民、村两委、外来投资者的关系，一旦某个环节处理失误，便会引起不必要的冲突麻烦；而伴随事件的发生，冲突的出现又是自然而然的。当然，本文主要想说明的是，这些冲突背后其实主要还是文化认同与风俗惯习的错位。

在传统皖南地区，契约精神常常是解决矛盾的有效途径。古徽州地区可以说是一个契约社会，据统计，至今保存完好的徽州民间契约文书至少有二十万份。"空口无凭，立字为据"被当作解决纷争必须遵守的基本原则，有的甚至被写入族规家训。徽州的契约精神反映了徽州社会中人际关系的理性成分，为社会运行提供了基本规则，其契约精神注重儒家文化，让人修身养性，贾而好儒，所以成为古代徽州兴盛的两大法宝。但是契约具有不完全性，尤其是随着时代的变迁，徽州契约文化也有了新的变化。

"传统民间契约与现代契约订立的目的是不一样的，现代契约的目的是在将来出现纠纷的时候，在诉讼过程中掌握有力证据，取得优势地位，以便在诉讼中赢得对方。而传统民间契约的目的是想用这一纸字据来避免双方纠纷的发生，它是为了避免因纠纷而发生诉讼。"（刘云松，2008/2）所以说，因时代变迁及环境的变化，尤其是立契约双方的立场等各不相同，契约精神已经不能有效避免矛盾的发生。

在乡村建设实践语境中，流动的主体作为多元文化的携带者，常常会打破乡村的日常生活场景。中国文明是典型的农耕文明，农耕文明中人与人的关系表现为长期性关系，其变化不会太大，契约在社会生活中所起作用远较关系与身份为少（吕力，2017/3），这就是契约的不完全性。基于不完全契约的履行，应探讨更契合乡村语境的解决方法。乡村建设实践中的非日常事件我们称之为"民俗事件"，也是一种特殊事件，学者提出文化及其惯习是乡村特殊事件得以解决的关键。学者提出的以文化及其惯习来解决问题，我们定义为"文化协商"，或者直接称其为"民俗协商"（高丙中，2020/3）。"民俗协商"离不开村庄变迁的语境。村庄变迁的一个面向就是：传统的以宗族和信仰为基础的人际关系解体，现代的以协商文化为基础的人际关系逐渐建立起来。早期的乡建主体，其领袖的作用其实与宗族族长的功能有某种一致性，有较强的身份差序，宗族解体后，村庄契约组织中的主体之间更多的是平等合作即协商发展的关系。当代乡村发展的模式是：民俗协商为主的村落共同体发展模式。这种模式是开放的、有序的，是多种合作关系的集合。比如村委会与外来的投资商、村民与村民之间、村民与外来乡建者之间，其内涵不单单是理性化的经济协作，它能够逐步覆盖到日常生活与生产的方方面面。民俗协商的前提是建构村落文化认同，其目的是重建乡村的日常秩序。关于协商的具体方式，QXH 提出了"乡村乡贤联盟"和"村落众筹"的思路。

首先是建立乡贤联盟，然后设立一个公约。什么叫"公约"？就是我们这些乡贤到这个村里面来跟村民们建立一个新的"村民公约"，这个村民公约是为了更好地让更多的人到 B 村来，它有一个更好的保障。打个比方，你要到 B 村来开发，到 B 村来想买什么东西，必须经过我们乡贤公约这个组织同意你才能来，否则不会让你来的。而且乡贤的联盟，大家用投票制的方式开展。外面的人到这儿来，我们要让他或者一个组织建立一个运营公司，运营公司怎么做呢？农民的房子倒掉的、烂掉的、破掉的，由组织成立一个机构，然后通过众筹的形式，把这个房子重新保护好维修好，跟他签订 20 年的合约，新的合约。然后从农民手里已房子修起来，既保护了老房子，又让老百姓受益，又得到了新农村的一个发展。①

民俗协商是乡建的有效路径，不同于契约组织，它是基于文化认同的协商模式。乡村已不再是原住居民的乡村，而是拥有共同文化认同和精神认同的乡村，乡村的建设也不再是任何一个主体的事，并非原住村民就能得到更好的认同，外来返乡者就难以被认同。通过乡建实践，谁能够成为乡村的主体，村民自会有判断。

（三）陪伴式乡建：村落共同体的未来走向

传统的村落共同体，从空间上，有共同生活的特点。超越型的共同体，从空间上，具有流动性的特点。当代乡村共同体，在空间上，既包括了实体的乡村文化空间，又拓展了虚拟的网络文化空间。其流动性的轨迹，既包括了城市，又涵盖了乡村。未来村落共同体的形式，更为多元与开放。

前文中提到，从乡建群体的行动轨迹来看，当代乡建具有流动性的特征。早期的乡村建设被冠以"运动"的称号，当代乡村建设实践最怕如运动思潮一般来也匆匆去也匆匆。当代的乡建不再是运动式的，它需要得到时间的考验，需要花费较长时间去经营。

当代乡村建设在政策制度上具有不确定性，在主体参与上具有流动性，在空间上具有差异性，因此需要陪伴性的乡建模式，是政策和主体的陪伴。当代乡建群体呈现流动性的特点，如 Z 老师、LXX 等，但是 R 女士留下来了。乡建短期内是难以看到成效的，需要长期的投入才行。有人提出需要陪伴式乡建，就是乡建者要切实融入乡村生活中，即嵌入乡村生活的方方面面。陪伴式乡建坚持"授人以鱼，不如授人以渔"的原则，力求达到与本地主体一起建设乡村。

乡建语境下共同体建构，要兼顾村庄为生主体的特点，比如村庄留守老人、妇女和儿童。在特定的时间里，他们离开村落空间的概率

① 2018 年 8 月 31 日，泰来农庄，QXH，访谈内容主要讲述当下乡村建设的出路（访谈编号：BS_XH_2018_33105）。

不大，所以需要外来乡建力量的在地陪伴。在地陪伴式乡建，指的是通过周期性的驻村，与村民较长时间的生活、劳作，有效地促进乡村各主体间的沟通协作。随着网络技术的发展，网上虚拟空间成为村落青年人的交流平台，对于这一类内生力量，外来乡建主体需要保持对网络社区的关注。乡村的发展是一种自然生长的过程，不是两三年就能建成的一个社区。乡村建设不是简单地"走走看看"，需要长期陪伴和驻村田野工作才能更好地熟知不同乡村的变迁规律，也才能更好地解决乡村建设中的问题。

参考文献

〔英〕安东尼·吉登斯 . 2000. 现代性的后果〔M〕. 田禾，译 . 南京：译林出版社 .

〔德〕裴迪南·滕尼斯 . 2010. 共同体与社会——纯粹社会学的基本概念〔M〕. 林荣远，译 . 北京：北京大学出版社 .

〔韩〕朴振焕 . 2005. 韩国新村运动——20 世纪 70 年代韩国农村现代化之路〔M〕. 潘伟光等，译 . 北京：中国农业出版社 .

〔英〕齐格蒙特·鲍曼 . 2002. 流动的现代性〔M〕. 欧阳景根，译 . 上海：三联书店 .

——. 2007. 共同体〔M〕. 欧阳景根，译 . 南京：江苏人民出版社 .

安德明 . 2015. 对象化的乡愁：中国传统民俗志中的"家乡"观念与表达策略〔J〕. 民间文化论坛（2）.

蔡磊 . 2014. 村落劳作模式：生产民俗研究的新视域〔J〕. 学海（4）.

常江、朱冬冬、冯姗姗 . 2006. 德国村庄更新及其对我国新农村建设的借鉴意义〔J〕. 建筑学报（11）.

程鹏 . 2014. 都市民俗学与民俗学的现代化指向〔J〕. 民间文化论坛（4）.

方李莉 . 2018. 论艺术介入美丽乡村建设——艺术人类学视角〔J〕. 民族艺术（1）.

高丙中 . 2020. 世界社会的民俗协商：民俗学理论与方法的新生命〔J〕. 民俗研究（3）.

耿达 . 2017. 文化视角下的都市与乡村：20 世纪 30 年代的城乡关系〔J〕. 中国农业大学学报（社会科学版）（4）.

贺雪峰 . 2013. 新乡土中国：转型期乡村社会调查笔记〔M〕. 广西：广西师范大学出版社 .

——. 2013. 新时期中国农村社会的性质散论〔J〕. 云南师范大学学报（哲学社会科学版）（3）.

胡平生、张萌译注 . 2017. 礼记〔M〕. 北京：中华书局 .

黄西雨 . 2019. 家本位影响下的中国养老

文化：内涵、困境及对策 [J]. 劳动保障世界 (23).

季中扬 . 2010. 论"文化研究"领域的认同概念 [J]. 求索 (5).

季中扬、胡燕 . 2016. 当代乡村建设中乡贤文化自觉与我们路径 [J]. 江苏社会科学 (2).

季中扬、康泽楠 . 2019. 主体重塑：艺术介入乡村建设的重要路径——以福建屏南县熙岭乡龙潭村为例 [J]. 民族艺术研究 (2).

季中扬、李静 . 2014. 论城乡文化共同体的可能性及其建构路径 [J]. 学海 (6).

季中扬、师慧 . 2018. 新乡贤文化建设中的传承与创新 [J]. 江苏社会科学 (1).

李晋卓 . 2016. 当代"新农人"的身份重构研究 [D]. 硕士学位论文. 华东师范大学.

廖明君、岳永逸 . 2012. 现代性的都市民俗学——岳永逸博士访谈录 [J]. 民族艺术 (2).

林耀华、王春光、李荣峰、〔美〕顾琰、田家豪、文军 . 2014. 东亚村落发展的比较研究：经验与理论反思 [J]. 山东社会科学 (9).

刘佳丽 . 2020. 乡村振兴战略下艺术乡建的"多重主体共生"——以"青田范式"为例 [J]. 民族艺术 (6).

刘铁梁 . 2013. 写作模式与村落认同——以北京房山农村为例 [J]. 民俗研究 (6).

刘晓春、贺翊旸 . 2021. 唤醒、共享与意义再生产——粤桂边界返乡青年"回归北方"的实践 [J]. 广西民族大学学报 (哲学社会科学版) (2).

刘晓春、周建新 . 2009. 历史与文化的互

动（下）——赣南客家家族制度的个案研究 [J]. 客家研究辑刊 (2).

刘垚、沈东 . 2015. 回顾与反思：中国都市民俗学研究述评 [J]. 民间文化论坛 (6).

刘源 . 2019. 快速城市化过程中徽州古村落文化变迁机制研究 [D]. 博士学位论文. 东南大学.

刘志伟 . 2008. 徽州传统民间契约观念及其遗存——以田藏徽州民间契约及对徽州六县的田野调查为基础 [J]. 甘肃政法学院学报 (2).

吕力 . 2017. 关系、身份与文化传统：契约不完全性及其对策的中西比较研究 [J]. 科技创业月刊 (3).

曲文俏、陈磊 . 2006. 日本的造村运动及其对中国新农村建设的启示 [J]. 世界农业 (7).

任金帅 . 2014. 近代华北乡村建设工作者群体研究——以邹平、定县、宛西为中心的考察 1926～1937 [D]. 博士学位论文. 南开大学.

施爱东 . 2021. 讲故事的民俗学：非常事件的正常解析 [J]. 华南师范大学学报 (社会科学版) (3).

孙九霞、陈景、黄秀波 . 2020. 大理洱海旅游环境治理事件中的主体博弈与权益协调 [J]. 地理科学 (9).

王双 . 2020. 春秋战国时期游学的缘起、特征及教育意蕴探微 [J]. 教育理论与实践 (34).

温铁军、梁少雄、刘良主编 . 2020. 乡建笔记：新青年与乡村的生命对话 [M]. 上海：东方出版社.

翁飞龙、蒋敏、徐雯翔、章传政 . 2017. 安徽茶俗略考 [J]. 安徽农学通报 (18).

吴人韦、凌诗佳.2006.台湾乡村旅游的发展及启示［J］.台湾农业探索（3）.

习近平.2023.习近平著作选读（第二卷）［M］.北京：人民出版社.

萧放、贾琛.2019.70 年中国民俗学学科建设历程、经验与反思［J］.华中师范大学学报（人文社会科学版）（6）.

萧放、鞠熙.2019.实践民俗学：从理论到乡村研究［J］.民俗研究（1）.

徐赣丽.2021.现代民俗学如何可能［J］.华东师范大学学报（哲学社会科学版）（1）.

许远旺、卢璐.2015.中国乡村共同体的历史变迁与现实走向［J］.西北农林科技大学学报（社会科学版）（2）.

Y 县地方志编纂委员会编.1989.Y 县志［M］.北京：光明日报出版社.

应若平.2007.内生与外生：农民合作能力演变的逻辑［J］.调研世界（11）.

张士闪.2007.从参与民族国家建构到返归乡土语境——评 20 世纪的中国乡民艺术研究［J］.文史哲（3）.

张文明、章志敏.2018.资源·参与·认同：乡村振兴的内生发展逻辑与路径选择［J］.社会科学（11）.

郑大华.2000.民国乡村建设运动［M］.北京：社会科学文献出版社.

周建新.2006.动荡的围龙屋［M］.北京：中国社会科学出版社.

周星.2017.生活革命、乡愁与中国民俗学［J］.民间文化论坛（2）.

——.2021.现代民俗学应该把乡愁与本真性对象化［J］.华东师范大学学报（哲学社会科学版）（1）.

朱汉国.1996.梁漱溟乡村建设研究［M］.太原：山西教育出版社.

朱文利.2005.明清徽商的价值取向［J］.江苏商论（10）.

左靖.2017.线索与节点——从 Y 县百工到碧山工销社［J］.建筑技艺（8）.

左靖主编.2013.碧山 2：去国还乡［M］.北京：金城出版社.

——主编.2017.碧山 10：民宿主义［M］.北京：中信出版集团.

Bosworth, G., I. Annibal, T. Carroll, L. Price, J. Sellick & J. Shepherd. 2016. Empowering Local Action through Neo-Endogenous Development：The Case of LEADER in England. *Sociologia Ruralis*. 56（3）.

Hallowell, A. Irving. 1957. The Impact of the American Indian on American Culture. *American Anthropologist*. 59（2）.

Pomeroy, Ann. 2022. Reframing the Rural Experience in Aotearoa New Zealand：Incorporating the Voices of the Marginalised. *Journal of Sociology*. 58（2）.

Sayce, R. U.. 1936. The Modern Study of Folklore. *Folklore*. 47（2）.

Suryanata, Krisnawati, Mary Mostafanezhad & Nicole Milne. 2020. Becoming a New Farmer：Agrarianism and the Contradictions of Diverse Economies. *Rural Sociology*. 86（1）.

边散型多民族"大杂居—小聚居"村庄的均衡自治

——以甘肃省L村为例

赵双龙*

摘　要：村民直接选举村民委员会（村民选举，下同）改变了村庄治理人的产生方式，扩大了治理人的来源。在一个较长的历史时期内，甘肃省L村各村民小组和各民族之中都有人能够当选村干部，这一现象即为"均衡当选"。L村村庄的地理环境、生产方式、生活习惯、历史、文化等要素综合形成的边散性导致村民小组的集中与独立，推动产生了"均衡当选"的基层选举现象。村干部的"均衡当选"意味着各村民小组的"均衡自治"，能够带来多村民小组和多民族村民的参与，提高村民直接选举与参与其他基层公共事务的积极性。

关键词：均衡当选　均衡自治　村民选举　村民自治　基层治理

* 赵双龙（1953—），男，甘肃临夏人，华中师范大学中国农村研究院政治学专业博士研究生。

一、边散多民族村庄的社会政治生态

中国农村村民自治制度是中国制度史上的伟大创造，也是中国人民的伟大创造。中国共产党历来重视村民自治。习近平总书记在党的十九大会议上将"坚持人民当家作主"作为十四条治国方略之一，"坚持和完善基层群众自治制度"（习近平，2017-10-28/1）。在党的二十大会议上，习近平总书记进一步指出"基层民主是全过程人民民主的重要体现。健全基层党组织领导的基层群众自治机制，加强基层组织建设，完善基层直接民主制度体系和工作体系，增强城乡社区群众自我管理、自我服务、自我教育、自我监督的实效"（习近平，2022：39）。村民选举作为村民自治的重要组成部分，一方面具有产出村干部的作用，即通过群众直接选举产生村民委员会，村党员直接选举产生村支部委员会，村干部肩负着治理村庄的重任；另一方面通过换届选举淘汰不合格的村干部，让有能力的人上任，从而实现干部队伍的更新。

（一）对村干部角色的研究梳理

中国村民在第一次自由公正的村委会选举后，政治效能感较高。效能的提高带来更多的积极参与，进而影响中国乡村的政治转型（Li，2003/4）。在基层，村干部直接领导群众进行村民自治的实践，成为距离农民最近的治理者。因此，村干部的能力和素质高低直接关系所在区域内乡村治理的成败。特别是国家在农村地区推行实施"精准扶贫"和乡村振兴战略使得大量的治理资源下沉，包括资金、项目等，一方面有利于发展乡村的经济和文化，但另一方面也给安排和分配治理资源的乡镇人民政府和村民委员会①增加了新的工作内容。

"村落在我国有着悠长久远的发展历史，它的起源是人类进化和人类文明起源时期的产物，其形成和发展则与农业的兴起密切相关。"（胡彬彬、邓昶，2019/1）

---

① 以下简称村委会。

伴随着新中国成立之后的"国家整合"（徐勇，2019：5）进程，中国的村级自治组织发展到现在，促进了国家治理体系和治理能力的现代化。关于村干部的角色与身份研究，学术界主要有两种范式。一是基于国家与社会或者国家与农民的宏观范式，此范式认为村干部既是国家的代理人，也是社会和农民的当家人，从而形成"双重角色"的理论。二是基于具体案例的微观范式，此范式运用一个具体的案例在特殊的场域中分析村干部的角色。

在第一种范式中，对于村干部的角色与定位，有学者坚持"双重角色"理念（徐勇，1997/8）。此理论基于国家与社会关系的二分法，认为村干部既是国家的代理人，又是农民的当家人。而有学者扬弃了"双重角色"的理论，在肯定其对于理解和分析当下村干部角色的基础上，又对其进行了批判性的继承和发展，着重体现在其认为代理人和当家人的"双重角色"只是村干部角色的应然状态。而在实然的政治实践情景中，村干部的角色不仅与"双重角色"体现的

国家与社会的互动有关，而且与村干部对这些具体实践的情景做出的回应以及这些情景本身有很大的关系，具体的情景也反映着村干部在当家和代理上的能力和素质。吴毅特别注重对实然政治实践的分析，进而在"双重角色"的基础上增加了"经纪模式"、"守夜人"与"撞钟者"三种村干部在实际政治生活中扮演的行为模式（吴毅，2001/12）。吴毅的研究从具体的实际出发检视宏观的应然概念，从而在某种程度上启发了对村干部角色第二种范式的研究。有学者基于村干部和村民之间的关系视角，将村干部的角色称为村民和村庄的"弱监护人"（申静、陈静，2001/5）。还有学者认为村干部具有双重身份，第一重身份在于村干部协助县、乡（镇）等政府进行行政管理工作，从而"具有作为村'官'的'国家工作人员'身份"；第二重身份在于村干部作为村庄的法定管理者，直接处理村庄和村民的公共事务和私人事务，从而也"具有作为村'代理人'的'非国家工作人员'身份"（褚红丽、魏建，2019/5）。

第二种范式是基于具体案例的微观范式，此范式运用一个具体的案例在特殊的场域如征地补偿、项目进村、信访、土地流转等去分析村干部的特殊角色。付英通过征地补偿这一具体的案例，针对村干部在此案例中的反应分析出村干部具有三重角色："一是作为政府代理人尽量平稳地完成上级下达的征地任务；二是作为村民当家人与政府谈判，争取尽可能高的补偿标准；三是作为理性人，谋取个人利益最大化"（付英，2014/3）。肖龙则认为在项目进村的过程中村干部的"双重角色"出现了偏差，"呈现出'撞钟型'、'横暴型'、'分利型'、'协调型'干部四种行为类型"（肖龙，2020/1），这四种角色类型实际上是村干部对项目进村作出反应的体现。陈锋、孙锦帆通过村干部对信访行动采取的行为概括出其由于自身的定位而具有多重身份：第一种定位是"村干部不仅是沟通'国家—社会'的双向代理人"，其一方面要服从国家权力的支配维护自己治理之下的村庄的基本稳定，另一方面作

为乡村社会中的一员又需要嵌入乡村社会关系网络之中与村民搞好关系；第二种定位是"村干部可能成为上访制造者"，这是因为部分村干部可能侵害治下村民的权利而被村民作为上访的主要缘由，或者因为"治理需求和私利驱动参与村民上访"（陈锋、孙锦帆，2020/1）。李志军、吕淑芳通过广东省西部7个乡镇16个村庄的实证调查研究把村干部的角色概括为三个维度，即"在具体事件中村干部同时扮演政府代理人、村庄代理人和自身代言人，并认为三元角色相互影响、相互作用"（李志军、吕淑芳，2020/1）。蒋永甫等以村干部在农村土地流转中所处的位置来深入研究村干部的三重角色。村干部既可以是农村土地流转的经营中间人来协调资方和村民，也可以是土地股份合作经济组织的负责人来带领村民从事生产活动，以及作为独立的个人，以农业资本（主要是土地资本）的合伙人身份来参与经济活动（蒋永甫、杨祖德、韦赟，2015/1）。村干部作为中间人和负责人必然与村民发生互动，而以

合伙人角色与村民发生的互动比起前两者显然相对较少。龚春明基于村干部自身出发将其角色精炼为"精致(利)己主义者"(龚春明，2015/3)。这实际上是村干部基于自身的利益考量而产生的行为角色，一方面体现着其对利益的追逐，另一方面也反映出一定程度上的避责取向。

综上所述，学界对于村干部的研究相当丰富，主要注重于探讨村主任、村支书等村干部的角色和行为，但对村组长的研究较少。在基层治理实践中，村组长具有重要的作用。一方面，村组长负责村委会与村民之间的联系，向村民传达村委委员会的相关决定以及其他事项等，同时向村委会反映村民的意见和要求；另一方面，村组长是民间意义上的"官方"(正式)代表，具有治理其所属村民小组的权威和责任。因此，村组长的政治行为以及政治角色尚待学界研究。

（二）对村民选举的研究梳理

20世纪90年代以来，村民自治研究一直是学术界的热点问题，其因与农村、农业、农民问题具有极大的相关性而受到党和国家的高度重视，逐渐成为社会科学界的显学。村民选举作为村民自治的重要组成部分，是中国政治学者一直以来研究的一个重要课题（Wang，2016/1）。学界关于村民选举的研究可以分为以下四类

1. 村民选举的竞争性

有学者较早注意到了村民选举竞争性的政治意义，并且挖掘了竞争性产生或者孕育的根源。"利益分化与资源分配、正式组织与非正式组织、制度安排与规则运用、体制赋予与个人自致是支配和影响选举竞争性的重要因素。"（徐勇，2018：216）

90年以来，中国的经济、政治、文化等发生了重大变革，伴随着这一进程中国的基层社会也发生了巨大的变革。乡村中也出现了一些新事物、新要素、新问题，深刻地影响了村民选举和村民自治。卢福营以一个村庄为个案，主要从三个方面分析人口流动对村民自治的影响：一是村庄治理人才外流导致村庄当家人缺位；二是流出的村民参与公共事务管

理的权利在流入社区中难以保障；三是由于时空之间存在差距，流出地村庄管理机构对外流村民的行为难以进行有效管控（卢福营，1999/2）。除了人口外流，生产力发展进而推动新媒体等技术水平的变革，也会对村民选举和村民自治产生影响。自媒体为跨区域的村民与村干部之间建立联系提供有利的条件。

2. 村民选举的驱动要素

一是利益驱动村民参与选举。陈向军等的研究证明了利益分化对村民自治产生重要影响。由于农村原有的农业经济受到了市场经济的冲击，农民的社会利益逐渐开始分化，村庄治理机构受到经济和政治两方面的冲击，这要求其在"农村社会利益分配、导向、表达、协调等方面必须作出相应调整"（陈向军、徐鹏皇，2014/1）。郑冰岛和顾燕峰基于中国家庭动态追踪调查数据，考察村庄为村民提供的经济机会和公共服务与村民投票之间的关系，发现村庄为村民提供的经济机会和公共服务与村民选举呈现正相关关系，同时这些村庄治理资源对村民生活的依赖程度也呈现正

相关关系（郑冰岛、顾燕峰，2020/1）。卫龙宝等对中国"十县百村"1981 位村民的调查分析表明：村民参与选举与其对村级公共物品的需求有关，"村民会出于对村级公共品的需求而参与选举，反之，退出的概率就会显著增加；不同村民对村集体提供的公共品存在不同的潜在需求，因此也会采取不同的选举行为以表达自己的利益诉求；个人收入来源、受教育水平、村庄规模对村民参与选举的行为有显著影响，但不同组别之间的影响有所不同"（卫龙宝、朱西湖、徐广彤，2016/1）。利益会影响村民参与政治的积极性。利益作为单一的因素会直接对村民参与选举的积极性产生影响，"在参与规则不断完善的前提下，受到利益激励和社区认同双重条件影响，村民呈现出不参与、低度参与、积极参与和过度参与的多种选择偏好及参与形态序列并存格局，并体现出特定的行为边界和形态转换特征。利益激励强度和社区认同程度的共同作用，驱动村民政治参与边界形成与形态转换"（刘义强、姜胜辉，2019/6）。同时，利益也会与其他因素结合共

同作用于村民参与行为。"村民政治参与的行为选择与个人利益相关，同时受家族关系、社会资本、参与动机和反馈效能影响。"（王春伟、管蕊惹，2018/4）对于公共品需求，显著增加了村民在村民选举中参与投票的概率（高汉、章元，2011/5）。

二是村民的满意度和获得感推动村民选举。有学者认为村民获得感会影响村民选举（罗淇中、杨游如，2019/12）。村民信任与村民获得感和满意度有关。李周强通过研究发现村民选举与村民信任具有重要的关系。村民基于对村内大部分人的信任而对其进行投票，因此村民选举与村民信任村内大部分人具有正向的相关关系。他根据受众范围和关系密切程度将村民信任划分为两种，一种是指村民对村内大部分人的信任即普通信任，另一种是与自己关系密切的人的信任即特殊信任。村民的普通信任凭借其较大的受众范围而对村民选举产生积极的作用，而村民的特殊信任因为受众的范围较小而对村民选举的影响不具有显著性。除了分析村民信任之外，他也分析了其他因素对

村民选举的不同影响（李周强，2016/5）。村民的满意度与村庄公共物品的供给是否联系村民的生产与生活具有很强的相关性。"村民对公共品供给的满意度不同，会对选举行为产生不同的影响。相对而言，对养老保障、农业生产设施和农业生产补贴的满意度越高，村民选择退出的概率就越低。"（卫龙宝、朱西湖、徐广彤，2016/1）村民的腐败感知作为信任感和满意度的对立面，有可能会刺激村民参与选举，也有可能促使村民产生政治冷漠的心理而不参与。但是作为与村民满意度和获得感同类的要素政府绩效，调节腐败感知对村民选举的消极影响，前者亦可对后者产生抑制作用（裴志写、陈珊珊，2018/2）。村民作为村庄治理的受众，感知村庄治理人对党和国家相关政策的执行程度也会对其投票率产生影响（李明，2016/7）。

三是社会资本对村民参与村级选举的影响。胡荣通过研究发现："性别、年龄、是否党员和村干部等因素对村民在选举中的参与有重要影响；在社会资本的各因素中，只有社团因子和社区认同因子对村

民的政治参与起着积极作用，而社会信任因子对村民的政治参与并无显著影响；选举制度的实施程度和选举竞争的激烈程度也对村民的政治参与有重要影响。"（胡荣，2006/2）杜姣通过对浙江某村的研究发现"村级权力的高价值激发了村民参与选举的意愿，以纵向经济分层为基础的社会关系的圈层化构成了村庄内部选举高度竞争化的助推机制；在竞争性选举过程中，竞选者以利益派性为组织基础，采取关系、金钱等策略性动员方式获取选票"（杜姣，2016/5）。

四是基层民主质量对村民选举的影响。村民选举的公正性和腐败程度是选民投票率的有力预测因素（Wu et al.，2023/1）。有学者发现竞争力、选票购买和操纵影响村庄投票率；更具竞争力的选举往往吸引高参与度的投票。选民不喜欢被名义投票愚弄。如果他们认识到选举可能会被乡镇政府操纵，那么投票率就会急剧下降（Zhang et al.，2015/1）。还有学者在一项研究中分析了村民选举对基层民主评价的影响，发现村庄选举中的投票确实会导致更消极的民主评估，但这并不意味着村庄选举对自下而上的民主化具有积极作用，因为只有在质量差的选举中才能发现投票的负面影响。在自由公正的选举中，投票没有影响（Zhou，2018/2）。另有学者发现，村民选举受到来自乡镇干部、家族势力、经济利益、人情因素、选民与候选人素质的影响（陈阳，2016/11）。陈阳所言的乡镇干部以及村民和候选人容易受到经济关系和社会关系的影响，显然是因为基层干部和群众的政治意识发展水平不高以及村民选举的程序不规范、不健全。精英利益网络还常常被村干部用来左右村庄选举和平息村民的不满，对相关纪检部门来说，精英俘获和基层腐败问题值得纪检部门高度重视（Ruan and Wang，2022/9）。

五是选民结构和选民特征对村民选举的影响。"村民的选举动机和选举行为受到乡村组织因素的影响，由此导致现有村民选举制度对于不同的乡村组织的治理和振兴产生不同的效果。农村基层选举有效功能的发挥需要以乡村组织的'公共性'的存在为条件，作为'公共性'构成要素的村民生活共同体和福利共同体是乡村稳定的基础，也是基层选举摆脱贿选和乱选的基本条件。(武中哲，2018/10)血缘关系把农民纳入一个个宗族组织和家族组织。"内向的家族利益结构、血缘式的社会资本以及乡村空间的委缩，在客观上为家族利益的聚合创造了有利的社会环境。"(王会洋、金太军，2013/6)因此，村民选举在某种程度上成为家族之间的事情(金太军、王军洋，2011/2)。农民合作社是一个经济组织，可以为村民选举提供一个政治参与的经济组织基础。由于有相同的经济利益关系，农民合作社是潜在的利益群体。'农民合作社参与村委会选举的行动力比宗族更高，合作社成员的入社年度、接受合作社服务、参与合作社民主选举、民主管理、民主监督活动以及利益相关性认知均对社员的选举行动力产生正向影响作用。并利用社员组织身分的分组样本证实了结论的稳健性。"(韩玉玥、赵静，2017/1)基于甘肃省15个村庄村委会选举的调研数据发现："农民合作社对村委会选举的影响效力高于宗族势

力，而'农民合作社+宗族'群体的加成效应使其影响效力更强，农民合作社已经成为影响村庄选举和乡村治理的重要新兴力量。"(韩国明、张恒铭，2015/2)有学者通过实证手段分析了宗教在村民选举中的"双刃剑作用"，体现在"增加一个村庄的宗教信徒份额显著提高了个体信徒的投票参与度，但降低了个体非信徒的投票参与度，宗教信仰者群体通过预期的枢纽性、信息传递和增加宗教带来的私人利益影响选民投票决策"(Liang and Xiao，2022/2)。谢秋山和李百超通过研究发现，村民参与度同村民感知村委会是政府主导还是居民主导有关。有非农经历的村民对自身参与的认知水平要比没有非农经历的村民要高(谢秋山、李百超，2018/5)。另外，"年龄与投票行为之间存在倒U形关系，社会经济地位对投票行为的影响主要通过经济状况和主观社会地位来施加，政治涉入程度越深的村民越倾向于积极参与，认为'经济发展比民主重要'的人群更愿意投票"(臧雷振、孟天广，2012/2)。

六是新媒体和数字技术对村民

选举的革新。新媒体工具也会影响村民选举，"应引导和规范新媒体工具在村民选举工作中的应用，包括强化村党支部在其中的引导作用、发挥村民组长在网上动员中的主导作用，加大对网上贿选行为的惩处力度等方面"（张毓辉、唐鸣，2016/5）。陈荣卓、金静注意到"远程投票从技术层面推动了基层电子政务的建制和村民委员会换届选举投票范式的转型，并通过技术赋权的方式弥补了现存制度安排的内在缺陷和功能弱势，解决了委托投票的难题。但是，技术赋权引发的不仅是技术融入问题，还是政策考量问题，其重要价值在于推进了村民委员会换届选举的适应性变革"（陈荣卓、金静，2021/2）。

由以上分析可以发现，村民选举受到利益驱动、村民满意度和感知度、基层民主、社会资本、选民结构和选民特征，以及新媒体和数字技术的影响。尽管有很多学者从宏观视角和微观视角考察村民选举，注重理论推演和实证研究，产出了大量的学术成果，但是立足村庄内部、基于村庄个性分析村民参与的研究很少，探究政治参与、村民选举对基层治理作用的研究非常少，这也为本文的研究提供了空间。

3. 村民选举的制约因素

对于村民选举的制约因素，学界也进行了探讨，主要关注点在富人治村、基层政治发展的水平以及贿选等。对于广大农村地区，民主政治发展并不平衡、不充分，作为民主政治基础的民主选举面临多重困境（陈展图，2015/3）。陈柏峰从富人治村这一特定现象出发，把这一现象具体细分为"经营致富型、资源垄断型、项目分肥型、回馈家乡型"等四种类型，通过研究发现四种类型的富人治村都会对村民自治产生不利的影响，制约基层民主的发展，从而不利于村民选举的开展，需要运用相关的政策来对其进行规制，为基层民主创造良好的环境（陈柏峰，2016/9）。仇叶也研究了富人治村这一现象，不过与陈柏峰不同，他将富人治村划分为三种类型，即"资本主导、行政主导、公共规则主导"，并且在分析中引入国家权大的力量，同时强调国家权力在基层治理中的支配作用（仕千，2017/1）。

基层政治发展水平较低，村民选举的制度、规则、程序仍然需要完善。农村正党精英采用允许选举不确定性的制度：来自村办企业的很大比例的收入、大量的选民、强大的社会团体的存在以及上层政府的频繁干预（Tzeng and Wang，2017/4）。有学者认为村民选举中还存在"村民自治发展水平不平衡、部分村民村干部素质不够、四个民主难以落实、法制建设落后、外部关系不协调"等问题，对村民选举造成了一定的阻碍（杨原、文玉侠 2009/5）。在村民委员会选举救济当中，各地《村民委员会选举办法》在《村民委员会组织法》规定的基础上对村民委员会选举选民资格争议的救济途径作了变通，由此出现各省份救济方式不同的局面（朱昭昱，2009/2）。还有学者指出中国的村委会选举法律取得了一定的进步，但由于法律规定的模糊与实施方式的不同，规则和程序存在很大的差异（Tan，2004/1）。

韦廷柒、何传新坚持"要从完善村民选举法律法规、发挥村民在村民选举中的主体作用等出发，采取完善村民选举法律法规机制、村民选举制度实施机制、指导村民选举行为机制、村干培养和管理机制、村民选举违法惩罚机制等措施，全面加强我国村民委员会直接选举"（韦廷柒、何传新，2015/11）。

除此之外，贿选也会对村民选举造成不利作用，影响其公正性与公平性。"村民贿选是市场交换原则取代农村社会交换原则的过程，随着市场经济渗入农村社区，农民生活基本市场化和货币化，选举也成了选票买卖行为。"（聂共辉、刘义程，2016/4）另有学者基于山东省14个村的田野调查，研究中国村委会选举中贿选蔓延的根源。通过研究发现，贿选是因为候选人要追求村庄领导者的权力，同时农村土地征用制度的实施，使这种状况发生了显著的变化：增加了候选人的潜在租金，从而为他们提供更强大的购买选票的动机（Zhao，2017/110）。除此之外，也有学者从城市居民委员会和村民委员会选举的比较中，认识和把握村民选举的特征（Tzeng，2020/4），分析国家在村民选举当中扮演的角色作用（Chen，2001/2）。

国外对于中国村民选举的研究最具有代表性的是 Schubert 和 Ahlers，他们用政治和经济背景来探讨这一制度（Wang，2015/1），形成《基层参与与赋权：中国乡村选举透视》（*Participation and Empowerment at the Grassroots：Chinese Village Elections in Perspective*）一书。该书从历史的维度出发，从政治与经济环境的视角来考察村民选举对中国共产党国家政治合法性的影响（Wang，2015/1）。并有学者利用实验数据来了解村庄选举的程序质量，考察了程序公平和村民选举的相互作用，特别是提名候选人的方法。通过与职业、收入、村级公共产品供应等衡量标准相互作用的提名程序来评估每一种动机。除农民外，每一种互动都是重要的，这表明多个选区可能出于不同的原因重视农村高质量的村庄选举（Wilking and Zhang，2018/2）。

4. 村民选举在基层治理中的作用

有学者基于中国 22 个省份 961 个村信息数据，考察了选举对村的内部影响以及民主村与上级政府的互动关系，运用工具变量法发现，村级选举可以促进公共产品供给、对村委会问责、减少上级政府的财政支持、导致民主村级政府与乡镇政府之间的不信任（Lei，2016：3~4）。还有学者利用 1986~2002 年中国 48 个村的数据，注意到了村民选举加强了村委会的问责制，但削弱了地方财政分担权和国家的控制权（Wang and Yang，2007/10）。另有学者使用 1986~2002 年中国 8 个省份 48 个村的村户调查数据，研究了选举制度的引入对中国村庄治理和收入分配的影响。发现村委会选举提高了公共支出在村级预算中的比重，降低了行政性支出在村级预算中的比重，加强了选举产生的村委会的问责性；选举并没有导致更多的收入再分配。相反，其降低了收入再分配的累进性选举；减少了按村庄基尼系数衡量的收入不平等（Yao，2006/6）。中国的村级选举同时具有两种效应，一是自由公正的选举增加了公民对政府的信心；二是选举允许选民行使政治权利和积累民主经验，这反过来又可能引发对进一步赋权的更大需求（Sun，2014/1）。通过对村民代表会议的制衡，村委会选举确实带来了积极的影响（Meng and Zhang，2011/1）。村民选举中的"协调干预"，即由中国地方政府确保村支书和村委会主任的联合来实现。通过这种干预，地方政府同时完成了选举的合法化、信息收集、精英吸纳和影响力展示功能（Ma and Kang，2022/1）。有学者注意到出现了一种新的方法来解决地方政府的困境：村干部的"选聘分离"（separation of election and employment）；这是一种典型的制度分层。它在现有的乡村民主基础上增加了一种新的精英村干部管理制度。这是一种路径依赖的制度变革，借鉴了中国共产党的权属制度和编制制度（Zhang et al.，2019/119）。

二、边散多民族村庄的社会政治生态

（一）进入 L 村

笔者依托 2018 年 7 月华中师范大学中国农村研究院开展的全阶段口述史项目，持正式介绍信到甘肃省 LX 回族自治州 LX 县 YT 乡人民政府[①]，得到 M 乡长的允许和支持之后得以进入 YT 乡 L 村。通过实地调查和访谈挖掘，发现 L 村存在"各个村民小组中都有人能够担任村干部"这一现象。由于对这一现象产生机制的兴趣，笔者在 2019 年 7 月、2020 年 1 月先后 2 次进入 L 村，对分管 L 村工作的 YT 副乡长、村干部、驻村干部、村民进行深度访谈，以丰富本研究的经验材料（见表 1）。历次研究均取得当地乡政府、村委会、村民的支持和同意，并在相关部门报备。

---

① 根据学术伦理，本文中出现的所有人名和地名（省域除外）均作匿名化处理。

表1　受访者信息

受访者姓名简拼	受访者编码①	年龄	性别	受访者身份
LQY	ZSL20180715LQY	80	男	首任村支书之子
LLS	ZSL20190716LLS	54	男	村组长
FHL	ZSL20200117FHL	43	男	分管 L 村工作的 YT 副乡长
ZXJ	ZSL20200122ZXJ	35	女	现驻村干部
YJ	ZSL20200115YJ	32	男	现任村支书、村主任
KGQ	ZSL20200115KGQ	46	男	现任村副主任
ZF	ZSL20200715ZF	32	男	村民
LWP	ZSL20200723LWP	26	男	村民

　　LQY 是笔者在 L 村的第一个受访者。2018 年 7 月 15 日，经村支书 YJ 介绍后，笔者步行至 LQY 家中。当时 LQY 年龄已达 80 岁，但是经过交谈发现其思维清晰，耳聪目明，对以往的历史事件都有准确的记忆，是理想的访谈对象。虽然年事已高，但是为了给家庭增加收入，他还养着几十头猪。LQY 非常愿意接受访谈，由于对以往历史的回忆之情十分浓烈，第一日我们一直聊到了晚上 12 点。当晚笔者也应邀住到 LQY 家中，获得了很多非常有价值的口述资料；在完成全阶段口述史之后，又向其询问了 L 村历任村干部的基本情况。至

7 月 18 日，访谈结束。笔者共在其家住了 3 晚 4 日，临走之前，给老人买了一箱牛奶表达感谢。②

　　LLS 是 L 村 1 组村民，并担任该组村组长。常年在家务农，喜欢养蜜蜂。虽然夏天养蜜蜂需要做很多事，但是他也比较乐意与笔者交谈。由于其家与村委会距离较远，当晚留笔者在其家中住宿，并一起吃了晚饭，还品尝了美味的蜂蜜③。ZXJ 是 L 村的驻村干部，其工作单位在县卫生部门。ZXJ 得知笔者在武汉某高校读研，她十分高兴，觉得 LX 县出个研究生不容易，也深知大学生基层调研的艰

---

① 编码规则为笔者姓名简拼+首次访谈日期+受访者化名简拼。
② 来自与 L 村村民 LQY 的访谈，访谈日期 2018 年 7 月 15 日（访谈编号：ZSL20180715LQY）。
③ 来自与 L 村 1 组村民 LLS 的访谈，2019 年 7 月 16 日（访谈编号：ZSL20190716LLS）。

辛，政给笔者提供了很多帮助，对此次调研活动也非常支持。笔者先在村委会对其进行了访谈，后来便随其走访群众，继续进行访谈。ZX待人接物十分平和，不管是村里的什么问题，她都十分乐意举答。① YJ 是 L 村的村支书、村主任。虽然年纪不大，刚 30 岁出头，但已经成长为一位富有领导能力的村干部。笔者在 2018 年 7 月 14 日到达 L 村，向其说明来意之后，他先了解了我要访谈的内容，然后让笔者到乡政府去准备。顺利完成手续之后，YJ 便在村委会为笔者提供了住处。由于 L 村比较偏僻，就一日三餐，也让笔者在村委会解决，这为调研提供了极大的便利。② KGQ 是 L 村的村副主任，对当下村里的情况十分熟悉。到其家中访谈时，得到了村干部如何去动员村民投票的案例。KGQ 虽然不善言谈，但是回答问题切中要害。他虽然是村干部，但是也不回避乡

者的相关问题，对笔者的访谈较为支持。③ ZF 是 L 村的村民。农闲时务工，农忙时回家收割和耕种。笔者对其的访谈是其刚收割完麦子的傍晚。尽管十分劳累，但他还是非常愿意接受访谈。在树荫之下，饮着茶水的间隙，笔者对其完成了访谈。农民其实无有闲暇，结束访谈之后，ZF 向笔者告别，因为傍晚天气转凉，他要去放羊。④ LWP 是一个二十多岁的小伙子，平常以开挖掘机获得收入。他对笔者研究的问题比较感兴趣，听闻笔者的提问之后，或肯定，或否定，都愿意给出自己的理解。常年做工，岁月已经在其脸上留下了痕迹。但是作为同龄人，LWP 对待笔者较为热情，邀请笔者到其家中做客，也相互交流了一些访谈之外的内容，比如其在做工时发生了一些事情。所有这些让笔者对新时代劳动人民的生活状况有了进一步的了解。⑤

　　笔者在 2020 年 1 月进入 L 村，

① 来自与 L 村驻村干部 ZXJ 的访谈，2020 年 1 月 22 日（访谈编号：ZSL20200122ZXJ）。
② 来自与 L 村村支部书记、村主任 YJ 的访谈，2020 年 1 月 15 日（访谈编号：ZSL20200115YJ）。
③ 来自与 L 村村副主任 KGQ 的访谈，2020 年 1 月 15 日（访谈编号：ZSL20200115KGQ）。
④ 来自与 L 村村民 ZF 的访谈，2020 年 7 月 15 日（访谈编号：ZSL20200715ZF）。
⑤ 来自与 L 村村民 LWP 的访谈，2020 年 7 月 23 日（访谈编号：ZSL20200723LWP）。

参加了该村村民选举，观察了第十届村民选举的全过程。在选举时着重观察了各村民小组的座位分布情况，以及村民在填写投票时是否会受到他人的激励或者干预，尤其注重同村民小组村民相互之间的影响。以往关于村民政治参与的研究主要集中在影响选举的因素，并且只停留在这一层面，注重分析影响因素，不注重研究村民选举产生的治理效应。本研究从村庄的地域、民族特性出发，不仅探讨影响村民选举的因素，而且研究村民选举与村庄治理之间的关系。

（二）L 村时空概述

1. 村落空间

L 村所在的 LX 县位于甘肃省西南部。L 村位于 LX 县中部偏西北的山区，距离 YT 乡政府 4 公里，距离 LX 县政府 9.9 公里，距离省级行政中心 LZ 市 96.2 公里。共有 6 个村民小组，并且 6 个村民小组分散坐落于两座山及其中间的腹地之上。截至 2020 年 10 月，村内有 453 户共 1366 人。村民的姓氏有马、张、章、赵、李、王、仙、豆、杨等。村民主要经营农业和畜牧业，其中以农业为主、畜牧业为辅。有耕地 1507 亩，主要是山间旱地，不能进行灌溉。一个自然村构成一个村民小组，各个村民小组之间的距离较远，物理边界以农田和道路为主。L 村是多民族聚居村庄，人数较多的民族是汉族和回族，较少的有撒拉族、东乡族、土族。有庙一座、清真寺两座。村民居住空间上体现出多民族"大杂居—小聚居"的特点。

2. 村落历史

L 村中何时最早有人居住已经不可考证。加上地方史志对其记载的匮乏，缺乏可以利用的史料，只能依靠深度访谈。根据笔者 2018 年 7~8 月的全阶段口述史调查和村庄公共性调查，1949 年之前，L 村名为"龙王村"，是一个单一汉族村落，但是只有 5 个自然村，分别为 LW、ZDW、ZJS、XDW、HJYW，村落中的姓氏有张、章、赵、李、王、豆、杨等。1949 年，人民解放军解放 LX 县之后，新生的人民政权将现 JSS 县的部分回族群众迁移到"龙王村"，部分群众集中居住到 SDW 自然村，其余则分散地居住在 LW 自然村。后将"龙王村"改名为

L村。任命贫农出身的 LCZ 担任村长。后任大队书记。1949 年之后，L村便有 6 个自然村，分别是 LW、ZDW、ZS、XDW、HJYW、SDW。1962 年，L村的 6 个自然村成为 6 个生产小队，组成 L 生产大队，属于 YT 人民公社。6 个生产小队有 7 个食堂，其中的 LW 生产小队有 2 个食堂，以满足不同民族群众的饮食需求、尊重不同民族的饮食习惯。1963 年食堂解散，村民各自回家吃饭。1981 年，L村实行家庭联产承包责任制，土地承包到每家每户。1989 年，第一次实现村民选举，选出第一届村民委员会。

（三）L 村村民委员会

1. 村庄建制的产生

从时间维度来看，L村村民委员会的产生晚于广西壮族自治区合寨村，并且略迟于国家推行村民委员会建制的 1987 年和 1988 年。实际上村民委员会是在 1989 年建立起来的①。在 L 村村民委员会建

之前，中国的村民自治已经走过了一段路，不仅颁布了一些涉及农村建制的法律文件，还通过政治实践不断促使其前进和发展。自村民委员会在广西发端之后，国家对其十分重视。国家通过立法的手段把人民群众创造的这一伟大成果固定下来并在全国范围内推行。1982 年通过的《中华人民共和国宪法》第 111 条规定了村民委员会的根本性质和任务。1987 年通过的《中华人民共和国村民委员会组织法（试行）》②共 21 条，宪法对村民委员会的性质、任务、组织方式、活动准则等做了明确的规定。

根据对 L 村第一村民小组前组长、也是 1949 年之后首任大队书记长于 LQY 的访谈：

我们村的村委会就在 1989 年成立了。当时来了县上和乡上的干部，他们在大队部召开了大会，干部们先讲了话，宣读了文件，说

---

① 甘肃省根据国家要求，实行村民委员会制度，颁布甘肃省实施《中华人民共和国村民委员会组织法（试行）》是在 1989 年。另外根据笔者与 L 村村民 LQY 的访谈，L 村村民委员会的确建立于 1989 年（访谈编号：ZSL20180715LQY）。

② 以下简称《村组法》。

是要选举村干部。讲话之后我们进行了投票，一个大人一票，女人也可以投票。党员投票选举村支部书记。票数高的人自然就当上了村里的干部，帮助我们处理一些基本的事情。①

提起选举的场景，LQY 情绪高涨，表示自己当时在选举中特别积极，并且给同村民小组的候选人投了一票。在交谈中，LQY 不断向笔者描述选举场景，能够看出其具有极强的政治参与感和集体精神感。LQY 先后也担任了其所属生产小队的队长和村民小组的组长。根据以上内容可以得出 L 村在1989 年建立了村民委员会。村民委员会的建立基本符合《村组法》的规范和程序，并且妇女也可以参与村民选举。在 L 村村民委员会建立之后，国家根据经济社会的发展对《村组法》进行了修订。虽然这些法律是全国性的，但也影响着单个村建制的演变和发展。

2. 有关村民委员会的法律文件

国家通过立法的手段把人民群众创造的这一伟大成果固定下来并在全国范围内推行。1982 年通过的《中华人民共和国宪法》第 111条规定了村民委员会的根本性质和任务。徐勇教授对 1995 年之前涉及村民自治的全国性的法律规章已经做了相当丰富的梳理和研究（徐勇，2018：45～53），但对之后的版本没有涉及。因此本文就对1995 年之后的《村组法》的修订情况做一个简要的概述。

《村组法》自 1987 年制订以来，共修订了三次。1998 年版的《村组法》共三十条，与 1987 年版相比增加了九条（国务院法制办公室编，1999：1～7）。2010 年版的《村组法》相对成熟和完备，走向系统化和体系化。其主要内容有六章，包括"总则""村民委员会的组成与职责""村民委员会的选举""村民会议与村民代表会议""民主管理和民主监督""附则"（中国法制出版社编，2017：110～113），在各章之下又有具体的相关条目，形成了系统完备的基层法规。2018 年版的《村组法》

---

① 来自与 L 村村民 LQY 的访谈，2018 年 7 月 15 日（访谈编号：ZSL20180715LQY）。

延续了分章的做法，并且章的数量和名称与 2010 年版保持一致，章之下的具体条目根据需要进行了修订（全国人民代表大会常务委员会，2019/1）。且只有第三章"村民委员会的选举"中的第十一条第二款修改为"村民委员会每届任期五年，届满应当及时举行换届选举。村民委员会成员可以连选连任"（黄树贤，2019/1），其他内容无改动。值得注意的是，现行的《村组法》正是 2018 年版的《村组法》。

中国疆域辽阔，人口众多。普遍性的法律考虑的是在全国范围内的一般情况，无法照顾到具有特殊情况的地区和村民。因此，为了使得立法更加体现当地人民的意志和利益，在国家制定的根本性法律《宪法》和《村组法》之下，地方各级人大根据当地的实际情况制定所在辖区内的《实施村组法办法》。

甘肃省人大根据《宪法》和全国人大颁布的《村组法》及其精神，结合本省的实际情况制定和

修订本省的《实施村组法办法》。自 1989 年 7 月 20 日甘肃省第七届人民代表大会常务委员会第九次会议通过《甘肃省实施村民委员会组织法（试行）办法》①，一直到 2019 年 7 月 25 日甘肃省第十三届人民代表大会常务委员会第十一次会议修订通过的《甘肃省实施〈中华人民共和国村民委员会组织法〉办法》，总共修订了三次。

1989 年版的《甘肃省实施村组法办法》是甘肃省人大根据宪法和《村组法》制定的第一部《甘肃省实施村组法办法》，共 21 条。该法规主要涉及村民委员会、村民会议的相关规定。其具体内容包括村民委员会的定义定位，任务，设立原则，成员、组成与任期，选举与责任制罢免，与专门小组（村民委员会根据需要设人民调解、治安保卫、公共卫生等委员会或小组，林区村民委员会可设护林防火委员会或小组）和村民小组之间的关系，决定重大问题的原则，成员收入，本村公共事务和公益事业所需费用，

① 以下简称《甘肃省实施村组法办法》。

以及村民会议的职权和召开情况（全国人大常委会法制工作委员会，1994：533～534）。

2000 年的甘肃省第九届人民代表大会常务委员会第十六次会议通过了《甘肃省实施〈中华人民共和国村民委员会组织法〉办法》，1989 年版《甘肃省实施村组法办法》废止。与 1989 年版《甘肃省实施村组法办法》相比，2000 年版《甘肃省实施村组法办法》整合修改了原版部分条目，新增了十二条内容，最终形成二十九条内容。首先，从修改的部分来看：村委会的"任务"变为"职责"，由九条变为十条。同时具体内容也发生变化，增加了"制定并实施本村经济规划""发展集体经济""管理村庄土地和其他财产"，并对"职责"部分进行整合和修订。村民会议的职权增加了"制定、修改村民自治章程、村规民约""撤销或者改变村民委员会、村民代表会议不适当的决定"两项①。

其次，从新增的内容来看：第十七条规定了村民委员会必须提请村民会议同意方可办理的事项。第十八条、第十九条、第二十条对村民代表会议的设立、组成、产生、与村民会议和村民之间的关系、召开期限和参加人员做出了规定。第二十一条、第二十二条、第二十三条、第二十四条、第二十五条、第二十六条对村务公开和民主监督制度进行了相关规定。第二十七条、第二十八条规定了乡、民族乡、镇的人民政府与村民委员会的关系和乡、民族乡、镇的人民代表大会和县级及以上各级人民代表大会常务委员会与村民委员会之间的关系②。

2013 年甘肃省十二届人大常委会第三次会议修订通过了《甘肃省实施〈中华人民共和国村民委员会组织法〉办法》，2000 年版《甘肃省实施村组法办法》废止。

---

① 甘肃省人民代表大会常务委员会：《甘肃省实施〈中华人民共和国村民委员会组织法〉办法》，2000，https：//law. lawtime. cn/d604010609104. html，最后访问日期：2024 年 3 月 6 日。

② 甘肃省人民代表大会常务委员会：《甘肃省实施〈中华人民共和国村民委员会组织法〉办法》，2000，https：//law. lawtime. cn/d604010609104. html，最后访问日期：2024 年 3 月 6 日。

与 2000 年版《甘肃省实施村组法办法》相比，2013 年版同样整合修改了部分条目，新增了部分条目。整合修改的部分主要涉及村民委员会、村民小组和村民会议，并且把关于村民小组的内容从村民委员会中独立出来，单独成条。新增的条文涉及村务监督委员会的职责、补贴，村民委员会离任成员的经济审计规定，村民委员会与驻村的机关、团体、部队、国有及国有控股企业、事业单位及其人员之间的关系（甘肃省人民代表大会常务委员会，2013-7-30/10）。2013 年版的《甘肃省实施村组法办法》标志着这一法律在甘肃省的基本成熟和定型。

2019 年甘肃省第十三届人民代表大会常务委员会第十一次会议修订通过了《甘肃省实施〈中华人民共和国村民委员会组织法〉办法》，2019 年版《甘肃省实施村组法办法》基本延续了 2013 年版的内容①。

从制度变迁和发展的视角来看，立足于本国和本省实际情况，根据不同时代不断出现政治、经济、文化以及社会等方面的现实问题对《村组法》和《甘肃省实施村组法办法》进行修订，使得制度的生命力和可持续发展力增强，进而推动国家治理能力和治理体系现代化与社会主义制度的自我完善与发展。

3. 立法对村委会成员分布的影响

L 村在行政区划上属于甘肃省，甘肃省根据《宪法》和《村组法》制定省内的《甘肃省实施村组法办法》更加符合地方实际，并与《村组法》和《中华人民共和国村民委员会选举法》（以下简称《村选法》）一起对单个村民委员会的发展产生了重要的影响。其中，一些涉及特殊村庄的原则在被研究村庄中得到了体现：一是基于特殊的民族关系，二是基于特殊的自然村分布状态。二者影响了村庄建制及其人员，使得村民委员会成员分散于不同的村民小组（民族）

① 甘肃省人民代表大会常务委员会：《甘肃省实施〈中华人民共和国村民委员会组织法〉办法》，2019，http://www.gsrdw.gov.cn/html/2019/lfca_0725/18438.html，最后访问日期：2024 年 5 月 4 日。

之中。

（1）多民族分布的影响

1998 年《村选法》第三条第二款规定："在村民委员会成员中，多民族村民居住的村应该有人数较少的民族的成员。"（民政部法规办公室编，2003：362）根据对 L 村村民 LLS 的访谈：

我们 L 村是一个多民族村庄，村子里面有回族，也有汉族。汉族和回族的人口数量大概各占一半。在 1989 年第一次进行村民选举的时候，最终的选举结果是，第二村民小组的 YML 被选举为村主任，与汉族的村支书 ZCY 和村会计 ZYC 一起搭"班子"。各个民族中都有村干部，都参与到了村庄公共事务处理当中。①

通过与 LLS 的访谈，他虽是汉族，但对于多民族属性的村干部队伍的政策和制度比较支持，认为这样使村民能够看到自己在村干部队伍中的代表，群众可以更加支持村上的工作。在确定候选人的时候，把第二村民小组中的 YML 列入候选人的队伍当中。1989 年选举是第一次选举，加上 YML 所在村民小组的支持，他最终当选村主任。多民族分布的原则使得村干部职位由回族和汉族公平参选，从而为多民族人民当选村委会成员提供了前提条件。多民族人民共同参与村委会成员的竞选以至于当选，不仅使得村干部职位在回族和汉族之间变动，而且由于村干部成员的村组身份，村干部职位分散于各个村民小组之中。

（2）多自然村分布的影响

2013 年版和 2019 年版的《甘肃省村民委员会选举办法》第二条第二款都规定了："多民族村民居住的村还应当有人数较少的民族的成员。两个以上自然村联合设立村民委员会的，其成员分布应当考虑村落状况。"L 村有 6 个村民小组，分别是 ZDW、SDW、XDW、ZJS、LW、HJYW，所以村委会的成员要充分考虑自然村的分布情况，即从 6 个小组之内产生，而不

---

① 来自与 L 村村民 LLS 的访谈，2019 年 7 月 16 日（访谈编号：ZSL20190716LLS）。

为人数较多的少数村民小组所垄断。

根据L村村民LLS的访谈：

1989年第一次村民选举的结果是，不仅各个民族中都有人担任村干部，而且选举产生的村支书、村主任、村会计分别是三个村民小组里的人，村主任YML是SDW村民小组的人，村会计ZYC是XDW村民小组的人，党员选举产生的村支书ZCY是ZDW村民小组的人。[1]

LLS对第一次的选举结果比较支持，谈到他所在的村落中ZCY能够参选并且在党员选举中获得多数票当选村书记的结果时，脸上洋溢着非常喜悦的神情。LLS从1989年实行村民选举之后，产生的第一任村干部成员所属的村民小组来看，村主任YML属于SDW村民小组，ZYC属于XDW村民小组，由本村党员选举产生的村支书ZCY属于ZDW村民小组，体现了多自然村组合设立村党支部委员会和村民委员会的分布状态。

（四）边散：社会与国家的双重塑造

为了考察是哪些因素的作用孕育了均衡自治这一特殊的政治现象，接下来将对本研究实地调查的村庄进行深度分析。

1 边散型村庄整体透视

从村落所处的位置、村民小组的分布和生产活动来看，L村是一个典型的边散型村庄。在省级行政区划上，其位于甘肃省西南，属于中国西北边疆的省域边陲，处于甘肃省、四川省、青海省的三省交界地带，属于省域意义上的边缘型村庄。在与三级行政中心之间的距离上，与省级行政中心、州级行政中心、县政府距离较远。在乡镇行政区划上，L村是YT乡的辖区，并且该村向西与HT乡交界，西北与ZZG乡交界，东南与HT乡交界，位于YT乡与其他多个乡镇交界地带，是乡域意义上的边缘型村庄。在经济发展上，L村距离东部发达省份较远，距离省、州、县级经济中心较远，产业仅有农业和畜牧

---

① 来自与L村村民LLS的访谈，2019年7月16日（访谈编号：ZSL20190716LLS）。

业，经济发展比较落后，是经济发展意义上的边缘型村庄。从地形上来说，L村位于黄土高原和青藏高原的交界处，既位于黄土高原的边缘地区，也位于青藏高原的边缘地区，是地理意义上的边缘型村庄。从民族分布上来说，L村地处藏族自治州、回族自治州的交汇处，当地的民族属性十分丰富，是民族分布意义上的融合型村庄。因此，村庄在省级、市州级、县级、乡级行政辖区中所处的地理位置，以及在经济发展、地形的意义上体现着一定的边缘性，是一个典型的边缘型多民族村庄。

从行政村内部透视，L村具有一定的分散性，主要体现在以下几个方面：第一，以行政村内部为一个整体、村民小组为观察对象，各村民小组分布比较分散。行政村由六个村民小组构成，二者之间是一对多的关系。自然村天然构成村民小组，每一自然村对应一个村民小组。以村民小组为单位来分析，各个村民小组之间虽然耕地相互交错，但是宅基地不搭界。第二，以村民小组为整体、组内农户居住点即农户宅基地为观察对象，各农户

的居住状态分布比较独立。由于地形崎岖，村民选择平坦且有利于采光的地方居住。当地有分家之后两家分开居住的习惯，村民居住点状分布不重合，全部都是一家一户，没有发现两户人住在同一宅基地上的情况。即使宅基地距离相近，村民也会筑以高墙将其分隔。因此，L村的分散性体现在各个独立村民小组的分布散落和村民小组内部的居住独立。

L村村内的主要产业为农业和畜牧业，无集体经济和集体产业。农业规模较大，村民以种植小麦、玉米、油菜等作物为主，辅之以青稞、土豆。产出的农产品主要自给自足，一般不会买卖。畜牧业规模较小，大多是家中饲养两头耕牛、耕骡，汉族村民往往会每家养一头猪。耕牛和耕骡的饲养是为了农业生产，养猪是为了过年的时候吃肉。养羊的人家特别少，一个村民小组不超过两户，且每户饲养的羊数量不超过50只。从事农业和畜牧业的主体是单个农户，即使在农忙时节有合作，也局限在村民小组之内。结合以上分析，村民的日常生产活动以一家一户为主，但是在

农忙时会互助合作，不过合作的范围一般不超出村民小组。

我们的生产活动，比如割麦子、打场（脱谷）的时候，要互帮互助，也就是家族、邻居之间互相帮忙。不过互助的范围一般不超过庄子（村民小组）。在没有拖拉机的时候，一家人打场基本上全庄子的人都要到。因为要用连枷（一种木制农具）脱谷，比较费劲费力，需要很多的劳力。有了拖拉机脱谷之后，比较省劲，一家人的场大概四五户人家，十几个人就可以搞定。还有一些较大的事情，比如某家拆房子、修房子，更是需要全庄子的人每家出一两个人帮忙。挖井、修路等庄子里的公事，就需要每家每户都出劳力。除了生产活动之外，村民婚丧嫁娶等活动也是在村民小组之内进行互助的。娶妻、生子、送葬在我们庄子里是大事情，需要请亲戚朋友来坐筵席。或者迎接新娘，或者迎接新生儿，或者送别老人，会来很多客人，所以要靠同庄子的人来采购物资、打

扫卫生、置办筵席、招待客人。我们L村的六个庄子，居住的都比较分散。每个庄子之间的分界线基本上都是农田，且相互之间的距离比较远，庄子之内的人相互帮忙比较方便。再说了，大家打交道最多的基本上都是自己庄子里的人。①

ZF较为年轻，对于集体进行生产生活的习俗谈不上有多偏好，也谈不上排斥。他曾直言自己虽然年纪不大，但是村子里如果有老人去世，即使自己在外地打工也需要回家参加送葬，小组里年龄相仿的人也是一样。笔者追问"不回来会有何种后果时"，他话语颇具韦伯意义上的社会关系之习俗含义，即"每个人的行动都考虑到了他人的行动并以此为取向"（〔德〕马克斯·韦伯，2019：147）。

你年轻时，帮助送葬庄子里的老人，等你老死，自然有人来为你操持后事。如果你年轻时不送葬老人，等你老死，便不会有人给你送

---

① 来自与L村村民ZF的访谈，2020年7月5日（访谈编号：ZSL20200715ZF）。

葬。这种人大家都不会跟他打交道。他家有事情，大家也不会去帮忙。①

提起此类人，ZF 脸上充满了鄙夷和蔑视，并相当直接地表明自己不喜欢这样的人。

考察 L 村的村民小组分布、农户分布，以及村民生产生活，具有一定的边散性。但是在村庄的公共活动之中，需要动员全村村民来参加。基于便利，村内的集体活动以村民小组为单位集中，然后全村统一参加。经过长时间的发展，村民小组这个单元的凝聚力逐渐加强，不仅是村庄整体分布上的一块块由各自农户居住点集合起来的区域，而且是村庄公共生活中的一个个利益群体。

2. 边散的职位分布：国家对村庄政治结构的影响

L 村有六个村民小组，分别是 ZDW、SDW、XDW、ZJS、LW、HJYW。自 1949 年以来，L村各村民小组发展相对稳定，人口和土地等变化都发生在村民小组内部，两个村民小组之间没有发生合并现象或者产生土地与人口的较大变化。

在农业集体化时期 L 村实行生产小队负责制，整村的农业生产、分配活动以生产小队为单位进行，打破了以往一家一户生产分配的格局。在具体的生产活动中，村民推选产生一个小队长负责日常的生产管理。自 1962 年农业集体化实行以来，一直到 1981年家庭联产承包责任制启动，这一模式在当地推行了将近 20 年。在这期间，生产队长不仅是农业生产的"总把式"，也是对内公共事务管理的"掌柜的"。由此在村干部之下产生了几个负责实际管理村庄事务的代理人，即生产队长。村干部通过生产队长整合了散居的全体村民。在边散型村庄，这种整合对于集体化时期完成上级指派的任务具有重要的作用。在生产小队内，小队长能够把队内村民集中起来，这为后来村民选举的动员提供了竞争和参与的基础。

---

① 来与与 L 村村民 ZF 的访谈，2020 年 7 月 15 日（访谈编号：ZSL20200715ZF）。

从政策规定上来讲，村民小组在村委会的指导下工作，无法绕过村委会直接与国家发生关系。即使在实际的政治生活中，村民小组的事务仍然与国家的政权机构乡和县级政府发生关系，也被县乡两级政府视为村委会的事务而非村民小组的事务；遵循由县到乡、由乡到行政村，再由行政村到具体的村民小组等程序。县乡政府不可能绕过村委会直接面对村民小组或者村民，在现实生活中一般会到村委会先了解情况，然后在村干部的带领下前往现场，根据具体事务的需要村干部可以回避或者不回避。乡级政府即便熟悉自己辖区内的村委会或者村民小组，也无法熟悉村内的每个农户。县级政府面对近千个行政村、近万个村民小组，熟识程度自然不言。而对于村委会来说，村内的主要干部生于本村、长于本村，并且来自不同的村民小组，对村委的熟悉程度自然很高。

以上情况在边散型村庄 L 村表现得更加突出。L 村地形崎岖，山大沟深，村民小组分布分散。该村所在的县是国家级贫困县，经济发展落后，交通十分不便。

根据 L 村村委会副主任，同时是 LW 村民小组的 KGQ 讲述：

在 2000 年之前，县上和乡上的干部到 L 村村委会办事基本上是步行或者骑自行车。有时处理紧急事务则乘坐小汽车，不过这种情况比较少。从 YT 乡到 L 村村委会的这一段路相对比较平坦，骑自行车比较省力，但是如果要到 ZDW、SDW、XDW、ZJS、HJYW 这五个村民小组的村民家中了解情况，就必须步行，因为地形过于陡峭，骑自行车还不如步行方便快捷。至于一般的村民，出行基本上就靠两条腿。毕竟当时全村都没几辆自行车，小汽车更是一辆也没有。①

KGQ 谈及 2000 年之前的村落交通状况时十分唏嘘，对现在的交通条件十分满意，很多村民家中都有小轿车或 SUV。KGQ 自己便有一辆小轿车，但是因为距离

---

① 关自与 L 村村委副主任 KGQ 的访谈，2020 年 1 月 15 日（访谈编号：ZSL20200115KGQ）。

村委会特别近，日常上下班基本上不使用，只有去 YT 乡人民政府和 LX 县人民政府，或者家中有事时才会使用。L 村村干部生活较为简朴，上班时中午 KGQ 与村支书 YJ 一起在村部做饭吃，驻村的干部 ZXJ 有时也会帮忙，没有专门请厨师。

从村委会到 ZDW、LW 两个村民小组有县际公路相通，到其他四个小组只能借助小段县际公路、大段农路。根据访谈，在 2000 年之前当地乡镇干部下乡一般是骑自行车或者步行，普遍乘坐汽车下乡是 2010 年之后的事。对乡级政府来说，直接到村民小组的时间成本相对较高，行政效率也相对较低。L 村所属的乡政府在对待涉及村民小组的事务时，为了节省时间、提高行政效率，一般是先到村委会了解情况并处理相关事务，再根据现实的需要选择下村或者不下村。因此，村民小组在村委会的指导下工作，其无法绕过村委会直接与国家发生关系。即使在实际的政治生活中，村民小组的事务偶然与国家的政权机构乡和县级政府发生关系，也被县乡两级政府视为村委会的事务而非村民小组的事务。

村干部职位分散于各个村民小组。从 1949 年新中国成立起，基于 L 村的村干部产生方式可以划分为两个时期。第一个时期是 1949～1989 年，村民选举制度实行之前，村干部主要由乡镇人民政府直接进行任命。第二个时期是 1989～2021 年，村干部由村民和本村党员选举产生。从 1989 年村民选举制度实行之后到 2021 年，村干部从不同的村民小组之中产生。以下对 L 村的历任村干部进行一个回顾。

从表 2 可以看出，从 1949 年到 2021 年，ZDW、SDW、XDW、ZJS、LW、HJYW 六个村民小组之中都有人能够当选村干部，并且一任村干部分别属于三个不同的村民小组。1989 年之后，村干部的产生方式发生了变换，由之前的乡镇直接委派转化为村民和党员直接选举。在村民选举制度实行之前，由乡政府直接任命或者指派村干部，并且一任村干部任职年限比较长。

表2 1949~2021 年 L 村主要干部任职年限与其所属村民小组①

	书记	主任②	会计
1949~1973 年	ZCZ（ZDW）	ZGZ（龙卧）	DLX（韩家阳洼）
1973~1989 年	ZGC（LW）	DLX（HJYW）	ZCY（ZDW）
1989~2000 年	ZCY（ZDW）	YML（SDW）	ZYC（XDW）
2000~2013 年	YML（SDW）	ZGZ（XDW）	ZBF（ZJS）
2013~2017 年	DGF（HJYW）	YJ（XDW）	KGQ（LW）
2017~2021 年	YJ（SDW）	KZ（LW）	DGF（HJYW）
2021~2025③ 年	YJ（SDW）	KZ（XDW）	ZJL（ZJS）

可以推断出来，这一时期村干部没有得到很好的新陈代谢。这一现象在 L 村实行村民选举之后发生了改变，职位的任期制促进了村干部队伍的更新，以大约一年一个周期进行交替。村干部连任现象的出现必然是因为村干部的工作得到村民的认可，才会继续支持其当选村干部。在基层这个熟人社会之中，村干部任职时间较长也体现了基层社会治理的稳定性。

关于多民族聚居的边散型村干部分布原则在《甘肃省村民委员会选举办法》中也有相关的规定。1998 年《村选法》第三条第二款规定了："在村民委员会成员中，多民族村民居住的村应该有人数较少的民族的成员。"（民政部法规办公室编，2003：362）2013 年版和 2019 年版的《甘肃省村民委员会选举办法》第二条第二款规定："多民族村民居住的村还应当有人数较少的民族的成员。两个以上自然村联合设立村民委员会的，其成

---

① 本表数据来自与 L 村村民 LQY，村干部 YJ、KGQ 的访谈，由笔者整理，2018 年 7 月 15 日、2020 年 1 月 15 日（访谈编号：ZSL20180715LQY，ZSL20200115YJ，ZSL20200115KGQ）。
② L 村在 2017 年实行了村文书、村主任一肩挑。因此 2017 年之后村主任实际上是村副主任，但是为了统计的方便和表格的统一，将其列在村主任一栏，特在此注明，后文中不作另注。
③ 该村 2021 年选举已经结束，故 2025 年是此届村委会任期截至期限。

员分布应当考虑村落状况。"① 从L村的情况来看，在《选举法》颁布之前，其村干部的分布就已经考虑到了村落分散的情况。

三、村庄结构影响下的村民选举

L村独特的地理环境、人口分布和生产方式，造成了村庄的边散性特征，基于现实治理的需要，形成了村民小组相对集中、进而以村民小组为单位进行日常管理的方式。而在村委会选举中，由于各个村民小组都想自己小组有人能够当选村干部，从而为其带来利益，因此村干部职位在各个村民小组之间摇摆，产生"均衡当选"现象。在基层，村干部直接进行基层自我治理。所以，"均衡当选"带来"均衡自治"。本文以村庄结构要素入手着重挖掘"均衡当选"的生成逻辑。并从村庄主要干部职位在民族和村民小组之间变迁的规律中概括均衡自治的三重政治表征：

在一个较长的时期之内，村干部职位在多个村民小组内进行变动，而不是在一两个村民小组之内固定下来；村干部的当选村组分布均衡化、无聚焦；村干部职位在汉族和回族之间变动，而不是在一个民族中固定下来。

（一）竞争增强：制度、法律对村民选举的影响

村民直接选举村干部发端于广西壮族自治区河池市合寨村。村民自治是中国人民的伟大创造，村民通过选举或者当选直接参与到村庄事务当中，行使当家作主的权力。相比于新中国成立之前的保甲制度，以及村民选举制度产生之前由乡镇政府直接任命的方式，村民选举改变了村庄治理人产出的方式。在L村，保甲制度下的保长和甲长是由上而下任命产生的，一般是土地、财产较多的富绅，贫苦农民生活在地主的剥削之下。

根据对L村首任村长之子LQY的访谈：

---

① 甘肃省人民代表大会常务委员会：《甘肃省实施〈中华人民共和国村民委员会组织法〉办法》，2019，http://www.gsrdw.gov.cn/html/2019/lfdt_0725//18438.html，最后访问日期：2024年5月4日。

在1949年之前，我们的保长都□自有钱人家。一般没钱、没权、没势的人根本当不上保□。1949年新□国成立之后，我的父亲LCZ被国家任命为□村的首任村长。在旧社会里，我的父亲LCZ小时候给本村的人家放牛放羊，来获得糊口之资。等到成年之后，家庭仍旧很贫困。因为家里没有土地，只有靠给别人家当长工，获得一些粮食和吃食。但是1949年新中国成立之后，我们家因为缺少土地和房屋，被划分成了贫农成分。贫苦人家出身的父亲成为我们村的"掌□的"①。这是以前想都不敢想的事情。②

□到这里时，LQY脸上充满着对党和国家的感恩，多次强调自己是40多年的老党员，感到十分光荣和自豪。新中国成立后，其所属的乡政府直接任命该村的贫农LCZ当村长。沿袭了传统的自上而下的产生方式。但是为了体现贫苦大众翻身做主人的理念，村干部的

出身□一般是贫下中农，地主富农不能□选村干部。实行村民选举制度之后，村干部自下而上产生，乡镇不再直接任命。村民选举能够充分体现民意，让老百姓选举其满意的当家人行使村庄管理权。从合法性的角度来讲，村干部的产生基于村民的同意和认可。村干部办事如果不能令村民满意，那他下次参加选举时更会失去选票，以致落选。

□.搭台子、有基础：村民竞争

村民选举为竞选者提供平台，让其发表演讲来争取选票。《村组法》第三章第三条规定："年满十八周岁的村民，不分民族、种族、性别、职业、家庭、出身、宗教信仰、教育程度、财产状况、居住期限，都有选举权和被选举权，但是依照法律被剥夺政治权利的人除外。"（全国人民代表大会常务委员会 2019/1）从理论上来讲，除了特殊情况，所有年满18周岁的本村村民都能通过选举当选村干部来参与村庄公共事务。这扩大了干部的产生来源，村干部的来源更

---

① 当家人的意思。
② 来自与 L村村民 LQY 的访谈，访谈日期 2018 年 7 月 15 日（访谈编号：ZSL20180715LQY）。

加多元。在现实中，愿意竞争村干部职位的人毕竟是少数。笔者在L村的调查中发现，村内的妇女很少有竞选村干部的意愿。在实际的政治生活中，一般只有极少数人参与村干部竞选，这些人一般是村民小组的组长，且为男性。

在我的印象当中，一般参加竞选村干部的候选人不是特别多，少的时候四五人，多的时候六七人。我们L村参与竞选村支书、村主任、村会计的人都是男人，没有女人。但是不管是男人还是女人，只要年纪到了18周岁，都可以参加选举。选举在村委会举行，但是由于各个村民小组之间比较分散，也设置了2~3个流动票箱，方便村民们投票。村民如果家中有急事，也可以请别人帮忙填写选票。我们普通老百姓选出自己喜欢的当家人，这是非常好的事情。如果我们对村干部及其工作不满意，也可以向乡政府的领导们反映，请求裁撤或者重新选举村干部。①

村民选举为村民提供了产生村庄当家人的平台。在由乡镇政府直接委派的时代，村民无权影响村干部的产生。即使村干部能力不强、不能令村民信服，或者村民对村干部的管理不满，也无处表达，更不要说影响其继续担任村庄治理人。村民选举不仅为村民选举村干部提供了平台，而且为村民根据自己的意愿淘汰或者更换"当家人"提供了平台。在整个过程之中，村民成为主体，直接影响着村干部的交替。

我们村的村干部竞选还是比较激烈的，一般候选人人数都会多于当选人人数。所以参与竞选的候选人为了能够在选举当中处于有利位置，就需要获得比别的候选人更多数量的选票。由于L村的6个村民小组比较分散，这些候选人基本上都会去动员自己村民小组的人为自己投票。因为村民小组中的每家每户大体上都沾亲带故，关系较近。动员自己村民小组的人显然比动员其他村民小组的人要容易，并且方

---

① 来自与L村村民LQY的访谈，2018年7月15日（访谈编号：ZSL20180715LQY）。

便。再说了，其他村民小组的人除非跟你有亲戚关系或者交往关系，否则他（她）宁愿给自己村民小组的候选人投票，也不会给别的村民小组的人投票。①

作为驻村干部，ZXJ 对村民选举的竞争性总体上保持乐观的态度，认为有人积极参与竞选总比没人参选要好得多。并坚持 L 村的村民选举符合党和国家关于村民自治的相关政策和文件精神，应该广泛推广。在边散型村庄 L 村，政治参与格局呈现出行政村领导下的六个村民小组的"团状参与'。无论是生产生活，还是参加日常的集体劳动，以及参加村庄政治活动，都以村民小组为基本单位进行。村民选举为各个村民小组提供了博弈平台，村民小组长可以动员所在组内的村民为自己投票，从而大大增强了选举的竞争性。有研究者认为竞争会带来高投票率，即"竞争更激烈的选举往往会吸引大量的投票参与"（Zhang et al.，2015/1）。边散的环境增强了村民小组之间的

独立性和封闭性，某一村民小组中的候选人可以动员本组内的村民，但是无法动员其他村民小组内的村民。这是村庄的地理环境和长期的小组参与传统所决定的。村民选举制度的实施为各个分散的村民小组中有志参与村庄治理的人提供了平台，他们中无政治身份的村民可以通过选举当选村主任，有政治身份的村民可以通过村支部委员选举担任村支书。村民选举制度也为各个村民小组内的村民提供了参与的平台。相比于没有形成"团状参与"的村庄，村民投票的影响力大大提升。"团状参与"使候选人的票数减少，从而增强了单位票数对选举结果的影响力。

2 由上到下定规则：按章办事

在村民选举制度实施之前，村干部的产生靠的是约定俗成的习惯、规范或者上级政府以及官员个人的意愿。其产生和退出过程没有成文法律的规定，注重人治，村庄治理的效果从而受到村干部个人素质的影响。在基层村庄，一直存在乡村精英。乡村精英首先包括一部

---

① 来自与 L 村驻村干部 ZXJ 的访谈，2020 年 1 月 22 日（访谈编号：ZSL20200122ZXJ）。

分富人，由此造成"富人治村"现象（陈柏峰，2016/9）。"不同类型的富人治村都产生了负面效果，削弱了村级民主，破坏了民主的外部环境"（陈柏峰，2016/9），从而使得村民自治难以落地。同时，乡村政治精英（乡镇）作为乡村的强势群体，"可以利用村民选举的不确定性来控制结果"（Tzeng and Wang，2017/4）。因此，村民选举需要厘清乡镇政治行为的边界，也需要一定的规则程序来保障。村民选举必须根据《宪法》《村组法》《村选法》等一系列法律法规的规定进行，才能有效排除人为因素影响，可以在一定的程度上减少"乡镇政府的过度操纵"（Zhang et al.，2015/1）、"富人治村"（陈柏峰，2016/9；仇叶，2017/1）、"村庄候选人贿选"（Zhao，2017/110）等不利于基层民主发展的现象。

L村村民选举遵循基本的法律法规和程序规则，其主要根据《宪法》中的基本精神，具体由《村组法》《甘肃省村民委员会选举办法》① 规定。《村组法》《甘肃省实施村组法办法》《甘肃省村选办法》从法律上确定了村民委员会的组成、产生、任期等，以及界定了选举过程中乡（镇）政府的政治行为，限定了村民参与选举的基本条件等。另外，本村根据以上文件制定《L村村民委员会选举方案》《L村村民委员会选举投票办法》，并以此指导村民选举。法律制度把村民委员会的更替进行了成文的规定，选举过程不仅有章可循，白纸黑字的选举结果也可以让村民们信服。任期制是检验村干部基层治理的试金石。村民委员会的主任和会计及其他成员可以连选连任。如其工作卓有成效，便能获得村民的支持，这样有能力的村干部就能一直当选。反之，对于不称职的村干部下次不仅不能当选，而且村民会议通过之后便可将其在任期结束之前裁撤。这同样说明任期制是促进村干部队伍新陈代谢的重要机制。

从1949年以来L村村干部队伍变迁看，1949～1989年的村干部

① 以下简称《甘肃省村选办法》。

队伍只发生过两次重大的变化，且任职时间相当长，L村的第一任村干部甚至当选接近30年时间。1989年村民选举之后，村干部队伍大约以五年为周期进行新老交替。对村民参与选举活动的规定使得整个过程有序化，也让村民感到了其能够真正参与到村庄公共事务之中：村民可以通过自己手中的票使得某人当选，也可以不投票使得某人不当选。法律制度在村民选举中对乡镇政府行为的规定，能够一定程度上减少在村干部选举中乡（镇）政府对村民选举的干预，使得村民选举真正成为村民自治的产物。

乡村社会虽然相比于城市更稳定，但是随着社会历史的发展也会出现一些以往的法律制度无法涉及的新问题。对有关村民选举的法律根据现实情况进行不断修正，有利于这一制度生命力的增强，从而有利于保障村民能够依法选出自己的当家人进行基层自治。

3. 异纪监督：促进公平，减少争议

法律和制度带来公信力。候选人在选举竞技场展开公平、公正、公平的博弈。村民基于自身的判断选择投票的对象。村民委员会及其成员的产生符合规范，同时也体现着村民的意愿，从而具有一定的合法性。选举的结果报乡镇人民政府备案，相当于对其进行了官方的记录。程序的正当性、过程的公正性、结果的公开性可在一定程度上较少引发候选人之间因为选举而产生的争议。村民选举，票数是选举结果的唯一参照。候选人落选只能归于其所获得的票数不够多，而对程序和结果难以产生责备。由于程序和规则的明文规定，村民所投的票数可以通过及时公布而转化为村主任、副主任等人的当选，增强了村民对选举结果的认同性，从而减少村民对村干部选举过程中的争议。

参与选举村主任、村会计是全村的大事情，基本上每个村民小组中都会有一定数量的人到场。本村民小组中有人当选村干部对于本组人来说既有好处，又有荣耀。加之小组数量较多，且各小组凝聚力比较强。所以我们在进行村民选举时特别注重选举的程序和方法。大家对选举的全部过程和程序都比较留心，对选举结果比较敏感。有些较真的村民甚至会监督唱票，核对选票的数量。乡政府对村民选举工作特别重视，基本上分管我们村工作的副乡长都会亲自到场监督，并带上一两个乡政府的办事员。由于各个村民小组中都有人参与选举并且监督选举，所以大家对选举结果比较认可。候选人当选，自然是有好人缘、有好的群众基础，选不上肯定有一方面是候选人自身的原因。在我当村干部的这几年里，村民选举的时候，没有候选人和村民因为选票数量、选举程序表达过不满。①

YJ 没有回避村民监督的问题，认为不管是村民选举，还是其他公共事务，如果村干部们的工作在群众的有效监督下进行，群众便会支持其工作，工作自然好开展。在边散型村庄 L 村，村民小组凝聚力较强，如果没有成文的法律法规来保障，村民难以有序参与到村干部的产生过程中，村民选举可能会成为几个村民小组之间冲突的根源，村庄治理也可能会呈现无序的状态，从而不利于村民自治的成长和发展。

（二）村民小组：边散型村庄选举的组织基础

L 村的地理环境、生产方式、生活习惯、历史因素等使得村民小组分布相对分散，村民小组呈现六个块状的分布区域。村民小组因为其居民凝聚于块状的区域之上而成为选举的组织基础。

1. 小组集中：内外部因素作用下的村庄结构

L 村的参与状态呈现以村民小组为单位集中，而不是以村为单位集中，这是由村庄的生产方式、地形、历史等综合因素影响的。该村的主要生产活动是一家一户自给自足的小农经济，没有集体性的产业和经济。村民农业生产主要是以家庭为单位，换工帮工也在村民小组之内。当地地形崎岖不平，无法进行田间灌溉，所以无须修建大型的水利设施，相邻农田的不同村民小组村民之间不会因为水而发生关系。南方的水稻种植需要大量水的灌溉，单个村民小组，甚至于单个

---

① 来自与 L 村村支部书记、村主任 YJ 的访谈，2020 年 1 月 15 日（访谈编号：ZSL20200115YJ）。

村若无法进行水利基础设施建设，因此形成以水为纽带的行政村乃至乡镇的联合，从而行政村的凝聚力相对增强。村民主要种植的作物是小麦、玉米和青稞等。由于生产力的低下，小麦、玉米、青稞此类作物在收获的时节需要大量的劳动力来进行收割以及脱粒，故往往需要全组的男女老少一起行动起来。

我们生产队里的这个工分是由会计来评的，今天割完麦子的时候，也会算我的数量，有时候也会问我，割了多少个，把我回答的数字记上。然后把我在这块地里割的数量和那块地里割的数量加起来，记在本子上，算我的工分。当时是五一个捆子给1个工分，或当时割不了很多捆子，因为当时心比较急，割着割着我就跑到后面去计算自己割了多少个捆子。年终决算的时候，会把我这一年的工分算一下，也会把我家所有人的工分都算一下，然后，看一下我的工分是否达到了

标准，如果超过了，就按照工分给我补钱。如果我的工分不够的话，我要向生产队交钱。①

在农业合作化时期，由于国家推行集体化政策，农业生产和分配完全以生产小队为单位进行。生产队长不仅是生产小队公共事务的管理者，同时也是农业生产的总把式。生产队内村民在小队长的带领下，完成农业生产、收获以及分配，最后收获的粮食也被拉进生产小队的集体粮仓。1989年村民自治实行之后，L村的六个生产小队在各自然村的基础上转化为六个村民小组，生产小队的队长也转化为村民小组的组长。

我所在的生产队，跟原来的初级社大小是一致的。后来分了家，从互助组到初级社，再到高级社，还有改革开放之后的村民小组。我们都是一个生产队②，没有变过，也没有调整过。改革开放之后，虽然大家分了土地，但是在割麦子、打场的时候，村民小组之内也会互

---

① 来自与L村村民LQY的访谈，2018年7月15日（访谈编号：ZSL20180715LQY）。
② 在老人隐含的意思中，生产队指的是自然村。

相帮忙。红白喜事更是全村人一起出动。①

地理因素与长期的农业生产模式和生活习惯塑造并且增强了村民小组的凝聚力。村民小组组长作为公共事务管理者和农业生产的负责人，其权威得到了提升，这为其竞争村庄治理人职位提供了参与基础。到 2020 年之后虽然生产力水平得到了极大的提升，收割脱谷所需的劳动力减少，但是村民依然延续着组内帮工和换工的传统，只不过这时再无须男女老少齐上阵，四五户人家便可完成秋收活动。

除此之外，值得注意的是该村在新中国成立之前曾经频繁遭受盗匪的侵扰。各自然村相对分散，为了抵御盗匪、防止村民的粮食和财物被抢，以自然村为单位形成抵御盗匪的组织负责巡夜和抗匪。抵御盗匪的活动在一定程度上加强了村民小组的凝聚力。

6 个村民小组基本上有一个或者两个大姓氏，好几个小姓氏。比如我们 ZDW 这个小组就有赵、李两个大姓氏，王、宋、陈等小姓氏。赵姓和李姓又分别属于不同的大家族，具有血缘联系。其他村民小组，SDW 的马姓、XDW 的章姓和杨姓、ZJS 的张姓、LW 的章姓和仙姓、HJYW 的豆姓和何姓都有相应的大家族，同一小组的同一姓氏大多具有血缘关系②。大家基本上世代居住在此地，即便是两兄弟分家，也会在村民小组之内挑选宅基地，而不是搬到其他村民小组居住。③

不管是作为老年人的 LQY，还是年轻人 ZF，都比较注重村民小组的集体意识。L 村的产生时间不可考，但是至少超过了百年④。村民小组是地缘关系和血缘关系的

① 来自与 L 村村民 LQY 的访谈，2018 年 7 月 15 日（访谈编号：ZSL20180715LQY）。
② 回族马姓较多，一个村民小组之中可能都是马姓，但是有好几个家族。在一个村民小组之内，汉族一般一个姓氏为一个家族。
③ 来自与 L 村村民 LQY 的访谈，2018 年 7 月 15 日（访谈编号：ZSL20180715LQY）。
④ 受访者 LQY 在 2018 年时 80 岁，根据其回忆，其爷爷一辈就在此生活。当时的村庄呈现着目前 6 个村民小组的分布状态。

综合体，在一个个村民小组之内呈现出来的是一个个家庭形成的家族和家庭联合。某一姓人或者几姓人世代居住于此，生于此地、长于此地、死于此地。即便有壬来的外姓人，长期的生产生活也会将其同化在自然的血缘和地缘综合体之内。在生产力低下的社会，单个家庭无法独自完成农业生产活动而不得不与其他村民发生关系。在熟人社会中，家庭的婚丧嫁娶离不开组内邻居帮助。家族的凝聚力作用于村民小组，赋予其一定的血缘色彩和人生纽带。

2 选票集中：村庄结构对村民选举的影响

前文已经提到，边散性造成了村民小组之间的相对独立性与封闭性。考察 L 村历任村干部的履历，其当选村干部之前往往是所在村民小组的组长。没有村组长履历的村干部相对较少。简单的推测不难发现，其之所以能够当选村干部，显然是动员了组内村民的力量获得选票等支持。村庄的干部选举呈现以村民小组为基础的 6 个群体之间

的博弈。从单个村民小组内部来看，其封闭性和相对独立性为村组长或者组内有意愿竞争村干部职位的人提供了天然的环境。村民小组是一个更高程度的熟人社会，因而组内的村民在很大程度上会为其投票。作为组长的竞选者由于长期的关系建构，显然具有很强的动员力。村民小组集中赋予了候选者动员村民为其投票的便利条件，节约了沟通成本和交往成本。日常的关系构建在此时发挥了作用，本组内村民经过候选人动员之后，一般不会为其他村民小组的候选人投票。

在参加村民选举的时候，我自然会倾向于把我的选票投给自己村民小组当中的候选人。只有在我们村民小组中没有人去参与竞选村干部的情况下，我才会投票给其他村民小组中的候选人。[①]

LWP 理直气壮，认为以第一顺位投票给自己村民小组的人是天经地义，是非常合理的行为。

从政治学的意义来看，每一个

---

① 来自与 L 村村民 LWP 的访谈，2020 年 7 月 23 日（访谈编号：ZSL20200723LWP）。

村民小组可以被当作一个选区，候选者可以在自己组内动员村民参与选举为其投票。从村庄整体来看，六个各自独立的村民小组各自动员其村民参与选举，呈现以村民小组为基础的"团状参与"。由于村民小组集中的影响，一个村民小组之内的候选人难以动员其他村民小组之内的村民，村民选举呈现六个村民小组之间的相互博弈，一两个村民小组的村民无法垄断村干部的职位。六个村民小组中具有选举权的村民被其组内的候选人积极动员，村民真正参与到村干部的竞选之中，村民选举的竞争性得到了极大增强，这在很大程度上为"每个村民小组中都有人能够担任村干部"提供了参与的基础。以村民小组为单位的村民选举为均衡自治提供了参与基础。

我当时参与竞选村主任的时候，基本上都去我们 LW 村民小组每家每户动员，请求他们给我投票。至于其他村民小组，我没有去。因为如果他们组里有人参与竞选的话，即便我去动员，也肯定不会给我投票。其他村民小组的人不太熟悉，盲目上门也怕吃闭门羹。①

实际上，KGQ 也没有到其他村民小组中去动员村民。其本人对这种行为感到费解，并向笔者说明村里面从来没有此类竞选者。

L 村的经济发展水平不高。村民政治行为在很大程度上被结构所塑造，从而村民选举在很大程度上被结构所影响，这为政治参与的研究扩充了视野。在传统的政治参与理论之中，政治参与与经济发展水平、教育水平等呈现正相关关系。本研究则发现中国村民选举的投票行为受结构因素的影响。中国的村民选举投票更容易受到其所属组织和群体等结构因素的影响，与血缘和地缘关系密切。这种以村民小组为单位多个群体集中的结构与村民选举的制度相契合，所以在很大程度上激发了制度的效能，创造了选举动员的便利性，激发了候选人参与选举的积极性，这些因素综合起来增强了选举的

---

① 来自与 L 村村副主任 KGQ 的访谈，2020 年 1 月 15 日（访谈编号：ZSL20200115KGQ）。

竞争性。

村民选举作为农民能够直接进行政治参与的渠道,其畅通关乎治国理政的合法性。在这种组织影响下的被动行为个体虽然有待成长为更为成熟的公民,但是在经济发展水平低下的自致型村庄,村民之间的经济联系较少,在组织影响下能够有较高的参与率显得更加难能可贵。

3. 文化集中:文化因素影响下的村民选举

I村的主要人口由汉族和回族构成。通过调查发现,在每个回族人聚居的村民小组都会修建一座清真寺。清真寺的修建、维修和日常的礼拜活动都以村民小组为单位进行。回族民众的宗教信仰增强了村民小组的信仰凝聚力。与几座清真寺相对应的只有一座村庙。村庙虽然在信仰上面对全村汉族人,但是在规定的祭祀活动上需要小组长收取其小组之内村民的费用。村庙的维修也是以小组为单位由组长协调出钱出力。以清真寺为依托的回族信仰和以村庙为依托的汉族信仰不仅增强了各自小组的凝聚力,而且增强了村民选举的竞争性。不同

民族的村民参与村庄选举并当选,体现了民选举的合法性,村干部的工作同样也能得到各族人民群众的支持。

当地教育水平相对较低,村民识字率不高。村民文化水平低下与参与选举时较高的积极性体现出一种不符合常规的现象。不过追究其根源不难发现,村民参与选举主要是被村民小组和组长动员,其行为虽然由自己发起,但是深受血缘地缘综合体的影响。即使是接受义务教育的年青一代,也由于父母在此地而难以完全与村民小组断绝关系。此为一个没有集体经济和集体产业而联结集体利益和个人利益的村庄中村民选举能够具有较高竞争性的根源。

个人虽然是生物学意义上独立的个体,但是其自从走入社会关系和政治关系之中,便成为村民小组之下的一个村民,生老病死都很难不与村民小组这个血缘和地缘结合体发生关系。"私人领域的人际关系在人们的日常生活中具有支配地位,并深刻地影响着公共政治领域"(徐勇,2017/7)。由村民个人相互之间交往而形成的私人关系

运用于公共政治领域，从而对政治关系产生深远影响。个人由于与村民小组发生了关系而成为社会意义上的人，并且受到村民小组的动员参与到选举活动之中而成为政治意义上的人。

（三）组际博弈："均衡当选"的生成逻辑

村民小组集中的结构为村干部"均衡当选"提供了机会上的潜在可能性，可以解决每个村民小组都可能有人当选村干部的问题。深入分析各个村民小组的经济水平、人口状况、资源禀赋有利于理解形成"均衡当选"现象的最终动力，以下结合各村民小组的人口状况、经济水平、资源禀赋等进行具体分析。

1. 人口基础："各村民小组人数相差不大"

在村民选举中，候选人动员的选民数量越多，其获得的选票就越多，当选的可能性就越大。村民选举中每个符合条件的村民都可以投票。候选人为了当选需要动员更多的人为其投票。村民小组集中为候选者动员村民提供了结构上的便

利，而各小组大致相当的人口数量使得可动员的选举基础基本持平。一组到六组的人口数量分别为 257 人、270 人、172 人、213 人、209 人、245 人[①]。其中人数最多的村民小组比人数最少的村民小组多出 98 人。通过调查了解到人数最多组的村民全部是回族，但是分属于三个家族。由于计划生育政策，单个家庭的人口数量显然比其他小组要多，这是该组人口总量较多的原因。在每个村民小组内，并不是所有的人都具备参与村民选举的条件，这进一步缩小了各小组选民人数之间的差距。由于六个村民小组人数差距不是很悬殊，故一个村民小组的选票难以获得压倒性的胜利。再者，受村民小组集中结构的影响，一个村民小组的候选者不能也无法去动员其他村民小组的村民为其投票，每个候选人所能动员的选民是固定的，即每个候选人只能在自己组内活动。

我们村几个村民小组之间的人

---

① 通过村干部的访谈以及查阅村庄数据得到的各村民小组人口数量，2020 年 1 月 15 日（访谈编号：ZSL20200115YJ，ZSL20200115KGQ）。

数虽然有差异，但是差距不是特别悬殊。因此在进行村民选举时，候选人票数之间的差距不是特别大。一个村民小组难以通过人数来获得压倒性的优势，甚比长期担任村干部的职位。今年可能某小组这一次投票不如另一个组，但是在下一次选举中，该小组其他候选人会加大动员力度，争取当选。①

作为分管 L 村工作的副乡长，FHL 对村民选举的竞争性表示支持，并鼓励大家积极参选，以期村里最优秀的人才能够担任村干部。

2.经济水平 "各村民小组的收入水平相差不大"

该村是国家级贫困县的贫困村，村民的收入普遍不高。绝大多数村民靠打工获得收入，农业生产主要是自给自足，对其的收入贡献不大。村民们从事的行业主要是建筑业，靠出卖劳动力为生。在村庄内，大部分人遵循着年少外出打工、年老回家耕地的人生轨迹。衡量几个村干部当前的经济状况，其收入水平相差不大。经过调查，

该村不存在贿选情况。那么经济因素为何会影响村民选举呢？通过访谈发现，村民们更愿意选择收入比自己高的村民当选：

我们村子里面的人，除了几个老板之外，其他人家的收入水平差距不大。但是这几个老板都不愿意参与村干部的竞选，因为远不如做生意赚钱多。我肯定愿意选生活比我过得好的人当村干部。你挣不了多少钱，连自己的家都养不起，怎么能当全村所有人的家。再说了，收入说不过去的人也没脸去跟有头有脸的人一起去争着当村干部。②

家庭经济水平是衡量候选者的一个标准。各个村民小组的候选者之间的贫富差距不大，所以村民对其选举的偏好基本相当，故其当选的概率也大致持平，在一定程度上造就了"均衡当选"的政治现象。

3.资源动用："各村民小组所

---

① 采自与分管 L 村工作的副乡长 FHL 的访谈，2020 年 1 月 17 日（访谈编号：ZSL20200117FHL）。
② 采自与一村组村民 LLS 的访谈，2019 年 7 月 15 日（访谈编号：ZSL20190716LLS）。

掌握的其他资源相差不多"

从村民选举的原则上来说，乡镇政府不可干预村民选举的结果。在边散型村庄，村民选举具有引发各个村民小组之间矛盾和冲突的可能性。乡镇政府官员为了村庄的稳定，自觉地减少对村民选举的干预。候选人当选的唯一努力在于更多地争取选票。在非边散型村庄，村民小组之间关系相对于边散型村庄更紧密，候选者可以动员多个村民小组的村民为其投票。在边散型村庄，每个村民小组之间相对孤立和封闭，村民为其投票很大程度上以相互之间的关系和候选者的威信与德行为根据。候选人为了动员村民会采取一些措施，但是由于大致相当的经济条件，其动员资源的能力也处于同一水平，差距不至于悬殊。

4. "均衡自治"的生成机理

结合以上分析，在考察各村民小组的人口数量、经济水平、资源禀赋对村民选举的影响时，无法摆脱村庄结构的作用。村民小组之间的人口数量差距虽然相当，但是如果没有村民小组集中与相互之间的独立，"均衡当选"仍然无法实现。候选者收入水平相当，以各村民小组为基础的群体参与为村民选举提供了机会均等的各组候选人。边散型村庄选举资源的使用也在小组之内进行。如果资源可以在小组之外使用，那么"均衡当选"现象便很难存在。追溯"均衡当选"现象产生的根源，不外乎相互独立的村民小组的内部集中。村民小组的内部集中受到地理环境、生产方式、历史因素的综合影响。该村的村民选举在很大程度上是受结构的影响而呈现"均衡当选"的现象。村干部在任期内直接参与村庄治理，各小组的村民"均衡当选"村干部带来村庄的"均衡自治"。

边散型村庄的生产方式、宗教文化、地理环境以及历史等因素形塑了各村民小组集中的特性。同时这些要素经过长期的发展，村民小组内部的凝聚力逐渐增强。由此，构成了村庄的双重结构。一是村民小组成为"强组织"。其兼具血源性和地缘性，是一个血缘地缘综合体。一个个村民分布在六个凝聚力较强的组织之内，并受到其影响，由此该组织成员体现着一定的他律性。村民在村民小组的作用下进行投票，故该组织能在村民选举时成为其参与基础。二是六个村民小组之间势力均衡。由于人口数量、资源禀赋和经济水平大致均衡，一个或者少数村民小组难以拥有压倒其他村民小组的力量，长期并且持续获得更多的选票。这使得该村的村民选举呈现出六个村民小组之间博弈的状态。虽然六个小组相互之间进行激烈的竞争，但是一个或者两个村民小组无法取得对他方的支配地位。在1989年村民选举实行之后，基层群众自治制度与村庄的组织形态实现契合，一方面为其提供了参与的基础，另一方面增强了选举的竞争性。

总的来看，从村民选举开始以来，六个村民小组和两个主要民族当中都有人通过选举担任我们村的村支书、村主任、村会计，任何一个村民小组都很难长期担任村干部职位。①

根据以上分析，归纳出"均衡自治"的政治表征：在一个较

长的历史时段之内，村干部职位在多个村民小组内进行变动，而不是在一两个村民小组之内固定下来；村干部的当选村组分布均衡化，无聚焦。

四、"均衡自治"带来的共治效应

（一）参与跨越村组：村民参与性增高

中国农民在实际中开展以自然村为单位的集体生产生活和公共事务活动。村民自治推行之后，村民小组集中产生"均衡当选"现象，"均衡当选"体现为村干部职位在各村民小组之间摇摆，同时也体现在回族和汉族之间摇摆。《村组法》施行之后，L村任何一个村民小组和民族都无法实现村干部职位的垄断。各村民小组中具备选举资格的不同民族村民都能通过村民选举产生村庄的当家人，他们中的大部分人通过投票产出村庄的治理人，他们当中的少部分人通过竞选成为村庄的治理者。以下具体分析

---

① 来自与L村村民LQY的访谈，2018年7月15日（专谈编号：ZSL20180715LQY）。

"村干部职位在各村民小组之间和回族汉族之间摇摆"对村民参与性产生的影响。

1. "均衡自治"带来多村民小组的参与

摇摆意味着有幅度的变动。幅度也就是摇摆的范围，村干部职位在村民小组之间摇摆也就是指村干部职位在六个村民小组之内发生变动。摇摆的幅度或者说范围是村民小组，意味着必须变动且变动的幅度不超出六个村民小组，职位在各小组之内总体上体现着循环往复性。村干部职位在村民小组之内摇摆固定了候选人的范围，即候选人在六个村民小组之内产生。六个村民小组中的候选人都有潜在当选的可能性，从而增强了其参与竞选的积极性。村干部是村庄的治理人，候选人通过当选作为治理者履行管理村庄公共事务的职能。村庄的公共事务涉及全村的各个村民小组和所有村民。本村民小组的候选人在选举中获胜当选村庄治理者，不仅意味着其作为村民小组的一员直接参与到村庄公共事务的管理中，而且意味着其所在的村民小组的村民间接参与到村庄的治理当中。从一定程度上来讲，村民当选村干部来源于其所在村民小组村民的支持。如果没有后者的选票，前者无法获得治理村庄的资格。"均衡当选"带来的村干部职位摇摆使得各村民小组中的村民直接或者间接地共同参与到村庄治理中来，扩大了村民自治的参与基础。"均衡当选"的摇摆效应在一定程度上使得农民摆脱了传统意义上的小农特征，农民成为有组织并且相互之间有互动的农民，而不是"一个个装在袋子里的马铃薯"（中共中央马克思恩格斯列宁斯大林著作编译局编译，2012：762）。

村干部职位的摇摆带来村庄治理资源分配的公平性。与村干部职位在所有村民小组之内摇摆相对应的是村干部职位在少数几个特定的村民小组之内垄断。村干部是沟通国家与社会的纽带，是政府与农民之间的中间人。村委会占地虽小，其成员人数虽少，但是其直接面对着村民和村民的具体事务。这些事务虽小，却直接关乎村民的利益和需要。在这个沟通国家与社会同管理好村庄公共事务的过程中，村干部掌握着一定的治理资源的流向。

由于村干部是在其所在村民小组的村民支持下产生，所以在涉及一些具体的国家资源在各村民小组的安排时会不可避免地偏向于其所在的村民小组。其偏向的一个重要体现在于各村民小组基础设施的建设，如修路、体育设施分配、垃圾桶投放数量等。以修路为例，村干部虽然不能只修自己村小组的路而不修其他村民小组的路，但是可以调整修路的时间安排，让自己所在的村民小组先修路。在每一任村干部的任期之内，都会有治理资源的下沉。特别是乡村振兴战略实施以来，国家资源向基层的下沉有增无减。村干部在其任期之内支配着村庄的治理资源，村干部职位因而与一定的治理资源相挂钩。村干部职位在几个村民小组之间摇摆，可以使村庄治理资源沉向各个村民小组，使得所有村民都能享受到治理资源带来的好处，从而体现着资源分配的公平性。因此，村干部职位在各个村民小组之间摇摆有利于村庄治理资源的公平分配。

村干部职位的摇摆在一定程度上扩大了村民对村庄公共事务的知情权，有利于各村民小组之间的互督。从较长周期来看，各个村民小组中都有人能够参与村庄治理。村庄治理者能够通过其政治身份而获得一些涉及各村事务的具体安排及其他信息。综合来看，村干部职位摇摆能够让各个村民小组中都有人了解村庄治理的具体安排，有利于村庄治理以及其他信息的流通和公开，便于实行村干部任期内的相互监督，增强基层治理的有效性和公开性。

村干部均衡当选有利于动员各村民小组的村民参与村民选举，从而进入产出村庄治理人的活动中来。村干部当选意味着村庄治理资源的走向，村民小组为了争取到相应的资源、满足自身的利益，最容易且合法的操作是通过支持组内人员竞选并当选村干部以期掌握村庄治理资源的安排。在竞选者动员村民参加选举的过程中，具备选举资格的村民直接参与到基层政治生活中来。候选人可以通过动员相当数量的村民来提高自身当选村庄治理者的可能性。村民可以通过选票体现自己的政治影响力。均衡当选让候选人和候选人所在村民小组的村民能直观地感受到自身政治参与的影响力，从而提高了其参与基层政治的积极性。

由于参与竞选的候选人和参加选举的村民看到各个小组中的人都有可能担任村干部，因此候选人和村民较为积极地参与到选举当中。每次投票的时候，往往各自村民小组中的候选人都把各自的支持者动员起来，我们乡镇和村委会的工作就相对好做了。这是我在参加工作后，遇到的村民参与积极性比较高的几个村庄之一。①

FHL整体上对多个村民小组中村民担任村干部的做法表示肯定，认为其具有较强的组织、协调和动员能力，有助于村委会和乡政府开展植树、修梯田、修路等集体性活动。

综上所述，村干部职位在各个村民小组内"摆进"和"摆出"的长期历程，使得村庄治理资源的分配更加公平，村民对村民委员会的监督更加有效，对村庄事务的知情权更加明晰。因此，在这个过程

中村民切实感受到了自己在村庄治理中所发挥的作用，同时村民也可直接通过换届选举时的投票行为来影响村干部的产生。这两方面的作用使得村民参与村庄政治生活的积极性提高。

2. "均衡自治"带来多民族村民的参与

L村的村民小组可分为单一汉族式、单一回族式、回汉混居式三种。由于特殊的村情，在单一汉族村民小组之外，具有相当数量的回族村民小组和回汉混居的村民小组。不同民族属性的村民小组中都有人能够当选村庄干部，这使得回族和汉族竞选者都能通过当选而参与到村庄治理中来。不同民族的村民小组之间的利益诉求可以通过村民选举和求助于多民族组成的村民委员会。多元民族组成的村民委员会相比于单一民族组成的村民委员会具有更强的公信力，有助于解决涉及不同民族村民小组之间的事务，提高了不同民族村民参与选举的积极性。村干部职位在不同民族之间的摇摆为多元民族组成的村民

---

① 来自与分管L村工作的副乡长FHL的访谈，2020年1月17日（访谈编号：ZSL20200117FHL）。

委员会的产生提供了必要的条件。不同民族之间的村干部相互合作，共同参与村庄治理工作，有利于在基层社会实现真实而广泛的人民当家作主。

村干部职位在回族和汉族之间周期性变动，一方面让回族村民看到自己的投票行为能够产生本民族的村干部，从而提高参与村民选举的积极性。另一方面让汉族村民具有了一种"竞争感"，迫使其更加积极地参与村民选举。从整村来看，回族与汉族村民应对选举的不同心理在扩大了村民选举基础的同时还提高了村民的参与度。除此之外，回族村民关于选举行为的自觉和汉族村民的"竞争感"共同贡献了村民参与的竞争性。而有可能出现的过度竞争被摇摆效应所消解，从而带来良性的村民参与。"均衡当选"带来回族和汉族村民之间围绕着村民委员会竞选的良性参与，即由于一定的摇摆惯性和周期变动，有朝一日总会有本民族的村干部产生，可不必采用一些非常规手段去提高参与的成本，从而产

生恶劣影响。

村干部发挥着沟通国家与基层社会的作用。不同民族之间的村干部沟通国家与乡村之间的关系，向国家输入多方面的信息和内容，有利于政策的及时调整和特殊面向，有助于增强国家采取和实施的基层治理政策的多样性和适用性。从宏观视角看，更加有利于国家权力与基层社会之间的良性互动。"均衡当选"带来的村干部职位在回族和汉族之间的摇摆使得回族和汉族村民直接或者间接地参与到村庄治理中来，有利于实现各族人民共同当家作主，同时有利于培养和谐的民族关系，从而增强多民族村民的治理有效性。

从1989年村民自治制度实施之后，L村的选举结果来看，回族和汉族中都有担任村干部的情况，各民族共同参与到村庄的公共事务处理当中，体现人民当家作主。这有利于体现党和国家关于民族平等团结互助的政策，也符合我们LX回族自治州民族区域自治制度的相

关文件精神。①

摇摆意味着走出，又意味着回归。借助摇摆效应，村干部职位走出单一的村民小组和民族之内，走向范围更加多元的村民小组和民族之间。回归意味着走出有一定的范围，并且在范围之内进行变动和调整。循环往复地摇摆形成了一个相对固定的村庄职位变动环型。在一个较长周期之内，村干部职位摇摆让各个村民小组和各个民族之间的人民群众能够真正地直接或者间接地处理村庄的公共事务，从而体现社会主义基层民主的真实性和广泛性。

（二）回应超越身份：干部回应性增强

村干部与村民之间政治关系作为基层政治生活中一对较为重要的政治关系，不仅包括村民的参与，而且包括村干部对村民和村民事务的回应。村民选举一方面产出新的村干部，另一方面又可以淘汰旧的村干部，通过制度的作用实现村干部队伍的新陈代谢。在上一任村干部任期结束时，村民通过村民选举既可以投上一任村干部的票，又可以不给其投票而转投他人产生新的村干部。因此，村民选举既产生村庄的治理人，又淘汰村庄的治理人。

均衡当选意味着村民委员会在面临新老班子换届选举时，有老的领导班子的所有成员全面退出、完全由新一轮选举产生的班子代替的可能性。在基层，村民直接能够接触村干部并且对其治理能力有亲身的体验。因此，上一任村干部是否能够再次当选，很大程度上与其治理村庄的能力相挂钩。村干部管理村庄事务的能力强，其便会获得村民的支持，增强了其再次当选村庄治理人的可能性。反之，如果村干部治理村庄的效果不能让村民满意，村民便会选举其他人代替其工作。从良性的角度出发，村干部为了再次当选，便会增强对村民的回应，提高治理村庄的能力。"村级选举可能有助于农民更多地掌握基层，干部对公民的需要负责并作出回应，从而促进公众对政治机构和

---

① 来自与分管 L 村工作的副乡长 FHL 的访谈，2020 年 1 月 17 日（访谈编号：ZSL20200117FHL）。

改或支持。可是这举可能极大地增强了农民的维权意识和民主倾向，农民希望把基层民主提高到更高的水平。"（Wang，2016/1）在这个过程中，村民的事务也得到很好处理。

1. 村民而不是组民：回应对于村民小组的超越

村庄治理人职位在村民小组之间进行周期性变动，使得各个村民小组之中都有人能够当选村干部。"周期是指事物在一定时间和条件内的起伏变化、某种特征多次重复出现的状况。"（徐夏，2021/1）变动意味着这一职位之上的治理人有着被取代的可能性。村干部基于想再次当选的考虑和职位的政治性会加强对不同民族村民的回应，这有利于基层治理和政治稳定。

村民参与选举活动是以村民小组为基础，但是村干部回应村民和村民事务不会因为村民所在的村民小组而区别对待。在村干部治理的过程中，不同村民小组的村民具有统一的村民身份。综合来看，两方面原因对村干部的回应行为产生

作用

一是村干部为了继续当选，需要在日常的治理中积累竞选的基础。在选举活动中，一个个具备选举资格的人转化为一张张影响选举结果的选票。为了下次竞选时获得尽可能多的选票，其可以通过增强对村民及其事务的回应来获取"好感"以促使村民为其投票。

在村民看来：

我到大队找书记或者主任开证明还有盖章的时候，如果他能很快很好地给我办好，我就会对他比较满意，下一次选举时有可能会给他投票，但是如果有自己村民小组的人来拉我投票就会给同组的人投。如果我的事情办不好，我就要到乡政府去找领导，反映他的情况，下次投票就肯定不会给他投票。[1]

在村干部看来：

老百姓来村委会找我办事，如果这时我能及时给他处理，下一次选举时也有可能会给我投票，但这

也不绝对。不过如果事情办不好，下次选举他非但不会给我投票，还有可能去乡政府找领导来找我的麻烦，所以在对待村民和村民交办的事务时，不会去管他（她）是哪一个村民小组的村民。六个村民小组的村民都是我们L村的村民，大家都是一样的老百姓，都是一家人，没有什么分别。对于村民的基本事务，我们村干部一般都会尽心尽力去办，不会偏向于本村民小组当中的人。村民选举制度实行之后，选票对我们村干部实在太重要了。①

通过以上的访谈可以得出，村民及其事务如果得到良好的回应，村民有可能会为村干部投票。但是，如果村民觉得自身及其事务得不到村干部的回应，村民非但不会在换届选举时为其投票，而且会向乡政府投诉其行为。上一任村干部具有获得选票的天然优势，表现在其可以通过任期之内的村庄治理活动而具有一定的"权威"或者威信。村干部的威信与村庄的治理相互作用。村干部通过有效的治理，增强对村民和村民事务的回应，从而树立自己的威信。反之，如果村干部治理村庄事务时不力，有可能在下次选举时失去选票，或者因为出现较大的工作失误而直接被罢免。因此，在日常治理活动中，村干部不会因为来找自己办事的人是与自己不同村民小组的村民而区别对待，优先处理本村民小组村民的事务，不去处理其他村民小组村民的事务。相反，在这种情景下，村干部会增强对其他村民小组村民的回应性来积累自己的竞选威望。另外，在驻村干部看来，上一任村干部续任对其工作有很大的便利作用。驻村干部不用再去熟悉新的工作搭档。产生的村干部已经具备基本的治理素质，不需要花费时间和物质成本去培训。对村庄的基本情况已经十分熟悉，不需要重新掌握。村干部与村民之间的关系不需要重新建立。

对于我的基本工作来说，当然

---

① 来自与L村村支书、村主任YJ的访谈，2020年1月15日（访谈编号：ZSL20200115YJ）。

是这一届的村干部继续连任较好。因为经过最少5年的治理实践，这些连任村干部已经积累起一定的治理经验。有些事情，我不必再向他们交代，他们自己就知道怎么去做。再就了，经过多年工作，大家相互之间都比较熟悉，工作时相互配合都比较好，工作起来也不需要再像新人那样去进行磨合，比较方便。○

二是村干部职位的政治性对其行为的塑造。作为国家代理人的村干部要沟通国家与农民，同时作为村民的"当家人"，还要解决村民和村庄的基本事务。在实际的政治生活中，村干部的主要工作针对的是后者，即村民和村庄的基本事务。从自然属性上来讲，村庄治理者针对的是若干村民小组（自然村）的村民，其与村民的村组属性可能不相同。但是从政治性来讲，村干部不管来自哪个村民小组，都属于村庄的治理人，是村庄事务的治理主体。而村民不管属于哪个村民小组，均是村庄治理的对象。村干部职位所具有的政治性促

得村干部行为受到乡镇政府的制约和监督。特别是教育水平的提高增强了村民维护自身合法权益的意识，村民敢于到乡政府去找相关人员争取自身利益或者举报村干部的不当行为。交通条件的改善让村民的维权之路更加便利。村民的事务如果在乡镇一级得不到解决，便会逐级自下而上地上访。基层社会，稳定是主旋律。一旦发生此类问题，村委会和乡镇政府面临着自上而下的问责压力。基于政治性的压力，作为村庄治理主体的村干部必然要对治理对象进行积极回应。

2. 村民而不是族民：回应行为对民族身份界限的打破

村庄治理人职位不仅在村民小组之间进行周期性的变动，使得各个村民小组之中都有人能够当选村干部；同时也在民族之间（回族和汉族）周期性地变动，使得各个民族之中都有人能够当选村干部。变动意味着这一职位之上的治理人有被取代的可能性。村干部基于想再次当选的考虑和职位的政治性会加强对不同民族村民的回应，

○ 来自与L寺庄村干部ZXJ的访谈，2020年1月22日（访谈编号：ZSL20200122ZXJ）。

这有利于民族团结和政治稳定。

村民选举因不同的民族村民参与而获得了竞争性，但是村干部回应村民和村民事务不会因为村民所属的民族身份而区别对待。在村干部治理的过程中，不同民族的村民具有统一的村民身份。截至2020年10月，在L村，有汉族843人、少数民族523人。但是汉族人分散地居住于多个村民小组，因而在村民选举时难以取得绝对人数上的优势。当汉族和回族人数各自除以村民小组总人数时，其平均村民小组民族人数大致处于同一水平。在对待不同民族的村民时，村庄治理者为了实现继续当选的政治理想而增强对其的回应性，非但不会区别对待，反而会争取得到他们的支持。

我是汉族村民。当回族村民来大队找我办事时，我会像对待汉族村民一样给他们办事。对于我来说，不管是汉族村民还是回族村民，都是L村的村民。回族人、汉族人，都是我们中华民族大家庭的一员，没有什么分别。我作为村主任，理应办好他们的事情，不会因为村民的民族而区别开来。如果进行区别对待，不仅回族村民会向乡政府反映情况，汉族的村民也不会答应。①

根据访谈，对于民族为汉族的村庄治理者来说，通过平时对于回族和其他民族村民的回应可以积累起自己下一个周期的选票基础，有利于自己的下次当选。因此，汉族的村干部会特别注意对回族和其他民族村民的回应，并借此获取"好感"和威信，以便下次选举活动进行时有获得这部分选票的可能性。对于回族村干部来讲，汉族村民人数在总体上占据优势。因此为了在换届选举时获得相当数量的票数，其需要在日常的治理活动中争取得到汉族村民的支持，这驱使回族村干部加强对汉族村民的回应。

我是L村的村支书。我的民族

---

① 来自与L村村副主任KGQ的访谈，2020年1月15日（访谈编号：ZSL20200115KGQ）。

是回族，但是在处理回族和汉族村民事务的时候不会偏向本民族的村民，不管回族村民还是汉族村民都是Ｌ村的村民，我作为村支书，平等地对待他们并处理他们的事务是分内的事情。[1]

村支书、村主任YJ和村副主任KGQ也在工作中建立超越民族的友谊，二者之间形成默契的搭档关系，没有任何隔阂。比如：工作较忙时，中午二人一起做饭吃。由于KGQ的姓氏，加上其做饭较为好吃，YJ将其称呼为"K师傅"，后者也没有排斥，而是有所应答。根据与Ｌ村村支书YJ的访谈，在多民族共同聚居的村庄之中，当回族村民或者汉族村民当选村干部之后，其政治职位在一定程度上会塑造其行为模式。政治职位和党员信念使得村干部突破了狭隘的民族身份界限，视不同民族的村民为普遍的村民，不会偏向本民族的村民。

综上所述，村庄治理人职位不仅在村民小组之间进行周期性地变动，使得各个村民小组之中都有人

能够当选村干部；同时也在民族之间（回族和汉族）进行周期性地变动，使得各个民族之中都有人能够当选村干部。村干部基于想再次当选的考虑和职位的政治性，会加强对不同民族和村民小组村民的回应，有利于民族团结和政治稳定。

（三）"均衡自治"带来的治理效应

"均衡自治"在一定程度上扩大了Ｌ村的治理主体，各个村民小组和各个民族之中都有村民能够担任村干部；出于对选票的考虑，村干部对村民的回应性增强，加强了村民与村干部之间的互动；为了继续当选，村干部致力于提高基层治理的水平，从而提升了其治理绩效。

1. 扩大治理主体

村民小组集中的结构通过村民选举制度造就了村干部职位的"均衡当选"。各个村民小组的候选人动员各自组内的村民为自己投票。村民小组之间人数和资源禀赋大致处于同一水平，使得候选人的选票基础也大致处于同一

---

[1] 来自与Ｌ村村支书、村主任YJ的访谈，2020年1月15日（访谈编号：ZSL20200115YJ）。

313

水平，同时候选人能够动用的资源大致相当。L村特殊的村庄结构存在产生"均衡当选"的土壤，而选举制度作为程序性的规范让均衡当选具有合法性。村干部这一职位在六个村民小组之内进行周期性的变动，使得各个村民小组都有人能够直接进行村庄治理。与在少数村民小组中产生村干部相比，多村民小组产生村干部扩大了村庄治理队伍的基础。在乡村政治生活中，以村支书、村主任、村会计为代表的村干部是村庄治理的主体。"均衡当选"扩大了村庄治理的基础。这不仅让各组村民能够通过竞选当选村干部成为治理主体直接进行村庄治理，而且可以支持本村民小组的候选人当选村庄治理的主体。

2. 加强村庄互动

"均衡当选"增强村干部与村民之间的互动。在基层这个熟人社会中，村民往往会找自己熟悉的村干部办事。村民所在的村民小组有人当选村干部，村民办事便有极大的便利性。在村民小组这个更高层次的熟人社会之中，基本上每个村民都相互熟识。当选村干部的人必然熟悉其所在村民小组之内的村民。如此，村民办事能够找到自己熟悉的村干部，村干部领导班子也能增强其对村民的熟悉程度，双方之间的互动使得村干部与村民之间联系加深。

> 我去村委会办事，如果我们村民小组中有人是村干部，我肯定会去找他，因为相互之间比较熟悉，办起事情来比较方便。①

在村干部职位进行长期变迁之后的"均衡"形成这一职位在各村民小组之中周期性的变动。通过前文的论述已经表明，在其变动的动态过程中，村民的参与意识提高，村干部的回应性也随之增强。村民参与和村干部的回应构成了二者之间的互动。而村民参与意识的提高和村干部回应性的增强促进了二者之间的良性互动。村干部和村民的有效互动一定程度上体现了村干部产出的合法性以及治理的稳

---

① 来自与L村村民LWP的访谈，2020年7月23日（访谈编号：ZSL20200723LWP）。

定性。

3. 提升治理绩效

村干部治理村庄的效果影响着村民选举的结果。村民愿意投票与否与村干部治理村庄的绩效挂钩。村庄治理的效果好，村干部会获得一定数量的选票而继续当选。相反，如果村干部的治理不能让村民满意，其难以再次当选。"均衡"意味着各个村民小组中的每个候选人都有当选的可能，同样也有竞选失败的可能。

为了能够继续当选村干部，我们村干部也主积极提高自己的治理水平。平时下班之后，也会阅读书籍或者观看视频，学习其他地区优秀村干部的治理经验，借此来提高自己的办事能力。[①]

选票成为其能否当选的关键。对于在任的村干部来说，其所获得选票的数量与治理村庄的效果往往呈现正相关关系。因此，为了在换届选举中获得更多的选票，村干部在治理活动中注重治理效果，加强

对村民及其事务的回应，从而在整体上提升基层治理的绩效。特别是在多村民小组、多民族的边散型村庄L村，村干部争取异组、异族村民的选票难度较大，因此要特别注重任期之内的治理绩效。

五、铸牢中华民族共同体的村庄实践

从'政社合一"的人民公社时代，到"乡政村治"的改革开放时代，再到乡镇与村委会关系不断完善的新时代，由地理环境、生产方式、历史因素等造成以自然村为依托的建制单位长期延续，并在经济社会的发展中加强了自身力量。历史的长期发展使其不断凝聚自身力量，从生产队到村民小组的跨越让以自然村为单位的村民小组逐渐演变为一个强组织。多民族、多村民小组的边散型村庄造就了均衡的村庄结构。相互势力均衡的强组织相互博弈，产出了"均衡自治"。均衡自治提高了村民参与选

315

举的积极性，同时也让村干部加强了对村民的回应。在国家治理体系和治理能力现代化中如何处理国家权力扩张与基层自治落地是一个重要的问题。

（一）村庄选举的逻辑

在多村民小组和多民族重合的边散型村庄，村民小组不仅长期延续，而且成为凝聚力较强的组织，为村民选举提供了参与基础。各村民小组在人口水平、经济发展、资源禀赋等方面的差距不大，所以体现着势力均衡。"均衡自治"也反作用于村民和村干部，一方面使得村民参与的积极性提高，另一方面也督促村干部增强对本村全体村民的回应，从而共同参与到村庄的治理中来。

1. 强组织（村民小组）参与对选举结果的塑造

在"均衡当选"和"均衡自治"的政治表征背后，是强组织要素起了重要作用。这里的强组织是村民小组，强组织的"强"凝聚力形成于历史之中，与地理环境、生产方式、文化因素有关，表现在以村民小组为选举基础追求治理人职位。村民小组是血缘和地缘

的综合体，由村民的血缘关系和居住关系所塑造。血缘关系和地缘关系对中国政治产生了深远的影响（徐勇，2020：44~45）。个人受到小组的制约，个人投票行为被其所属的小组身份所塑造。农民具有社会身份，这个社会身份与村民小组背后的家族具有重要的关系。在农村，同村人首次见面，长辈会问晚辈的家长名字，这就可以体现出农民的身份被血缘关系深刻地塑造。村民选举的投票行为虽然是政治行为，但是被血缘和地缘形成的以自然村为单位的村民小组所塑造。经济发展引发的人口流动可能会对这种血缘与地缘共同体产生冲击，但是只要农民和农村存在，就会有这样的血缘与地缘共同体。

2. 村庄结构对选举竞争性的影响

村民小组为选举活动提供了组织基础。同时村庄结构要素，即各村民小组之间的分散性、均衡性和相互独立性为各村民小组之间均衡博弈提供了可能性，从而孕育了选举的竞争性，塑造了均衡的选举结果。村民小组之间的相互独立性使候选人的动员主要限定在其所属的

村民小组范围之内。村民小组之间的分散性造成选举活动呈现"团体的参与姿态"。村民小组的均衡性使得其一组织难以取得支配其他组织的地位。六个势力均衡的强组织之间的相互博弈，增强了选举的竞争性。

3. "培雅自治"的参与和回应

与单一民族村庄和较少村民小组组成的村庄相比，村干部职位"均衡当选"的多民族村庄和多村民小组村庄的村民具有更强的参与性。原因在于各村民小组之间和民族之间会相互竞争，而竞争带来更广泛的参与。多村民小组和多民族村民参与必然需要对应的回应。在基层政治生活中，村民参与行为主要包括村民选举和日常事务的办理。J村是由多民族和多村民小组组成的边散型村庄，其治理人需要通过加强对村民及其事务的回应来获得可供自己当选的选票。通常来说，获得的选票越多，对其选举越有利。日常的村庄事务处理活动中与村民的互动是村干部积累选票的关键场域。积极的作为和回应往往有可能让村民产生"好感"，因此

在换届选举时有可能获得这部分村民的选票。村干部势必加强对村民的回应，而对不同村民小组和民族的村民一视同仁。值得注意的是，过分强调民族身份和村民小组归属必然导致其在获得自己所在村民小组和所属民族村民支持的同时失去了大量的其他民族村民和村民小组村民的支持，既不利于换届选举时的选票竞争，更有悖于作为治理人应该具备的公共精神。因此，扩大的村民参与带来村干部回应行为对民族身份界限和村民小组界限的打破，从而各村民小组和各民族人民都能够共同参与到基层治理当中。而村民参与意识的自觉又可以反过来作用于选举活动，为村庄治理人的"均衡当选"提供竞争的基础和条件。

（二）多民族村庄铸牢中华民族共同体的基层实践

早在2014年，习近平总书记就强调："各民族要相互了解、相互尊重、相互包容、相互欣赏、相互学习、相互帮助，像石榴籽那样紧紧抱在一起。"（习近平，2017：172~173）2017年，党的十九大报告指出："全面贯彻党的民族政策，

深化民族团结进步教育，铸牢中华民族共同体意识，加强各民族交往交流交融，促进各民族像石榴籽一样紧紧抱在一起。"（习近平，2023：33）2021年，习近平总书记在中央民族工作会议上强调："改革开放特别是党的十八大以来，我们党强调中华民族大家庭、中华民族共同体、铸牢中华民族共同体意识等理念，既一脉相承又与时俱进贯彻党的民族理论和民族政策，积累了把握民族问题、做好民族工作的宝贵经验，形成了党关于加强和改进民族工作的重要思想。"（习近平，2023：507）2023年习近平总书记在中共中央政治局第九次集体学习时再次强调"铸牢中华民族共同体意识，就是要引导各族人民牢固树立休戚与共、荣辱与共、生死与共、命运与共的共同体理念。要全面贯彻党的二十大部署，准确把握党的民族工作新的阶段性特征，把铸牢中华民族共同体意识作为党的民族工作和民族地区各项工作的主线，不断加强和改进党的民族工作，扎实推进民族团结进步事业，推进新时代党的民族工作高质量发展。"（习近平，2023-10-29/1）

习近平总书记的重要讲话精神注重从顶层设计擘画铸牢中华民族共同体的战略全局，深刻地影响了学界关于这一学术议题研究的视角和思路。大部分学者从整个国家出发，去思考铸牢中华民族共同体的宏观路径，研究方法属于规范性研究。铸牢中华民族共同体的规范研究着重于解释和宣传（乌小花、郝囡，2024/1；曹剑华、董国强，2023/12），以及总结党和国家政策文本中的中华民族共同体话语（董强、沈富城，2024/4）。少部分学者能从现实的场域和情景出发，如学校课程（李洪修、刘燕群，2024/1）、大中小学思政课（李春晖，2024/3）、"花儿"（白笑天，2024/1）、纪录片（成亚生，2024/2）、武术文化（刘国峰、银小芹，2024/1）等，或者针对特定群体，如青少年（许锋华、闫领楠，2024/1）、大学生（梁杰皓，2023/5）群体等展开研究。

L村的案例为学界思考如何铸牢中华民族共同体提供了不同的视角。一方面，立足于具体的现实的微观地域、群体、场域、情景本身及其固有的特点，去有所侧重地寻找铸牢中华民族共同体的路径、手段和方法，而不是去抽象地探讨。理论若有实践或者经验的基础，自然有的放矢。另一方面，是将基层视角与国家视角、内部视角和外部视角相结合，既要强调党和国家的引领和统揽作用，又要立足基层社会内部固有的价值、制度、规范、结构、文化等要素铸牢中华民族共同体的契合之处。基层社会内部蕴含着铸牢中华民族共同体的治理资源。党的二十大报告指出："中国式现代化是人口规模巨大的现代化。我国十四亿多人口整体迈进现代化社会，规模超过现有发达国家人口的总和，艰巨性和复杂性前所未有，发展途径和推进方式也必然具有自己的特点。"（习近平，2022：22）铸牢中华民族共同体便是实现中国式现代化的重要基础。在中国，村庄是一个极其重要的治理单元。比起超大规模国家，村庄是微观治理单元，观察和分析铸牢中华民族共同体更加方便、容易且具体。从分析对象和其本身具有的特点来看，L村是一个多民族

的大杂居、小聚居村庄，村庄本身便具有铸牢中华民族共同体的基本需要。即村庄在实际的治理活动中便需要处理多民族村民在生产、生活、交往、治理中的相关问题。比如，村庄公共活动中如何去组织和动员不同民族的村民，夯实村庄共同体。此类问题在单一民族村庄显然是不存在的。L村正是通过多民族的村干部领导多民族的村民处理村落日常生活中的基本问题，在村民参与和村干部回应中超越了民族界限：村民在选举及其他形式的政治参与中，村干部不会区分村民的民族身份，而是将其作为自己治理区域内的村民对待。

L村的村落结构契合了村民选举的竞争性。基层社会和国家制度发挥了叠加优势。国家推行的村民自治制度与村庄的组织基础有机结合起来，通过制度的有效渗透和内化铸牢了多民族共同体。借此，多民族村庄公共体意识涵盖了村干部和村民，微观单位以上的中华民族共同体得以铸牢。

L村村支书、村主任YJ在他自己的私人交往中也不会去刻意注重对方的民族身份，他有不少朋友

都是其他民族的人。在当村干部之前，他做过一些牲畜贩卖的生意，长期在 GN 藏族自治州和 LX 回族自治州之间进货然后完成交易。长期的基层活动和社会实践使得 YJ 感悟出人生真谛：

　　不管是什么民族，所有村民，大家都是一大家子人。①

参考文献

〔德〕马克斯·韦伯.2019.经济与社会（第一卷）〔M〕.阎克文，译.上海：上海人民出版社.

白笑天.2024."花儿"与铸牢中华民族共同体意识〔J/OL〕.西北民族大学学报（哲学社会科学版）（1）.

曹剑华、董国强.2023."历史合力论"视域下中华民族共同体意识的三维逻辑〔J〕.社会科学家（12）.

陈柏峰.2016.富人治村的类型与机制研究〔J〕.北京社会科学（9）.

陈锋、孙锦帆.2020.信访制度下村干部的多重身份和生成逻辑〔J〕.华南农业大学学报（社会科学版）（1）.

陈荣卓、金静.2021.远程投票：村民委员会换届选举的适应性变革与走向〔J〕.学习与探索（2）.

陈向军、徐鹏皇.2014.村民自治中村民政治参与探讨——基于利益与利益机制的视角〔J〕.宁夏社会科学（1）.

陈阳.2016.村民自治中影响选举的因素及对策〔J〕.民营科技（11）.

陈展图.2015.中国农村基层民主的困境与出路——基于两个村民主选举的实证考察〔J〕.农村经济（3）.

成亚生.2024.纪录片铸牢中华民族共同体意识的逻辑理路与实践策略〔J〕.中国编辑（2）.

褚红丽、魏建.2019.村干部双重身份的腐败惩罚差异〔J〕.中国农村观察（5）.

杜姣.2016.村庄竞争性选举动员机制及治理后果研究——基于浙北 D 村的个案考察〔J〕.华中农业大学学报（社会科学版）（5）.

董强、沈富城.2024.铸牢中华民族共同体意识话语的形成历程及其逻辑——基于 2014—2022 年《人民日报》的文本分析〔J〕.中南民族大学学报（人文社会科学版）（4）.

付英.2014.村干部的三重角色及政策思考——基于征地补偿的考察〔J〕.清华大学学报（哲学社会科学版）（3）.

甘肃省人民代表大会常务委员会.甘肃省实施《中华人民共和国村民委员会组

---

① 来自与 L 村村支部书记、村主任 YJ 的访谈，2020 年 1 月 15 日（访谈编号：ZSL20200115YJ）。

组与办法 [N]. 甘肃日报, 2013-7-30 (10).

高江、章元. 2011. 公共品需求对农户参加村庄选举行为的影响 [J]. 东岳论丛 (5).

国务院法制办公室编. 1999. 中华人民共和国新法规汇编 1998 第四辑 [M]. 北京: 中国法制出版社.

龚春明. 2015. 看得见的利己主义者: 对干部角色及"无为之治"——以赣东 D 镇为例 [J]. 南京农业大学学报（社会科学版）(3).

韩国明、张恒铭. 2015. 农民合作社在村庄选举中的影响力研究——基于甘肃省 15 个村庄的调查 [J]. 中国农业大学学报（社会科学版）(2).

韩国明、赵静. 2017. 农民合作社社员参与村委会选举行动力测度及影响因素分析 [J]. 甘肃农业大学学报（社会科学版）(1).

胡彬彬、邓昶. 2013. 中国村落的起源与早期发展 [J]. 文艺 (1).

胡荣. 2006. 社会资本与中国农村居民的地域性自主参与——影响村民在村级选举中参与的因素分析 [J]. 社会学研究 (2).

黄树贤. 2019. 关于《〈中华人民共和国村民委员会组织法〉、〈中华人民共和国城市居民委员会组织法〉修正案（草案）》的说明——2018 年 12 月 23 日在第十三届全国人民代表大会常务委员会第七次会议上 [J]. 中华人民共和国全国人民代表大会常务委员会公报 (1).

蒋永甫、杨祖恩、韦赞. 2015. 农地流转过程中村干部的行为逻辑与角色规范 [J]. 华中农业大学学报（社会科学

版）(1).

金太军、王军洋. 2011. 村民选举过程的家族博弈——集体行动的视角 [J]. 社会科学战线 (2).

李泽晖. 2024. 大中小学思政课中华民族共同体意识教学内容的螺旋上升式构建研究 [J]. 学校党建与思想教育 (3).

李志修、刘燕群. 2024. 学校课程铸牢中华民族共同体意识的空间转向 [J]. 民族教育研究 (1).

李斌. 2016. 受众视角下的公共政策执行及其效果——基于中国村民村委会选举参与的分析 [J]. 学术月刊 (7).

李志军、吕淑芳. 2020. 新时代村干部角色分析——基于粤西 7 镇 16 村的实证研究 [J]. 社科纵横 (1).

李昆强. 2016. 村民参与村委会选举投票及其影响因素分析——主要基于乡村社会信任的视角 [J]. 湖南农业大学学报（社会科学版）(6).

刘巨峰、银小芹. 2024. 武术文化铸牢中华民族共同体意识的内在逻辑与路径建构 [J]. 体育与科学 (1).

刘义强、姜胜辉. 2019. 利益与认同: 村民政治参与的边界及转换——基于佛山市 4 个村庄村级治理的实证调查 [J]. 华中师范大学学报（人文社会科学版）(6).

梁杰皓. 2023. 西藏红色文化助力大学生铸牢中华民族共同体意识的逻辑、挑战和路向 [J]. 北方民族大学学报 (5).

卢福营. 1999. 农民流动: 嵌入村民自治的新变量——浙江省奉化市庄家村调查 [J]. 华中师范大学学报（人文社

会科学版）（2）.

罗淇中、杨浙如 . 2019. 村民获得感对其参与基层民主选举的影响——基于CNSDA"协商民主与选举民主调查"数据库的实证分析［J］. 西部学刊（12）.

民政部法规办公室编 . 2003. 中华人民共和国地方民政法规总览［M］. 北京：中国社会出版社.

聂洪辉、刘义程 . 2016. 村民贿选的形成机制及其影响——对赣东北L村的调查［J］. 甘肃行政学院学报（4）.

裴志军、陈珊珊 . 2018. 腐败感知、政府绩效满意度与村民选举参与——基于中国农村社会调查的实证研究［J］. 东北农业大学学报（社会科学版）（2）.

仇叶 . 2017. 富人治村的类型与基层民主实践机制研究［J］. 中国农村观察（1）.

全国人民代表大会常务委员会 . 2019. 全国人民代表大会常务委员会关于修改《中华人民共和国村民委员会组织法》《中华人民共和国城市居民委员会组织法》的决定［J］. 中华人民共和国全国人民代表大会常务委员会公报（1）.

全国人大常委会法制工作委员会 . 1994. 中华人民共和国法律法规全书（第3卷）［M］. 北京：中国民主法制出版社.

申静、陈静 . 2001. 村庄的"弱监护人"：对村干部角色的大众视角分析——以鲁南地区农村实地调查为例［J］. 中国农村观察（5）.

王春伟、管蕊蕊 . 2018. 村民政治参与逻辑与行为选择——基于山东D村的个例研究［J］. 山东农业大学学报（社会科学版）（4）.

王军洋、金太军 . 2013. 家族集体行动的逻辑——以村民选举参与为主要分析语境［J］. 文史哲（6）.

韦廷柒、何传新 . 2015. 完善村民委员会直接选举的制度视角：基本思路与措施——十六大以来中共统筹城乡发展理论与实践研究系列论文之三［J］. 广西社会科学（11）.

卫龙宝、朱西湖、徐广彤 . 2016. 公共品供给满意度对村民选举参与行为的影响研究——基于"退出—呼吁"理论的新视角［J］. 浙江大学学报（人文社会科学版）（1）.

乌小花、郝囡 . 2024. 铸牢中华民族共同体意识话语体系的多维论析［J］. 西北民族研究（1）.

吴毅 . 2001. "双重角色"、"经纪模式"与"守夜人"和"撞钟者"——来自田野的学术札记［J］. 开放时代（12）.

武中哲 . 2018. 村民选举制度的实践过程及差异化后果——基于对LZ市村民选举的调查［J］. 社会科学（10）.

习近平 . 2017. 习近平关于社会主义政治建设论述摘编［M］. 北京：中国文献出版社.

——. 决胜全面建成小康社会夺取新时代中国特色社会主义伟大胜利［N］. 人民日报，2017-10-28（1）.

——. 2022. 高举中国特色社会主义伟大旗帜　为全面建设社会主义现代化国家而团结奋斗——在中国共产党第二十次全国代表大会上的报告（2022年10月16日）［M］. 北京：人民出版社.

——. 2023. 习近平著作选读（第二卷）［M］. 北京：人民出版社.

——2023. 铸牢中华民族共同体意识 推动新时代党的民族工作高质量发展 [N]. 人民日报, 2023-10-29 (1).

肖唐镖 1997. 村干部的双重角色：当家人和代理人 [J]. 二十一世纪（港）(8).

——2017. "关系权"：关系与权力的双重面相——源于实证调查的政治社会学分析 [J]. 探索与争鸣 (7).

——2018. 中国农村村民自治 [M]. 北京：生活·读书·新知三联书店.

——2019. 国家化、农民性与乡村整合 [M]. 南京：江苏人民出版社.

——2020. 关系中的国家（第1卷）[M]. 北京：社会科学文献出版社.

——2021. 中国政治统一体长期延续的三重共同体基础——以长周期政治为视角 [J]. 华中师范大学学报（人文社会科学版）(1).

许锋华、闫领楠 2024. 青少年铸牢中华民族共同体意识协同机制建构 [J]. 民族教育研究 (1).

肖龙 2020. 项目进村中村干部角色及治理型态 [J]. 西北农林科技大学学报（社会科学版）(1).

凌秋玲、李百玲 2018. 村委会产生模式感知对村民政治参与权利认知影响研究——基于CGSS2013数据的实证分析 [J]. 福建行政学院学报 (5).

杨原、刘玉侠 2009. 新中国成立60年农村基层民主进程中的村民自治问题探析 [J]. 青海社会科学 (5).

臧雷振、孟天广 2012. 中国农村基层民主选举中经济投票行为研究 [J]. 社会科学 (2).

朱玎玎 2019. 村委员会选举救济机制的实践困境与重构 [J]. 西北农林科技大学学报（社会科学版）(2).

张毓辉、唐鸣 2016. 新媒体工具在村委会选举中的应用——以河南省信阳市J村为个案 [J]. 贵州社会科学 (5).

郑冰岛、顾燕峰 2020. 经济机会、公共服务与村民自治参与——来自中国家庭动态追踪调查的证据 [J]. 东南大学学报（哲学社会科学版）(1).

中国法制出版社编 2017. 中华人民共和国民政法律法规全书含相关政策 [M]. 北京：中国法制出版社.

中共中央马克思恩格斯列宁斯大林著作编译局编译 2012. 马克思恩格斯选集（第一卷）[M]. 北京：人民出版社.

Chen, Weixing. 2001. Politics by Other Means：Village Elections in China 1. *Journal of East Asian Studies*. 1 (2).

Lei, Zhenhuan. 2016. *Internal Prosperity and External Alienation：Compounding Effects of Village Elections in Rural China*. University of Southern California.

Li, Lijiang. 2003. The Empowering Effect of Village Elections in China. *Asian Survey*. 43 (4).

Liang, Pinghan and Shukang Xiao. 2022. Pray, Vote, and Money：The Double-edged Sword Effect of Religions on Rural Political Participation in China. *China Economic Review*. 71 (2).

Ma, Ming and Yi Kang. 2022. Conflict Management through Controlled Elections："Harmonising Interventions" by Party Work Teams in Chinese Village Elections. *China Perspectives*. 130 (1).

Meng, Xiangyi and Li Zhang. 2011.

Democratic Participation, Fiscal Reform and Local Governance: Empirical Evidence on Chinese Villages. *China Economic Review*. 22 (1).

Ruan, Ji and Peng Wang. 2022. Elite Capture and Corruption: The Influence of Elite Collusion on Village Elections and Rural Land Development in China. *The China Quarterly*. 253 (9).

Sun, Xin. 2014. Autocrats' Dilemma: The Dual Impacts of Village Elections on Public Opinion in China. *The China Journal*. 71 (1).

Tan, Qingshan. 2004. Building Institutional Rules and Procedures: Village Election in China. *Policy Sciences*. 37 (1).

Tzeng, Wei-Feng and Hsin-Hsien Wang. 2017. Choosing Democracy in China? Explaining Why Local Officials Allow Electoral Uncertainty in the Chinese Village Committee Elections. *Asian Affairs: An American Review*. 44 (4).

Tzeng, Wei-Feng. 2020. A Rural-Urban Divide? Reassessing Voting in Chinese Villagers' Committee and Residents' Committee Elections. *Journal of Chinese Political Science*. 25 (4).

Wang, Xinsong. 2015. Gunter Schubert and Anna L. Ahlers, Participation and Empowerment at the Grassroots: Chinese Village Elections in Perspective. *Journal of Chinese Political Science*. 20 (1).

——. 2016. Village Elections and the Prospect of Rural Politics Studies in China. *Fudan Journal of the Humanities and Social Sciences*. 9 (1).

Wang, Shuna and Yao Yang. 2007. Grassroots Democracy and Local Governance: Evidence from Rural China. *World Development*. 35 (10).

Wilking, R. Jennifer and Guang Zhang. 2018. Who Cares about Procedural Fairness? An Experimental Approach to Support for Village Elections. *Journal of Chinese Political Science*. 23 (2).

Wu, Liyun, Rogers Benjamin and Gang Wang. 2023. Explaining Voting Participation Gaps in Local Government Elections in Rural China. *Asian Journal of Comparative Politics*. 8 (1).

Yao, Yang. 2006. Village Elections, Accountability and Income Distribution in Rural China. *China & World Economy*. 14 (6).

Zhao, Tan. 2017. Vote Buying and Land Takings in China's Village Elections. *Routledge*. 27 (110).

Zhang, Han, H. Chen and J. Wang. 2019. Meritocracy in Village Elections: The "Separation of Election and Employment" Scheme in Rural China. *Journal of Contemporary China*. 28 (119).

Zhang, Tonglong, Linxiu Zhang and Linke Hou. 2015. Democracy Learning, Election Quality and Voter Turnout. *China Agricultural Economic Review*. 7 (1).

Zhou, Yingnan Joseph. 2018. How Does Voting in Village Elections Influence Democratic Assessment in China? *Journal of Chinese Political Science*. 23 (2).

Foreword

Integration of the Height of Politics and the Depth of Anthropology

Xu Yong[*]

I have known Professor Tao Qing for a long time. Professor Tao Qing, regarded as a pioneer of Neo-Political Anthropology, has devoted himself into studying Neo-Political Anthropology. He proposes the establishment of Neo-Political Anthropology, publishes the *Political Anthropology Review*, expands the field of Neo-Political Anthropology combined with other disciplines and imparts the knowledge of Neo-Political Anthropology through the classroom and modern media. On his own, Professor Tao Qing has done well in developing a new discipline—Neo-Political Anthropology, which has become an academic branch of Shanghai Normal University. As a witness of the new discipline, I am well aware of the great contribution made by Professor Tao

* Xu Yong the former vice president of the Chinese Association of Political Science; the first batch of the Yangtze Fives Scholars Distinguished Professes of the Liberal Arts of the Ministry of Education; a senior professor of Central China Normal University; a senior fellow at Institute for Advanced Studies in Humanities and Social Sciences of Central China Normal University.

Qing in the establishment and development of Neo-Political Anthropology.

Although I am not engaged in the study of Political Anthropology, I deeply feel that Political Anthropology is the most anticipated discipline in my long-term fieldwork study and theoretical research.

With the increasing richness and complexity of human society, studying a single discipline is not enough and what we need is to integrate different disciplines to obtain new sources of knowledge and methods. Therefore, the combination of Politics and Anthropology is of importance.

Politics is involved in a fundamental question of human how to have a good life by building a political community. Without the humanistic care of Politics, the study of Anthropology will be limited and it will even gradually deviate from the fundamental question of human. Eventually, Anthropology will be an unremarked discipline.

Anthropology applies the fieldwork to study human characteristics and behaviors. Without the in-depth exploration of human in Anthropology, the study of Politics will be empty and it will even not solve the fundamental problem of human. Eventually, Politics will be an impractical borderline discipline. Neo-Political Anthropology advocated by Professor Tao Qing, which emphasizes political scientization, needs the help of anthropological investigations. In recent years, I have been advocating Field Politics, which is to absorb the method of the fieldwork study from Anthropology and bring real people into serious Politics.

With the evolution of society, the division and conflict between individual and collective are becoming more and more intensified. Politics takes the state, which is born in conflict and existed in order, as the research object. The basic function of the state is to maintain public order, so that people in conflict do not perish together in pointless combats. To maintain public order, the state must understand human behaviors, the basis of human behaviors, and the logical evolution of human behaviors. To fully understand them, it is necessary to conduct empirical investigation, grasp first-hand material and make theoretical analysis. In today's world, it is full of more and more uncertainties and emergencies. Without the help of the fieldwork study of Anthropology, Politics will be a discipline without foundations and will be unable to explain and predict what has happened and what will happen. Nowadays, more and more researchers use big data while fewer and fewer researchers use the face-to-face fieldwork study. Consequently, the actual state of object is becoming increasingly obscure. Furthermore, relying on big data alone is not enough and the fieldwork study of Anthropology is also of great value. Therefore, I often emphasize that people who studies Field Politics must have a sense of presence.

The development of human society has a common law. However, this law is not an illusion and it has to be based on facts. Both Marx and Engels in their later years paid high attention to the discoveries of Anthropology, which provided sufficient factual basis for their theories and promoted them to revise their conclusions at the same time. The first sentence in *Manifesto of the Communist Party* written by Marx and Engels was that "the history of all hitherto existing society is the history of class struggle". Later, with the progress of anthropological investigation of primitive society, Engels specifically added a determiner, that was, 'since the disintegration of the primitive public ownership of land". This determiner had benefited from anthropological discoveries.

In addition to a common law, the development of human society also has different paths. Which path to choose must be based on a state's history and national conditions and it requires a large-scale investigation of Anthropology. In their later years, Marx and Engels paid more attention to the form of Russian village communities. According to the investigation at that time, in the preface of the Russian version of *Manifesto of the Communist Party* in 1882, Engels considered that Russian public ownership of land could become the starting point of the development of communism. The development of China in the 20th century encountered many difficulties and the important reason was the lack of a deep understanding of Chinese traditional society. Therefore, we launched a large-scale investigation of China's rural areas to gain fully understanding of traditional Chinese rural society in 2015. Nowadays, the study of Anthropology is still potential with the development of socialism with Chinese characteristics. As I often say, the historical background determines the characteristic and the social pattern regulates the transformation. Without a clear understanding of the historical background and the social pattern, the characteristic and the transformation will lack the foundation.

Professor Tao Qing is committed to study Neo-Political Anthropology, which has a strong practical significance. In order to have a profound effect in this discipline, it is necessary to pay more attention to the study of anthropological classics and basic theories. The study in this aspect will lead to a breakthrough in the discipline. Nowadays, the academy has become more and more sophisticated while the thought has become more and more weakened. Besides, there are more and more fragmented realistic discussions and fewer and fewer researches with profound historical insight. Therefore, what we need is to pursue the academy based on thinking and launch investigations based on theories. Two representative figures have been provided by Political Anthropology.

The investigations of Morgan undoubtedly have a large number of data. However, he does not get trapped in the piling up of data. Instead, he categorizes the data and characterizes the different stages and societies of human society, thus providing an index for future studies. Therefore, his method provides a guideline in my writing. Besides, Morgan has a strong theoretical mind and this kind of theoretical thinking helps to broaden the understanding of things. Although he has never been to China, his judgment of Chinese characteristics is extremely accurate through indirect data.

Scott has two peculiarities: the first one is that he has enough patience to enter and live in the field and the second one is that he can refine theoretical concepts from trivial factual phenomena. Sometimes, I consider that reading Scott's books only needs to read the first six pages of his work, or even just the title. We have also done a lot of researches on the underclass and marginal groups but it is difficult to refine such theories in *Weapons of the Weak* and *The Art of Not Being Governed*. Therefore, it has been said that a single Scott could transcend the influence of countless political anthropologists.

China has the most abundant sources of Political Anthropology in the world while we do not have our own anthropologists like Morgan and Scott. I specially ask Professor Xu Jieshun whether there are some works written by Chinese people, which are similar to *The Origin of the Family*, *Private Property and the State*. However, the answer is "No".

Without works written by Chinese, what should I do? The answer is learning. We need to enter the field as they do and conclude high-level theories as they do. The height of Politics and the depth of Anthropology are the direction of Political Anthropology.

When we did investigations in the past, we lacked the academic consciousness and academic insight. Besides, we did not know what the purpose of the investigation was and how to deal with and refine theories after the investigation. The solution is to require theoretical learning and mutual communication. Neo-Political Anthropology initiated by Professor Tao Qing is helpful for the new generation of scholars to strengthen their investigation consciousness and improve their theoretical level. I hope this platform will continue to have a profound effect.

Discipline Openness and Academic Sharing

—Preface to the *Political Anthropology Review*

Tao Qing *

Political Anthropology Review and paradigms it elucidates, such as Neo-Political Anthropology [NPA] and Anthropology for Public Administration on Policy-making [APAP], urgently call for the "spring" of discipline openness and academic sharing! So far, it has just turned four years old, and it is still an unobtrusive or even inconsiderable "ugly duckling" in the academic world, but it is expected to soar in the sky someday. *Political Anthropology Review* is the first professional journal of political anthropology in China; there is only several English literatures like this in the whole world. It covers many disciplines and cross-disciplinary fields, for instance, political science, public

* Tao Qing, Professor and PhD supervisor of Shanghai Normal University; post-doctor in Political Science, School of Government, Peking University; post-doctor in Anthropology, Department of Sociology, Peking University; selected to the "New Century Excellent Talents Scheme" of Ministry of Education and awarded "the Outstanding Post-doctors of Peking University" and the fifth National Education Reform and Innovation "Pioneer Teaches Award".

administration, Marxist anthropology, social anthropology, cultural sociology, thus making it have the characteristics of cross-disciplinary.

It was said in *Mahayana Mahaparinirvana Sutra* that everything has its laws, but they all are of impermanence. The paradigm of "Neo-Political Anthropology [NPA]" elaborated in *Political Anthropology Review* is presented in the internal logic of "Scientizing Politics", "Scientizing Policymaking" and "Refine the 'mass line' academically" etc., and aims to discover "disciplinary matrix" and "ordered elements". Specifically, it is embodied in the "five processes-four elements' academic framework, which is the dialectical unity of the "five processes" (Scientizing Politics Politicizing Anthropology, Ethnographic Writing Culture, Humanizing Management and Scientizing Policy-making) of "disciplinary matrix", and the "four elements" (power element, fieldwork element, ethnography element, earth-bounded theory element) of "ordered elements". In addition, based on the main logic of the "power-right" game, it also deduces the "three-in-one" grounded theory methodology, including fieldwork, ethnography and earth-bounded theory etc.

"Neo-Political Anthropology [NPA]" is bound to evolve in political and administrative practice, then develops into a new context of knowledge, for example, "Anthropology for Public Administration on Policy-making [APAP]", passing on all the essence and core connotation of policy science and leadership science, adhering to the substance of free development of human beings put forward by classic Marxist writers, and following the H. Lasswell's thoughts about science serving for democracy. On the one hand, Marxist Anthropology is "living fossil" of "Anthropology for Public Administration on Policy-making [APAP]" and reentry "ethnography" and remolding Marxism Anthropology is the only choice for the innovation paradigm of "Anthropology for Public Administration on Policy-making

[APAP]"; "the unification of five characters", academic connotation of "Anthropology for Public Administration on Policy-making [APAP]", is embodied in such factors: "inner problem-oriented research" is the research motivation; "participation-observation for others" is the research method; "otherness for both interviewer and interviewee" is the research attitude; "publicity of interests" is the research purpose; "Scientificalness of policymaking" is a research examination. Besides, it is embedded with intrinsic and holistic logic with features of mutual integration, virtuous circle, spiral rising, which never ends. On the other hand, the "mass line" of the Communist Party of China is "living soul" of "Anthropology for Public Administration on Policy-making [APAP]"; refining "mass line" academically will be magic tool on leadership science for the Party and will be universally taught by Chinese discourse. In a nutshell, the "mass line" is the ideology of "Anthropology for Public Administration on Policy-making [APAP]", and "Anthropology for Public Administration on Policy-making [APAP]" is the academic result of "mass line"!

Therefore, *Political Anthropology Review* colleagues will be interested in the "Beyond Limits" of discipline openness and the "Nirvana" of academic sharing!

"Beyond Limits" of discipline openness. "Beyond Limits" here refers to transcending such limits as height, breadth, amplitude, speed etc. Human knowledge is classified according to certain common characteristics and then form different systems, which are disciplines, but simultaneously, various "knowledge barriers" are erected indiscriminately, and many "knowledge tariffs" are generated, resulting in great amount of "transaction costs". The openness of disciplines is not simply to open subject knowledge and its systems, but to break "knowledge barriers", realize "zero tariffs" on knowledge, and reduce "transaction costs" to a minimum or even "zero".

"Nirvana" of academic sharing. "Nirvana" refers to the rebirth from fire. The disciplinary argumentation of existence and its laws are academic, but at the same time it has also spawned a variety of "academic circles", conducing many "academic hills" and bred astonishing "academic corruption". Academic itself is carrier of freedom of thought, which nowadays, however, becomes hedge restricting freedom and imprisoning minds. Academic sharing is not simply a matter of "transferring" and "gifting", but should be the spiritual sublimation from self-proclaimed to self-discipline, from spontaneous to self-conscious, from being-for-itself to being-in-itself, from self-closing to freedom in the process of exploring the truth.

Disciplinary openness and academic sharing are the "Chinese Dreams" of the *Political Anthropology Review* and its colleagues.

Tao Qing

October 18, 2018

Summary（In English）

On National Integration and Co-governance by Diverse Peoples for the Unity-building of the Modern Multi-ethnic State

— An interview with Mr. Zhu Lun, Distinguished Professor of Jiangsu Normal University

Zhu Lun   Hu Jiayi

(School of Foreign Studies, Jiangsu Normal University, Xuzhou, Jiangsu;
College of Philosophy, Law and Political Science, Shanghai Normal University,
Shanghai)

Abstract: As the symbol of cultural science, "field" has not only transcended the academic scope of modern anthropology and become a "sharp weapon" for social sciences and humanities sciences of interdisciplinary, but also transcended the academic interest of anthropology in the difference and reality of "other" cultures and become the foundation stone for policy science and political science. The field is not only a source of information for the researcher, but also a space for the researcher to intervene in the other and produce knowledge, which has important disciplinary investigative attributes and practical significance. The field must recognize the legitimacy and public nature in social practice, and through observing the other, reflection and self-criticism. This nature of reflection and self-criticism makes the field often grow freely in areas where social problems are remarkable, and the interaction between public power and social rights will gain more attention from researchers. Various disciplines, including ethnology, are also gradually digging into the national problems, reflecting on the value of the national system and thinking about the future of the nation in the field. Taking the New Political Anthropology as the vision, combining the fieldwork with the national phenomenon, national governance and other elements, the scholars search for a sense of community among interdisciplinary disciplines, and solidify the consensus of cooperation in academic development.

Professor Zhu Lun specializes in the research of modern nation, citizens' community and national governance, and has been engaged in cross-border, interdisciplinary and cross-field fieldwork for a long time, and has gradually refined the innovative results of "national integration and co-governance by diverse peoples" in the process of theoretical thinking and fieldwork. The modern state is based on the identity of the nation. The external feature of the nation is a political entity with independent sovereignty and political unity, while its internal essence is a citizen community with equal rights and obligation for everyone. Therefore, the modern state is called "nation-state" or "citizen state". In the modern era, the national community and the citizen community are simultaneously constructed, and there is a trend of general dispersion and multi-dimensional integration among peoples; there is no single people that can be closed or separately governed; so, whether for the survival and development requirements of each people or for the governance of their relations, it is necessary to abandon the outdated concept of "autonomy based on division of peoples" and turn to the road of rational "national integration and co-governance by diverse peoples". "Integration" refers to the integration of all peoples into a national community and a citizen community; "co-governance" refers to the idea that all citizens of diverse peoples have equal rights to participate in the management of the country and the localities. The national integration and co-governance by diverse peoples is recognized by many countries today, but their forms of practice are different. The modern state is generally a multi-ethnic structure, which is built on the basis of the identity of each ethnic group as belonging to the same nation for various reasons, and the essence of the nation is a community of citizens with equal rights and duties for all. As a result, the national question in the modern state has undergone a qualitative change. The epochal development of the nature of the national question is the most basic epistemology and methodology that should be upheld in the study of the governance of the national question. Interaction between ethnic groups is close, and ethnic groups cannot be seen as opposing subjects to each other. Whether it is the requirements for the survival and development of each ethnic group or the requirements for the governance of inter-ethnic relations, the "ethnic autonomy" of border demarcation is no longer feasible, and it is necessary to take the road of "national integration and co-governance by diverse peoples". National integration and co-governance by diverse peoples means that "all ethnic groups are consciously integrated on the platform of the national and civic communities, and participate with equal rights in the democratic and common governance of the affairs of the country and the localities in which they live together". In short, it means that "all ethnic groups are joint masters of their own house". National integration and co-governance by diverse peoples is the general trend of multi-ethnic countries in dealing with the problem of ethnic relations, but there are different ways and mechanisms of operation, and the effect is also different, which is the basis for the comparative study of country-specific ethnic policies. Chinese system of "regional ethnic autonomy" is the national integration and co-governance by diverse peoples according to Chinese national conditions, and has been recognized by people of all ethnic groups. The system of ethnic regional autonomy in China is also a form of national integration and co-governance by diverse peoples, which is created on the basis of Chinese national condition, and accepted by the diverse peoples. All ethnic groups in a modern country are not closed political entities or governance units, so "sub-ethnic autonomy" is not feasible, and the construction of a modern nation with "national integration and co-governance by diverse peoples" is the only way to ensure the good governance of the country and the well-being of the people.

Professor Zhu Lun's cross-border, interdisciplinary, and cross-field fieldwork has vividly demonstrated the phenomenon of national integration and co-governance by diverse peoples in the field of ethnic politics. Professor Zhu Lun has been to Spain and Mexico many times to engage in fieldwork related to ethnic politics, investigating the "national and local autonomy system" in Spain and the "national integration policy" in Mexico. In the field, he has constantly confirmed that the establishment of the modern nation-state actually includes different ethnic groups in general, and that it is in essence a community of citizenship, in which multiple ethnic groups have to jointly recognize their own citizenship and deal with the issue of ethnic differences on the basis of national unity. To exclude the citizenship of different ethnic groups and their equal rights would run counter to the values of democracy, liberty, equality and fraternity proclaimed by liberalism. In the field, Professor Zhu Lun gradually realized that the scope of citizenship was gradually expanding, and that the national races were constantly rethinking and changing in order to achieve unity, expanding citizenship from being granted only to people of the same ethnicity to being regardless of ethnicity, which in turn meant that the citizens of all ethnicities had the political right to be the masters of the house together. The positive significance of joint ownership by all ethnic groups is that it can gradually bridge the inter-ethnic divide and ultimately help to foster a sense of citizen community and nationalism among all ethnic groups. While this is a long-term practical process, the promotion of citizen community solidarity building with equal civil rights for all ethnic groups is a theoretical and practical principle that countries around the world cannot help but adhere to when governing national or ethnic issues today. Professor Zhu Lun's overseas fieldwork provided theoretical inspiration and rich field data for the proposal of "national integration and co-governance by diverse peoples".

This interview includes the following four parts: Firstly, " ethnic autonomy" does not meet the requirements of modern multi-ethnic country unified construction. The conscious integration of peoples on the platform of national and citizen community and their participation, with equal rights, in the democratic co-governance of the affairs of the nation and the localities in which they live in common; secondly, the construction of a multi-ethnic nation-state and national integration and co-governance by diverse peoples. The " national identity" based on the modern state is the basic cognition for the unity and solidarity of all nationalities: national unity and ethnic difference; thirdly, the construction of a citizen community and national integration and co-governance by diverse peoples. The promotion of the unity of the citizen community with equal rights for citizens of all ethnic groups is a theoretical and practical principle that cannot be ignored in the governance of national or ethnic issues in the world today; forthly, ethnic integration and coexistence, as well as national integration and co-governance by diverse peoples. The state of fusion and integration of ethnic groups is happening in modern nation-state building. The establishment of Chinese regional ethnic autonomy places respects the state of fusion and integration of the various ethnic groups in China, and takes as its basic content the guarantee of equality, solidarity and mutual assistance among the various ethnic groups, and the building of common ownership; regional ethnic autonomy is not the autonomy of ethnic groups in terms of the delimitation of borders, but is a system of governance for the ethnically heterogeneous places that are set up to guarantee the unity of Chinese "ethnostate". It is only through the unified leadership of the CPC that the people of all ethnic groups will be able to join forces and move forward steadily on the road to integrating themselves into the modern "Chinese national community" and "Chinese citizen community". The system of governance of regional ethnic groups is not one of border demarcation and delimitation. The study of the governance of ethnic issues, like the New Political Anthropology that emphasizes the benign interaction of power and rights and the integration of rights and interests between the modern nation-state, and should take the construction of identity, unity, and integration of the nation-community and the citizen community as the basic theme. This study reflects on the transformative potential of integrating diverse ethnic groups into a cohesive national identity and governance model, advocating for equality, unity, and shared responsibility in the modern state's framework. Most countries in the world today are multi-ethnic, and how to solve ethnic issues is related to social stability and the well-being of all ethnic groups. From the practice of the 20th century, there are two different governance concepts: one is "ethnic autonomy" that emphasizes inter ethnic boundaries, and the other is "co governance" that pursues unity and solidarity among all ethnic groups, but the latter is the mainstream. Why is the latter mainstream? This is related to the fact that modern countries are generally built on the basis of national identity rather than ethnic differences, known as "nation-state". This is also related to the emergence of the concept of a citizen community, which has formed the trend of building "one state, one nation, and citizen community". All ethnic groups should follow this trend and aim to jointly build the same country, nation, and citizen community.

Based on the "field", the New Political Anthropology not only includes various kinds of cross-border, interdisciplinary, and cross-field micro-community "field" research, but also is related to the global ethnopolitical "field" research and its "national integration and co-governance by diverse peoples" mechanism. Understanding the theoretical concepts, problems and controversies in the governance of ethnic issues in the multi-ethnic countries of the world today can, on the one hand, strengthen our confidence in Chinese road system and theory of governing ethnic issues, and, on the other hand, help the international community to recognize the good attributes of Chinese ethnic policies, thus reducing the space for rumor-mongering and smear campaigns by those with ulterior motives. The New Political Anthropology not only includes all kinds of transnational, interdisciplinary and interdisciplinary micro-community "field" studies, but also shares the same essence and academic interests with the global "field" studies of ethnic politics and its modern national governance of "national integration and co-governance by diverse peoples". The distribution and protection of national interests in a multi-ethnic country must be carried out with the help of political power, and the field research contains the inner logic of deduction of national governance and national politics. This dialogue between the "self" and the "other" can get out of the dilemma of the "authorities" and is applicable to the study of the rich social practices in the field of ethnic politics. The field of ethnopolitics focuses on the situation of ethnic dissolution and integration, and the field survey will become an effective tool to deal with ethnic conflict and integration for all the ethnic groups in the world, combining the field survey with the phenomenon of ethnopolitics, and connecting the governance of ethnic groups with the governance of the country, in order to realize the expansion of the horizons of the New Political Anthropology, and at the same time, to promote the scientificization of the field of ethnopolitics scientificization of the field of national politics.

Keywords：field； modern nation； citizen community； national governance； national integration and co-governance by diverse peoples

The Chinese Path to Modernization in the Oasis Society

—Taking the "ZP Experience" as an Example

Ma Xiaoqing

(School of History and Society, Xinjiang Normal University, Urumqi, Xinjiang)

Abstract: Southern Xinjiang is located in the south of the Tianshan Mountains, the north of the Kunlun Mountains, and the east of the Pamir Plateau. Rivers originating from the Tianshan, Pamir Plateau, and Kunlun Mountains pass through the mountains and form a distribution of oases on the edge of the Taklimakan Desert. ZP County, located at the intersection of two rivers in the southwest of the southern Xinjiang oasis, belongs to a temperate continental climate. The soil contains a large amount of sand, and the water is dry, but the river can ensure basic irrigation. Therefore, the local agricultural economy has two important characteristics: one is a single production mode under the background of a small-scale peasant economy, and the other is an ecological background located in an oasis and arid area. The single mode of production means that the local oasis society heavily relies on agriculture and animal husbandry and is confined to small-scale planting and breeding, which leads to the long-term plight of a single source of income. The ecological background of the oasis arid zone refers to the fact that under natural conditions of drought, less rain, more people, and less land. Economic development is always confined within a piece of the oasis region, resulting in a closed state where the outside cannot connect and integrate into the economic block of the inland region, and the inside cannot integrate to establish the economic network of the oasis interval. The two basic characteristics of the oasis agricultural economy in ZP County are representative and typical of Southern Xinjiang.

In this study, ZP County in southern Xinjiang was taken as a social perspective unit. Through the first-hand data collected by ethnological anthropology participatory observation, in-depth interviews and other fieldwork methods, the picture of its economic and social development is presented, and the internal development logic is revealed. This study mainly focuses on the theory of development anthropology, and comprehensively presents the development process of ZP County modernization in the context of targeted poverty alleviation and rural revitalization strategies.

The economic structure of the ZP County is mainly based on agriculture. In the process of modernization, the direction of economic development is the transfer of rural surplus labor force, which is more deeply manifested in the change of the relationship between farmers and land, which in turn leads to the changes of land production relations, which also constitutes the deep foundation of ZP County's social development. The development of the modern economy, such as new business entities, has shaken the relationship between peasants and land. With the deepening of rural marketization, under the guidance of the national targeted poverty alleviation policy, ZP County began to see the industrialization of agriculture, the diversified employment of farmers, the high-speed flow of commodities and other changes, ZP County gradually got out of the stagnant and low-reward traditional agricultural economy, and realized the transformation of economic development from a survival type to a profit-oriented economy.

The social governance of the ZP County is relatively weak. In the process of modernization, ZP County has implemented institutional reforms with the help of the rational development strategy and promoted social development as a whole. For example, through the formulation of economic development policies, the integration of resources of various departments, and the mobilization of production factors to promote economic development, formulate policies for the development of grass-roots administrative organizations, sink the organizational strength, improve the structure of grass-roots organizations, and create a good orderly environment for the development of modernization. We will promote social and cultural development by formulating employment policies, improving infrastructure such as education and medical care, and carrying out education to support aspirations.

The development of modern civilization in ZP County society is stunted. In the process of modernization, through top-down policy guidance and bottom-up cultural consciousness, its social structure and form has been transformed, and the rural appearance, social structure, people's behavior patterns, lifestyles, and value systems have undergone corresponding changes in the development of economy and society. However, the development of social organization structure is relatively slow compared with economic and social development, which is prominently manifested in the dilemma of convergence with modernization, and the change of concept has not yet been fully realized.

This study discovers that the development of traditional agricultural economy to market economy in ZP County represents a transformation from a subsistence economy to a development economy, and the social structure that is synchronized with economic development shows a transformation from constructive embeddedness to generative embeddedness. This paper refers to it as the "ZP experience", and the success of the "ZP experience" is mainly manifested in the following aspects: First, with the help of the country's targeted poverty alleviation and rural revitalization forces, ZP County maximizes the mobilization of the dynamic factors of social development, optimizes the allocation of resources, and realizes the optimal allocation of resources within a larger spatial scope. Secondly, it has created a new rural economic development model of "being born in the countryside but not relying on the soil", and has achieved a transcendence of the traditional rural society. Finally, the social development of ZP County has both the transformation from tradition to modernity, the transformation from modern to traditional, the transformation from tradition to tradition, and the transformation from modern to modern. These distinctive phenomena are intersecting in the ZP County society.

There are still areas that need to be strengthened in the "ZP experience", such as the low market share of agricultural products in the middle and high-end markets; the long-term maintenance of the linkage development interest linkage mechanism, established between emerging economic entities and poor villages and poor households, the stability of employment after the agricultural surplus labor force realizes non-agricultural employment; There is also the problem of the dependence of the cadres of the two village committees on the work of the visiting and gathering team. In the implementation of the toilet revolution, the adaptation of farmers to modern lifestyles, etc., these are the issues that ZP County needs to focus on in the next development.

"ZP experience" is a rural development strategy, which represents the exploration of rural social development in the southern Xinjiang oasis and outlines a picture of the new countryside in the southern Xinjiang oasis. Therefore, the significance of this study is to provide local experience for the study of rural revitalization and new rural construction in southern Xinjiang oasis and at the same time to provide a certain basis for the improvement of the theory of social transformation of spatial difference in China and the interpretation of development intervention practice in the theory of development anthropology.

Keywords: oasis society; inter-embedded social structure; social transformation; social development; Chinese path to modernization

The National Education System in Patterns of Diversity in Unity of Chinese Nation

—Taking "Limi-po" School Education as an Example

Chen Dong

(Faculty of Humanities & School of Education/Institute of Policy Research, Jiangnan University, Wuxi, Jiangsu)

Abstract: The role of education in creating a better life for small frontier ethnic groups deserves particular attention in the current process of social development in our country. By taking the educational life of students from small frontier groups as the axis, and by conducting fieldwork on the cultural background, economic and social environment and educational climate of the ethnic groups in which they live, it is possible to analyze the formation mechanism of the educational achievement of students from small ethnic groups and its social impact. Through participatory observation and experiential understanding of the social life of small ethnic groups in schools, villages and market towns, the role and limits of "pan-educational factors" such as national education systems, schooling structures and ethnic group education traditions in the transformation of regional social life can be dissected. On this basis, the role of school education in furthering the process of making students from small ethnic groups and other ethnic groups in the living field feel good about life, explaining the motives of good life and building a better life, as well as its improvement path, will be explored. The exploration is expected to facilitate the transformation of "school education in small ethnic areas" to "school education suitable for small ethnic groups" and "education for economic development" to "education creates a better life". In the new era, under the influence of the policy of building a moderately prosperous society and a strong socialist modern state, as well as the existing disadvantages of ethnic, frontier and rural, students from small ethnic groups are facing the bridging and breaking of tradition and modernity, region and whole, identity and commonality in their school and social educational life. Therefore, exploring the sociological causes of their educational achievements and differences, as well as the impact of education on the small communities for a better life in the process of rapid social change, can provide us with ideas to further promote comprehensive reforms in the field of education for frontier ethnic groups.

"Limi people" is one of the branches of Yi nationality who dwells in Yunnan Province from age to age. During their long enclosed social life, a unique and relatively independent social structure, lifestyle and culture tradition has been gradually formed. On the basis of the collection and analysis of the relevant history and research materials, and combining with the information which the researcher collects from the in-depth interviews with the local cultural researchers as well as from the classification and analysis of the local cultural relic, the researcher has a knowledge of its social conditions which include the history of the Limi group, the regional distribution of Limi and the population mobility; and its cultural features which include folk customs, celebrations and etiquette, ethnic language and so on.

The overall educational situation of the Limi ethnic group is quite poor due to its special cultural traditions and the constraints of its geographical environment, economic base, and degree of social development. Not only is there no social activity that can be called "education" in the history of the ethnic groups, but there is also no tradition of studying and seeking education, which is "the only thing that is good for study" and "learning is good for career" until now. In this meager educational climate, the road to future educational development and change for Limi people is not only tough but also long. In their traditional social life, there is no specific "education" activity, and the only activity that resembles "education" is the passing down of the "dead soul guide", the formation of ethnic singers or "song leaders", and the cultivation of the "prime minister/chief administrator" of folk rituals.

It is under this almost blank traditional "education" history that the Limi people did not have much awareness and acceptance of the rich Confucian cultural traditions of study and scholarship, poetry and rituals in the Central Plains, but maintained a relatively natural state of life and cultural attitudes of a small country with few people for a long time. This kind of simple and natural, true and realistic life attitude flowing in the bones and blood of Limi people still plays a great role in the social life of Limi community today. This is reflected in modern educational activities, where the education of a child in Limi depends on the child's own will and the family's living conditions. If a conflict arises between receiving education and family or social life, the maintenance of family or social life must prevail. The most important role of education for Limi is to learn Mandarin and literacy to facilitate working or normal social interaction. The idea of achieving upward mobility and changing one's destiny through education has never "caught on" among the Limi community. Although modern information and communication facilities such as networks, TV and cell phones are now more popular in Limi, and the improvement of transportation conditions, the import of information from outside, and the development of local people's vision through working and studying outside, Limi is getting closer to the outside world in the spatial and temporal dimensions, the eyes and hearts of Limi people, who cannot be covered by 100,000 mountains, are always bound by folk customs. To change this situation can only be expected by education, while modern education want to penetrate deeply into the Limi society and the psychology of the people but must be expected by the change of folk customs, which can not be said to be a paradox.

There is no tradition of studying and seeking education in the Limi society, which is still the case today. Of course, this is not a single characteristic of the Limi ethnic group, but a regional characteristic of Wumulong Yi Township, Yalian Township, Yongde County, Lincang City, Yunnan Province and the entire border area of southwest China, which is in a triple-edge structure of frontier, rural and ethnic groups. The explanation for this phenomenon used to be mainly attributed to the fact that the region is far away from the center of political and economic activities, and that the ethnic minorities are "barbarians" who "do not respect the king's culture" and are not yet open to the traditional Chinese culture with Confucianism as the core culture. Nowadays it is mainly explained by the low level of access to and use of educational resources due to the level of economic and social development. This shift from a "strong political/ideological" to a "strong economic/developmentalist" approach may, to some extent, explain the region's extremely thin educational climate. But such explanations down the line, and the actions surrounding them, do little to enhance the reading and schooling traditions of the Limi people.

Since the reform and opening up, especially in the 21st century, the Limi society has finished its enclosed condition and starts its new era in which the society changes sharply. Meanwhile, a lot of social contradictions, such as the remaining problem about ethnic identification, the disappearance of its unique culture, become more and more obvious. The school education in Limi area just gets great promotion and overall revolution under the general background that the regional society is changing and the existence and continuation of the ethnic group is in trouble.

The researcher goes to more than ten schools to carry out participant observation, and conducts in-depth interviews with students, teachers, school administrators and related people. What can be found is that the schools in Limi area completely duplicate the common patterns of national education and have local significance in maintaining stability and supporting the frontier. But, curriculum and knowledge localization of Limi local education proceed slowly and are short of power. The content and forms of the school education in Limi area are passed through the students and teachers to Limi people's social life. At the same time, the organized and individual power from the Limi society has a supportive or restrictive impact on the whole development of the schools in Limi areas. The educational field, which is embedded in the social field, freely and autonomously has exchange and convection in rules and resources with surrounding social environment. Limi people have cultural habits, such as puppy love, early marriage and idleness; as well as mental habits, such as bashfulness and pragmatism. All of these interweave with family and social education, employment trend and precise poverty alleviation work, factors of extroversion and de-national education system, influencing the educational achievements of Limi students.

"Blessing and closure" is central to the impact of Limi ethnic culture on the educational achievement of students. The traditional cultural and psychological factors, such as early marriage and indolence, shyness and pragmatism have developed in the long-closed social life. These factors have enabled the Limi to form a relatively stable "acquaintance society" in an atmosphere of relatively frozen spatial and social mobility. The "sticky" effect of the Limi social field and Limi group habits has caused the majority of students to show reactions such as disregard for the schooling achievement system and contempt for the role of the modern cultural system. The cultural traditions of the Limi group become a protection mechanism for students, so that they tend to identify with and transmit the traditional culture and the way of life, while abandoning the values of education for social mobility and knowledge for life change that are transmitted in the modern school system. This social protection mechanism has contributed to the resilience of the Limi ethnic group to complete ethnic reproduction in the context of rapid social changes, so that the Limi regional society can still reach a "closed loop".

"Stabilization and alignment" is the central influence of the education system on the educational achievement of Limi students. As a part of the national educational and cultural system, the primary function of the schooling system in Limi is to maintain the stability of the social structure and to ensure social continuity. The primary social function of schooling is to absorb Limi students into the national public school system, and to achieve educational diversion and vocational adaptation through the selection and screening system of schooling. The secondary social function is to make Limi society and Limi group consciously become components of the mainstream society by transmitting the cultural dictatorship and power mechanisms of the mainstream society, and to bridge the substantial social division and social stratification with limited social development and social integration. The national educational structure represented by the school education system in Limi facilitates and pulls the integration between Limi regional society and mainstream society, between Limi ethnic groups and mainstream ethnic groups, and between Limi ethnic group culture and mainstream culture through both assimilation and acculturation.

"Resistance and feedback" is the micro-powerful ways in which Limi students operate in a structured environment. The structured environment is made up of the cultural and psychological structure of the ethnic group, and the educational and political structure of the state. However, the students are not completely passive and restricted.

As one of the most important actors in the field of school education, they are not only shaped by the cultural traditions of the Limi group and the schooling system, but also by the schooling system. Moreover, in the process of school life and social life, they constantly use various ethnic groups or school rules and resources of economic, cultural, social, etc., producing and reproducing them in various social interaction activities. As a result, they reproduce and reconstruct the structured environment in which they live, and feed their own cultural and social environment by culture. To some extent, this can be seen as the greatest educational and social achievement of the Limi students.

In a structured environment consisting of the cultural and psychological structure of the ethnic group, the national education and political structure, Limi students not only resist and transcend the traditional social structure of the ethnic group by using, transforming and reproducing family influence and individual capital, but also promote and culturally feed the social change of the region by participating in social construction and leading social activities in their hometowns.

In this process of structuring, utilizing, and ultimately re-structuring, Limi students have also structured and reconstructed the various kinds of capital and power in the regional society. The overall educational achievement of Limi students is not only in how they accept the cultural dictatorship and symbolic violence of the dominant society through their schooling, but also in how they internalize and identify with the values of the dominant society and then participate in the actions that drive social change in the region. This process is not only the capital growth of the individual Limi students, but also the transformation and reshaping of the entire Limi regional society. Although there is a disconnect among the contents, methods and purposes of school education and the social life of the region, the culture and rules that Limi students acquire in the process of school education, as well as the resources and capital they develop in social practice, have laid the foundation for their own development and that of their ethnic group in the context of the rapid social changes in Limi and the accelerated integration with mainstream society.

Under the influence of ethnic cultural fields and habits, a large number of Limi students get the connivance and blessing from family and society in their education achievements. However, this kind of cultural mechanism makes the society a closed loop to maintain the reproduction of population and culture of Limi group. The rational education system, whose structured function lies in the marginal society of nationality, frontier and country, is deeply rooted in Limi people's lives in terms of space, time and significance. Specifically, its structured function is to maintain stability by spreading multiplex but integrated rational pattern and the ideology. In the structures of the education and social environment by means of operating micro-powers in such three dimensions as status, behavior and ideas, few Limi students utilize and transform different kinds of rules and capitals of family and schools, to reach restriction and regurgitation-feeding of ethnic traditional society, culture and mental structures, and to cater to the preference of the mainstream values and educational achievements systems. Finally, these students receive good education achievements and promote the regional changes together with other students. On the basis of the above research and analysis, as well as the reflection that the researcher has on the two way process of creation both in field and in the study, the researcher attempts to construct Regional Sociology of Education in the sense of the middle theory.

Keywords: ethnic education; frontier education; rural education; national education system; patterns of diversity in unity of Chinese nation

A Mobile Village Community

—Taking the New Rural Construction Activities in B Village, Y County as an Example

Liu Hui

(School of Sociology, East China Normal University, Shanghai)

Abstract: Rural construction is a practice of comprehensive governance in all aspects of the countryside. In western developed countries, the practice of rural construction started earlier and has more mature practical experience. Around foreign rural construction practices such as the "New Town Development" in the United States, the "Village Building Movement" in Japan, the "Village Renewal Plan" in Germany, and the "New Village Movement" in South Korea, there are studies on practical methods and paths in the academic circles at home and abroad. The practice of rural construction in Taiwan, China, combines agricultural production, sightseeing, leisure and vacation, which not only solves the problem of people's survival, but also promotes the sustainable management of agriculture. This development model has also attracted the attention of researchers. China's current rural revitalization has a reference to learn from.

China's rural construction practice has experienced three major historical periods: the rural construction movement in the Republic of China, the rural construction led by the Communists in the revolution and construction period, and the new rural construction from the new century to the present. In the 1930s, China's rural construction movement, under the banner of "go back to the countryside" and "go to the people", relieved and reformed the countryside, hoping to realize "national rejuvenation" through "rural rejuvenation". Although the specific practices of each school of rural construction are different, and each has its own emphasis on culture, education and politics, "going to the countryside" and "developing the rural economy" are the basic consensus of the school of rural construction.

The 19th National Congress of the Communist Party of China stated that "the principal contradiction facing Chinese society has evolved into the contradiction between unbalanced and inadequate development and the people's ever-growing needs for a better life". At the same time, it proposed the "rural revitalization strategy" for the first time, pointing out that we should "accelerate the modernization of agriculture and rural areas". At the practical policy level, it is clearly proposed step by step to break the dual opposition between urban and rural areas, break the rural construction centered on urban development, and promote the modernization of rural (urban). In 2021, the National Rural Revitalization Bureau was officially listed at No. 1, in response to the issue of rural revitalization, which has become a new starting point for the comprehensive implementation of rural revitalization in China. Under the dual context of national discourse and folk discourse, the contemporary countryside has become a "problem village" that needs to be developed. In the face of the challenges of rural marginalization, hollowing out and disorder, and in the face of the attention of the state and the people on the development of "problem villages", intellectuals cannot escape in any way. The Chinese countryside in the transition period is a "problem village", and this problem consciousness has become the common academic purport of humanities.

Taking urban folklore as a research perspective, it is necessary to make an overall study from the perspective of equality and balance, whether it is to investigate the folk culture matters in urban space or the folk culture traditions in rural space. The rural research tradition of Chinese folklore and even the word folklore and the thinking about the transformation of urban folklore in recent years, urge the author to pay attention to the group of "returnees". They are special groups flowing from the city to the countryside. They have both the experience of urban life and the idea of returning to build the countryside. Studying the practice of "returning groups" from the perspective of folklore research can better reflect the differences between urban and rural development under the background of modernization, as well as the deep contradictions and problems, so as to form a holistic research path of folklore on "people".

At present, China's rural construction presents a diversified situation, the returning group has become a small scale, and forms a variety of rural construction modes. Contemporary rural construction group mirrors the characteristics of diversity, they also form a good interaction with the national discourse of rural construction, the country positioning the rural construction group as "rural construction talents". From the perspective of their original professional identity, this group includes returning university professors, overseas female doctors, entrepreneurs, and artists, who have professional skills and know how that match their professional identity. From the point of view of their willingness to return home, it shows the characteristics of diversified demands. For example, voluntarily choose to return home to participate in rural construction or engage in ecological agricultural production, or engage in rural education, or engage in rural cultural undertakings, or pure lifestyle choices. The key contents of rural construction include rural culture education, rural industry poverty alleviation, rural agricultural technology development, rural traditional culture protection, and rural vulnerable groups. From the perspective of the flow track of rural construction groups in China, they are mainly in the eastern coastal cities and radiate to the central and western cities.

Traditional folklore or anthropological research usually takes a specific region, such as a village, as its research object. People in this region are connected by blood, geography and other ties, and they abide by the so-called etiquette or norms left by their ancestors and presented by village rules and conventions. Such a "face to face" community has the characteristics of essentialism. But once beyond this scope, when there is no blood, no geographical connection, and no force such as religion or royal power to regulate, how do people identify with each other as belonging to the same "community"? This paper argues that a new type of community model needs to be constructed. Specifically, the main body of rural construction from the local village is the group with blood relationship and neighborhood relationship in the traditional village space. However, the main body of foreign returning home generally exceeds the traditional village space, and most of them have no characteristics of blood and geographical relations. They are connected by factors such as karma and interest, which is a new type of community. Through the interaction between the local village-builders and the returnees, the traditional village community is formed as the basic form, and the spiritual community-new community is the ideal construction path. The new village community is the contemporary form of rural construction groups, and it is also a relatively ideal rural construction model. They are also important new endogenous forces in rural development.

The author chooses "village community" as the theoretical keyword of this paper. The discussion of village community should first be traced back to the study of "community theory". Community theory is a classic theory of humanities such as philosophy, sociology and folklore. Tunnis, Bowman, Anderson and other foreign scholars have made a detailed description and analysis of the community in view of the social problems in specific historical periods of different countries. The theoretical dialogue between Tunnis' community theory, Bauman's moral community, Giddens' out-of-range community and Anderson's imagined community can provide many references for the study of rural community in this paper.

The field point of this paper is located in B Village of Y County. As a natural village in Y County, B Village is too close to the county city, resulting in the traditional village landscape of the village no longer existing, so it is marginalized in the list of vigorously developing ancient village tourism. It is a group of returnees from other places who bring B Village to the public's vision outside the village. They include curators, artists, and college teachers, which can be collectively referred to as "returnees from B Village". They enter B Village for rural transformation.

In B Village, the rural reconstruction of the returning groups includes three aspects: First, the direct reconstruction of the rural buildings and the construction of a new type of rural public cultural space, such as the renovation of the ancestral hall in B Village, the renovation of the old oil factory in B Village, and the renovation of the supply and marketing cooperatives in B Village; The second is to investigate and study the traditional handicrafts in Y County, mainly in B Village, and then to design and create new handicrafts; Third, it is committed to daily communication and interaction with villagers and indirectly constructs new social relations.

In the context of modernization, there is a huge difference in the development of urban and rural areas, and "overseas returnees" walk between urban and rural areas and interact with local villagers in various aspects, forming an endogenous force for new rural construction. B Village in Y County entered the public eye and became an online celebrity village, while the "overseas returnees group" assisted local villagers to rent land and buy ancient houses through villagers or village committees, and realized the strategy of being neighbors with the indigenous people of B Village. By showing his daily life in B Village and following the habits, customs and culture of the countryside, he won the recognition and favor of the villagers. In the process of returning home, the returnees continue to establish contact with the villagers, and the stereotypes of villagers and outsiders have changed, and the villagers themselves have also changed through constant adjustment, building a new type of social relationship, that is, the spiritual community of B Village. B Village community is a community form that transcends blood and geography and combines by common interest. Some people will ask, without the real village space of B Village, this community does not exist? It is also said that the B Village community itself is a failure, because a group of returnees who entered the B Village left one after another, and the community eventually collapsed. It can be said that it is inevitable for returning groups to leave the countryside. Because contemporary homecoming groups are not limited by spatial location, they rely on spiritual will and spiritual identity.

Through the construction process of B Village community, we can analyze the essence of contemporary rural construction: Firstly, the essence of contemporary rural construction is based on the "family-oriented" action logic; Secondly, in the process of rural construction, "folk consultation" is an effective way to solve the "final" practice. The third is to propose an idealized "accompanying" rural construction model in the future. Contemporary rural construction has the uncertainty of policy system, the mobility of main body participation and the difference of space, so it needs a relatively stable mode of supporting rural construction. "Accompanied rural construction" mainly refers to the return to hometown through regular residence and long-term living and working with villagers, effectively promoting the exchange and cooperation between rural subjects. "Accompanying" rural construction adheres to the principle of "teaching people to fish is better than teaching people to fish", and strives to accompany villagers to build villages together.

Keywords: flow; returning groups; rural construction; village community; folk negotiation

The Balanced Autonomy of the Scattered Multi-ethnic Villages with "Big Mixed Inhabitation and Small Settlement"

—A Case Study of L Village in Gansu Province

Zhao Shuanglong

(Institute of China Rural Studies, Central China Normal University, Wuhan, Hubei)

Abstract: Villagers' autonomy is a great creation of the Chinese people. The emergence and development of villagers' committee plays an important role in villagers' self-governance. The election of the village committee has changed the way of the generation of the village administrators and expanded the sources of the administrators. L Village is a typical border-scattered village, in 1989 according to the relevant laws of the country to implement the villagers' autonomy. Through observation, it is found that in a long historical period, there are people in every village group and every ethnic group who can be elected as village cadres. From the sense of political science, this political phenomenon can be called "balanced election" of village cadres. In the grass-roots society, village cadres directly conduct village governance. Therefore, the "balanced election" of village cadres means the "balanced autonomy" of each village group. How did "balanced autonomy" come into being in L Village? What kind of governance effect does it have in village governance? It is the problem consciousness of this paper. This paper selects L Village in Gansu Province as a case study, takes the implementation of the villagers' election system as the starting point, interviews with village cadres, resident cadres and villagers as clues, and combined with relevant laws involving the villagers' committees, and tries to analyze the origin of "balanced autonomy" from the inside of the village with geographical environment and structural factors.

Through investigation, it is found that the village studied in this paper is a typical scattered village. The geographical environment, production mode, living habits and historical factors of the village make the distribution of the village groups relatively dispersed, and the village groups show six blockers. Geographical environment, production mode, living habits, historical factors and so on strengthened the cohesion of a single village. From the village as a whole, the villagers' groups are scattered. However, from the perspective of the villagers' groups, the villagers' groups are relatively concentrated, independent and closed. The village structure shows a centralized state within the whole scattered village group.

This paper holds that the geographical environment, production mode, living habits, history, culture and other factors of the village result in the concentration of villagers groups and the independence and closure of each other, and the concentration and independence and closure of villagers groups create the phenomenon of "balanced election". In the whole process, the structural elements (that is, the centralized and independent villager groups) are important for the generation of this political phenomenon. The village cadre election presents a game between six groups based on the village group. From the perspective of individual villager groups, their closure and relative independence provides a natural environment for village leaders or groups willing to compete for village cadre positions. The village group is a higher degree of acquaintance society, so the villagers in the group are the voters who will vote for them to a large extent. The candidate who is the group leader obviously has strong mobilization ability due to the long-term relationship construction. The villagers' group gives the candidate convenient conditions to mobilize villagers to vote for him, saving the cost of communication and communication. The daily relationship building played a role at this time, and the villagers in the group generally did not vote for the candidates of other villagers groups after the mobilization of candidates. The centralized structure of villager groups provides the potential opportunity for "balanced election" of village cadres, which can solve the problem that some people in each villager group may be elected as village cadres, and in-depth analysis of the economic level, population status and resource endowment of each villager group. It is found that the economic level, population status and resource endowment play a role under the influence of the centralized and independent structure of the villager group.

"Balanced election" means balanced autonomy. It has three political characteristics: First, the position of village cadres is changed in several villagers' groups, rather than fixed in one or two villagers' groups; second, the distribution of village cadre positions in the six village groups is more balanced; third, the position of village cadres is changed between Hui and Han, rather than fixed within a certain ethnic group. "Balanced autonomy" has an effect on villagers' participation and village cadres' response because of its three-fold political representation.

Villagers in multi-ethnic villages and multi-villager group villages with "balanced election" of village cadres have stronger participation than those in single-ethnic villages and those with fewer villager groups. The reason is that there is competition between village groups and ethnic groups, and competition leads to wider participation. The participation of multi-village groups and multi-ethnic villagers inevitably requires a corresponding response. In the grassroots political life, the villagers' participation mainly includes the villagers' election and daily affairs. The special village situation of L Village is mainly a decentralized village composed of multi-ethnic and multi-villager groups, whose administrators need to obtain electable votes by strengthening responses to the villagers and their affairs. Generally speaking, the more votes they get, the better for their election. The interaction with villagers in daily village affairs handling activities is a natural field for village cadres to accumulate votes. Positive actions and responses are often likely to generate good feelings among villagers, so it is possible to win the votes of this part of the villagers in the general election. Village cadres are bound to strengthen their response to villagers, and treat villagers of different village groups and ethnic groups equally. It is worth noting that overemphasis on ethnic identity and belongingness of villagers' groups will inevitably lead to the loss of a large number of other ethnic villagers and villagers' groups while gaining the support of their own villagers' groups and ethnic villagers, which is not conducive to the vote competition in the general election, but also runs contrary to the public spirit that a governor should have. Therefore, the expanded participation of villagers leads to the breaking of ethnic identity boundaries and villager group boundaries by village cadres' response behavior, so that all villager groups and people of all ethnic groups can participate in grassroots governance. The villagers' consciousness of participation can play a role in election activities in turn, providing the basis and conditions for the "balanced election" of village administrators.

The study of this case can draw such a conclusion: in the village with a dispersed border, the competition among the villagers' groups with balanced forces and strong cohesion can produce village cadres from multiple villagers' groups. As an intermediate organizational variable, villagers' groups profoundly shaped the results of villagers' elections. Can it be inferred, then, that under the formal election rules, if there are several independent and competing organizations in a village that can integrate all the villagers, the position of the village leader will fluctuate among these organizations? Cooperatives can be such organizations, but it is worth noting that villagers' groups, as an institutional system, are linked by strong social relations, including clan, blood and geographical relations. In the village group, the families are relatively equal. But in cooperatives, leaders and participants have different social status because of their economic status. Villagers' groups, especially those in L Village, are natural and naturally match the system of villagers' groups on the basis of natural villages. Therefore, as an organizational basis for election activities, villagers' groups have unparalleled advantages.

The self-governance of grassroots villagers has always been a controversial topic among scholars. The village committee system was established after the people's commune to replace the production brigade. Around the establishment of the villagers' committee, scholars debate the interaction between the state and society, whether the state power continues to extend to the grassroots, the scholars' views are not unified. From the sense of delegating power to the grass-roots level, the villagers' self-government is of great significance. The state power takes the initiative to withdraw from the social field, and the grassroots level generates its own administrators. The township government is only responsible for maintaining order and rules in the villagers' election, and does not interfere with the election results by formal and informal means. This is the proper meaning of grassroots autonomy, which can be called idealized villager autonomy. However, the state power also has great concerns when delegating power, for example, excessive abandonment to the grassroots may lead to the villagers committee becoming a situation that national governance cannot penetrate. This can be concluded that the state power in the grassroots villagers autonomy of the contradictory attitude. On the one hand, it wants to reflect the legitimacy of its ruling by delegating power to the grassroots people, and the villagers' election is really carried out by the villagers without interference from the township government. On the other hand in practice, they are afraid that the grassroots will become a vacuum of national power and strengther their control, and a series of village rulers pour into the grassroots on behalf of national power.

In fact, Chinese politics is largely shaped by state power. In this perspective, if we look at the villagers' autonomy from the background of state rule, it has a strong contradiction. Only at the grassroots level with the soil of autonomy can the villagers' autonomy really fall into place. China's system creation is very advanced, but because of the size of the country, the national policy through the bureaucracy layer down to the grassroots often limited effectiveness.

The villagers' committee was originally created by the grassroots and then promoted to the whole country by the state through legislative reform. In today's view, the political significance of the establishment of the villagers' committee is worthy of affirmation, which replaces the production brigade system and adapts to the economic mechanism of household contract to a certain extent. However, the development of village committees shows diversity, some villages are well governed and orderly, and some villages have problems. As a researcher of political science, we should think calmly when dealing with problem villages, and cannot blame the problems on the villagers' autonomy without reflecting on the political and social conditions of the villages. In the new era, the masses of the people have also created great practices such as "Wenling Experience", "Fengqiao Experience", and "Houchen Experience". It is worth noting that China's vast geographical area and population size have great differences. China has a large number of villages, among which there are not only differences in economic foundation, political development, cultural heritage and other aspects, but also differences in the governance structure and capacity of villages due to production mode, geographical environment and historical factors. Therefore, when the special experience created in a place is introduced to the local government, it may not be suitable for the local environment. It is not only difficult for the special experience to play an effective role, but also impacts the original political order, so it is often empty. It is necessary to treat hundreds of thousands of grassroots villages in accordance with the law of local economic, social and historical development and at the same time to avoid repeated "stir up". It can be seen that the research in this paper is of great significance. L Village has strong self-governance under the governance of the state, and social self-organization plays a great role in it. The wisdom of governance lies in the use and transformation of the original mechanism, rather than breaking it completely. From the perspective of a long historical period, it is difficult to completely use administrative means to eliminate some of the original political phenomena, just like the rebirth of China's family economy after the reform and opening up.

The balanced election game among the villager groups is a special political phenomenon in the grassroots society. This paper, belonging to a case study, comprehensively investigates the generation logic and governance effects of the phenomeon from the production mode, geographical environment, historical factors, religious culture and other aspects. In the future, this problem consciousness can be further studied on three issues.

First, further research can take the village group as an important variable, select a large number of villages across regions, and then carry out comparative research. In the study, we should dig deep into the root causes that can make the forces of various villagers groups more balanced or unbalanced, and find the universal basis for the existence of equilibrium. In addition, we can also look for the concept of villager group, that is, an organization that can integrate all the villagers in a village, regardless of the strength of its integration ability, and investigate its impact on the villagers' election and grass-roots governance. Finally, we can also analyze the influence of political organization, social organization and economic organization on villagers' election as three variables, as well as the strength and weakness of the influence on the latter. The research on these three issues not only requires a certain theoretical level, but more importantly, it is necessary to go deep into the field of the villagers' group and participate in hands-on practice down to earth, so as to write articles with Chinese characteristics that can guide social practice.

Keywords: balanced election; balanced autonomy; villagers' election; villagers' self-governance; grass-roots governance

《政治人类学评论》征稿
与写作体例

《政治人类学评论》(*Political Anthropology Review*)是由上海师范大学马克思主义学院主办、北京大学国家治理研究院(教育部人文社科重点研究基地)支持的国内第一份政治人类学专业集刊(半年刊);旨在紧扣"权力-权利"互动博弈逻辑,运用田野调查、民族志文本和扎根理论等"三位一体"的扎根理论方法论,展开交叉跨学科综合性研究。

一 稿约

投稿可联系本刊主编陶庆博士,邮箱:taoq8388@163.com;手机号:13918538388(同时也是微信号)。

1. 热忱欢迎国内外学者投稿。来稿由专家匿名评审,评审仅以学术价值为标准。稿件编辑严格实行"三审一读"定稿制度。

2. 本刊主要刊登尚未出版发表的学术论文特别是博士学位论文,论文以5万字以上为宜,着重对某一类问题的深入研究与创新洞见;特别欢迎尚未出版的博士学位论文为基础的论著材料(每文摘编5万字以上)投稿。

3. 本刊所发文章均为作者本人的研究成果，不代表本刊意见。凡涉及国内外版权问题，均遵照《中华人民共和国著作权法》和有关国际法规执行。

二　撰稿体例

1. 中文标题为宋体、三号、加粗；副标题，另起一行，宋体，小三。

2. 作者名为宋体、四号，作者名间空2格。

3. 作者简介：姓名（出生年—），性别，籍贯，现供职单位全称及职称、学位。字体为宋体、小五、单倍行距，首行缩进2字符。

4. 中文摘要为仿宋、五号字体，1.5倍行距。

英文摘要中的主体内容均为 Times New Roman 字体、小四，1.5倍行距。注意文中的双引号都要保持一致，用英文双引号，凡是英文书名一律用斜体，不加书名号。

标题黑体字体，小三，居中；作者姓名，宋体，四号字体，姓全部用大写字母，名的第一个字母大写；括号中的单位名称，宋体，小四。

"Summer："首行缩进2字符，黑体小四、加粗。摘要段前下拉间距4行，与作者及单位有一定间距。

"Keywords："首行不缩进，黑体小四，加粗，而每个关键词，宋体小四，不加粗，之间空两格隔开。

5. 各级标题

一级标题须用"一、""二、""三、"……宋体，四号，居中对齐，段前段后间距1行；

二级标题须用"（一）""（二）""（三）"……仿宋，小四，左对齐，首行缩进2字符；

三级标题须用"1.""2.""3."……宋体，小四，左对齐，首行缩进2字符。

6. 正文为宋体、小四字体，1.5倍行距；英文部分为 Times New Roman、小四字体。正文中引文段前段后间距1行，字体为楷体、小四号字体。正文所有标点符号均为中文全角格式。

7. 图表：应分别连续编号，并注明图名、表名；图号、图名置于图的正下方，表号、表名置于表的正上方；引用的图表或数据须在图、表下注明出处。

8. 数字用法：执行 GB／T 15835-2011《出版物上数字用法》，凡公元纪年、年代、年、月、日、时刻、各种记数与计量等均采用阿拉伯数字；夏历、清代及其以前纪年、星期几、数字作为语素构成的定型词、词组、惯用语、缩略语、临近两数字并列连用的概略语等用汉字数字。

9. 译名：（1）正文中第一次出现重要的中译学术术语时（常用的除外），应用括号标明外文原文；（2）正文（不含夹注）中的外国人名应采用中文译名（除熟知的人名外，一般应用括号注出原外文姓名）；（3）译名须统一，以学术界的通用译法为准。

10. 行文中出处的标注格式：采用作者—年份制，与参考文献一一对应。形式如下：

（1）中文期刊：（作者姓名，年份/刊期），如：（陈世伟、周凯艳，2005/3）

对应参考文献为：陈世伟、周凯艳.2005. 论中国社会转型期对弱势群体的社会支持［J］.北京工业大学学报（社会科学版）（3）.

（2）中文著作：（作者姓名，年份：页码），如：（费孝通，1985：5）

对应参考文献为：费孝通.1985. 乡土中国［M］.北京：生活·读书·新知三联书店.

（3）英文期刊：（作者姓名，年份/刊期），如：（Deutsch and House，1983/3）

对应参考文献为：Deutsch，H.，J. S. House. 1983. Work Stress and Social Support. *Contemporary Sociology*. 13（3）.

（4）英文著作：（作者姓名，年份：页码），如：（Vaux，1988：52）

对应参考文献为：Vaux，A.. 1988. *Social Support*：*Theory*，*Research*，*and Intervention*. New York：Praeger Publishers.

11. 注释：

（1）采用页下注，全文用①②③……每页重新编号；字体为仿宋、小五字体、单倍行距。

脚注格式：中文著作

作者．书名［Ｍ］.出版地：出版社，年份：页码．

示例：俞可平　治理与善治［Ｍ］.北京：社会科学文献出版社，2000：20.

外文著作

［国籍］作者．书名［Ｍ］.译者名，译．出版地：出版社，年份：页码．

示例：〔法〕托克维尔．论美国的民主［Ｍ］.董国良，译．北京：商务印书馆，1991：20.

若多个译者

示例：〔法〕基佐．欧洲文明史［Ｍ］.程洪逵等．译．北京：商务印书馆，1998：20.

期刊类

作者．文章名［Ｊ］.期刊名，年份（第多少期）.

示例：徐勇．治理转型与竞争——合作主义［Ｊ］.开放时代，2001（7）.

（2）互联网上引用的文献不能作为正式参考文献列入文末参考文献栏中，一律作页下注处理。网络文献的页下注格式：作者名："文献标题"，引自"主页名称"（网页地址），年、月、日。页下注字体为宋体、小五字体、单倍行距，编号①②③……为顶格，以下注内容空两格。

12. 参考文献：

（1）"参考文献"为黑体、小四号、加粗。中文文献为宋体、五号。外文文献为 Times New Roman、五号字体。均为1.5倍行距。

（2）中文文献与外文文献分别排列，中文在前，外文在后，以作者姓氏英文字母 A–Z 为序排列，中文译名以译名的首个字母为准。

（3）中文文献应标明文献类型（著作为［Ｍ］，期刊为［Ｊ］，汇编为［Ｇ］，学位论文为［Ｄ］，报纸为［Ｎ］）；外文文献中的论文用引号标明，著作（包括文集）及期刊用斜体标明；参考文献的格式为："作者名．出版年份．文献名称［文献类型］文献出处（卷期次）.出版地：出版者．"；相同作者的多篇文章被引用时，则从第二篇起，用"——."代替作者名。

例如：陈春声．2003．乡村的故事与国家的历史——以樟林为例兼论传统乡村社会研究的方法问题［Ｇ］//黄宗智．编．中国农村研究（第2辑）.

北京：商务印书馆.

董建辉.1999.政治人类学[M].厦门：厦门大学出版社.

——.2003.20世纪后期国外政治人类学研究的趋向[J].国外社会科学(1).

和少英.1989.政治人类学浅论[J].云南民族学院学报(4).

(4)外文文献，作者(无论原名或译名)均须写出完整的姓和名，中间名可缩略表示；多位作者的，第一作者按照"姓,名"格式，其余作者按照外文姓名的正常顺序，即"名姓"，不同作者姓名之间用","隔开；外文著作类文献均为斜体，出版社前列出版地点。

例如：Fortes, M., E. E. Evans-Pritchard. 1970. *African Political Systems*. Oxford：Oxford.

Lewellen,Ted C.. 1992. *Political Anthropology*：*an Introduction*. Second Edition. London：Bergin and Garvey Press.

三 稿酬

本集刊为半年刊，每年出版2辑，每辑发表5篇原创论文；每位作者稿酬2000元人民币(自总第19辑/2024年第一辑起执行)。

四 配套公众号和慕课同时运行

图书在版编目（CIP）数据

政治人类学评论　总第19辑／陶庆，段勇主编．--
北京：社会科学文献出版社，2024.6
ISBN 978-7-5228-3678-2

Ⅰ.①政… Ⅱ.①陶… ②段… Ⅲ.①政治人类学-
文集 Ⅳ.①D0-05

中国国家版本馆CIP数据核字（2024）第099755号

政治人类学评论（总第19辑）

主　　编／陶　庆　段　勇

出 版 人／冀祥德
组稿编辑／桂　芳
责任编辑／陈　颖
责任印制／王京美

出　　版／社会科学文献出版社·皮书分社（010）59367127
　　　　　地址：北京市北三环中路甲29号院华龙大厦　邮编：100029
　　　　　网址：www.ssap.com.cn

发　　行／社会科学文献出版社（010）59367028
印　　装／三河市东方印刷有限公司

规　　格／开本：787mm×1092mm　1/16
　　　　　印张：24.5　字数：340千字

版　　次／2022年3月第1版　2024年6月第1次印刷
书　　号／ISBN 978-7-5228-3678-2
定　　价／128.00元

读者服务电话：400-918866